教育部人文社会科学研究规划基金项目（编号10YJA850023）成果

教育部人文社会科学重点研究基地四川大学中国俗文化研究所成果

GRADUATE SCHOOL OF
LITERATURE AND JOURNALISM,
SICHUAN UNIVERSITY

主编 ◎ 曹顺庆

四川大学文学与新闻学院研究生导师丛书

民俗事象与族群生活
——人类学视野中羌族民间文化研究

李祥林 ◎ 著

中国社会科学出版社

图书在版编目（CIP）数据

民俗事象与族群生活：人类学视野中羌族民间文化研究／李祥林著．—北京：中国社会科学出版社，2018.8

（四川大学文学与新闻学院研究生导师丛书）

ISBN 978-7-5203-3014-5

Ⅰ.①民…　Ⅱ.①李…　Ⅲ.①羌族-民族文化-研究-中国　Ⅳ.①K287.4

中国版本图书馆 CIP 数据核字（2018）第 193007 号

出 版 人　赵剑英
责任编辑　任　明
特约编辑　乔继堂
责任校对　冯英爽
责任印制　李寡寡

出　　版　中国社会科学出版社
社　　址　北京鼓楼西大街甲 158 号
邮　　编　100720
网　　址　http://www.csspw.cn
发 行 部　010-84083685
门 市 部　010-84029450
经　　销　新华书店及其他书店

印刷装订　北京君升印刷有限公司
版　　次　2018 年 8 月第 1 版
印　　次　2018 年 8 月第 1 次印刷

开　　本　710×1000　1/16
印　　张　25
插　　页　2
字　　数　412 千字
定　　价　98.00 元

目　　录

前　言

在多民族共同生活的中国，青藏高原东南缘、川西北岷江及涪江上游，如今是羌族的主要聚居地。羌人有语言无文字，2008 年突如其来的"5·12"大地震使众多羌民遇难的同时也使羌族文化遭到"毁灭性的打击"①，损失惨重，令人痛心。作为"地方性知识"，羌族有丰富的口述传统和独特的文化遗产，值得我们关注和认真研究。在此以口头为传播渠道、以民间为存活场域的文化遗产中，积淀着羌人的历史，结晶着羌人的信仰，凝聚着羌人的情感，寄寓着羌人的生命。这份厚重的文化遗产，让我们心动，引我们神往，也令我们敬重。

一

20 世纪 80 年代，童恩正从考古学角度曾提出"半月形文化传播带"的观点，他通过分析中国从东北到西南至青藏的器物、墓葬、建筑遗迹等考古材料，发现在此区域存在诸多很难用"耦合"来解释的明显相似的文化因素，认为从新石器时代到铜器时代在我国东北沿蒙古高原至西南存在这样一条构成华夏边缘的地带，对之的研究能增进我们对古代边地民族之间关系的理解②。在此文化传播带上，从中国西北到西南的一段正是费孝通所提出的"藏彝走廊"的地理范围，对此蜀中学者李绍明在文章中

---

① 冯骥才：《羌去何处》（代序），见《羌去何处——紧急保护羌族文化遗产专家建言录》，中国文联出版社 2008 年版。

② 童恩正：《试论我国从东北至西南的边地半月形文化传播带》，载《文物与考古论集》，文物出版社 1986 年版。

亦多有阐释①。"藏彝走廊"是费孝通在 20 世纪 70 年代末至 80 年代提出并屡加强调的,到 2011 年又有"藏羌彝走廊"概念出现并渐为今人沿用②。总的说来,无论"半月形文化传播带"还是"藏彝走廊"乃至"藏羌彝走廊",都不可忽视对族源古老的"羌"的研究,这在目前学界是有共识的。

关于羌族文化,长期以来人们在田野材料搜集、有关学科研究方面做了不少工作,取得了令人瞩目的成果。民国时期陶然士、葛维汉、黎光明、胡鉴民、庄学本、马长寿等国内外学者的调查及著作,是学界熟悉的。新中国成立后的书籍,有 20 世纪十大文艺集成志书以及《羌族史》《羌族源流探索》《羌族社会历史调查》《羌语简志》《羌族文学史》《羌族民间故事集》《羌族民间叙事诗》《羌族释比文化探秘》《中国原始宗教资料丛编·羌族卷》,还有 21 世纪以及"5·12"地震后出版的《羌族词典》《羌族习惯法》《羌族释比经典》《羌族口头遗产集成》《羌族释比文化研究》《羌族教育发展史》《中国羌族二声部民歌研究》《川西北藏族羌族社会调查》《民主改革与四川羌族地区社会文化变迁研究》《濒危羌文化》《川西北羌藏民俗文化图集》《羌族文化传承人纪实录》等。

研究中国西部民族迁徙走廊上源远流长的羌族文化,除了实证性描述也需要理论性阐释,除了局部对象考察也需要整体学术透视,二者相辅相成,不可或缺。实事求是地讲,由于种种原因,多年来人们在这两方面所下功夫并不均衡,薄弱方面期待更多关注和投入。当今也有《羌在汉藏之间——川西羌族的历史人类学研究》这样的著作为学界所熟悉,其在运用人类学理论及方法研究羌人的"历史心性"等方面别具眼光,给人启示。关于该书用力点,如作者在大陆版序中所言:"本书更大的研究企图是透过羌族之历史,说明华夏(自觉的)西部族群边界变迁,以及如何贡献于近代中华民族之形成。"又云:"在本书历史篇中,我所重建的华夏边缘观点之羌族史是一个两面刃;它解释华夏西方族群边缘的变迁,也解释自觉的羌族形成之历史过程。"③ 由台湾学者撰写的这部著作,2003 年问

---

① 李绍明:《西南丝绸之路与民族走廊》,载《中国西南的古代交通与文化》,四川大学出版社 1994 年版;《藏彝走廊研究中的几个问题》,《中华文化论坛》2005 年第 4 期。
② 张曦:《藏羌彝走廊的研究路径》,《西北民族研究》2012 年第 3 期。
③ 王明珂:《羌在汉藏之间——川西羌族的历史人类学研究》新版自序,中华书局 2008 年版。

世于海峡对岸，大陆版见于 2008 年，其中汇聚着作者此前赴川西北羌区考察和研究的心得。

羌文化生态保护区示意图（第三届非遗节）

　　较之海内外已有羌学研究成果，我这本书的用力点是在羌族民俗事象与族群生活。在借鉴前贤及他人成果的基础上，本书从 2008 年"5·12"汶川大地震这个特别的视点切入，立足人文关怀，着眼灾后重建现实，关注当下社会生活，结合田野走访材料和相关学科理论，不仅仅是对其作资料搜集和现象描述，而是把重心放在对川西北地区羌族民俗文化与族群生活进行文化人类学的整体审视和深层解读，既从民俗事象探视族群意识，又从族群意识解读民俗事象，在两方面结合中以期对羌族文化有较深入的认识、理解和把握。本课题研究紧扣中国社会历史和现实，结合多民族文化语境，就中国羌族文化研究奉上新的思考和心得，既为民族地区文化遗产保护和地方文化发展提供学术参考，也旨在深化我们对国情的认识。

　　文化人类学关于社会文化，有"大传统"和"小传统"区分之说①。一般说来，前者代表上层、主流，其存在及传播主要依靠文字书写、学校教育等；后者代表下层、民众，主要通过口传的生活实践传衍。在社会结

---

　　①　相关论述，请参阅［美］罗伯特·芮德菲尔德《农民社会与文化——人类学对文明的一种诠释》，王莹译，中国社会科学出版社 2013 年版。

构体中，"大传统"往往主导现实文化方向，"小传统"则提供社会文化基础。羌族有语言无文字，作为其族群生活实践的民俗文化发达，内涵极其丰厚。研究羌族民间"小传统"这活态个案，从更广泛意义讲，也意在提请主流官方更认真地对待中华大地上诸如此类文化，深入认识民间社会和民间心理，从而更妥善地处理"大""小"传统之间关系，促进今日中国和谐社会建设。

当今时代，被誉为"无烟工业"的旅游业被人们看好。"5·12"汶川地震之后，《国家汶川地震灾后恢复重建总体规划》也把旅游业作为四川灾后重建主导产业，受到上下的重视。发展旅游不可忽视地方文化资源，尤其是对地处高山深谷中的川西北羌区来说。本课题把重点放在对羌族民俗文化与族群生活的深入探究和学理阐释上，其对羌族民间文化的事象梳理、价值发掘和意义揭示，亦可为地方合理利用该资源进行社会文化建设提供参考。

二

从人类学视角综合研究羌族民间文化，迄今为止，国内未见有与本课题相同之书。立足学术前沿，本课题结合"5·12"地震后羌区文化现状，借助当代人类学、民俗学理论及方法，以"民俗事象与族群生活"为对象，尤其注重对羌族民间文化底蕴的透视和阐释，努力在"言人所已言"的基础上"发人所未发"。研究方法上，将理论阐释与田野考察结合、口述材料与书面文献结合、过去历史与今日现实结合、个案审视与整体观照结合。研究对象的把握和资料获取的途径，在我是包括文献查阅和田野走访；与此同时，注重文化人类学所倡导的跨学科知识及方法的运用，由此展开自己的理论思考和学术分析。

作为本课题目标的"民俗事象与族群生活"研究，既是从民俗事象透视族群生活，又是从族群生活悟解民俗事象；既涉及民俗符号在族群表达中的运用，又涉及族群意识在民俗符号中的积淀；既考察族群表达中显露的民俗信息，又考察民俗呈现中传递的族群意识，等等。所谓民俗，无非是指群体所创造、享用并且世代传承的生活文化。归根结底，民俗是族群生活的实践，民俗事象关联着族群意识，它标示着族群特征，表达着族群心理，凝结着族群智慧，体现着族群意志，服从着族群需要，因此，无论脱离族群生活、族群表达去研究民俗事象，还是脱离民俗事象、民俗呈现去考察族群生活，都是不可思议的。羌族有语言无文字，作为其族群生活实践的口头文学及民间文化颇为发达，值得学界深入研究。

考察学科史可知，传统民俗学注重从事象研究民俗，当代民俗学提出从表演研究民俗，于是有所谓"文本中心观"和"表演中心观"的分野。对于两种治学取向，人们见仁见智，认识不一，而在我看来，两者之间其实不存在孰优孰劣的价值判断问题，因为它们各有其用力的角度和方向，在研究方法及研究成果上也是各有所长，无法相互替代。既然如此，无论事象研究还是表演研究，二者与其说是对立的不如说是互补的，倘若将二者结合起来，恰好可以完善我们对民族民间文化的整体性审视和把握。本课题结合民俗呈现与族群表达的羌族文化研究，正有兼顾两者的意思。

基于以上题旨，围绕"民俗事象与族群生活"这中心，本课题分章展开的内容包括先祖敬奉、女神传说、白石象征、圣树崇拜、古老经典、仪式戏剧、民族歌舞、民艺符号、民居建筑、节日文化等十多个子题，涉及的学理话题有口头传统、神话母题、民间信仰、族群意识、集体记忆、地方知识、文化遗产、文化展演等。中国是多民族的国家，四川自古是中国西部多民族聚居的重要省份。本课题通过对民俗事象与族群生活的双向观照，力求从民间文化角度对羌族这一族群个案进行深入发掘和学术阐释，以推进对多民族中国及其文化的认识和把握，并为本土民族民间文化的抢救保护提供有现实意义的学术参考。

本课题研究的新意或可从上述得以窥斑见豹，当然，任何所谓"新"都不过是相对的。实实在在地讲，眼下成书的这课题成果若真能为中国羌文化研究提供一些不同于往常的东西，或者能为学界同仁带来一些启示和思考，笔者也就很满足了。

三

走访羌族地区，对羌族文化的留意，在我已有多年。2002年9月，省人大及主管部门邀请文化、科技界的专家学者赴岷江上游调研民族民间文化，本人应邀参与。这次，相继走访了阿坝州的九寨沟县、松潘县、茂县、理县和汶川县。事后，经过集体讨论，由我执笔撰写出逾万字的《岷江上游民族民间文化考察报告》，上报给省委、省政府后，"为有关方面的决策提供了参考的依据"①。这篇调研报告，对于羌族的语言、服饰、刺绣、建筑、歌舞、戏剧等民间文化的抢救和保护问题多有论述。此外，作为傩文化研究成果，国内出版过两部省级傩戏专志，这就是《湖南傩戏志》和《四川傩戏志》，后书于 2004 年由四川文艺出版社出版。1998 年底，四川省傩文化研究会第六届年会在成都召开，该书编纂之事在与会代表形成一致意见，上报给省级文化主管部门后，得到批准，被视为"《中国戏曲志·四川卷》编纂工作的延伸与继续"。笔者作为编委会成员、编辑部副主任，参与了《四川傩戏志》的编撰及统稿。该书"剧种"部分收录了包括少数民族戏剧的 27 个傩戏及仪式戏剧种类，其中第三即是羌族"释比戏"。书中还在"剧目""表演""音乐""陈设造型""演出习俗""轶闻传说"等部分收入了有关羌族民间戏剧文化的内容，力求在有限篇幅内多为读者提供相关信息。"5·12"地震前出版的《中国少数民族戏曲剧种发展史》（2007）是全国艺术科学"十一五"规划课题，而经我建议并组稿、统稿，此书中亦有了关于四川地区藏戏和羌戏的篇章。

紧急保护羌族文化工作会（2008.6.19）

承担本课题的我，多年从事艺术学、民俗学及文化人类学研究。作为本省非物质文化遗产保护工作专家委员会委员、保护羌族文化四川工作基地专家委员会委员，本人不仅屡屡赴川西北藏羌地区走访考察，参与政府部门组织的对羌族文化项目的调查、论证、评审及推荐，带领研究生们进

---

① 《四川省非物质文化遗产保护工作大事记》，《四川非物质文化遗产》2007 年第 1 期。

行羌文化调查研究，而且常常在讲座、会议以及各种场合为抢救保护濒危的羌族民间文化遗产发出自己的呼吁，提出相关的建议。2006年以来，我指导的文学人类学及中国少数民族文学专业的研究生，相继有以羌历年、羌族释比文化、羌族瓦尔俄足、羌族地区牛崇拜、羌族口头文学中的家族叙事等题目做学位论文的；我指导的本科毕业论文，也涉及羌族民间诗歌、羌族民居建筑、羌族羊皮鼓舞现状、灾后羌寨旅游发展态势等方面话题。跟随我研究羌文化的这些研究生和本科生很努力，他们都是在文献研读与田野考察的结合中完成了论文，受到了好评。2008年"5·12"地震发生后，我去羌区走访更频繁，并且相继在《民族文学研究》《民间文化论坛》《民族艺术研究》《中外文化与文论》《东南大学学报》《西南民族大学学报》《阿坝师范专科学校学报》《内蒙古大学艺术学院学报》《四川旅游学院学报》《成都大学学报》《南开学报》《民俗研究》《文化遗产》《文史杂志》《四川戏剧》《四川非物质文化遗产》《羌族文学》乃至韩国的《中国地域文化研究》等刊物上，发表了有关川西北地区民族民间文化、羌族民间文化研究的若干文章。其中，有的文章收入2008年8月中国文联出版社出版的《羌去何处——紧急保护羌族文化遗产专家建言录》，有的文章被人大复印报刊资料全文转载。

　　网络方面，这些年来本人撰写的羌文化研究文章，亦见于"中国艺术人类学网""中国社会科学网""中国民族宗教网""中国民俗学网""中国社会学网""中国非物质文化遗产网""中国羌族文化信息网""北京文艺网""四川大学哲学研究所网""新疆哲学社会科学网""羌族文化数字博物馆""四川社会科学在线""中国傩文化网""戏剧研究网""传播学论坛""中国羌族网""西羌第一博""百度文库""羌岷网""豆丁网""国学网"等。2009年，在《中外文化与文论》（CSSCI集刊）上，笔者曾主持学术专栏"汶川地震与文化遗产保护"。此外，应有关方面邀请，本人参与课题调研及书籍撰写的还有《四川黑水河流域民间歌舞——卡斯达温》（2007）、《羌族文化传承人纪实录》（2012），等等。这些文章和书籍，亦得到学界同人关注与认可。2013年5月10—12日，赴茂县参加该县与阿坝师专联合举办的"羌文化传承创新与区域经济发展研讨会"，我在提交的文章之外，又以"众人拾柴火焰高"为题就羌文化研究发表了感言。在发言中，我讲了三点：首先，感谢县、校合作并邀请各方代表举办这次会议，期待在多方协作中对羌文化研究有新的推进；其次，呼吁羌文化研究要"众人拾柴",希望进而打破地域、专业、人员的界隔,强化彼此联系,共谋更大发展;再次,祝愿羌文化研究"火焰更高",既挖掘古老传统又关注当下现实,既做好资料搜集又提升理论研究,走出地震心态,建立长效机制①。

在中国西部"藏羌彝走廊"上,在多民族共居的四川,有邻近西藏的第二大藏区,有中华版图上最大的彝族聚居区,更有当今中国唯一的羌族聚居区。这里是著名的藏彝文明、氐羌文化大走廊,在青藏高原东缘这条地貌复杂多样但文化底蕴丰厚的民族走廊上,世世代代栖息着汉、藏、彝、羌、苗、回、土家、傈僳、纳西等民族,他们以智慧和双手书写着自我历史,创造着灿烂文明,影响着中国社会。因此,立足民俗事象与族群生活,从人类学"小传统"视角切入对源远流长的"羌"的文化研究,对于认识和把握多民族中国的族群历史和族群现实、族群发展与族群交往,无疑具有积极的现实意义。

---

① 李祥林:《城镇村寨和民俗符号——羌文化走访笔记》,巴蜀书社 2014 年版,第 213 页。

第一章

白石象征与族群代码

在人类学家看来，文化的概念实质上是一个符号学的概念，因此，对文化的分析与其说是一种寻求规律的实验科学，毋宁说是"一种探求意义的解释科学"①。象征人类学（Symbolic anthropology）即是把文化作为象征符号体系加以探讨的，据其理论，文化并非封闭在人们头脑中的东西，而是通过种种象征手段及象征代码来表达的意义系统，人们在社会交往过程中创造并使用着象征符号，并且以此来表达情感、交流思想和维系世代，将其作为划分我族和他族的边际线，从而建构并呈现出各自的族群意识和族群特征。本章立足于此，拟从人类学的族群视角就羌人的白石崇拜及其民间叙事进行考察和析说，以供同仁参考。

第一节　族群识别的重要标志

根据象征人类学，象征符号不仅仅是意义载体，其直接参与或促成社会行动，在人们的生活实践中发挥着活生生的作用。揭示象征如何影响社会行动者的意识和行为、人生观和宇宙观，乃是象征人类学的重要使命所在。社会行动者如何使用象征符号，如何对象征符号进行社会化层面的操作，如何将象征符号作为族群表达、社会整合的意识形态工具来使用，诸如此类对于研究者都是意味深长的课题。"认同"（identity）与"区分"（distinction）是族群研究的重要概念，认同指的是个人在特定情境下认为自己归属某一社会群体，区分指的是人们在特定情境下将我群与他群区别

---

① ［美］克利福德·格尔茨：《文化的解释》，韩莉译，译林出版社 2008 年版，第 5 页。

开来。正是在此我们发现，无论从他者识别还是从我族认同看，白石作为象征符号之于羌人都有极重要的意义：对于族群外部，白石是他人识读羌族特色的重要代码；对于族群内部，白石是羌人表明我族身份的重要标志。

图1-1　杂谷脑河畔高山羌寨的白石祭（理县通化乡西山村）

羌族如今主要聚居在川西北岷江及涪江上游地区，白石崇拜见于大多数羌族村寨。以目前成为旅游热点的理县桃坪羌寨为例，几乎家家屋顶及碉楼上都安放了白石，不但选取的白石形态美观，有的甚至有加工痕迹。根据2011年5月笔者走访所见，"5·12"地震后重建的桃坪新寨入口处，游客接待中心前面广场中央纪念碑式立柱上就安放着一颗硕大的白石，在蓝天衬映下十分醒目，吸引着到此游客的视线。桃坪羌寨位于理县县城东部40公里处，距离成都约190多公里，岷江支流杂谷脑河从寨前流过，成阿（成都—阿坝）公路经过这里，交通方便。该寨是羌族石砌建筑群落的代表，坐落在杂谷脑河支流增头沟冲积扇形台地上，平均海拔1500米，背山面水，坐北朝南。寨内石砌民居顺山势依坡地而建，相连相通，房间宽阔，梁柱纵横，一般为二至三层，上面为住房，下面设牛羊圈舍或堆放农具，屋顶即是供奉羌人的白石神之处。寨内有碉楼数座，雄浑挺拔，造型有四角、六角、八角，以片石、黄泥、木头等为材料，有的仅用土木，高者达30余米。作为石碉与民居结合的建筑群，桃坪羌寨历经多次地震仍基本完好。从寨内现存两座堪称标志性的碉楼以及相连的民居屋顶上，可以看到多处经刻意放置的形体不小的白石，在蓝天白云衬映下，夺人眼目。该寨自 1996 年开发以来，旅游业发展迅速，原本以农牧为生的寨民如今已转向靠旅游为生，因此，白石在这里作为典范化的羌文化符号向游客大力展示，乃是自然。在羌族地区，有的村寨则把房顶供奉的白石进而发展为房屋墙体及门窗上的装饰，如茂县曲谷乡河西村，即是以小块白石沿房屋及碉楼的墙体走势镶嵌出一道白线，或是在窗檐上平行地镶嵌白石作为装饰（这种建筑装饰在茂县灾后重建重点坪头村更是处处有见）；理县佳山寨一处老碉房的墙上，则可以看到用几块白石为中心组拼的圆形太阳纹，房主人说羌语称之为"阿不确克"。汶川三江口地区的碉房已改汉式平屋，则将白石安放在屋顶小竹笼中，正月新年要"安白石"取其吉祥。① 而在平武豆叩羌民中，则有在死者坟头上放置白石的习俗。在茂县松坪沟，笔者看见，在叠溪海子（1933 年大地震后形成的堰塞湖）上方有海子亦称"白石海"，其岸边有一近两米高的锥形白色巨石，人们为之挂红烧香。关于这镇海子保平安的白石，当地尔玛人中还有颇为神奇的民间传说。诸如此类，可谓是白石信仰的多样化呈现。陕西宁强，史称"宁羌"，乃羌人故地（尽管由于种种原因，"5·12"地震前当地已无羌族户口人家），在 2008 年汶川地震后亦被国家列入"羌族文化生态保护实验区"。2012 年秋我走访该地，在绕县城而过的玉带河畔东边山头上新建的羌族博物馆，入门即见一巨大的挂着羌红的白石，身着羌装的解说员也娓娓向游客讲述着相关故事；不仅如此，包括 A、B、C、D 四座楼体的博物馆外形呈不规则状，询问当地人，方知这是仿照羌人所崇拜的白石之形建造的。为了拾回古老的族群记忆，为了表达今人的族群认同，如此这般设计，可谓是用心良苦。此外，羌人在贵州石阡、江口等县亦有少量分布。江口县有苗、侗、羌、仡佬、土家等少数民族，该地羌族相传祖先来自四川茂汶，宗族谱系已有十几代。黔地羌族民居多系木结构青瓦房，开间为三，一楼一底，依山而建，坐北朝南。房子建成，要在周围构筑土墙，墙高约同底楼，厚尺许，上有作防卫的枪孔。当整个房屋、土墙建好后，一道重要手续不可少，就是从山上选取一块最白的石头放在土墙上。如在江口县桃映乡匀都村漆树坪羌寨，今据当地媒体报道，"每间房屋檐顶四角或一角常垒有一块白石头，是'尔玛'人供奉的白石神"②；而且

①《川西北藏族羌族社会调查》，民族出版社 2008 年版，第 397—398 页。

②《江口县桃映乡漆树坪羌寨》，http://zt.gog.com.cn/system/2011/07/29/011153971.shtml。

"农历每年正月初三大清早，是'尔玛'人各家各户同时过敬'白石节'的时刻"。当地羌民谚语亦云"白石头放在路上，黑石头放在路边"①。迁居黔地的羌人在日常生活上多已入乡随俗，但古老的白石信仰仍保留下来。

由于山高谷深，地形复杂，加上外来文化影响，白石崇拜在岷江上游地区的分布也未必绝对一致，这跟文化传承的差异以及获取石材的难易等不无瓜葛。如茂县曲谷乡色尔窝等村寨，位于3000米左右的高海拔区域，民居为依山而建的杉板房，基本不见有白石供奉；理县增头寨尽管也属桃坪乡所辖，却不通公路，山路狭窄难行，白石在该寨亦少见，不多几处乃是以一种灰石取代。又如，汶川县雁门乡萝卜寨在旅游开发前也不见有白石，游客前往所见的作为羌文化标志的白石实为近年在地方部门组织下从外面运来的，据该寨释比王明杰对调查者讲："萝卜寨以前不供奉白石神，灾前家家户户房顶上的白石是当时的公社集体拉回来的，让每家每户放在房顶上。"②从物质呈现角度讲该寨如今不见有房顶上供奉白石的习俗，并不意味着白石信仰在当地村民中不存在。1987年民间文学工作者从萝卜寨搜集的神话《热比娃取火》中，就有"把神火藏在白石""用白石相碰发出火花""火是靠白石给人类带来的，所以羌族人民把白石尊为至高无上的神灵"的明确叙事③。有精神层面的白石信仰却不见物质层面的白石供奉，其中自有缘故。实地考察可知，在形形色色的羌寨中，距离汶川县城15公里、成都150公里的萝卜寨是以"黄泥羌寨"著称的，其位于岷江上游高山峡谷区第四纪冰川堆积的黄土台地上，海拔约1970米，是高半山台地选址建寨的典型，人称"云朵上的街市"。有别于石头砌成的理县桃坪羌寨，这个山顶寨子200多户居民的房屋主要是用黄泥筑就的，而就当地环境言，萝卜寨所属的整个雁门乡都是黄土（粘壤土）较多，多分布于较高的山上。汶川县城威州镇所辖布瓦村位于岷江与杂谷脑河交汇处海拔2000多米的山上，羌语"布瓦"即黄泥土峰之意，该村寨从县城灾后新建红军桥处威州亭上遥遥可望，其最丰富的建筑材料亦是黄

---

① 刘源泉：《白石莹莹象征神——羌寨风情暨"尔玛"文化揽胜之六》，http：//www. gz. xinhuanet. com/ zfpd/2007–11/02/content_ 11565075. htm。

② 贾银忠主编：《濒危羌文化——"5·12"灾后羌族村寨传统文化与文化传承人生存现状调查研究》，中国文联出版社2009年版，第31页。

③ 《中国民间故事集成·四川卷》，中国ISBN中心1998年版，第1124页。

土，寨子里的黄土碉楼群引人注目，而根据《汶川县威州镇布瓦村精品旅游村寨规划》，布瓦当地被列为非物质文化遗产传承人的民间艺人有 12 名，如蔡云清、陈应德、董天福等，"这 12 名民间艺人的传承技艺就是黄泥羌碉的夯筑工艺"①。也许，这跟石材缺乏的状况有关，或以为这是当地不见白石供奉的缘由，但也不尽然，20 世纪上半叶赴羌区调查者就明言萝卜寨人家房顶上是有白石的（见下文），看来白石崇拜传统在此有过断裂。不过，萝卜寨毕竟是目前岷江上游羌区名声在外的大村寨，该寨所属的雁门乡也是成都经都江堰通往黄龙、九寨沟等旅游风景区的必经之地，属于阿坝州门户所在区域。随着旅游这"无烟工业"在中国铺开，民族色彩和区位优势使该寨很快就吸引来了旅游开发者的目光，而利用"在地性"文化资源向外界进行展演也就成为必要。根据人类学的表演理论，注重异质性的文化展演往往趋向于"一种有意识的传统化"②，那么，借助民族文化资源开发旅游，人们首先会想到的是那些最具标志性的元素和代码。于是，从其他寨子请来释比，从别的地方运来白石，再辅以羌人的种种习俗活动，也就是将当地人心目中最具传统意味和代表性质的象征符号"聚集到一起并被组织到一个表演中"③，便成为羌区这个有名村寨如今发展旅游产业自然要做的事情。换言之，借助旅游向外来游客尽可能多地展示典范化的羌文化符号，并且以尽可能多地展示典范化的羌文化吸引更多外来游客，也就在当地政府和当地民众的意愿趋同下成为必然。

本已不见白石的村寨，如今又被有意识地搬来了白石，除了基于旅游的商业动机以及族群展演的目的，对当地人来说，这也是一种强化族群记忆的手段。"5·12"地震发生以来，这种现象在川西北羌区灾后重建中是普遍的（就我田野走访所见，地震后羌区村寨重建中，把这种符号化展示推向极致的大概莫过于茂县以"白石羌寨"命名的甘青村；在理县通化乡西山村，农历八月初八的"白石祭"，如今在媒体宣传下也渐渐名声

---

① 《汶川县威州镇布瓦村精品旅游村寨规划》，见中国阿坝州门户网站（www.abazhou.gov.cn），发布时间：2010-05-07，来源：阿坝州政府信息化工作办公室。以黄泥夯筑碉楼技艺在布瓦羌民中世代相传，或家传或师传，如县级传承人董天福，"从小跟随父亲董治成、爷爷董祥庭学习黄泥夯筑技艺"；蔡云清，"从小跟随师傅李顺家、师祖李兴明学习黄泥夯筑技艺"（《羌族文化传承人纪实录》，四川科学技术出版社2012年版，第145页）；等等。

② ［美］理查德·鲍曼：《作为表演的口头艺术》，杨利慧、安德明译，广西师范大学出版社2008年版，第202页。

③ 同上书，第206页。

图 1-2　在白石海留影，我身后是系着羌红的硕大的白石
（茂县松坪沟，孟燕摄影）

外扬）。不必讳言，受外来的、多元的文化冲击，包括白石崇拜在内的羌族文化传统如今也面临淡化、消退的危机。有进入羌区者写道："近几十年来，羌族文化被大众通俗文化同化的过程日趋严重，羌族传统文化受到很大冲击"，比如，"在我们采风的 1983 年，所到山寨，只有中年以上的男女会唱羌歌、跳羌舞，青少年更感兴趣的不是《在那桃花盛开的地方》，就是《路边的野花不要采》之类的流行歌曲了"；2008 年 "5·12"地震后，"奔赴灾区，在北川中学的临时帐篷里对学生们进行音乐心理治疗。大部分孩子倒是都会唱一、两首《酒歌》，会跳一点儿锅庄。当问他们跳锅庄为何要甩肩摆胯时，回答是不知道；问及放置于家家户户房檐上的白石头的来历时，回答是不知道；问及羌族从哪里来，回答也是不知道"①。类似现象未必不具有普遍性。2002 年 9 月，我们赴岷江上游地区做民族民间文化调查，即看到由于受外来文化影响，羌族年轻人多不愿穿本民族服装，喜欢流行歌曲的他们也没兴趣学本民族歌曲，身为羌人而不会羌语的现象也多见。在茂县知名的 "山菜王" 酒家，我们经历了隆重热烈又颇富民族特色的迎宾仪式。在一位手摇法铃、作释比打扮的中年男子带领下，身着羌族服装的青年男女吹长号、放火铳、手击羊皮鼓、唱起迎宾歌，为我们系红绳，请我们吸咂酒。餐厅门上高悬带角的羊头骨，房梁上挂满色泽金黄的猪膘，整个环境布置洋溢着浓郁的民族风情。就餐时，我随便问了问身着羌族服装的年轻女服务员，向她请教羌语 "你好"

①　萧常纬、周世斌：《羌寨无处不飞歌——茂县羌族民歌选》"序"，人民教育出版社 2009年版。

怎么讲，她回答不会说羌语，令我颇感意外；再问其父母是否羌族，回答说是。就我们调查所知，年轻一代不学羌语的现象在沿江顺公路交通发达地区甚为突出。9 月 6 日，在当地人大、政府组织的座谈会上，茂县文体局提交的书面材料云："由于羌民族随着市场经济的发展与汉民族及其他民族交往增进，大文化的引入，民族文化的传承、弘扬受到了一定程度的冲击。沿河交通发达地区，已有很大一部分羌民不使用本民族语言，对本民族文化认识了解甚少，民族文化的流传范围在不断收缩……"① 2011 年5 月 4 日下午，走访汶川听羌锋老释比王治升讲释比，他在用羌语为我们念一段经文之前，就对现在年轻人不讲羌话会使羌族核心文化"青黄不接"的现象深表忧心，他说："我们那儿年轻人都不说羌话，比如我们的娃娃些（他边说边用左手示意高度，说明是小孩们——引注），你跟他说羌话，他汉语答应你"。羌民族是有语言无文字的，语言对于维系民族的重要性人人皆知，如果羌人在现代化进程中连本民族语言也丢失了，其后果的严重性不言而喻。这说明现代化进程在推动族群交往和文化交流的同时也使少数民族文化面临严峻挑战，它反映出处于文化弱势地位的民族对自身文化价值认识不足以及民族文化自信心缺乏。大势如此，作为族群信仰的白石崇拜在现代羌人中渐趋弱化，也就难免。有鉴于此，保持并强化作为族群记忆的白石符号，对于羌人来说是必要的。

　　白石之于羌人，不仅仅是白色的石头，如伊利亚德所言，"宗教的石头总是记号，总是代表某种超越于它们的东西"，也就是说，"其神圣的价值总是归结于某物或某地而不是归结于它自身的实际存在"②。神圣的白石，既是族群特色的代码，又是族群展演的符号。小而言之，白石将神话叙事中的羌与戈区分开来；大而言之，白石崇拜亦成为羌语支人群的显眼标志。在汉藏语系藏缅语族中，具有"邛笼"（碉楼）文化的羌语支各集团，是在汉代以来陆续分化的。"操羌语支的居民，除了语言和文化上的共同特征外，在原始图腾、风俗习惯等方面都还有不少蛛丝马迹的线索可循。例如，凡操羌语支语言的居民，都把白石作为自己的崇拜的偶像。这是否与羌族用火有关，羌族称可以用来打火的石头为 b'luphi '白石'。而他们崇拜白石，供奉白石，甚至创造了民间口头传说，将白石誉为羌族

① 李祥林：《岷江上游民族民间文化考察及思考》，《四川戏剧》2003 年第 3 期。

② ［美］米尔恰·伊利亚德：《神圣的存在——比较宗教的范型》，晏可佳、姚蓓琴译，广西师范大学出版社 2008 年版，第 221、206 页。

战胜外来侵略的武器，并加以神化。"① 民族学资料表明，白石崇拜亦为操羌语支语言居民的共同特征之一，比如康定的木雅人、道孚的扎巴人、阿坝的嘉绒人、凉山的尔苏人等等（2017 年 9 月，去川西石棉县蟹螺堡子参加尔苏人名为"古扎子"的环山鸡节，我曾目睹当地村民杀白鸡祭白石的庄重仪式）。再看西南地区与羌有或多或少血缘瓜葛的某些民族，如纳西族信仰的民族保护神"三多"，其化身即是一块白石；在香格里拉县三坝纳西族乡许多村子，人们用白色石或白色土设立家庭的烧香灶和社区公用的烧香灶②。当然，"尽管在中国西南地区敬奉白石的不止是羌族，但川西北羌民族的白石崇拜习俗无疑最具有代表性"，正如 2014 年羌年我在茂县羌文化研讨会上所言（2015 年 9 月 20 日在理县西山村"白石祭"活动后的"西山白石文化研讨会"上，我再次强调了这点）。总之，研究民间宗教信仰可知，"民间宗教除了满足一般民众的个人心理需要之外，还表现出个人与社会的不可分割性。对'己'和'他人'、个人和社会、私和公、人和超人、世俗和神界关系的界定，是民间信仰和仪式的主要内容"③。事实可证，白石作为象征符号对于羌人来说即是如此，从族群意识看，是划分我族与他族边界的标志；从宗教信仰看，又是沟通自我和神灵的媒介。

第二节　族群信仰的象征表达

象征（symbol，又译"符号"）是人类重要的表达方式，"意义"与"象征"是象征人类学的核心概念。象征表达意义，或者说意义被象征表达，要依赖相关群体共享的具体的公共符号体系。所谓"公共符号"，是指事物、事项、关系、活动、仪式、时间等，此乃处在同一共同体的人们所赖以表达世界观、价值观和社会性、群体性的交流媒体，白石便属于羌民社会中的这种"公共符号"。不同的族群文化有着不同的象征符号，这些象征符号又生长在不同的历史文化土壤中，表达着不同民族或群体对其所处世界的不同理解，有如梅、兰、竹、菊在中原汉文化传统中象征着品

①　孙宏开：《试论"邛笼"文化与羌语支语言》，《民族研究》1986 年第 2 期。
②　杨福泉：《再论纳西族的"黑""白"观念》，《西南民族大学学报》（社会科学版）2009 年第 8 期。
③　王铭铭：《社会人类学与中国研究》，广西师范大学出版社 2005 年版，第 145 页。

行高洁的君子，白石之于羌人则象征着天地间大大小小的众神，在祈吉驱邪仪式层面上有着相当丰富的寓意。因此，对于不同文化的认识要求我们区分其中不同的象征体系，认识它们的意义，研究其如何影响人们的思想及行为，与此同时，还要叩问其在当地人或该族群生活中的发生学根据。考察羌人的白石信仰，这些都是我们应关注的。

图 1-3　汶川绵虒羌锋人家屋顶上供奉着白石的"勒夏"

白石作为"显圣物"（hierophany），是羌民信仰世界中的神灵象征。在符号学家看来，某物要成为另一物的符号，务必符合"简洁'经济'"原则①。也就是说，每一个象征都是以最简明的形式来代表许多事情。从根本上讲，信奉万物有灵的羌人是无所谓偶像崇拜的，他们以白石代表自己所敬奉的天地诸神，正遵循着符号学理论所讲的这种化繁为简的经济原则。对于居住在山高谷深地区、彼此间信息传递欠畅的羌人来说，选择这种以一（白石）寓多（神灵）的简洁象征符号来表达他们的神灵信仰，实际上也是羌人为维系和强化自我族群认同所采取的一种便捷又聪明的手段。多神信仰是羌族民间宗教的特点，其崇拜的天神、地神、山神、寨神以及世间所有神祇，皆无固定偶像，而是融合在白石崇拜中。这被视为神灵象征的白石，是一种白色石英石，在松潘以下岷江流域河滩常见，羌语称为"俄许""俄比"（也有的称"阿渥尔"），安放在山上、林中、地里、屋顶、室内，能驱除邪祟，保佑人畜平安。羌族地区所奉神灵究竟有

---

① ［意］安贝托·艾柯等、［英］斯特凡·柯里尼：《诠释与过度诠释》，王宇根译，三联书店 2005 年版，第 51 页。

多少呢？据说不下百种之多。圣洁的白石，可以代表天神，也可以代表山神、寨神以及其他神灵。如在汶川雁门乡，据 20 世纪 80 年代调查者描述，"每家的屋顶供有五块白石：一块是分昼夜的神，二块是天神，三块是地神，四块是本地土主神，五块是猎神，羌民认为这些是最应尊重的神灵"①。这是笼统言之，各村寨实际上亦有差异。据 20 世纪 30 年代胡鉴民实地所见，"羌民屋顶上均有神，但神之尊数则各处不同，例如在汶川县之萝卜砦，屋顶上凡五尊神，用五块白石代表"，分别为天神、地神、山神（立地之神）、山神娘娘、关老爷；在理番后二枯上三里，羌人房顶上则供开天辟地神、地母神、还愿开路神、山神、建筑房屋之神、指示战争之神、天门神、冬藏神等九位②，凡此种种，不一而足。总之，白石之于羌人起初是天神的象征，后来逐渐发展为以之代表天地间各种神灵。从族群角度论其现实功用，把形形色色、纷繁复杂的神灵系统归结为单一的白石象征，并且以之作为从信仰心理到日常行为上保持和加强族群联系的"公共符号"，这种寓多为一又以一喻多的做法，的确是遵循着思维经济原则（简化规律）的不无聪明的选择。

从建筑看，白石作为"显圣物"在羌族村寨中占据着重要位置。1938 年暑假，四川大学冯汉骥只身赴松潘、理县、茂汶做羌民族调查，历时三月，次年夏又担任教育部组织的川康科学考察团社会组组长率队再次前往调查。根据两次田野所得，他回来后写成《松理茂汶羌族考察记》，其中谈及羌人的物质文化时云："羌屋之平顶，为屋宇中最密之处，后面之墙，高起七八尺，上供白石神位。"③ 他所讲的正是羌语所谓"纳萨"，或因方言差异而读音"勒夏""纳察"④，那是羌人敬神、祭祖、还

---

① 《羌族社会历史调查》，四川省社会科学院出版社 1986 年版，第 76 页。

② 胡鉴民：《羌族之信仰与习为》，见《川大史学·专门史卷（三）》，四川大学出版社 2006 年版，第 60—61 页。

③ 冯汉骥：《松理茂汶羌族考察记》，见《四川大学考古专业创建四十周年暨冯汉骥教授百年诞辰纪念文集》，四川大学出版社 2001 年版，第 32 页。

④ 2016 年 7 月在汶川绵虒羌锋，我听见包括 82 岁的老释比王治升在内的村民皆读音"勒夏"。2011 年，我先后走访汶川县龙溪乡巴夺寨以及地震后迁往邛崃的该乡夕格寨的羌民，他们对此的羌语读音为"纳察"；2012 年 1 月 6 日在汶川水磨镇，我就此读音问题请教阿坝师专教授陈兴龙（羌族），他说因地方不同而有方言差异，在茂县有读音"纳色""纳萨""纳察"的，他的家乡曲谷是读"纳萨"，并且说他在自己著作中基本上使用"纳萨"，是为了方便学者们发音。陈教授是茂县曲谷人，也是羌族拼音文字方案创制组八人之一，目前由政府确定的规范化羌语主要是以曲谷一带为标准的。

愿的圣坛。作为祭祀神灵的圣坛，纳萨用石块和泥土建造，"它的形状、大小、设置都有严格的规定，如位于房顶和碉楼顶上后背面的正中间的纳萨，大小和宽窄要与整个建筑协调，也要考虑美观。在修建纳萨时，在墙体内安放一个内装有五谷、金、银、珊瑚、玛瑙、铧尖、箭头、匕首、羊毛线、五色彩条布和麻线的小坛子，下台较宽，便于放置供品，中台外部设一方形凹口，用于供放柏枝香火，上台顶部供置天然白石，白石一般放3块到5块，中间一块如羊头大小，周围几块略小。纳萨的背面镶有三片突出墙面20厘米、凿有10厘米直径圆洞的青石板，主要用于插杉枝或神旗，在最下面的那块青石板上供放带角的羊头骨或牛头骨"①。当然，这是建造得讲究的，也有做得简单的（如前述贵州羌族），无论讲究还是简单，其中不可少的是代表神灵的白石。按羌人习俗，家家户户私祭白石神的地点在屋顶，村寨民众公祭白石神的地点在神树林。羌族民间宗教活动中祭天神常见，由释比主持的祭天会在村寨附近神树林中举行，祭祀是围绕着高约六七尺，顶上供着白石的塔子进行的，故而又称"塔子会"，此乃当地人祈求丰年的活动。

从民俗看，白石作为"显圣物"在羌民心目中有多样的神奇功用。或是请神，理县通化乡立木基、季瓦二寨举行山王会，"每年秋收后，与八月一日祭山王还鸡愿，各寨各备一白石代表山王"②，山王即山神。或是祈吉，"正月初一，拿白石进屋，象征进宝。正月间串亲戚，送一块白石，喊'财来了'，象征送财宝，并供在主人家的神龛上。打猎是供奉白石，以祈求狩猎吉利"③。或是驱邪，汶川县雁门乡小寨子释比袁真奇演唱的上坛经《出学》（解秽）有道："点燃木香解秽气，杀鸡宰羊以除污……解除污秽须用石，白石用来扫神坛，黑石打扫山和路，黄石用来除黑使。"④或是求雨，"北川县羌人每逢天旱，则用大木盆盛水，将白石神浸入盆中，直到将大雨时，才将白石神供还原处"⑤。农业生产对于川西北羌民来说是关系生计的大事，白石崇拜亦渗透在其农耕习俗中。在羌

---

① 陈兴龙：《羌族释比文化研究》，四川民族出版社2007年版，第81页。
② 《中国原始宗教资料丛编：纳西族卷·羌族卷·独龙族卷·傈僳族卷·怒族卷》，上海人民出版社1993年版，第558页。
③ 《茂汶羌族自治县概况》，四川人民出版社1985年版，第25页。
④ 《中国原始宗教资料丛编：纳西族卷·羌族卷·独龙族卷·傈僳族卷·怒族卷》，上海人民出版社1993年版，第518页。
⑤ 同上书，第556页。

区，"许多田地中或地边立有白石，是青苗土地。耕地播种前，杀一只鸡到田头祭青苗土地……青苗土地是保护庄稼丰收的神，大概本是青苗白石，后来采用了汉名而称土地神"①。理县通化附近乡民在四月举行玉米播种仪式，"择吉日开土，在良田中指定一块地方。中央放白石三块（一块亦可，但忌双数），代表谷神。上燃柏枝，然后大众分头下种。种毕，下午请端公敬谷神，端公戴猴皮帽，打鼓念经"②。理县九子屯一带羌民的青稞播种仪式，由释比主持，与之相同。

图 1-4　茂县牛尾村羌民屋顶的"纳萨"

　　在羌族地区，人们为何选择白石作为神灵象征呢？民国初年，来到岷江上游地区的英国传教士陶然士（Thomas Torrance）试图用异邦宗教来解释羌民信仰，认为羌族神灵崇拜跟早期闪族人相同：神树林、石砌祭坛、几颗白石；早期闪族宗教仪式在哪里举行，就要在那里竖立白石，这白石是上帝跟子民联系的标记……诸如此类观点，见于他撰写的《羌族的历史、习俗和宗教》（1920 年）、《中国最早的传教者：古代"以色列人"》（1937 年）等著作。在比较中求异同的陶然士之论，不免主观臆测，且有殖民色彩的西方中心主义之嫌。这般腔调不免使人想起近代以来西方人在研究中国问题时提出的"汉民族西来说"，他们要么称汉族源自巴比伦，

---

　　① 《中国原始宗教资料丛编：纳西族卷·羌族卷·独龙族卷·傈僳族卷·怒族卷》，上海人民出版社 1993 年版，第 552 页。
　　② 同上书，第 553 页。

图 1-5　汶川巴夺寨羌民屋顶的"纳察"

要么说汉族源自埃及，诸如此类，早已被学界质疑和否定①。今天，连清醒的国外研究者也指出，过去在追溯中国文化源头时，"西方学者则被他们所相信的中国文化大半是由中亚'输入'、'移植'及'文化传播'的偏见所影响"②。实际上，羌民的白石崇拜作为"地方性知识"，跟其族群记忆中的族群历史紧密联系在一起，有着久远的民族心理根基，借用人类学家雷德菲尔德的说法，是属于本土滋生的"原生文明"（primary civili-

---

① 徐杰舜：《汉民族发展史》，四川民族出版社 1992 年版，第 6—7 页。对于华夏民族"西来说"，史学家吕思勉在 1935 年出版的《中国民族演进史》第二章论述"中国民族的起源怎样"时，即辩驳甚详。顺便说说，国家文化部和香港政府于 2012 年 6 月在香港举办"根与魂——四川非物质文化遗产展演"，9、10 日是舞台文艺演出，14—21 日是手工技艺展览。后者在香港中央图书馆展览厅，图书馆位于铜锣湾维多利亚公园附近。应其邀请，我于 16 日下午在香港中央图书馆一号活动室（能容纳听众 100 多人，港方以网上报名方式确定听众，以便把握人数）作学术讲座，题目是"丰富多彩的四川省非物质文化遗产"。讲座结束后，刚才互动时提问的一位中年男士主动找我交谈，同我聊起 20 世纪初英国传教士陶然士进入岷江上游羌区传教（因为我在讲座及展示的图片中，涉及川西北岷江上游羌族村寨及文化较多），谈到当年陶然士称羌族是犹太人的后裔，还提到陶然士的儿子后来回访羌区，等等。闻其言，我有些诧异，怎么香港会有如此熟悉这些往事的听众。据其自我介绍，他说陶然士的儿子是他的老师，他现在任教于某大学。我对他讲，陶然士的观点其实并不妥当，因为羌族的生活、信仰、习俗都有自己的体系和特点，跟犹太人相去甚远；我还告诉他，陶然士之后，有美国民族学者葛维汉去羌区调查，其回来后在自己的著作中也纠正了陶然士的观点。随后，我告诉他，尽管陶然士关于羌族之人种来源的观点不妥，但他是最早进入岷江上游羌区并通过其著作向外界介绍羌族的人士之一，这也功不可没。

② ［美］拉铁摩尔：《中国的亚洲内陆边疆》，唐晓峰译，江苏人民出版社 2005 年版，第 223 页。

zation），也就是"从当地的民俗传统发展而成"的①。根据 20 世纪 30 年代川西北羌区调查材料，羌民中流传的故事是：羌戈大战以戈基（葛）人惨败逃亡、羌人获胜重建家园而告终。为报答神恩，羌人准备向神献祭，可是，"民众只知他们的祖先曾在梦中得神之启示，但不知究为何神且不知神究竟属何种形相，故云：'呼神神勿能应，指何物为神乎。'民族领袖问：'我们的祖先打灭葛人用何武器？'众答：'用坚硬之棍打胜，用白石打灭葛人。'领袖云：'白石打灭戈基人，即报白石可也！'众人称善，各觅一白石而返，领袖云：'白石即为吾等之神，以后如有忧患或灾难，你们可在白石神前祷佑。'"② 于是，白石便被羌人视为保佑自己的神灵的象征。也就是说，由于不清楚神灵是何模样，所以羌人选择了曾帮助自己战胜敌人的白石作为神之代码。那么，以白石帮助羌人的神灵是谁呢？是木姐珠。1986 年 7 月，北川县马槽羌族乡一位年逾古稀的妇女就讲了一则白石神的故事："很早以前，羌族人跟哥鸡人打仗，有一回羌族人没打赢，全靠天女木姐从天上摔了一条白石头下凡，变成一座大雪山才把哥鸡人挡到。羌族人为了报恩，就弄些白石头来供起。流传到现在，又把白石神叫'雕雕菩萨'。"③ 而在羌区广为流传的神话中，这白石又是天母送给女儿木姐珠（她被羌人奉为先祖）的，来历不凡。

　　天女木姐珠与凡人斗安珠经历种种难题考验后有情人终成眷属，二人辞别天宫要到人间寻找自己的幸福生活。临行之前，木姐珠的妈妈对他们说："我的阿吉和吉米！我送你们几样好东西：珍珠般的麦种似黄金，玛瑙似的青稞像银粒"，还有杂粮、豆类、菜种以及松、杉等树种，并且特别嘱咐："我的阿吉和吉米啊！另赠白石三尊有来历；洁净的白石长山顶，尔玛人要靠它胜强敌。"羌人凭借白石打胜仗的故事，见于今人称为《羌戈大战》的叙事长诗。接着，天母又叮嘱二人："白石要供奉在房顶

---

① ［美］R. M. 基辛：《文化·社会·个人》，甘华明等译，辽宁人民出版社 1988 年版，第550 页。

② 胡鉴民：《羌族之信仰与习为》，见《川大史学·专门史卷（三）》，四川大学出版社 2006 年版，第 59 页。

③ 四川省北川县民间文学三套集成编委会编：《中国民间文学集成·北川县资料集》上册，1987 年 10 月，第 200 页。故事中的"木姐"即木姐珠，"哥鸡人"即戈基人。讲述人叫赵张氏，女，羌族，76 岁，农民，不识字，北川县马槽羌族乡坪地村人。

上，沐浴阳光熠熠生紫气，如果阿爸阿妈想你们，远在天宫可以遥望你!"① 在此，叙事口吻是从神的角度出发的，讲白石乃是天神从人间芸芸众生中辨识自己后代的特有标志。既然圣洁的白石是天神赐给的，白石也就作为对神灵的古老记忆存留在世世代代羌人的心中。从此以后，"石砌楼房墙坚根基稳，三块白石供立房顶上"②，这房顶上专门供奉象征神灵之白石的"纳萨"，也就成为羌族传统民居上不可缺少之物。对白石的信仰，似乎也反映在羌区发掘的古墓葬中。川西北岷江上游地区（自汶川起至松潘止）屡屡发现战国至秦汉年间的石棺葬，学界有认为其创造者当是从西北甘、青等地迁入川、滇的氐羌人。关于氐、羌，吕思勉有"羌其大名，氐其小别"之说，在他看来，"羌亦东方大族。其见于古书者，或谓之羌，或谓之氐羌。案《周书·王会解》：'氐羌以鸾鸟'。孔晁注：'氐地羌。羌不同，故谓之氐羌。今谓之氐矣。'则汉时之，即鼓所谓氐羌。盖羌其大名，氐其小别也"③。在茂县南新乡别立寨石棺葬中（属于战国至西汉石棺葬文化类型），考古工作者曾发掘出作为随葬物的白石。从放置方式看，或将白石撒在棺内人骨架的上半部，或将较大白石放置在人骨头部，或将小的白石堆放在人头骨两侧④。岷江上游考古发现的这种以白石随葬的情况受到学界重视，其为族源古老的氐羌民间信仰提供了旁证。此外，如尔玛人的口头文学所述，岷江上游羌民的先祖来自甘、青河湟地区，而从考古成果看，在大西北齐家文化遗址的墓葬中，有以数量不等的小石块作随葬品的，"这种小石块，多数是白色的，也有作浅绿色或灰褐色的"⑤。譬如在甘肃永靖，考古工作者从大何庄 6 座齐家文化墓葬中发现了小白石子，各墓有 2—48 块不等，放在肱骨或盆骨旁边；从秦魏家发掘的 21 座齐家文化墓葬中，各墓随葬的白石数量从 2 块到 105 块不等，撒在人骨四周或者堆放在一起⑥……如此这般葬俗，透露出值得关注的古老信息。

---

① 罗世泽、时逢春搜集整理：《木姐珠与斗安珠》，四川民族出版社 1983 年版，第 67—69 页。

② 同上书，第 71 页。

③ 吕思勉：《中华民族源流史》，九州出版社 2009 年版，第 260 页。

④ 沈仲常：《从考古资料看羌族的白石崇拜遗俗》，《考古与文物》1982 年第 6 期。

⑤ 谢端琚：《略论齐家文化墓葬》，《考古》1986 年第 2 期。

⑥ 中国社会科学院考古研究所甘肃工作队：《甘肃永靖大何庄遗址发掘报告》，《考古学报》1974 年第 2 期；《甘肃永靖秦魏家齐家文化墓地》，《考古学报》1975 年第 2 期。

图1-6　"白石取火"：羌民生活中使用的火镰

根据文化唯物论（Cultural materialism），"一个民族的世界观或宗教仪式不是与生活的物质条件直接联系在一起，就是间接地联系在一起"①。对于羌人的白石崇拜，除了从民间信仰入手，有必要结合其日常生活加以考察。事实上，除了信仰层面的意义，白石在羌人生活中是有实实在在功用的。木姐珠神话里，向她求婚的斗安珠曾葬身火海，是木姐珠的眼泪使他复活，为了给他疗治火伤，木姐珠请来阿巴锡拉，"阿巴锡拉取出作古油，反复为斗安珠抹擦伤痕；用烈火烧红三尊白石，焌水取气为斗安珠熏身"②。考察羌医药可知，这种白石焌水取气的蒸气疗法，其实是羌民治疗疾病的传统方法之一。羌族神话《燃比娃取火》（燃比娃又作热比娃），讲火神蒙格西"把神火藏在白石里"，使燃比娃瞒过了恶煞神喝都，把火种从天庭带到人间。蒙格西告诉燃比娃："你去到人间，用两块白石碰击，就会有神火出现，用干草和树枝点燃，就会出现熊熊烈火。"③ 从此，人间才有了温暖和光明。火是靠白石带给人类的，所以羌人世代尊奉白石为神，此乃有关白石崇拜起源的又一说法。神话折射着现实，直到今天羌族民间依然保留着用火镰撞击白石生火的习惯，犹如当代羌族作家笔下所写："小时候，我看大人吸兰花烟或者生火时，总是用一种叫野棉花的植物，采下它的骨朵，放在锅里蒸后晒干。用的时候，按一团野棉花在一小

① ［美］R. M. 基辛：《文化·社会·个人》，甘华明等译，辽宁人民出版社1988年版，第155页。

② 罗世泽、时逢春搜集整理：《木姐珠与斗安珠》，四川民族出版社1983年版，第48—49页。

③ 《羌族口头遗产集成·神话传说卷》，中国文联出版社2009年版，第30页。

块白石上，取下腰间嵌着一块铁片的火匣子在白石上猛擦几下，白石飞溅出火星，干燥的'火草'便冒出缕缕青烟，慢慢地燃起来。老人们用白石生火，我们小孩子也学着大人，捡来白石做玩具。白天，总爱用白石在碉房的角落里碰呀碰，看到飞溅的火花，便十分快活……"① 2010 年 3 月，茂县创作的大型歌舞《羌魂》来省府成都演出，我看见，其中"白石取火"亦是作为重要场景设置并从视觉效果大加渲染的。日常生活中的白石取火，无疑为尔玛人的白石信仰提供了现实基础。归根结底，羌族的白石信仰有来自日常生活实践的发生学基础。

第三节　族群身份的婉转叙事

文化人类学对宗教信仰的研究，既要分析构成宗教信仰的象征符号所表现的意义系统，也要把这些系统与社会结构及族群心理联系起来。古老的白石信仰中，既表征着羌人信奉的神灵世界，又凝聚着羌人持守的族群意识。在茂县和黑水毗连地区，传说白石神乃是拯救村寨民众的小伙子所变；茂县曲谷一带又有三种传说，一是指路标记，一是木比塔指点给羌人战胜戈人的武器，一是羌、戈交战中羌人战败而藏身白石岩洞得以脱难。② 此外，茂县等地还有使羌人避免火灾的青年或鸟儿化身白石的故事，尽管内容较为简单，但仍然属于羌族民间叙事中的"白石救难"母题系列。川西北羌区有关白石的种种神话传说，殊途同归地指说着白石使羌人或摆脱困境，或免除灾难，或战胜敌人，总而言之，这救难的白石乃是护佑羌人的"显圣物"。对此"显圣物"的民间叙事中，有两点务必重视：一是白石化作雪山保护羌人摆脱魔兵，是天女木姐珠给的；一是白石作为武器帮助羌人战胜戈人，是天王木比塔给的。二说殊途同归，均意在表明功用神奇的白石作为中介连接着神、人关系，尔玛人是得到天神恩宠和护佑的，因为"羌人自来敬上天"，他们自视为"天人的后代"。2013年 5 月 11 日我在茂县参加"羌文化传承创新与区域经济发展"研讨会，当地羌情协会年近古稀的老人王正平谈到本民族的火崇拜、白石崇拜时就

---

① 朱大录：《白石的思念》，原载 1881 年 11 月 22 日《四川日报》，又被收入《新时期中国少数民族文学作品选集·羌族卷》，作家出版社 2014 年版。

② 《羌族词典》，巴蜀书社 2004 年版，第 280 页；第一种传说又见《羌族释比的故事》，汶川县人民政府编，2006 年 6 月，第 164 页。

说:"羌人为啥子崇拜白石? 那么, 笼统的一句话, 就是白石代表羌、天神。"接着, 他娓娓讲述了天母也就是木姐珠的母亲如何让女儿把火种藏在白石中带到人间的故事。羌人以白石为中心的口头叙事世代相传, 表明并强化着自我族群来源及身份的"神圣性", 实质上此乃羌人有关自我种族身世的"神圣叙事"。

图1-7　"白石羌寨"(茂县甘青村) 的白石广场

"时若晨光鶏鸟灿, 夷峒番碉白石烂", 这是清人吴嘉谟在《雪山天下高》诗中记录的川西北景象。羌人崇拜白石, 视其为神灵的象征, 从村寨祭山的塔子到家家户户的屋顶都供奉之。如前所述, "5·12"地震后, 以白石作为现代化建筑物上的装饰图案, 在汶川、北川城里更是随处可见。人称羌族史诗的《羌戈大战》, 讲述羌民祖先从西北迁居岷江上游地区过程中与魔兵、戈基人交战的艰难历程。从已搜集的汉译文本看, 这首叙事诗长达700多行, 其版本之一述说的是女神木姐珠以白石化作大雪山帮助羌人脱离危险, 且听释比经文所唱:"羌人喊声如闪电, 喊声直达九重天; 木姐天宫往下看:'啊! 我的子孙遭灾难!'白衣女神立云间, 三块白石抛下山; 三方魔兵面前倒, 白石变成大雪山。"于是, "三座大雪山, 矗立云中间; 挡着魔兵前进路, 羌人脱险得安全"。摆脱追兵, 来到土地肥沃的热兹大草原, "这是木姐指引的幸福地, 尔玛人要在这里建家园", 驻扎下来的羌人开始修建村寨, "雪山顶上捧白石, 白石供在房顶正中间"①。这里, 木姐珠明确地把羌人称为"我的子孙"。众所周知, 羌人

---

① 罗世泽、时逢春搜集整理:《木姐珠与斗安珠》, 四川民族出版社1983年版, 第93—94、96—97页。

向以"尔玛"（rrmea）自称，对之的解释有多种说法，其中，有本民族的注释者指出："'尔'有'人'意，'玛'有'天'意"，如此说来，"尔玛"的意思是"天人的后代。"又注："木姐：羌语，天女，羌人的始祖。"① 在木姐珠与斗安珠（或燃比娃、热比娃）之神、人婚恋的神话叙事中，羌人之能以"天人的后代"自诩，盖在其女祖木姐珠本是天神木比塔的女儿。2016 年 7 月中下旬，我们有十来天都在汶川绵虒羌锋村簇头寨，围绕羌年话题为 82 岁的释比王治升做口述史摄录，老人在给我们唱述请神还愿的上坛经中有关木姐珠的经文后，也屡屡讲木姐珠是来自天上的，她为羌人生活定下的种种规矩是他们不敢改变的，还说女性在羌寨人家地位高受尊重是因为祖先木姐珠的娘家在天上，至于热比娃本是凡世间的毛人……唯其如此，也就不难理解羌族婚嫁歌《唱根源》之开篇要这样讲述我族来源："父母根源从何来/根源由天宫之中神传来/父母来到凡间地/这月之时来团聚……"② 此外，上述《燃比娃取火》流传于汶川，讲的是火神蒙格西和凡女阿勿巴吉的儿子去天庭寻父并在父亲指点下将火种藏在白石中为寒冷的人间取来火的故事，一位羌族朋友在赠我的书中写道："蒙为羌语火，格为根或种意，西为神，意译为火源之神（火种）……羌语火和天为同音 [m]，其他与火和天有关的多音节词，词根亦同为 [m]。含意的破译，不难发现神话在思考火起源的同时，潜意识中的深层信息表明：火由石生。而石中火又是天上的火神所赐，两者的结合产生了火，也生了燃比娃，有了人类。"③ 该神话的叙事角度虽有别于前者，但在传递羌民为"天人的后代"的族群意识上并无二致，仍属于羌之族群身份的神话式婉转表述。考察语言可知，羌语称"天"为"mu"或"me"④，其北部

---

① 罗世泽、时逢春搜集整理：《木姐珠与斗安珠》，四川民族出版社 1983 年版，第 94 页。

② 《羌族释比经典》，四川民族出版社 2008 年版，第 848 页。

③ 汪青玉：《青玉文萃》，大众文艺出版社 2009 年版，第 128 页。

④ 黄布凡、周发成：《羌语研究》，四川人民出版社 2006 年版，第 338 页；《羌语汉语对照词汇》，http://blog.sina.com.cn/s/blog_ 4e8d4e120100cgi3.htm。又，法国学者石泰安在《汉藏走廊古部族》中指出："在西夏文中，用来指'天'的字转写成汉语就是'没'字（omo）而在藏语中又转写为 mo。它明显相当于羌语中的 mu、mw、ma 等词。在西夏文中指'人'的字也可以转写成汉语中的'没'字（omo，同一个字，也带有同样的小圆点），但转写成藏文则是 rme。……在羌语中也是这样，用来指'天'的那个字忽而带有前缀词 r，忽又将它脱落。"考察西夏、羌、藏语中"天"与"人"的关联，他认为"这种联系可能就是自天而降人之先祖的概念"（耿昇译，中国藏学出版社 2013 年版，第 100—101 页）。

方言亦称"天"为"儿漠叭"①，后者在清代《石泉县志》中有见。析解"天"之羌语的构词，不难发现，"儿漠"实为"尔玛"，至于"叭"则应指"祖先"，因为羌人称"爷爷""祖父""先祖"为"apa"（汉语译音"阿巴""阿叭""阿爸"等）。比如，称呼释比的祖师爷为"阿爸木拉"（apamula）；称呼被羌人奉为先祖的大禹为"阿爸禹基"（apajytçi）。那么，"儿漠叭"这对"天"的称呼，根据羌语组合之意应是"羌人的先祖"；由此也就不难理解他们为何称天神木比塔为"阿爸木比塔"（apamupitha）。在尔玛人的口头叙事中，自视为"天人后代"的他们也常常在危机时刻得到来自上天的眷顾，从茂县民间传说《羌笛的来历》中也能看到，其中讲勒布寨与外族人争夺山林，一天，后者前来偷袭寨子，正在吃饭的人们浑然不察，幸亏有天王派下来的两个娃娃在山顶吹起笛子报信，勒布寨才没有吃亏，"从此，羌人就用笛子互相报信，只是后来才变成乐器的"②。

对于羌人，"天神是羌族的主神，羌族每家每户房顶所供之白云石，既是祖先的象征，也是天神的牌位。他们把祖先神与天神合二而一了，究其原因，祖先是从天而降的"③。天女木姐珠与凡人斗安珠离开天庭来到人间，从此人、神相隔。为了保持尔玛人作为"天人的后代"与天神的联系，如前所述，羌族民间叙事中是借助白石为中介达到的。此外，羌区尚有把白石跟大禹联系起来的民间传说，据当地知识界的说法，反映着"对羌人祖先的崇拜"④，故事如下：羌人的先祖圣王大禹投胎那天，其母亲看见天空中飘着一朵羊角花般美丽的彩云，当彩云飘到石纽山上，突然从云中掉下一块雪白的大石头。白石触地，大地摇动，禹母忽然觉得肚子里有振动，"犹如怀孕儿在动"。她急忙回家告诉丈夫，"丈夫听后很惊喜/夫妻跪拜谢天神"⑤。随后，石纽山下冒出一股清澈甘甜的泉水，从此禹

---

① 《北川羌语词汇（清代）》，http://www.qiangzu.com/thread-97-1-4.html。关于羌语词汇，前人有所搜集，如清朝道光十四年（1834）刻本《石泉县志》（十卷），今有巴蜀书社1992年影印本，见《中国地方志集成·四川府县志辑》第23册。该书卷二《舆地志·风俗部》所附"番译"词语80余则，原本是供官吏问案决狱时参考的，却为今天我们研究羌语留下了不可多得的资料。

② 《羌族民间故事》（五），四川省阿坝藏族羌族自治州茂县文化馆编印，1993年8月，第56—57页。

③ 曾文琼、陈泛舟：《羌族原始宗教考略》，《世界宗教研究》1981年第2期。

④ 陈兴龙：《羌族释比文化研究》，四川民族出版社2007年版，第85—86页。

⑤ 《羌族释比经典》，四川民族出版社2008年版，第220页。

母就饮用这泉水。原来这是天神木比塔赐给大禹的神水，喝了它能懂得治水的道理。大禹出生时，其母的肚子痛了三天三夜，惊动了女神乌斯巴色，后者用白石剖开她的背，生下了大禹……"禹生石纽"的传说在羌人中流传颇广，在属于该系列的此故事中，要点有二：一是讲"先祖"大禹的神圣出生，一是对"先祖"大禹的族群认同。天降白石，禹母感孕，可见这位"圣王"来历不凡，他有着上天神灵的根基和品格。根据羌族口述文学，大禹在他们心目中是神灵转世的，汶川民间传说《大禹王》称其是天神派往人间的"治水的英雄"①，北川搜集的《大禹和端阳节》故事则进而讲述"禹王是龙神"②。从人到神再到龙神，口头建构的历史化叙事如此层层展开，其中隐含的文化心理值得琢磨。既然禹王是来自天上的龙神，那么，尊奉禹王为先祖的羌人也就是"龙的传人"，这在民间叙事逻辑中顺理成章。因此，透过该神话传说，我们看见的依然是羌人对自我族群不凡身份的建构和追忆。白石铭记着尔玛人关于自我身份和自我历史的族群记忆，是他们世世代代族群认同的重要标志，他们无论走到哪里，都不会忘记此。"5·12"地震后，我去邛崃南宝山走访灾后迁居异地的羌民村寨，也见到村民们在屋顶纳察、广场祭祀塔之外又以石板砌龛恭恭敬敬地供奉着五尊白石。川西北羌区地形复杂，这种承载族群意识的白石崇拜在羌区内部亦有种种更具体的"在地化"呈现，如杂谷脑河畔的高山羌寨西山村，其名为"俄比且迪"的白石祭祀中就包含着祖先来自黄河上游唐克草原的历史记忆③。

以白石作为"显圣物"代表神灵和祖先，是岷江上游羌民的极重要信仰。"5·12"地震后，笔者走访重建后以"白石羌寨"命名的茂县甘青寨，看见村头立牌介绍："白石羌寨位于茂县县城西北角的甘青村，其建筑'依山居止''垒石为室'，寨中羌民尚白，以白为善，崇拜白石。"继而讲述从大西北向南迁至茂县的羌人幸得天女抛下白石相助并以白石战胜戈基人的故事，然后写道："为报答神恩，白石羌寨的羌人便以白石作为天神及一切神灵甚至祖先的象征而进行崇拜，并在山间、地头、林间、屋顶、门窗、室内供奉白石，白石羌寨因而得名。"末尾云："走入白石羌寨，神秘的白石崇拜，远古的图腾符号，都在述说着一个古老民族的沧

---

① 《羌族口头遗产集成·神话传说卷》，中国文联出版社 2009 年版，第 83 页。
② 《中国民间故事集成·四川卷》，中国 ISBN 中心 1998 年版，第 1134 页。
③ 李祥林：《白石祭·西山村·羌文化》，《成都大学学报》（社会科学版）2016 年第 1 期。

图1-8　迁往他乡的羌民供奉着白石（邛崃南宝山）

图1-9　陕西宁强羌族博览园展示的白石

桑历史。"关于寨名由来的这番表述，出自当地人之口，当然不是随意的。2011年6月，走访地震后从汶川龙溪沟迁往邛崃南宝山的羌族村寨，我在寨子门前广场祭祀塔侧看见五尊以石板砌龛供奉的白石。住宿在村里，坐在村民家门口和他们聊天，村民一边给我讲述白石神的故事，一边强调说这些白石是从"老家"运过来的……叙事长诗《羌戈大战》中，亦云率领羌民迁居岷江上游地区的"阿巴白构好首领，本是神人来凡间"，他的桦皮经书和金竹神箭是太阳神牟尼委西给的，本领神勇的"他预知三天天上的事，人间的事知三年"①。接下来，《羌戈大战》讲述羌人过上安居日子不久，又有戈基人来犯，"羌戈血战日补坝，乌云遮天天暗淡；双方相持无胜负，战争一连多少年"，于是，神灵出面为二者决斗作裁判：日补坝上，大雪纷飞，羌、戈兵马对峙，"几波尔勒神走上前，发给羌人白云石；几波尔勒神来阵中，发给戈人白雪团"②。双方互击，结果可想而知，羌人首战告捷。几经较量，戈人彻底溃败，凯旋的羌人重建家园，"白石神供在房顶上"，其首领"阿巴白构心欢畅，上对苍天表心愿；白石台前设供物，皮鼓声声祷上天"，他们齐声颂唱："阿爸木比塔，恩泽实无边；木姐来引路，尔玛人人欢！"接下来，阿巴白构又将九个儿子分别派往九个寨子，四边安置十八个大将镇守，并且叮嘱他们："大树自有根，大河自有源；我们不忘祭天事，应该好好来盘算。"于是，经过精心策划，羌民们举行隆重的宰牲祭神仪式，"牦牛杀了十二头，白羊黑羊三十三；千斤肥猪宰九条，祭品供在白石前"③。作为"天人的后代"，尔玛人处处得到神灵护佑，他们也世世代代敬奉象征神灵的白石，后者成为他们族群认同的重要标志。

　①　罗世泽、时逢春搜集整理：《木姐珠与斗安珠》，四川民族出版社 1983 年版，第 84—85 页。除了唱述木姐珠的长诗，该书还收入了《羌戈大战》。
　②　同上书，第 102—109 页。
　③　同上书，第 118—122 页。

第二章

圣树崇拜与传统习俗

"二月二，龙抬头。"这天，是理县蒲溪羌民举行羌语读音"央儒"的祭祀山神、天神的重要日子。2015 年 3 月 21 日（二月二）清晨，灿烂的阳关照耀着白雪皑皑的山峰，蒲溪沟最顶端的高山寨子休溪村的人们身着节日的盛装，聚集到供奉白石、插着青青的神树枝的祭祀塔前，敬神的烟烟熏（四川话读音"qiu"）起了，头戴猴皮帽、手执羊皮鼓的释比们在塔子前虔诚地燃香、诵经、跳鼓、献牛羊，祈求神灵保佑村寨平安、风调雨顺、丰收吉祥。我看见，一整套庄重神圣的仪式中有一重要环节，就是祭祀神灵后释比向村民们分送新采摘的神树枝表达祝福……

第一节　祭神仪式及民间习俗

"自然崇拜是宗教的最初原始对象。"[①] 羌人信奉"万物有灵"（animism），正如释比经文所唱："山的上面有山神/崖的上面有崖神/水的上面有水神/桥的上面有桥神/树的上面有树神/路的上面有路神……"[②] 除了众所周知的白石崇拜，灵木（神圣或灵异植物）信仰亦体现在川西北尔玛民众生活的方方面面。考察羌民信仰可知，杉树尤其是他们心目中的神圣植物，上述蒲溪沟村寨祭祀活动中分送各家各户的神树枝就是这青青的杉枝。田野走访可知，杉木崇拜在羌族民俗生活中可谓无处不在，从中我们可以获得丰富的文化信息。

"皇帝祭寺，百姓祭山。"这是阿坝羌族谚语。祭山会又称山王会、

---

① ［德］费尔巴哈：《宗教的本质》，王太庆译，人民出版社 1953 年版，第 2 页。
② 《羌族释比经典》，四川民族出版社 2008 年版，第 320 页。

图 2-1　岷江上游羌年庆典上释比手中的杉树枝

塔子会，也有称祭天会的，此乃依山而居的羌民祭祀山神和天神，祈求山神、天神保佑人畜兴旺、五谷丰登、森林茂盛、地方太平的大典。以村寨为单位，由释比主持，每户男子参加，会首由各家轮流担任。由于羌区地势复杂，气候有差异，农事季节不同，会期也分别有农历二月、四月、五月、六月、八月等不同。1983 年 5 月，茂县三龙乡羌民举行祭山大典，场面壮观。"每个羌寨附近的山上有一个高约二米的石塔（"纳黑西"），塔顶有几块白石代表山神、天神、树林神，塔的周围环绕青翠的'神林'，一般为松、柏、杉和青杠等树林。祭山会在塔前林间空地上举行。届时全寨男子穿新衣，带刀头、敬酒、三叉形或新月形馍馍赴会。"会首事前已准备羊、鸡、刀头、咂酒、香蜡、纸钱、爆竹等，释比（许）头戴猴皮帽，腰佩法刀，颈悬一串骨质白珠，手持响盘、巴郎鼓和羊皮鼓，"'许'敲羊皮鼓，拄人头形手杖（"涅日谷杂"），走在祭山队伍最前头，他的徒弟帮他拿一些法器，另一人手执挂有五色纸飘带的杉枝（"十卓"，为杉杆祖神，表示敬神还愿），上有五个、七个或九个枝丫。所有参加祭山会的人尾随其后，在各种响器声中从村寨走向会场"。接下来，便是燃柏香、献鸡羊、诵经文、撒青稞、谢神佑、转塔子、行歌舞、享酒肉等。回到寨子，"将'十卓'插于会首房顶的石塔上，以示该户为会首"[①]。其中，被称为"十卓"的杉树枝是代表神灵的。1985 年 10 月，汶川龙溪乡巴夺寨举行祭山会，据目击者介绍，"祭山神地的东南西北插

---

① 《羌族社会历史调查》，四川省社会科学院出版社 1986 年版，第 197—199 页。

着 4 根神树（杉树），树丫上挂着白纸做成的神鸟"①。整个会场，气氛既庄重又热烈。据《汶川县志》，十月初一这天羌民按例举行祭神还愿仪式，向神灵献祭神羊、雄鸡等，"杀的羊、鸡血要抹到白石和杉杆上"②。2010 年 11 月 4 日（农历九月二十八），"5·12"地震后从汶川龙溪沟移居邛崃南宝山的直台村羌民组织羌年庆典，也在老人们带领下举行了砍杉杆祭天神仪式……

居住民俗方面，羌人修建房屋，须请释比还愿，砍杉杆立于房顶，汶川龙溪乡释比经《锡达柳》（修房子）云："择定吉日要修房，修房造屋说根由。底层'戈基嘎补'住，二层房屋羌人住，房顶乃为神灵修。"（戈基嘎补指戈基人，羌族史诗有《羌戈大战》）各层功用有别，安排也不同，"底层'戈基嘎补'屋，用来做圈养牲畜。二层人住铺木板，还须挖个火塘坑。火塘边上安三脚，上面放锅好炊爨。往上安放大小梁，梁上放柴再放竹。竹子上面盖黄泥，紧筑黄泥屋顶竣。房顶边沿修水沟，房顶正中立石碉。石碉上面放白石，再插一根杉木杆。神灵就位人平安，牲畜发展庄稼好！"③ 传说杉杆象征天神，天神就住在杉杆上。羌民多神信仰的世界中，也有树神（亦称"生命树"），羌语叫"披如士"（汶川绵虒）或"洛阿且"（理县桃坪）等，相传树神曾托梦给羌人说："在祭祀那天，须燃柏枝，并在天神后面立杉木一枝……"④ 龙溪乡释比唱经又有《比雅塔涉》，意为"房屋建成敬天神"，词曰："小小杉树苗，一岁长两寸，两岁长两尺，三岁与腰齐，四岁齐肩臂，五岁正好用，砍来做杉杆。""杉杆何处寻？天神都知道，端公亦知道。"又道："这户人家盖新房，新房竣工须还愿。为了答谢神灵恩，请我端公砍杉杆。拿上斧头和绳子，进入杉林花椒林。要砍那株须着准，第一斧头从根伐。树欲倒时须留神，要让树梢先着地。神圣杉杆须去皮，剥皮须从上到下。为将杉杆巧打扮，杨柳树儿砍一株，毛窝草儿扯一把，美丽山花采一束。绳索捆好搬上路，息气坪上且休息。再将杉杆运房后，放到房顶'那萨'处，杀鸡宰羊敬神后，搬上石碉登神位。亲戚家门来祝贺，神灵和人都喜欢！"⑤ 羌

---

① 周辉枝：《羌族"释比"文化考》，《西羌文化》2006 年第 1 期。

② 《汶川县志》，民族出版社 1992 年版，第 797 页。

③ 《羌族社会历史调查》，四川省社会科学院出版社 1986 年版，第 173 页。

④ 胡鉴民：《羌族之信仰与习为》，见《川大史学·专门史卷（三）》，四川大学出版社 2006 年版，第 60 页。

⑤ 《羌族社会历史调查》，四川省社会科学院出版社 1986 年版，第 174—175 页。

语"那萨"，又音译"纳萨"，此指位于房顶后背面正中用石块和泥土修建的祭坛，其背面镶有凸出墙面并凿有圆孔的石板，那是用来插放吉祥青青的杉树枝的。有论者说，"在现代羌语中，'纳'是'好'的意思，'萨'有'处'、'地方'、'重新'、'响亮'的涵义，'纳萨'可以理解为'最好的、突出的、至高无上的地方'"①。立于"纳萨"上代表天神的杉杆，在羌族释比图经《刷勒日》中亦有形象的反映。

人生仪礼方面，羌族传统成年礼也跟杉木崇拜有关。"冠礼（或成年礼）羌语称 ye-boo-dei-sawoo，这是一种规模宏大的仪式。八月间即请端公打扫房屋，被除不祥，准备冠礼，十月乃至十二月方始举行冠礼，前后经过时间之久长不亚于澳洲土人之冠礼。至冠礼举行时期，又有一番极复杂的准备，所用牺牲均要经过洗礼（purifacation）。这些我们此处无暇多述，但是其中有一重要节目需得一述——诸亲族围火而坐，冠礼人著新衣冠，端公跪下，手执杉杆，杆巅有纸制人类始祖之像，冠礼人向人类始祖跪下，另一端公持'mo-ngi'（白牡羊线并系五色布条），此物代表始祖的赠品，当时即围在冠礼人颈上，然后端公跪下祷祝，略谓：'开辟以来即有始祖，产生万物与人，始祖生存的年代固邈不可知，但是他的永存不朽，犹如岩上之大杉非斧斤之所及，遗胤子孙亦应得始祖之庇荫，与天地同老，日月同生，福寿康宁'，云云。"接下来，释比将始祖的赠品分赠在场诸亲属的孩子们，"一面族长谈祖先的历史；一面端公念经祭家中诸神"②。这里，由新衣、杉杆、羊毛线、释比唱经等，为受礼者营造出他将终生难忘的神圣时空。以上田野资料来自 20 世纪 30 年代，时至今日，据当地人讲，行成年礼在现在的羌民中已日渐弱化，恐怕没有多少人知晓这套仪式了。其实，立足人类学立场，通过以上描述可知，在尔玛人隆重举行的成年礼上的种种仪式，以及长辈向晚辈郑重讲述祖先故事和民族历史，对于从幼年向成年转变的受礼者既是有生以来头一次极重要的启蒙教育，也对增强家族团结和族群认同有着不可低估的积极作用。

杉杆象征神灵，家中平时请神谢神也要立杉杆。20 世纪 80 年代末采录于理县的《庆祝歌》，是羌族家庭喜庆节日祝酒歌的开坛词，由族中长者领唱："旧年过了祥未尽，新年到了吉利临。今天是个好日子，柏香香

---

① 陈兴龙：《羌族释比文化研究》，四川民族出版社 2007 年版，第 82 页。
② 胡鉴民：《羌族之信仰与习为》，见《川大史学·专门史卷（三）》，四川大学出版社 2006 年版，第 78—79 页。

图2-2　房顶纳察和山间祭塔上插着青青的神树枝（理县蒲溪）

烟相缭绕。神龛上方插青杉，一枝青杉发九枝。神龛上方挂纸花，神花一朵发九朵。男人下方十二排，女人上方十三排。一辈人发成九辈，子孙万代永不废。今天又是喜庆日，开坛酒先谢神灵。"① 在茂县三龙一带流传的过年唱词《庆贺这一天》中，也有"房顶塔上插青杉，一株青杉变九株"②。从"一枝青杉发九枝"与"一辈人发成九辈"的对应关系看，杉树在此又被赋予了生殖崇拜内涵。即是说，在民间信仰中，"树的形象并不仅仅被选择用来表征宇宙，而且被用来表征生命、青春、不朽和智慧"③。对此，释比经言之甚明："房沿墙上立杉杆/凡人后继多儿孙。"④由于这种含义，羌族传统婚礼唱词说"今天，是主人家给女儿做喜事，昨晚上，主人家你请来了端公，房背上拴山羊的地方栓了山羊，房背上拴绵羊的地方都栓了绵羊，房背上放白石的地方放了白石，插旧杉木丫丫的地方，插上了新的杉木丫丫；插旧白旗的地方，插上了新白旗"（白旗乃纸做的，小三角形，与杉杆同为向神还愿的标志），并且强调唱的这些都是

---

① 《中国歌谣集成·四川卷》，中国 ISBN 中心 2004 年版，第 932 页。

② 《羌族口头遗产集成·民间歌谣卷》，中国文联出版社 2009 年版，第 33 页。

③ ［罗马尼亚］米尔恰·伊利亚德：《神圣与世俗》，王建光译，华夏出版社 2002 年版，第71 页。

④ 《羌族释比经典》，四川民族出版社 2008 年版，第 607 页。

"早先就有的古规古矩"①。根据羌族神话传说，这些婚礼规矩是天仙女木姐珠制定的，所谓"自古男女皆婚配，此制本是木吉兴。所有规矩她制定，后人不敢有减增，一代一代传下来，羌人古规须遵行"②。杉树是羌民心目中的吉祥植物，就笔者走访所见，突出针状叶的杉树纹在羌绣图案中亦常见，有的还将其与祈吉驱邪的狮子纹样搭配，为日常生活中人们所喜爱。

第二节　圣树崇拜与神话传说

杉杆既代表天神也代表祖先神，盖祖先崇拜和天神崇拜在羌民心目中是重合的。羌人以"尔玛"自称，有释者指出"'尔'有'人'意，'玛'有'天'意"，既然如此，"尔玛"就是"天人的后代"的意思③。根据羌区广泛流传的神话传说，羌人之所以自称"天人的后代"，是因为他们尊奉木姐珠为女性始祖，而木姐珠是天王木比塔的女儿，她是为了追求爱情而下凡的天宫仙女。羌人深信，杉树也是来自天上的灵木。在代代相传的木姐珠神话中，天王木比塔送给女儿作为陪奁带往人间的便有杉、桦、柏等树种，临行前天王对木姐珠说："给你青稞和麦子，带到人间去播种，子孙后代有食粮。给你荆棘有柴烧，种子撒在悬岩上。给你杉木桦木种，修房造屋少不了。"④ 而在羌人的婚礼上，释比夸赞娘家给新娘的陪奁之多时也有"杉种三斗当陪奁"，并且祝愿主家后代繁盛"如同杉林长满山"⑤。羌族神话传说中，还有勒尔用杉木修造天宫的故事。汶川绵虒释比王海云诵唱的下坛经《勒尔》，即讲述"勒尔学木匠，学得很精通。勒尔出师后，天神请勒尔，天城修天宫"，勒尔来到杉木林精心选材，"勒尔挥斧头，挥斧砍杉木"，就这样，"勒尔修天宫，做工很精细，白天夜晚连着干，不久就完工"⑥。从世俗层面看，杉树在尔玛人生活中是常见之物，如《中国羌药谱》介绍杉木是可以散湿毒、治漆疮等的药物，而羌族民间体育"推杆"所用通常为笔直的杉杆；从神圣层面看，

---

① 《中国歌谣集成·四川卷》，中国 ISBN 中心 2004 年版，第 946 页。
② 《羌族社会历史调查》，四川省社会科学院出版社 1986 年版，第 189—190 页。
③ 罗世泽、时逢春搜集整理：《木姐珠与斗安珠》，四川民族出版社 1983 年版，第 77 页。
④ 《羌族社会历史调查》，四川省社会科学院出版社 1986 年版，第 165—166 页。
⑤ 《羌族释比经典》，四川民族出版社 2008 年版，第 857 页。
⑥ 《中国歌谣集成·四川卷》，中国 ISBN 中心 2004 年版，第 959—960 页。

作为来自天上的灵异之木，杉树在羌族民间宗教生活中亦有种种神奇的功用。

图 2-3　祭祀塔前，释比向村民分送神树枝（理县蒲溪）

　　首先，杉树作为灵木，在释比法事中用来制作神旗的旗杆，而神旗是用来安放神位的。制作代表神位的神旗是释比法事的重要项目，犹如释比经所言："杉木桦木树，还愿作旗杆。""端公来安神，神位在树上。"① 羌人祭祀"勒克西"（即勒夏、纳萨、纳察，羌语读音有区域性差别，指屋顶供奉白石神的方形小石塔），"每逢端午和办喜事，要在小塔顶上的圆洞里插一柏木或杉木杆。杆长四尺余，有五至九个小枝桠，用羊毛线在其上扎纸彩色纸条，迎风飘扬，表示喜庆"②。又如胡鉴民在《羌民的经济活动型式》中所述，尔玛人还鸡愿，每三年一次，也就是各家私祭白石神的仪式，其主要步骤在屋顶白石神前举行。届时，要在房顶由释比立杉杆、排香案、陈祭品，"扎旗插在杉树上，以鸡毛粘在杉树枝上"③，以通达神灵；理县通化乡民举行玉米播种仪式，在田里放上白石三块代表谷神，并于石间立扎有白旗（神旗）的杉木杆，其枝数与所需田亩块数相等，"然后分别插入各家田亩中"④，以分享吉瑞。杉杆神旗甚至用在释比

---

① 《中国原始宗教资料丛编：纳西族卷·羌族卷·独龙族卷·傈僳族卷·怒族卷》，上海人民出版社 1993 年版，第 535 页。
② 《茂汶羌族自治县概况》，四川民族出版社 1985 年版，第 25 页。
③ 《中国原始宗教资料丛编：纳西族卷·羌族卷·独龙族卷·傈僳族卷·怒族卷》，上海人民出版社 1993 年版，第 504 页。
④ 同上书，第 504 页。

带徒弟的谢师礼上，"行谢师礼的主角，须以一刀自右颊插入口中，直透上下牙齿之间，然后再用一针插入左颊，针上悬一杉木小旗帜。同时其他端公之门徒亦参加表演，但只须插木旗，无须插刀"①。

其次，杉树作为灵木，在释比法事中用来制作法鼓的鼓圈，而此鼓是用来请神驱邪的。羊皮鼓本为释比专用的法器。汶川雁门乡释比经《日补》，是上坛经中"说鼓"的专章，其云："端公作法不离鼓，鼓有鼓公和鼓母。鼓声一响邪魔避，鼓声一响神灵到。"②该乡释比做上、中、下三坛法事，都要演唱开坛经《笛》以通白神灵，其中又述及羊皮鼓的制作、材料、种类及功用："木比留下四段经，凡民敬神须用鼓。木比制就三种鼓，颜色各异不同用。""说罢鼓色说鼓圈，鼓圈不得任意取。麦吊树上取鼓圈，鼓圈蒙皮做成鼓。敬天答地都用它，赶鬼驱邪不可少。"③这制作鼓圈的麦吊树，当指麦吊云杉，又名垂枝云杉，分布于秦岭、大巴山山区，以及四川北部如汶川、松潘、红原、平武等④。释比经云"麦吊树上取鼓圈"，一方面是羌区常见植物在文化上的反映，另一方面更表明了羌人视杉树为灵异植物的古老信仰。

再次，杉树作为灵木，又代表着神灵从天而降和凡人由地升天的"天梯"。羌族火葬仪式中的锅庄唱词《归天》云："归天！归天！死者的灵魂，从青杉天梯上天去，天上呀好安宁，无牵无挂上天庭。"⑤又，释比法事所用神旗中有七牙杉杆五色旗，羌语称"拉萨主宝"，插在房屋顶上，"家里出现凶死或女妖给家神带来晦气，就要请释比安七牙杉杆五色旗。7是吉祥数，也是天梯"⑥。赤不苏地区流传的羌族民间故事《木古基历险》中，苦命孩子木古基被妖怪追赶，慌忙中爬上一棵高大的杉树，妖

---

①　胡鉴民：《羌族之信仰与习为》，见《川大史学·专门史卷（三）》，四川大学出版社2006年版，第69页。

②　《羌族社会历史调查》，四川省社会科学院出版社1986年版，第167页。

③　同上书，第159—160页。

④　2009年2月下旬，我向羌族友人余耀明咨询当地人说的麦吊树指什么树，得到的答复是杉树。耀明君是汶川县克枯乡人，目前工作于阿坝藏族羌族自治州图书馆。2011年5月5日，我去理县桃坪羌寨，走进门上写着"溯源古羌"的羌族文化博物馆，主人王嘉俊向我展示了他搜集的多面老羊皮鼓，其中有的鼓面完整，有的仅余鼓圈。我谈到近来省上有部门编写的羌文化材料中称羊皮鼓的鼓圈是用松木制作，老人一听便连说"错了、错了"，指出应是"麦吊子、麦吊杉"，并且说他手中正给我看的杉木鼓圈是用刀斧辟出的，很厚实也很结实。

⑤　《中国歌谣集成·四川卷》，中国ISBN中心2004年版，第959—961页。

⑥　《羌族释比的故事》，汶川县人民政府编，2006年6月，第175页。

怪也跟着爬了上来，情势万分紧急，木古基在心里默默祈祷："树啊树，快快长吧，长到天上去!"果然，神奇的杉树就长上了天……现实生活里，羌族民间竞技有"爬天杆"，天杆以笔直的杉木制成，长达5米以上，顶部有油灯，常见的是竖爬，由众人推举品行好的青壮男子攀至杆顶，点燃油灯，以表达对天的敬意，为村寨族人祈福。通常在农历正月十五、十月初一以及庙会期间举行，其中亦隐约可窥羌人灵木信仰中的"天梯"意识。从人类学的跨文化视野看，"天梯"作为沟通神界和凡世的神圣标志，不但从跟羌人有亲缘的西南其他民族神话中不难见到，而且在世界神话体系中也是跨地域、跨族群母题之一。

还有，杉树作为灵木，在羌族民间宗教仪式中有如常用的柏枝一样，可以作为请神除祟的燃香。羌人请释比唱经驱农害，要"请动天地远近神"，从"山树日月星"到"田边地角神"，以及"白旗杉杆火塘神"①。民间仪式中，释比还愿作法必先解秽，包括用水解秽、熏烟解秽、祛秽气等等，旨在清洁场地，营造做法事请神灵祈福佑的神圣空间。汶川绵虒乡沟头寨释比王治国所唱上坛经《出学》，内容如此："一说滔滔海中水，二说奔腾大河水，三说涓涓溪沟水，皆可用来解污秽。倘若用水不奏效，释比自有解秽法，高山盘香油榨子，矮山柏木杉木枒，砍回家中点火熏，香烟四散污秽除……解罢污秽敬神灵，神灵纷纷来飨祭，吉祥如意满人间!"② 这种"熏烟烟"(此处，"熏"在四川方言中读音"qiu")仪式，在羌族民间生活中十分重要，也是大小祭祀场合中常见的，具有神圣的宗教信仰含义。

杉树是灵异之木，是象征神灵的神树，在尔玛人的民间宗教活动中，其采制是很有讲究的。对于羌族村寨来说，"刮白尔"是规模较大的祭祀仪式。据钱安靖、赵曦等的调查，该仪式中采神树(亦称"天树")由羌语称"刮师母"的人具体执行，后者由寨子里有地位、声望的人经释比等议定后担任。届时，"刮师母"跋涉到神山(神山意味着天界)采取神树，具体采哪棵由"刮师母"决定，但必须获得神的某种启示或释比的预示，比如夜晚树的上空有星星，白天树在云雾中或隐或现，树上有鹰在盘旋，树枝笔直且有9个造型好的丫枝。这种形状的树，庶几近于《山

_____

① 《中国原始宗教资料丛编：纳西族卷·羌族卷·独龙族卷·傈僳族卷·怒族卷》，上海人民出版社1993年版，第531页。

② 同上书，第533页。

海经·海内经》中"百仞无枝，有九欘"的"建木"。运送神树也有禁忌，"刮师母"将神树扛在肩上，必须摘一丫枝横放含在口中，不能说话，否则，一张口丫枝落地，神树就废了。运送神树到祭祀地点的时间，必须是太阳刚刚升起。经释比等恭迎并确认此为神树后，由释比从神树上摘下两个小丫枝，将其分别卡在释比的猴皮帽中间和羊皮鼓上，此时"刮师母"才能开口，表明天言未泄，天言已为释比所掌握。祭神的羊的耳朵也要割下，卡在鼓上。据羌锋老释比王治国解释，卡于羊皮鼓的神树枝和羊耳朵都有听天音传天意的含义。猴皮帽上的神树枝，也意在表明释比是沟通于天界的。①

图 2-4　吉祥的杉枝纹样也出现在羌绣中（汶川、北川）

　　既然杉木是神灵的象征，其在羌民的日常生活里也是不能乱扔乱放的。叙事长诗《羌戈大战》有的版本中，天神木比塔询问"热"（羌人）和"嘎"（戈基人）的敬神方式，前者回答"敬神分先后，大的我先敬，小的我后敬，柏树要栽在房后的山上，松树要栽在房前的矮处，还愿的杉木丫丫，桦树丫丫，捆好插在房背上敬神的地方。松树丫丫，捆好插在房下路边，给那些邪和鬼"，后者回答"先敬小的，后敬大的。柏树栽在房前的矮处，松树栽在房后的山上，松树丫丫乱捆起，插在房背上敬神的地方。杉木丫丫桦树丫丫，捆起插在房前矮处，送给邪和鬼"，木比塔由此断定"不会敬神的不是热"而是嘎②。不懂得灵木放置的规矩，也就不懂得敬神祭神的礼节，所以，戈基人得不到天神的垂青；相反，敬神的羌人得到了神灵的护佑。在体现族群意识的羌族民间叙事中，神圣化的杉木又成为区别"我族"和"他族"的族群分界标志之一。

①　赵洋：《三星堆神树与岷江上游羌族释比神树的比较》，《中华文化论坛》2005 年第 2 期。
②　《中国歌谣集成·四川卷》，中国 ISBN 中心 2004 年版，第 1029 页。

第三节　生存环境和周边观照

神话并非是无中生有的，五光十色的神话往往从深层上折射着现实。英国人类学家弗雷泽在《金枝》中，谈到树神崇拜在雅利安人宗教史上占有重要位置时便指出："这是非常自然的，因为在历史的最初时期，欧洲大陆上依然覆盖着无垠的原始森林，林中分散的小块空旷地方一定像绿色海洋中的点点小岛。"① 在其看来，雅利安人的树神崇拜起源古老，就产生在这昔日被茂密森林覆盖的欧罗巴大陆上。同理，前述羌族神话中勒尔以杉木造天宫的故事，亦是日常生活中尔玛人以杉木建造房屋的折射。"高山胜比人间好，需要什么全不缺。参天杉林是住房，红黄绿叶做衣裳。"② 这段释比经文，实为依山而居的羌民内心直白。茂县民歌也唱道："我们房背上盖的是杉木板，盖了杉木板很好看。"③ 在茂县赤不苏地区，家家户户用来储存粮食、腊肉的"棒棒仓"，高约 5 米，长、宽约 4 米，也是用整根整根去皮的杉树圆木搭建的，外观看似粗糙，内部却严丝合缝。再看日常生活用具，据民国《汶川县志》卷四"物产·成品·货属"记载："杉圈：亦名罗圈，销路甚广。"毋庸置疑，杉树成为羌族民间信仰中的宠物，跟其聚居所在地区的自然环境和林木资源有密切关系。

岷江发源于松潘的弓杠岭，自北向南，汇聚黑水、杂谷脑河等，纵贯羌区西部；涪江水系的湔江及其支流青片河、白草河、土门河，自西北流向东南，滋润着羌区东部。生物考古证明，杉树是极其古老的树种。从森林资源看，羌区乃是川西重要林区，森林覆盖率约 30%，木材蓄积量为10064 万立方米。在海拔 2800—4100 米的地带有大片森林，主要树种有桦木、冷杉、云杉、铁杉、红杉、柏木、青杠、高山落叶松等④。在羌族地区用材林中，以冷杉、云杉、桦木为多。大而言之，如森林资源丰富的茂汶羌族自治县，海拔 3000—4000 米地段为针叶林带，主要树种为冷杉、云杉；3000 米以下为针阔叶混交林带，主要树种有冷杉、云杉、铁杉、

---

① ［英］詹·乔·弗雷泽：《金枝》，徐育新等译，大众文艺出版社 1998 年版，第 167 页。
② 《中国原始宗教资料丛编：纳西族卷·羌族卷·独龙族卷·傈僳族卷·怒族卷》，上海人民出版社 1993 年版，第 543 页。
③ 《羌族口头遗产集成·民间歌谣卷》，中国文联出版社 2009 年版，第 216 页。
④ 《羌族词典》，巴蜀书社 2004 年版，第 44 页。

桦木、椴木和漆树①；小而言之，如汶川县"羌人谷"（龙溪沟）顶端的
阿尔村，"森林资源非常丰富，有云杉、冷杉、柏树等几十种优质木材。
1981—1989 年汶川林业局到此伐木，主要是伐杉木、桦树，由林业局统
一经营销售。当地老百姓领取砍伐工资，每米 200—300 元，杂木 100 多
元。每年下拨砍伐指标，7 月份各小组伐木，这也是当时老百姓的主要经
济收入之一"②。民国时期，理县经营伐木场的有松秦木号、泰和木号和
茂森公木号，此外，还先后有利川木号、利川实业股份有限公司、利记木
号等。而在茂县，1937 年成立的利济实业公司（木厂），厂址位于龙坪乡
富不寨，资金 8000 元，每年盈利 2000 余元，"全年售出木材计杉木 9276
立方公尺，总值 6625 元，桦木 1010 立方公尺，总值 500 元"③。20 世纪
30 年代，《羌戎考察记》作者也记载泰和公司在杂谷脑河一带"每年要砍
15 万—20 万立方尺的墩子，运输到成都"④，这"墩子"是从山上砍下大
杉树，分割成一丈二尺或一丈六尺的木段，再去皮劈成四方形而成。此
外，据统计，虽然已遭多年砍伐，20 世纪 50 年代茂汶地区森林优势树种
储积情况如下：冷杉 1260.60 万立方米、云杉 31.46 万立方米、桦木
32.81 万立方米、其他 15.35 万立方米⑤。茂县是羌族核心区，近年来新
编《茂县志（1988—2005）》亦介绍当地的"岷江冷杉林和冷云杉混交
林占优势"，主要树种有岷江冷杉、紫果冷杉、粗枝云杉、铁杉等，而
"杉"作为优势树种在全县林木中所占比例见表 2-1。

表 2-1　　　　　　　　　　　　　　　　　　（单位：公顷、立方米、%）

统计项目 优势树种	面　积	比　例	蓄　积	比　例
全县合计	127615.6	100.0	22926370	100.0
冷　杉	78320.8	61.4	19321867	84.3
桦　木	26848.4	21.0	2034193	8.9
松　类	2377.7	1.9	10319	0.8

① 《茂汶羌族自治县概况》，四川民族出版社 1985 年版，第 2 页。
② 《阿尔档案》，阿尔村人编著，文物出版社 2011 年版，第 2 页。
③ 《羌族社会历史调查》，四川省社会科学院出版社 1986 年版，第 44 页。
④ 庄学本：《羌戎考察记》，四川民族出版社 2007 年版，第 124—126 页。
⑤ 《茂汶羌族自治县概况》，四川民族出版社 1985 年版，第 2、205 页。

续表

统计项目 优势树种	面　积	比　例	蓄　积	比　例
油　松	5428.4	4.3	252780	1.1
云　杉	3990.9	3.1	417594	1.8
杨　树	502.8	0.4	36961	0.2
柏　类	2460.9	1.9	23352	0.1
杉　木	419.5	0.3	7046	—
栎　类	4954.2	3.9	488149	2.1
软　阔	1810.9	1.4	99317	0.4
铁　杉	410.2	0.3	46178	0.2
硬　阔	90.9	0.1	8641	0.1

资料来源：《茂县志（1988—2005）》，方志出版社 2010 年版，第 402—403 页。

上述资料表明，川西北岷江上游地区的确盛产杉木。根据释比唱经，汶川龙溪、威州各兹基、茂县兹窝基、松潘九沟勿卓窝基等地尔玛人村寨十月初一还大愿，仪式之一是用有三条枝丫的泡杉插到纳萨碉上①。据《四川植物志》介绍，这泡杉又称岷江冷杉，以产于岷江流域而得名，为阿坝藏族羌族自治州主要森林树种，拥有较大蓄积，就树种蓄积而言仅次于鳞皮冷杉而居四川省第二位②。岷江发源地松潘是藏、羌、回等多民族共居区，该地的羌族多声部民歌保存甚好，后经亮相央视而扬名四方。2013 年 6 月，我在该县牟尼沟看见，山中仍有成片成片的云杉林，翠绿高大的塔形树冠直指天穹。川西北尔玛人的杉树崇拜，就孕育在这样的自然环境中。此外，从树形看，杉树笔直挺拔，翠绿高大的塔形树冠直指天穹，给人带来无限遐想，其成为羌民心目中的"显圣物"，被他们奉为天神之象征也就自然而然。③

在山高谷深的岷江上游地区，羌人过着农耕为主牧业为辅的生产生活，长期以来很大程度上是靠天吃饭的，这使他们逐渐形成了护山保林的

---

① 陈兴龙：《羌族释比文化研究》，四川民族出版社 2007 年版，第 197—198 页。

② 《四川植物志》，四川民族出版社 1999 年版，第 31 页。

③ 走访阿坝藏族羌族自治州可知，九寨沟一带民间称冷杉为"塔松"（因其形状有似宝塔），以此树之木片修建的房子叫"塔片房"，如今这"塔片房"建造技艺已被列入该州非物质文化遗产名录。

生态意识。羌族谚语有道："山绿水才秀，山穷水也恶。""人靠衣裳穿，山靠树打扮。""云从林中生，雨从绿树来。""不怕山沟涨水，就怕砍了树根。"① 又如："留得青山在，辈辈有柴烧。""森林不嫌鸟多，庄稼不嫌肥多。"② 羌区乡规民约的碑刻，亦多见封山护林方面的。如汶川克枯乡周达村小寺寨，因发生乡民偷砍神树林事件，有清光绪四年（1878）禁示碑称"以后无论本寨乡村人等不得私自入山樵采，亦不得牧放羊践踏神森□林木，一经拿获，许该寨□首指名具捉案严惩，决不姑息"；又如，茂县南新乡棉簇村有立于光绪十六年（1890）的护林碑，内容有"想我村地处边隅，九石一土，遵先人之德，体前人之道，禁惜家林，只准捞叶□粪，不准妄伐树株"云云③。而茂县东兴乡永和村立于光绪十八年（1902）的石碑则明言"私自偷砍并剥树皮以致树林不茂，村中不常，有祸非"④，指出乱砍滥伐会给村寨带来不幸和灾难。2013 年 3 月，我在理县休溪村"夬儒"仪式上观看了村民们演出的羌戏《刮浦日》，这出民间小戏旨在借助神灵的名义宣讲村规民约，戏中会首指着作为邪恶之替代的茅草人说："今天我们用寨子特定的方式来解决和处理以往做坏事的人，比如说糟蹋庄稼的、乱砍林木的、偷牛盗马的……我们要在天神、山神面前诅咒他们，唾骂他们。"⑤ 在茂县赤不苏一带，当人们感到山林出现或有可能出现过度采伐时，由寨中老民出面，在冬季择吉日召集全村寨成年男子聚集林中举行吊狗封山仪式。届时，将一条狗吊在树上，由主持者讲述保护山林对村寨人畜平安吉祥的重要意义，倡议封闭该片山林，禁止砍伐以及牧猎，若有违反，就会受到神灵惩罚，像这被乱棍打死的狗一样⑥。释比唱经亦强调"神林是羌人圣地"，林中有羌人供奉的杉树神、松树神、柏树神等，并且明确讲述了禁止对神林乱踩、滥伐、采石、放牧等的"十忌"，庄重告诫"老少要遵从"⑦。人生仪礼方面，北川羌族人家孩子出生，要为其新栽一棵常绿树苗，俗称"花树"。该树被视为孩子的守护神，逢年过节父母要带孩子去树下礼拜，在树枝上挂红线。发生疾病

---

① 《中国谚语集成·四川卷》，中国 ISBN 中心 2004 年版，第 778—779、787 页。
② 王科贤：《羌族谚语之管见》，《西羌文化》2005 年第 1 期。
③ 《茂汶羌族自治县概况》，四川民族出版社 1985 年版，第 740 页。
④ 耿少将：《地震带上的羌族与震后羌文化重建》，《西羌文化》2008 年第 1 期。
⑤ 李祥林：《城镇村寨和民俗符号——羌文化走访笔记》，巴蜀书社 2014 年版，第 162 页。
⑥ 《茂汶羌族自治县概况》，四川民族出版社 1985 年版，第 24 页。
⑦ 《羌族释比经典》，四川民族出版社 2008 年版，第 2229—2230 页。

或灾害时，要向"神树"许愿祈祷，以消灾祛病①。植物生人的神话在羌区亦有，如松潘羌人中流传的天爷阿补曲格和天母红满西用羊角花枝造人种的故事（前述"青杉发九枝"有同类意蕴）。总之，羌人认为神在林中，羌族村寨都有自己的神树林，那是举行祭山等重大仪式活动的地方。羌族古歌唱道："第一顶大的是天与地，天地之后神树林为大。"在羌民看来，不敬树林神威，会遭天灾人祸、五谷歉收。正是对大自然怀有敬畏之心，正是这种与青山绿树相依的生存意识，构成了羌族民间信仰中植物崇拜的现实基础。这种通过原始宗教、民间习惯法体现出来的生态观念，调适着人与自然的关系，直到今天还是有积极意义的。

图 2-5　岷江上游松潘牟尼沟的杉树

从多民族文化视野看，在中国西部藏羌彝民族走廊上，在西南地区土家、纳西、布依等民族当中，也有种种关于杉树的神话传说。例如，土家族始祖神兄妹二人因高大的水杉而未被冻死，从此产生了对水杉的崇拜。"布依族居住的村寨中都有巨大的古树，多为大榕树，也有其他树种，称为护寨树。相传远古布依族女始祖在寨中栽了一株榕树，为全寨挡住狂风，驱散冰雹，消灭了蝗虫蚊虫；用树皮树叶水医治疾病，又传说每年插秧季节，神树便邀集杉、柏、梓等山上的树发去清香、降下雨云催人们下秧。"②纳西族达巴教注重自然崇拜和祖先崇拜，相信万物有灵，尤以对山和树的崇拜最为突出。从地理位置看，纳西族主要分布在横断山脉六江

---

① 余宗明：《羌族古籍与自然保护》，《西羌文化》2005 年第 1 期。
② 乌丙安：《中国民间信仰》，上海人民出版社 1995 年版，第 93—94 页。

图2-6　邻近茂县、北川的安县出土的杉枝化石

流域，河谷地区海拔极低，有些地方海拔高度仅数百米；高寒山区则海拔千米，气温随海拔高度的升高而降低，造成了同一经纬度内按不同海拔高度分布不同植物种类的景观。一般说来，低海拔河谷地带生长热带长绿阔叶林，中海拔地带生长亚热带长绿阔叶林，中海拔山区及半山区生长松、温带针叶、阔叶林等，高海拔高寒山区则生长杉树、山楸树、栗树、柏树等。"这种立体性地理及植物的垂直性分布，形成了纳西族民俗信仰中的三界宇宙空间观念：海拔越高，离天上界越近；海拔越低，离地下界越近；海拔居中之处，则是人间界。于是树木，特别是生长于高海拔地区的树木具有了神性，结果杉树、山楸树、栗树、柏树在民俗信仰中被奉为神树。"相传，"古纳西族的叶、树、和、由四族，是分别以柏、松、栗、杉为图腾的民族"①。丽江纳西族祭地用杉树象征地神，其祭天经《崇邦萨》中有"白脚柏是天之舅，宽叶杉是地祖母"之句②。此外，凉山彝族毕摩祭仪用物中，动物有鸡、猪、羊、牛等，植物有杉、柳、桃、竹等，其《请魂祭神经》中亦有"杉林整十片，杉神助主人"之语③。2009年10月在凉山彝族自治州美姑县，我也曾目睹毕摩举行仪式使用的"神叉、神签、神枝"中有青青的杉树枝。"跳弓节"是广西那坡彝族最重要的节

---

① 《从纳西族发展看自然生态和人文生态》，http：//bbs. zixia. net/elite. php？file＝%2Fgroups% 2FPoem% 2FHistory% 2Fsmthjh% 2Fspecialhistory% 2Fnati% 2Fchinese% 2Fnaxi% 2Fnaxi% 2F00000001. txt。

② 和志武搜集整理：《东巴经中关于祭地与杉树的记载》，见《中国原始宗教资料丛编：纳西族卷·羌族卷·独龙族卷·傈僳族卷·怒族卷》，上海人民出版社1993年版，第60页。

③ 《中国彝文典籍译丛》第3辑，四川民族出版社2009年版，第37页。

日，其中仪式之一是"师公带民众吹着五笙，边舞边走到村外大杉树下。一小伙子爬上树顶砍一树枝，师公摘叶分给各人插到头上，祈祝禾苗丰收"①。研究民族关系史可知，处在藏羌彝民族走廊上的以上族群跟羌人曾有血缘融合，他们之间在杉树信仰上的异同也值得研究者注意。

---

① 过竹、过伟：《人文精神的基石——广西世居少数民族人文始祖及其文化》，作家出版社2008年版，第184页。

第三章

地震唤犬与古老信仰

在信奉万物有灵的羌民社会中，“犬”或“狗”是其重要的信仰对象之一。根据羌族神话传说，除了羊是羌人固有的，先祖木姐珠和斗安珠结婚后从天宫带到人间的有马、牛、猪、狗、驴、兔、鸡、鸭八种动物，犹如释比经文中所唱。在羌语中，“狗”之读音为“ku”（汶川）或“gu”（北川），羌人亦采用十二生肖属相命名，狗日出生者称为“苦木”；北川羌族人家，小孩的帽子上也绣有狗，谓之“神狗”。如今，由汶川县申报的羌族“吊狗祭山仪式”，已被列入首批阿坝藏族羌族自治州非物质文化遗产名录……下面，结合历史文献和田野资料，运用文化人类学的多重证据法，在中国多民族文化视野中就羌族民间犬信仰进行考察。

第一节　从释比地震唤犬说起

2008 年 5 月 12 日，在羌人聚居的岷江上游地区，发生了山崩地裂的大地震。“地震来临时，王治升跌跌撞撞从屋内跑出，他嘴里发出‘哑哑哑’的唤狗声，希望地下化身为狗的地藏王母亲能制止住儿子的抖动。这是一片地震活跃带，他的祖上一代代面对地震时，都发出这样的声音，每次都获得了成功。但王治升所在的这一代失败了，作为一名释比，他甚至没能占卜出这一天的凶险。他躲在墙边的楼梯下，无助地看着整个村庄突然陷入死亡。”① 在川西北地区的羌族中，向来有“狗跳耗子叫，地震必

---

① 《释比黄昏》，http：//www. qiangzu. com/thread-2079-1-1. html，2008-7-20 10：52。王治升是汶川羌锋释比，而类似举动亦见于茂县黑虎寨释比任永清，“地震时，许多村民彷徨无措，作为释比，他按释比经典大喊了几声‘狗’，传说里，狗是地藏王的母亲。释比有法力，地震时

要到"的民间谚语。地震发生的时候唤狗，表面看来是在让惊惶的狗叫声平息下来，其实有基于民间信仰的更深层缘由。年逾古稀的王治升并非普通人，他是汶川绵虒羌锋有名的释比，面临巨大灾难发生，他冲出门外急切唤狗的举动，看起来似乎有些可笑，实际上是相当严肃的。因为，身为释比的他是在行使自己的职责，也就是按照羌族代代相传的习俗施行除祟禳灾仪式，试图使颤抖的大地平静下来。

图 3-1　走访中与汶川释比王治升合影（2011 年 5 月）

　　的确，犬在羌族民间信仰中被视为镇邪除祟之物，并且屡屡运用在释比法事中。羌族是信鬼神的民族，万物有灵观念构成其民间信仰的主要内容，体现在他们生活的方方面面。作为非职业化的民间宗教人士，释比熟知本民族社会历史与神话传说、主持春祈秋报的重大祭祀活动、施行驱鬼治病除邪镇祟法术，因而在羌民社会中享有崇高威望，人们生产生活中每逢大事都要请他们到场唱经做法事。比如，羌民村寨中若是有坠岩、跳河、抹喉、吊颈、难产等凶死事件发生，为了防止其成为厉鬼祸人，要请释比选择日子做招魂除黑法事，超度死者，从而保家庭和村寨平安。然后，还要请释比打扫山场，后者燃起柏香请师傅、师祖，并且高声念唱经文，大意为："此地有人跌死成厉鬼，脑袋大得像牛头，双手好像掀盘骨，身躯粗壮如黄桶，手脚着地四爪爬。我端公请来师傅师祖又作法，挥

喊'狗'，地藏王就不晃了。但这个方法却没能让地震停下来"（《神秘释比恐成历史》，http://cqsbepaper.cqnews.net/html/2008-07/27/content_70804.htm）。

动斧头砍脑袋，锄头挖断它手脚，钢钉将它来钉住，再用铜水铁水凌，白鸡白狗血淋身上。使它永远不得翻身，让家人和村寨都安全。"① 这里，以鸡犬之血淋在凶死者身上，驱祟镇邪的目的十分明显。每年农历九月三十日，也就是羌历年的前一天，以村寨为单位请释比作驱逐农害的法事，释比用荞面做成野猪、老熊、野牛、岩驴、刺猪、老鼠、乌鸦、老鹰等，用刀砍杀，然后将这些捏成野禽野兽的面团丢入事先挖好的洞里，并在洞口放一只荞面做的狗，表示有狗看守，这些危害农作物的野禽野兽跑不了，再用泥土封住洞口，这套属于模拟巫术的法事名为"请天神关野物"②。在杂谷脑河流域的增头、佳山等羌寨，若有自家房屋位于寨子中心，主家会认为其"风水硬"，要请石匠打制石鸡和石狗，再请释比做法事，立石鸡、石狗于照楼上以"镇风水"③。在羌族地区，寺庙或寨门上多雕塑石狗，甚至给小孩的帽子绣上狗，也无非是让"神狗"护卫村寨安宁，保佑孩子健康成长，其辟邪功能一目了然。龙在中国民间信仰里，是降雨生水的神灵。在山高谷深的岷江上游一带，羌人祭龙求雨仪式也有用狗作牺牲的。以"尔玛"自称的羌民大多居住在高半山区域，生产生活方式为半牧半耕，由于所处地理环境恶劣，尤其对雨水的祈求是他们生活中的大事。区域有别，村寨不同，羌民们的求雨仪式不尽一致。如在汶川龙溪沟直台寨，每遇天旱，要向龙王求雨。人们在释比率领下来到本寨山顶求雨，除了带上香、刀头并杀羊一只敬献龙王，还要抬一条狗上山。"拜毕龙王后，将狗抬到烧狗坪活活烧死，其目的是使龙王嗅到烧狗臭味，不得不下雨。传说龙王怕狗臭，烧狗臭气熏，龙王难受，因而下雨。"④ 而在北川，有的羌寨求雨时，将狗穿上人的衣服，牵着在村寨中巡游，据说也能使老天降雨。作为灵异动物，犬的形象在羌族释比图经《刷勒日》中也屡见。

犬信仰在羌民社会中，由来古老，功用宽泛。在羌族释比法事中，占卜是常见的巫术活动。《史记·龟策列传》云："蛮夷氐羌虽无君臣之序，亦有决疑之卜。或以金石，或以草木，国不同俗。然皆可以战伐攻击，推

---

① 《羌族社会历史调查》，四川省社会科学院出版社1986年版，第186页。
② 同上书，第173页。
③ 卢丁、工藤元男主编：《羌族社会历史文化研究——中国西部南北游牧文化走廊调查报告之一》，四川人民出版社2000年版，第94—95页。
④ 《羌族社会历史调查》，四川省社会科学院出版社1986年版，第188页。

兵求胜，各信其神，以知来事。"羌人占卜的方法多种多样，如20世纪上半叶胡鉴民在《羌族之信仰与习为》中提到的，以动物类而言，有羊脾骨卜、羊毛线卜、羊角卜、白狗卜、鸡蛋卜等。直到今天，对于保持原始信仰的羌民来说，占卜这种巫术仪式仍未全然消失。羊脾骨卜在古代多用于占卜战争的胜负，后来又多用于占卜运气、病因、行人祸福，或者人死后占卜吉凶等。鸡蛋卜主要用以卜病因，白狗卜则用来占卜丰歉。在茂县东路有"吊白狗、卜丰歉"的习俗，每年正月上旬举行。据调查，这是该县东路羌民之土主独雄王庙的庙会活动之一，人们以庙会收入购买白犬一条，在独雄庙前举行吊狗会，将白狗倒悬在庙前树枝上，狗头下方放置食物，但稍有距离，使不能及，以七日为期。七天之后，白狗若不死，预兆着丰年；反之，则是凶年①。关于此俗，另有说法是"吊狗祭山"，即在正月祭山时，村民们凑钱买狗，最好是白狗，将狗挂在老林的吊狗树上，"狗颈项挂一圆馍馍，吊七天后狗被吊死，以此祈求丰收。好些寨子都有这种吊狗树，以仁村的最有名。唐代汉人称这一带羌族为'白狗羌'，也有称之为'吊狗羌'的"。在羌人的民间宗教活动中，以祭天神为最经常，以祭山神为最隆重，"以狗祭山，可能是羌族最古老的祭山仪式"②。此外，北川古称石泉，该县小坝羌族藏族乡曾发现至元二十七年（1209）七月摩崖石刻题记，记录了元代石泉地方政府根据当地习俗与羌民的一次盟誓，其中有"打狗埋石为誓，违者愿归犬口而亡"的话③。岁时节令方面，羌民既过十月初一羌年也过正月初一春节，前者谓之过"小年"。除夕的团年饭，食品要有剩余以祈来年丰收，要给猫、狗留些好吃的东西，尤其注意观察狗最先吃什么，这预示着来年哪些东西最贵……2012年春节，羌族诗人羊子在博客中贴了篇《萝卜寨过年了》，写到释比王明杰家年夜饭时云："端酒提箸前，还得唤来看家狗，为其盛饭夹菜放骨头，看它先吃下什么，以示来年是否丰衣足食。"④

　　按照马林诺夫斯基的定义，"文化是包括一套工具及一套风俗——人

---

① 胡鉴民：《羌族之信仰与习为》，见《川大史学·专门史卷（三）》，四川大学出版社2006年版，第57、68页。

② 《中国原始宗教资料丛编：纳西族卷·羌族卷·独龙族卷·傈僳族卷·怒族卷》，上海人民出版社1993年版，第547—548页。

③ 李绍明：《北川县小坝元代石刻题记考略》，《四川文物》1989年第2期。

④ 羊子：《萝卜寨过年了》，http：//blog.sina.com.cn/u/1197802111，2012-01-17 11：57。

图 3-2　犬是尔玛人的忠实伙伴（龙溪羌人谷）

体的或心灵的习惯，它们都是直接的或间接的满足人类的需要"①。犬信仰作为民间风俗，正满足着羌人精神世界的需要，并且在不同的情境中履行着不同的仪式功能。犬能祛邪逐祟，亦反映在释比所唱经文里，如上坛经《日堵》讲邪怪作祟羌族人家，撵山猎狗如何引导主人捉拿之，它时而跳上案板，时而窜上屋顶，"猎狗奔进山沟内，追逐邪怪在深山"，最终协助主人将"邪怪打下青杠树"②；羌戈大战传说的版本之一，亦讲羌人在梦中得神人指点而打了胜仗，神人说："汝等如欲战胜戈基人，永居此地，明晨可宰杀白狗，以白狗血淋白石上，取此石以击戈基人，定无不胜。"对此，蜀中神话学家袁珂在《中国神话大词典》（1998 年）里也曾转述。犬能辨亲识主，羌民深信"娘家的恶狗不咬出嫁的姑娘"，相传天仙女木姐珠与燃比娃婚后在人间艰苦创业，生活劳累衣衫褴褛，三年后回天庭时，连娘家人都不认识她了，多亏家里的天狗认出了她。犬在羌民的信仰中，还被视为有恩于他们的动物，民间有"人吃狗粮"之说，有忌食狗肉的习俗。1987 年 10 月，茂县凤仪镇羌民吴洪珍（女，72 岁，不识字）向采录者讲述的《人　狗　粮食》中，则说很久很久以前，下大雨涨大水，人、房子、粮食都被冲走了，仅剩下一个上山砍柴的小伙子，全

---

① ［英］马林诺夫斯基：《文化论》，费孝通等译，中国民间文艺出版社 1987 年版，第 14 页。

② 《西羌古唱经》，茂县羌族文学社整理编辑，2004 年 10 月，第 8—9 页。

靠一条从水里游上来的狗的尾巴里留下的谷种，人间才有了粮食……该神奇传说见于 20 世纪八九十年代当地搜集整理的《羌族民间故事》。从汶川龙溪羌民口头搜集的故事中，天神因人间糟蹋粮食而收回了粮食，多亏了狗去向天神求情，"狗才给凡间要到了粮食，救活了凡人"①。在北川，农历腊月三十晚上，守岁的人们通宵不眠，等到雄鸡鸣晓，到了大年初一，做的头一件事情就是喂狗，因为，相传最初的粮食种子是狗带来的。又据羌族老人讲，从前人吃的是树皮、草根、野果，有个勇敢的羌族小伙子趁蛇王外出赴宴的机会，从蛇王那里设法盗来粮食种子，蛇王知道后把小伙子变成了狗。从此，狗成了羌人家里忠实的伙伴，羌人也十分感激和爱护狗②。而在北川羌族民间敬奉的寨神中，坝底堡一带是一石狗，白草河流域是犬、羊皆有。诸如此类，有调查者推测，"似为狗图腾崇拜的残留"③。

第二节　中华犬信仰历史考察

曾被视为"江源"的岷江，实乃长江上游的支流之一，从北至南，几乎笔直贯穿青藏高原东南边缘和四川盆地，其在古代华夏史上具有重要的文化意义。如今，人口不过 30 多万的羌族绝大部分就居住在岷江上游的高山峡谷地带，如汶川、理县、茂县、北川等。在多民族的中国，羌族是跟华夏历史同样古老的民族之一。神农又称炎帝，古称长于姜水出自姜人，也就是最早融入农耕族群并行母系制的羌人。"作为姓氏的'姜'和作部族名的'羌'二字，在中国古音上是一致的。"④ 二字互通互用，后世犹知。夏、商、周三代，开创夏朝的大禹"兴于西羌"，生在石纽；商代羌人的活动，在甲骨文中屡见记载；后稷乃周族所奉始祖，其母姜嫄是来自姜姓的羌人部落女子。据史家所言，"在周民族形成的过程中，融合

---

① 《中国民间文学集成·羌族故事集》，四川省阿坝藏族羌族自治州文化局编印，1989 年 1 月，第 38 页。
② 母广源口述、郭志武整理：《党项羌人的后裔——北川李姓羌人》，《西羌文化》2005 年第 1 期。
③ 《中国原始宗教资料丛编：纳西族卷·羌族卷·独龙族卷·傈僳族卷·怒族卷》，上海人民出版社 1993 年版，第 482—483 页。
④ 马长寿：《氐与羌》，广西师范大学出版社 2006 年版，第 82 页。

了羌方中重要的一支——姜部落"①，而"周羌世通婚姻，史不绝书……
凡此姜姓妇女谓其皆出于羌方，似属可信"②。因此，"羌人中的姜姓贵族
一直是周王朝的有力支柱"③。姜嫄亦作"姜原"（顺便说说，汶川草坡一
带流传的《尕尕神》讲神女姜原之子姜流斩妖除害的故事，此姜原与彼
姜嫄有无关联，待考）。《诗经》屡屡提及，如："厥初生民，时维姜嫄"
（《大雅·生民》）、"赫赫姜嫄，其德不回。"（《鲁颂·閟宫》）被称为
"西戎牧羊人"（《说文·羊部》）的"羌"，原本是驰骋西北并涉足中土
的游牧族群泛称，他们当中的一支老早就东进中原融入了华夏族。"5·
12"汶川地震之后，笔者在岷江上游羌族村寨（茂县坪头村）做田野调
查，看见山腰处修葺一新的"羌祖庙"里，既供奉着炎帝、大禹，也供
奉着周朝开国元勋姜子牙；灾后重建的景观墙上，还有以"古羌溯源"
为题的石刻展示历史上羌人助周伐商之战争场面，且有文字"牧野之战，
羌族军傫灭纣，改朝换代"云云。出自当代的这番族群历史表述，耐人寻
味。岁月流逝，随着历史演进和社会变迁，羌人在长期迁徙过程中不断与
其他民族交往融合，如汉、藏、彝、白、哈尼、纳西、傈僳、拉祜、基
诺、普米、景颇、独龙、土家等，因而学界称"羌"是一个向外输血的
族群。又据语言学家调查，在中国西南地区岷江、大渡河、雅砻江、金沙
江流域，居住着操普米语、嘉绒语、木雅语、尔龚语、贵琼语、尔苏语、
扎巴语、纳木义语和史兴语的居民集团。这些居民集团均操独立语言，其
语言在语音、词汇、语法方面几乎无例外地跟羌语接近，因而在语言学归
类上应该属于藏缅语族羌语支。"操羌语支的居民，除了语言和文化上的
共同特征外，在原始图腾、风俗习惯等方面都还有蛛丝马迹的线索可
循。"④ 事实上，在跟羌有关联的不少民族中，犬信仰随处可见。比如，
拉祜族相传祖先是吃狗奶长大的；普米族传说人和狗换过寿命，狗搭救了
人类；哈尼族农历二三月间祭龙，有把瘟神等送出寨子的驱邪仪式，并以
刀枪涂上狗血悬挂在村寨路口以防止其返回；景颇族超度非正常死亡的
人，要杀狗并以狗血拌饭，用树叶包成九份送给亡者，以使其勿回来作
祟；纳西族为非正常死亡者祭奠，也有东巴主持的吊狗镇恶鬼仪式。此

---

① 徐杰舜：《汉民族发展史》，四川民族出版社 1992 年版，第 71 页。
② 郑德坤：《四川古代文化史》，巴蜀书社 2004 年版，第 148 页。
③ 李绍明：《关于羌族古代史的几个问题》，《历史研究》1963 年第 5 期。
④ 孙宏开：《试论"邛笼"文化与羌语支语言》，《民族研究》1986 年第 2 期。

外，"氐羌系统的民族大都有不杀食狗肉的禁忌，如藏族、羌族、彝族、白族、纳西族、普米族、傈僳族、怒族、哈尼族等"，因为这些民族的神话传说有一共同母题，"即人类的五谷和粮种是狗千辛万苦从天神那里盗来的"①。至于以犬占卜之术，在敦煌古籍记载的民俗中屡见，如伯3106《占狗鼻缩为怪》"子日缩鼻大吉""丑日忧妇女丧""午日刑讼田宅事"②，等等。

图 3-3　坪头村的羌祖庙以及寨内景观墙上的"羌族军傩灭纣"

从中华风俗史角度看，羌人的民间宗教仪式用犬当为古俗遗留。"犬亦曰狗，燕飨用之，亦用于祭祀。"（钱玄《三礼名物通释·膳牲》）商代有"帝"祭，是祭祀四方神（兼山川、祖先神）以定息风雨虫灾的祭礼，其用犬之例见于卜辞，如："癸亥卜：今日帝于方，豕一，犬一"（人2298）、"□寅卜：帝风，九犬"（人3032）、"甲戌贞：其宁风，三羊三犬三豕"（续2.15.3）。这种止息灾气的祭四方神仪式，在操作上多为磔狗于四门。《礼记·月令》《吕氏春秋·季春》有"九门磔攘"的记载，据陈澔注："裂牲谓之磔，除祸谓之攘。"（《礼记集说》）《史记·封禅书》载"秦德公既立，卜居雍……作伏祠，磔狗邑四门，以御蛊灾。"又，《尔雅·释天》"祭风曰磔"，郭璞注："今俗当大道中磔狗，云以止风。"作为厌胜避邪术，犬祭之俗起源古老，"原始时代大约盛行过狗能镇恶避邪的传说，俗语所谓'狗血淋头'，原是以狗血驱邪魅之意。

①　桑吉扎西：《戍犬通灵》，社会科学文献出版社1998年版，第219—220页。
②　高国藩：《敦煌古俗与民俗流变》，河海大学出版社1989年版，第236页。

《说文解字》：'狗，叩也，叩气吠以守。'以狗镇恶的观念，很可能跟狗的守门功能有关"。即是说，"活狗能守门，所以演变为把狗张挂在门上以避除邪恶的磔狗之祭。从现有资料来看，凡禳御恶风、暑气、疫气等，最主要的方式就是在城邑四方门上磔狗张挂"①。狗能护家识主，以之守门，能防盗贼；《山海经·西山经》中，亦载天狗"可以御凶"。先民巫术化的磔狗避邪之举，当由此推衍而来。春夏秋冬，寒来暑往，四时代谢盖在四时之气不同。"四时皆有疠疾"（《周礼·天官·疾医》），四时之气不和会给人带来疫病（所谓"气不和之疾"，见孙诒让《周礼正义》卷九）。因此，每逢季末，迎新除旧，人们要举行攘除旧气的"时傩"活动，其主要方式之一即为"九门磔攘"。周代以来，季春之月，"命国傩，九门磔攘，以毕春气"；仲秋之月，"天子乃傩，以达秋气，以犬尝麻，先荐寝庙"；季冬之月，"命有司大傩，旁磔，出土牛，以送寒气"。（《礼记·月令》）季春国傩在国都范围内举行，仲秋"天子傩"在王室内城和寝庙进行，而季冬大傩则下及庶民，"旁磔"也就是"九门磔攘"。古代都城四方共十二门，"九门磔攘"即裂犬牲张挂于城门以除祟禳灾避邪。《风俗通义》卷八有"杀狗磔邑四门"条，其释"九门磔攘"云："盖天子之城，十有二门，东方三门，生气之门也。不欲使死物见于生门，故独于九门杀犬磔禳。"《史记·秦本纪》载秦德公二年"初伏，以狗御蛊"，张守节《史记正义》释曰："伏者，隐伏避盛暑也。""蛊者，热毒恶气为伤害人，故磔狗以御之。""磔，禳也。狗，阳畜也。以狗张磔于郭四门，禳却热毒气也。"根据传统阴阳五行理论，犬属"阳畜"，正适合用来逐除疫疠之气。此俗长久流传，后世犹见，如屈大均《广东新语》卷九"广州时序"云："夏至，磔犬御蛊毒。"这说的是两广地区。或以为，"中国犬祭的分布，自古迄今多在海洋文化区"②，但从地处内陆的羌族民间犬信仰来看，又不尽然。羌民地震呼犬、占卜用犬、镇邪以犬、给小孩戴狗头帽，诸如此类，从中可窥视华土古俗的踪影。

犬能避邪，因此周代国家祭祀用"六牲"，犬是其一。据《礼记·曲礼》，祭祀宗庙之礼，"犬曰羹献"。《周礼》所列职官有"牧人"，其任务是"掌牧六牲而阜蕃其物，以共祭祀之牲牷"（《周礼·秋官·牧

---

① 詹鄞鑫：《神灵与祭祀——中国传统宗教综论》，江苏古籍出版社 1992 年版，第 410 页。
② 凌纯声：《古代中国与太平洋区的犬祭》，见《中国边疆民族与太平洋文化》，联经出版事业有限公司 1979 年版，第 692 页。

图 3-4　犬的身影屡屡出现在羌族释比图经中

人》)。周人祭祀使用的六牲,由牧人专养,乃指牛、马、羊、豕、犬、鸡。与之相应,还有各掌其事的牛人、羊人、犬人等职务分工,如孙诒让《周礼正义》卷二十三引江永注云:"远郊有牧田,以授九职中之薮牧,使牧六牲,即以牲物为贡,牧人掌之,国有祭祀,牧人供之。于王朝,牛入地官牛人、充人及司门;羊入夏官羊人,豕入冬官豕人,犬入秋官犬人而豢于地官之槁人,鸡入春官鸡人,马入夏官圉人……将祭祀则各官供之。"又据《周礼·秋官·犬人》:"凡祭祀,共犬牲,用牷物。伏、瘗亦如之。"将犬牲瘗埋于地,目的仍在镇祟祛疬。殷商宫殿遗址多发现有奠基时埋入的牲人和牲畜,牲人作跪姿,有的还随葬狗,考古学家指出:"奠基的狗和守卫的人,是与建筑的程序有关,各系一次埋入",而"门旁及门前跪着的人等,当系房屋的保卫者"[1]。从原始祝咒礼仪角度对汉字多有研究的日本学者白川静释"犬"亦曰:"殷周时代,王墓中陪葬有护卫君王的武士,还在棺的周围及四壁附近埋有作为牺牲的犬……犬牺牲是一种贵重的贡品。"[2] 古人祭祀还使用"刍狗"(草扎的狗),"用以祷病"驱疫,此俗"自周迄三国仍同也"[3]。《淮南子·说林训》:"譬若旱岁之土龙,疾疫之刍狗,是时为帝者也。"高诱注:"土龙以求雨,刍狗

---

① 石璋如:《殷墟最近之重要发现附论小屯地层》,见《中国考古学报》第 2 册,商务印书馆 1947 年版,第 37、31 页。

② [日]白川静:《常用字解》,苏冰译,九州出版社 2010 年版,第 111 页。

③ 尚秉和:《历代社会风俗事物考》,江苏古籍出版社 2002 年版,第 260 页。

以求福，时见贵之。"从《周礼》记载来看，天子祭祀所用的牛、羊、犬等物，除了专人饲养，还须符合"牷"或"全"的规定。"牷"有"全"义，指"纯色"，也就是说天子祭祀中用作牺牲的动物之毛色要纯一，不可杂有他色（据20世纪80年代前期调查，汶川龙溪羌民秋收后还愿祭祖，释比唱经也有"还愿牲畜长得好，个个都是选来的，眼耳头蹄无残缺，或白或褐皆一色"之语，亦透露出这种祭祀观念）。祭品以纯色为上，又见于《周礼·冬官·玉人》："天子用全，上公用龙。"此指的是玉，郑玄注："全，纯色也。龙当为尨，尨谓杂色。"《说文》："尨，犬之多毛者。"这种长毛犬多有杂毛，故引申为"杂色"。从羌族民间犬祭尤其以"白"为尚来看（关于用白犬祭神祭祖、避祟驱邪之俗，《山海经·南山经》有以"白狗"祭祀龙身人面之神的记载，《四民月令》亦称"十一月，冬至之日，荐黍、羔"及"买白犬养之，以供祖祢"等，《风俗通义》卷八则载"今人杀白犬以血题门户，正月白犬血辟除不祥"），跟这种崇尚"纯色"的古老祭礼是吻合的。中国文化史上，向有"礼失而求诸野"之说。江绍原谈到"礼与俗"时尝言："研究者应该把礼俗的界限打破，是我们近来的主张。……古俗有一部分见于著录，因而得了古礼的美称，成为后人叹赏、保存的对象。然没有这样幸运，久已湮没无闻的古俗，正不知有凡几，虽则这一部分古俗中应又有一部分至今尚以某种形式流传于民众间。故不但古礼与古俗不可分为两事，即古礼俗与今礼俗，亦不应认为互不相干的两个研究区域。"他很赞同前人关于"礼俗不可分为两事，亦不必分士庶""制而用之谓之礼，习而安之谓之俗"的说法[1]。事实上，礼、俗未必分家。作为上古社会礼俗生活记录的"三礼"（《周礼》《仪礼》《礼记》），其中不少礼仪便一直存活在华夏民间，为后世民众一代代传承。同理，从商周宫廷到羌族民间，尽管犬祭使用的具体场域有"大传统"和"小传统"之分，仍不难看出这种信仰及习俗在中国社会是从上到下绵延数千载，源远流长。

犬信仰在多民族中国，有相当宽泛的分布。藏羌彝走廊上，川西北羌人地处汉、藏之间，犬信仰在藏族民间亦由来古老。《新唐书·吐蕃传》记载河西节度使崔希逸与吐蕃将领乞力徐曾举行白犬盟誓，约定两方边将互不侵犯。"尊狗"习俗迄今仍见于藏族地区，有论者指出：白马人新年

① 江绍原：《古俗今说》，上海文艺出版社1987年版，第10—11页。

初一凌晨"祈水"，呼喊祖先并唱水歌，此水必先喂狗，以示对之的尊敬；大部分藏区，人们在每年青稞收获之后，第一次磨出的糌粑必先喂狗，民间传说青稞是狗从天宫带回凡间的……究其缘由，盖在"藏族的某些部落曾在历史上是以犬为图腾。这种犬图腾并没有随时代发展而绝迹，而是在藏族文化历史上留下了艰难的足迹"①。白马人如今主要见于川北和甘南，即四川平武、南坪和甘肃文县，其族属或云古代氐人后裔，划归藏是在新中国民族识别后。平武与北川相邻，其境内如今也有羌族分布。此外，听凉山的朋友讲，在彝族毕摩举行仪式驱逐邪祟凶祸的经文中，也有"杀狗驱凶祸，打狗驱祟孽"之类语句。既然如此，从多角度考察羌族民间犬信仰，对此也应有所关注。

第三节　羌民的灵犬信仰管窥

犬跟人类的关系相当古老，尤其跟有狩猎传统的民族关系密切。考古学表明，人类最早饲养的动物不是牛、马而是犬、羊。世界文学史上，"狗给人类带来粮食种子"便是一个跨地域母题。关于犬的驯化，"大多数动物学家都相信驯化狗（Canis lupus familiaris）的所有种类全是由狼（Canis lupus）发展而成的"②。中亚和欧洲一些地区对犬的驯化相对要早，中国最早的狗遗骨出土于磁山遗址，经鉴定为驯化了的家犬。去甘肃秦安，我在大地湾博物馆也看见了远古时期的羊、狗、猪等动物的遗骨。研究原始献祭仪式可知，"以动物作为献祭是较为古老的仪式""以动物作为牺牲则远较农业时代为早"③，而犬正是人类最早用于献祭的动物之一。弗雷泽在《金枝》中谈到以巫术控制雨水时，也提到过日本某高山地区以黑犬求雨而以白犬求晴。作为"西戎牧羊人"的羌，固然跟羊的关系密切，犬在其生活及信仰中也占重要位置。黑水羌族传说有《狗是怎样变成家畜的》，蜀地学者任乃强释"犬"字时，认为华夏驯养狼犬成功的时间"当是远在羌人驯化藏犬之后"④。羌人驯犬以助牧畜，犬作为放牧的

① 林继富：《藏族犬图腾浅谈》，《西藏研究》1988 年第 2 期。
② ［美］艾里奇·伊萨克：《驯化地理学》，葛以德译，商务印书馆 1987 年版，第 128 页。
③ ［奥地利］佛洛伊德：《图腾与禁忌》，杨庸一译，中国民间文艺出版社 1986 年版，第167 页。
④ 桑吉扎西：《戍犬通灵》，社会科学文献出版社 1998 年版，第 97 页。

好帮手深得其喜爱，而主人去世，也常以犬殉葬。不仅如此，在羌民看来，犬是通灵之物，能镇邪禳灾，尤其对止住地震有效。羌族地区广泛流传的神话《开天辟地》，讲古时候，地是一个黑鸡蛋，天是一个白鹅蛋，一团黑乎乎的，一团白生生的，分不清上头下头，也分不清前头后头。天爷阿补曲格和天母红满西决定造天搭地，以使万物滋生。天母打开黑鸡蛋，里面钻出一条大鳌鱼；天爷打开白鹅蛋，里面滑出一块青石板。天爷用青石板造天，立起又倒，倒了又立，如是再三，累得大汗流，硬是没法。天母连忙把大鳌鱼搭成了地，将鳌鱼的四足扳来立起，才撑起了青石板。天地早好了，可是，大鳌鱼要动弹，它一动，就会天摇地震。于是，天母唤来家中的玉狗，将其放到大鳌鱼的耳朵洞里，并对后者说："你不准动哟！我把你的母舅叫来了，给你作个伴儿，空了给你摆条，免得你心焦。要听母舅的话呢！你一动，它就会咬你呢！"（四川话"摆条"，指聊天）这么一来，大鳌鱼再也不敢动，天地才稳当了。[1] 这个奇妙的神话是20 世纪 80 年代从年近八十岁的老释比口中采录的，释比唱经中也有相关内容。以犬为地之母舅的传说是怎么来的，有待探考，但有两点似可注意：（1）羌人以母舅为大，凡事都要听舅舅的，释比经文即称"天下要数舅为尊"，而以犬为地之母舅，叮嘱后者"你须听从顺其音"[2]，可谓是按照羌民社会的习惯思维为大地设置了一个管得住它的长辈；（2）舅在羌语中读音为"ku"[3]，与犬在羌语中读音"ku"或"gu"相近，因此，以犬（ku）为管辖大地之舅（ku），是不是有着某种语音上的巧合呢？此外，吕振羽指出，在中国民族的意识里，确实有"'犬'是一种地的'守护神'"之观念[4]。以上神话向我们表明的，依然是羌民视犬为厌胜避邪之灵物的古老信仰。

　　科学研究表明，地震时往往伴有动物的异常反应，其中犬的表现尤为突出[5]。在川西北岷江及涪江上游地区，居住在地震活跃带上的羌人在地

---

① 《中国民间故事集成·四川卷》，中国 ISBN 中心 1998 年版，第 1107—1108 页。

② 《羌族释比经典》，四川民族出版社 2008 年版，第 232 页。

③ 同上书，第 944—945 页。

④ 吕振羽：《史前期中国社会研究》，三联书店 1961 年版，第 73 页。

⑤ 蒋锦昌：《动物的行为异常是一种临震前兆》，《地震学报》1980 年第 3 期。2008 年"5·12"地震发生前夕，北川县曲山镇海光村就有一条名叫"小花"的小狗狂叫不止，惊动了大家而使许多人跑出房屋，救了"半个村子的人命"，让村民们感念不已（见《北川记忆——"5·12"故事》，北川羌族自治县文化旅游局、北川羌族自治县禹羌文化研究中心编，2009 年 9 月，第 338—342 页）。

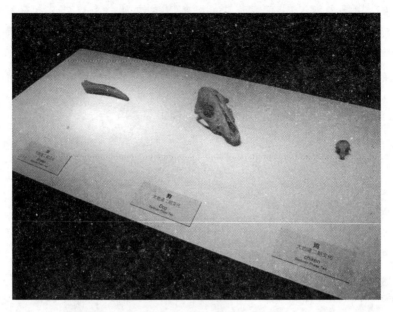

图 3-5 史前遗址中发掘的羊角、狗头遗骨（甘肃秦安大地湾博物馆）

震发生时唤犬，跟他们的民间经验有关。可是，羌族释比在地震时唤犬，为什么又提及地藏王菩萨呢？中国民间传说里，地藏王是掌管地下世界的教主。据明代《绘图三教源流搜神大全》："地藏菩萨，职掌幽冥教主，十地阎君率朝贺成礼。"① 清代小说《剑侠飞豹图》第二十回中，亦有阎王对阴主地藏王菩萨称臣的描写。说地藏的母亲化身为狗，这实际上是民间叙事中把他跟"目连救母"传说中目连形象重合的结果。目连亦作目犍连，乃"摩诃目犍连"的略称，他是释迦牟尼的十大弟子之一，跟佛门中的地藏王菩萨并非一人。《盂兰盆经》说他为救生母脱离饿鬼道而设"盂兰盆会"，中国民间也流行"目连救母"故事。作为佛教中国化的典型产物，该故事讲述目连俗名傅罗卜，其母亲因开斋吃荤、打僧骂道被打下十八层地狱受苦，夙具孝心的目连求得佛祖恩准下地狱拯救母亲，最终其母得超度后化身为犬，目连本人亦成正果，是为地藏王。目连故事在华夏大地上广泛流传，深入人心，如在四川广汉民间，为了祛邪镇祟，要"请戏班演《目连戏》，意即搬出地藏王菩萨来超度亡魂，弹压野鬼"②。

---

① 《绘图三教源流搜神大全［外二种］》，上海古籍出版社 1990 年版，第 308 页。
② 《广汉民俗》，成都科技大学出版社 1993 年版，第 252 页。

又如，四川射洪青堤镇有"目连故里"之称，相传其母刘青堤是该镇女子，其地有顶顶庙，庙中塑有目连的站立像，按照当地人的说法，因为有母亲在此，所以他不能坐下……根据佛经，地藏乃梵文 Ksitigarbha（乞叉底蘗婆）的意译，他是释迦佛灭后、弥勒下世前，在无佛世界中普度六道众生的菩萨，又称大悲菩萨、大愿地藏，并认为他像大地般藏无量善根种子。在中国民间，地藏被附会为地府主宰鬼界之王，并被拉扯到具体人物身上，于是民间相传"目连死后被命为地藏王，即主司幽冥界之主"①，类似传说在川西北羌族地区亦有流传。据《绘图三教源流搜神大全》卷七："相传王舍城傅罗卜，法名目犍连，尝师才事如来，救母于饿鬼群丛，作盂兰盆胜会，殁而为地藏王，以七月三十日为所生之辰。"又，《成都通览·成都之呼物混名》有"地藏王菩萨（萝卜也）"一条，盖在民间传说目连俗名萝卜，其母因吃萝卜而生了他，旧时蜀地，"每当搬演目连戏的活动开始，不但有台上表演者将刘氏所吃萝卜三刀砍作八块供人抢吃，戏班子的人也乘机在观众席里出售事先准备好的萝卜，而众人也争相购买，并深信带回家去让妇人吃了能生儿子"②。目连曾下地狱拯救母亲，地藏王菩萨曾发下"地狱不空，誓不成佛"的宏誓（据《地藏菩萨本愿经》，地藏前身为婆罗门女，也有卖家宅以广求香花及诸净品供佛，以解脱生前信邪而堕入地狱之母亲的行为），民间百姓将他们合二为一不无缘故。羌人地处汉藏之间，从上述释比"地震唤犬"的举动中可知，来自佛门、来自汉族地区的"目连救母"故事对羌区也多有影响。在茂县凤仪镇，羌民生病时祈神保佑所唱还愿歌中有"四许木莲戏，病好就还你"③；过去北川农历五月二十八的城隍会上，亦有外来的川剧团在庙门口演出《目连救母》④。此外，昔日茂县的传统庙会也有城隍会、地藏会。2011 年 5 月 4 日，笔者走访汶川绵虒 78 岁的老释比王治升，问及前述事情，他说狗是傅萝卜的妈，地震来了，"zhe-zhe"地叫了狗，地就不动了。老人还说，"狗是傅萝卜的妈"，这是《幽冥传》里写的。他说过去他家里有这些书，爷爷留下来的，尽管他没有读啥子书，但他爷爷是读书

---

①　乌丙安：《中国民间信仰》，上海人民出版社 1995 年版，第 186 页。

②　李祥林：《民间戏曲搬演中的饮食文化》，台北《中华饮食文化基金会会讯》2006 年第 1 期。

③　《羌族口头遗产集成·民间歌谣卷》，中国文联出版社 2009 年版，第 146 页。

④　《羌族词典》，巴蜀书社 2004 年版，第 391—392 页。

人……既然主宰地下世界的是地藏王菩萨，既然地藏王菩萨的母亲后来化身为神犬，那么，在羌民巫术化原始思维中，当山崩地裂的地震发生时呼唤犬母，不正是在祈求后者管好儿子、"止住儿子抖动"么？

图 3-6　走访射洪青堤"目连故里"

犬跟羌人生活及信仰有密切关系。那么，又该如何理解上述"焚犬求雨"呢？尽管羌民口碑有"龙王怕狗臭"之说①，但其由来如何无从查考，也未必是此仪式的底蕴所在。在我看来，既然犬是灵物，作为原始宗教仪式，烧狗与焚柏在宗教原理上当有某种相通之处，即以所焚之物的烟气上达于天，以祈求龙王从天上降下雨水来；或者，是借所焚之物的烟气四散，以驱逐旱魃之类邪祟。羌民祭神，焚烧柏枝是重要的宗教仪式环节，当地人谓之"熏（音 qiu）烟烟"，如："理番三齐十八寨羌民，每逢十月一日过年那天，房顶上白石前燃柏枝敬神。"② 又如，"卡斯达温"（又称"铠甲舞"）是融合羌藏文化元素的民间歌舞，据 2005 年 8 月我们赴黑水河流域调查所见，当地人跳此舞蹈时举行的重要仪式之一就是"男人们在玛尼堆前点燃松柏枝，十分虔诚地举行当地人俗称'熏（qiu）烟烟'的煨桑仪式，祈祷神灵保佑"③。证诸古代文献，此当属华土传统祭天之法。据《礼记·祭法》："燔柴于泰坛，祭天也；瘗埋于泰折，祭

---

① 中国民间求雨之强迫性巫术中有"秽气冲天"之说，比如焚烧女子木屐以激怒上天而使其降雨，盖在旧时男尊女卑社会中，女性物品是被视为亵秽的（见何星亮《中国自然崇拜》，江苏人民出版社 2008 年版，第 25 页）。此固然可备一说，但从羌族民间犬信仰看，总体上未必视犬为亵秽之物。

② 《中国原始宗教资料丛编：纳西族卷·羌族卷·独龙族卷·傈僳族卷·怒族卷》，上海人民出版社 1993 年版，第 569 页。

③ 李祥林、李馨：《秘境神舞——"卡斯达温"天人合一的意象之美》，见《四川黑水河流域民间歌舞——卡斯达温》，四川美术出版社 2007 年版，第 99 页。

地也。用骍犊。"陈澔注："积柴于坛上，加牲玉于其上，乃燎之，使气达于天，此祭天之礼也。"（《礼记集说》）天圆地方，各有其祭。在先民看来，天神在上，非燔柴不足以达之，燔祭时烟气升空，故能被天神接受；至于后者，则是把作为祭品的牲畜、丝帛之类埋入土中以祭祀大地。古文《尚书·舜典》记载舜接受尧禅让帝位后于"岁二月，东巡守，至于岱宗，柴"，即说的是在泰山上燔柴祭天。此外，"以'焚'的巫术方式求雨，有久远的历史。把人或牲畜放在柴堆上焚烧，这在甲骨文中有大量的记载"①。着眼宗教意义，"献祭始终意味着圣化"，而"火焰标志着将牺牲置入火中的圣化仪式"②。为求神灵保佑，把最好的东西奉献给神，是民间信仰的普遍心理。犬之于羌民，在日常生活里是颇得青睐的。对于初以牧猎为生而后为半耕半牧的羌民来说，猎犬无疑是好伙伴和好帮手，犬在其族群意识中成为图腾未必不可能。放狗打猎是羌人传统，理县蒲溪羌族打猎歌甚至唱道："我生来是打猎的，我不是吃人奶而是吃狗奶长大的。"③驱逐邪怪也离不了撵山猎狗，正如驱逐农害时释比所唱："全寨为着驱农害，请动天地远近神……猎人打枪将狗放，金猫银猫同出力，不管野物藏何处，统统拿获问斩刑。"④ 在北川羌人中，有的祖传家训亦云"以家养犬为圣洁"⑤。唯其如此，在汶川龙溪乡释比余明海、朱顺才所唱上坛经里专门有一部《壳》，羌语的意思是"说猎狗"⑥，就不足为奇。阿坝羌族谚语，也有"狗和狗打堆，狼和狼结群""狗叫前门有客，狗咬后门有贼""话是酒撵出来的，獐子是狗撵出来的""闹山的雀儿没有肉，光叫的狗撵不得山""狗吐舌头鸡张嘴，乌云遮天要下雨"，等等。羌人以白狗占卜年成好坏，实际上亦视犬为通灵之物。既然如此，羌民将犬尤其是白犬作为牺牲焚之以祭，通达神灵从天上降下雨来，不正表达着人们

① 刘黎明：《宋代民间巫术》，巴蜀书社 2004 年版，第 136 页。

② ［法］马塞尔·莫斯、昂利·于贝尔：《巫术的一般理论　献祭的性质与功能》，杨渝东等译，广西师范大学出版社 2007 年版，第 179、191 页。

③ 《中国歌谣集成·四川卷》，中国 ISBN 中心 2004 年版，第 927 页。

④ 《中国原始宗教资料丛编：纳西族卷·羌族卷·独龙族卷·傈僳族卷·怒族卷》，上海人民出版社 1993 年版，第 530 页。

⑤ 母广源口述、郭志武整理：《党项羌人的后裔——北川李姓羌人》，《西羌文化》2005 年第 1 期。

⑥ 《中国原始宗教资料丛编：纳西族卷·羌族卷·独龙族卷·傈僳族卷·怒族卷》，上海人民出版社 1993 年版，第 531 页。

敬神之心虔诚至极么？①

　　犬祭之犬以白为佳，就羌民信仰而言，也旨在表明所献之物的神圣性，因为羌人有以白为尚的传统。阿坝羌族谚语云："雪山顶上捧白石，白石供在房顶上。"多神信仰是羌族民间宗教的特点，其崇拜的天神、地神、山神、寨神以及自然界一切神祇，皆无固定偶像，而是融合在白石崇拜中。白石可以代表天神或山神，也可以代表寨神或土地神，不一而足。释比请神做法事，或在村寨神林中的白石塔子前，或在人家房屋上的白石神位前。从茂县发掘的战国时期石棺葬中有白石随葬来看，白石崇拜之于该地区有古老的历史。有关羌人崇拜白石的传说很多。相传羌族在迁徙中，遭到魔兵追击，危急关头，多亏天神相助，从天上扔下三块白石，变成三座大雪山，挡住了魔兵的前进之路，方使羌人化险为夷。在长诗《羌戈大战》中，羌人用天神赐给的白石作武器，打败了戈基人，才得以在富饶美丽的"日补坝"（今茂县境内）安居乐业。此外，据钱安靖调查，羌人甚至认为神分白黑好坏，如释比经文所唱："白神是好神，黑神是坏神。"还愿所用之牺牲亦分白黑高低，所谓"上坛神愿须用白，下坛鬼愿才用黑"。总而言之，"代代留传有规矩，羌人要白不要黑②"。日常生活里，尔玛人也是以白为善，着白羊皮褂、穿白麻布衣衫，等等。民国时期走访汶川萝卜寨的学者便写道："居民系羌族，喜商，尚白色，一切以白为上。"③ 的确，对白的崇尚之于羌民，可谓无处不在。就白犬信仰来看，茂县土门羌民被称为"白狗羌"，当地人亦喜欢白狗，认为白狗能够避邪纳吉。从历史上看，《新唐书·党项传》载："龙朔后，白兰、春桑及白狗羌为吐蕃所臣，藉其兵为前驱。白狗与东会州接，胜兵才千人。"《唐会要》卷九十八《白狗羌》条亦云："白狗羌，西羌之别名，与会州连接，胜兵一千……武德六年十二月，遣使朝贡，贞观五年十二月，其渠师并来朝。"《资治通鉴》卷一百九十说，唐朝初年有"白简、白狗羌并遣使入贡"，唐还"以白狗等羌地置维、恭二州"。会州后为茂州，白狗羌地处茂州以西，这支羌人唐时主要分布于维、保二州，即今阿坝州的理

---

　　① 犹如古代汉族地区为求神灵保佑的"焚子祀神"，参见李祥林《"弃子救母"故事的文化母题识读》，《民族艺术》2001年第4期。

　　② 《中国原始宗教资料丛编：纳西族卷·羌族卷·独龙族卷·傈僳族卷·怒族卷》，上海人民出版社1993年版，第534、536页。

　　③ 邵云亭：《萝卜寨的民俗》，见民国三十三年《汶川县志》卷五"风土"附录。

县、黑水一带。关于"白狗"之称，或以为是族名之羌语音译，即"白狗在一些史籍中又作白苟，应为羌语的汉译，极可能与当地古代的一支羌人的领袖名为白苟（白构）有关"①；或以为是族群之图腾标识，即"狼图腾崇拜起始于华夏最古老的羌族、犬戎族和古匈奴獯鬻"，而"根据文献记载，犬戎族就自称自己的祖先是二白犬，并以白犬为图腾的西北最古老的游牧民族，属于西羌族，是炎黄族先祖的近亲"，若"从民族归类上看，犬戎族就是西羌族，许慎在《说文解字》中说：'羌，西戎牧羊人也。'因此，犬戎就是西羌，西羌包含犬戎……西羌族是以白狼或白犬为图腾的游牧民族"②。实际上，如民族学家所言，戎正是"以氐羌为主要成分"的③，而犬戎之祖为白犬之说见于《山海经·大荒北经》。证诸民俗，在理县桃坪乡杂谷脑河下游东北部的增头寨，有供奉白狼神的铁林寺，直到新中国成立前，"全寨寺庙最隆重的是每年八月初八会期（白狼神生日），为纪念先祖白狼神生日，求先祖消灭灾难，从草地直到绵竹县人民不辞长途跋涉都要来此地祭拜白狼神"④。其中，或许正凝结着羌人古老的族群记忆。

---

①　李绍明：《羌族历史文化三题——以四川理县桃坪羌乡为例》，《西南民族大学学报》（社会科学版）2006 年第 4 期。

②　姜戎：《关于狼图腾的讲座与对话》，http://www.booksky.net：81/html/6/7480/446692.htm。

③　李绍明、冉光荣、周锡银：《论羌与戎》，见《李绍明民族学文选》，成都出版社 1995 年版，第 477 页。

④　朱光孝：《古老美丽的增头寨》，《西羌文化》2008 年第 1 期。据《理县志》，"通化乡西山村山顶的'白空寺'、桃坪乡增头村的'铁林寺'、牛山村的'天元寺'，寺内皆供白石。相传，这三寺的菩萨是来自草原的三兄弟：白西西、白哈哈、白狼狼"（四川民族出版社 1997 年版，第 764 页）。走访可知，来自西北草原的这三兄弟被当地村寨的尔玛民众奉为先祖，对他们的祭拜中蕴含着族群迁徙的历史记忆。三兄弟的名字仅仅是羌语的汉字记音，并无定字，如我在西山村白石祭上所见，"白西西"亦写作"白曦曦"，"白狼狼"也写作"白郎郎"。为什么当地作者撰文时会将增头寨铁林寺的"白郎郎"写作"白狼神"，这当中是不是隐藏着更深层的族群密码呢？有兴趣的读者可以继续探讨。

第四章

民间禁忌与生态意识

生态人类学（Ecological Anthropology）关注人类与环境之间关系，研究人类群体如何适应其生存环境以及在此过程中形成的相应的经济生活、社会文化及风俗习惯。所谓"生态意识"（Ecological Consciousness），就是人们对生存环境的观点和看法，是人类在处理自身活动与周围自然环境之间相互关系时的基本立场、观点及方法，是一种反映人与自然环境和谐发展的价值观。古往今来，围绕"人与自然"这主题，羌族民间形成了种种信仰及习俗，其中蕴含着积极的生态意识，这种意识跟当今世界人类崇尚的生态理念不乏相通之处，值得我们关注和重视。本章立足人类学视野，从川西北地区羌族信仰民俗切入，透视其中折射出的生态观念。

第一节　年货节的野味及其他

2011年元月，在成都新会展中心举办的年货节上，有一民族特色鲜明的摊位引人注目，这就是来自"5·12"地震重灾区北川羌族自治县的年货摊。该摊位与来自都江堰市的摊位相邻，以"北川羌寨"命名，其造型取川西北羌族村寨模样，四方石砌碉楼式的立柱上挂着带角去毛腌制的全羊，整个布置相当别致也相当醒目。在此打出"大禹老家，健康食品"旗号的年货摊位上，除了羌寨老腊肉之类，还出售各种腌制野味，有野猪、豺狗、野鸡、斑鸠等，还有形似兔子而非兔子的"竹溜子"。有年轻买主不识此物，问身着羌服的中年售货员这是不是野兔，后者笑了，说这是山野间吃竹根、竹笋的竹溜子，并说这是难得的美味。竹溜子和野兔子的个头大小差不多，但前者剥皮后仍有长尾巴，明显不同于兔子。过去我在川南长宁竹海见过活物，银灰色、毛茸茸、体型胖胖的，听捕捉者讲，这家伙利齿尖爪，四肢短却粗壮有力，擅长钻地打洞，属于鼠类。此乃岷江上游地区常见之物，在茂县羌族博物馆，可以见到长长的竹鼠（竹溜子）门齿标本。

图4-1　年货节北川摊位出售的"竹溜子"

图4-2　茂县羌族博物馆展出的竹鼠门齿

在四川人的餐桌上，竹溜子堪称"美味"。竹溜子之"溜"，实为"鼺"，是个形声字，其形旁为"鼠"而声旁为"留"。古称"宁羌"，与四川相邻的陕西宁强是古羌人栖居地，"5·12"地震后也被列入"羌文化生态保护实验区"，2012 年 10 月上旬笔者走访该县，从清光绪十四年《宁羌州志·物产》中亦见记载此物。翻开清耿世珍《本草纲目别名录·兽部》，可见到又名"竹独"的"竹䶆"。据《本草纲目》卷五十一"兽类"记载："竹䶆，食竹根之鼠也。出南方，居土穴中。大如兔，人多食之，味如鸭肉。"又云："䶆言其肥，独言其美也。"蜀中文学家苏东坡也是美食家，这位遍尝八方美味的"老饕"曾写下《竹䶆》一诗①，云："野人献竹䶆，腰腹大如盎。自言道旁得，采不费置网。鸱夷让圆滑，混沌惭瘦爽。两牙虽有余，四足仅能仿。逢人自惊蹶，闷若儿脱襁。念此微陋质，刀几安足枉。就擒太仓卒，羞愧不能享。南山有孤熊，择兽行舐掌。"这鼠类的竹溜子，大巴山一带又称"吼子"，民间口碑有"天上的斑鸠，地下的竹䶆"，极赞其肉之美。如在达州等地有"油酥竹䶆"，其烹制方法是将竹溜子宰杀后去毛，先以清水漂去血水，再放入锅中煮熟晾干，抹上盐、酱油、姜汁、花椒面等佐料，裹上鸡蛋面糊油炸，待炸至金黄即起锅装盘，最后以高汤、淀粉加少许白糖、胡椒熬成汁，遍淋全身而成，吃起来外酥内嫩，让人大快朵颐。前些年，笔者从北川来蓉举办的年货展销摊上见到剥皮腌制的竹溜子，卖价 50 元钱一市斤，于是花 90 多块买下一条，带回家后洗净蒸食之，并邀请友人共同品尝，大家莫不称赞其肉细美，绝非兔子可比。2011 年 6 月下旬，我去北川吉娜羌寨走访，又见到羌民出售的腌制竹溜子，卖价 30 多元一斤。据《川菜烹饪事典》介绍，其"肉质细嫩肥美。宜红烧、清炖。中医学认为，竹䶆肉有补中益气、养阴除热等功效，能治痨瘵、止消渴"②。现代科学研究表明，竹溜子的肉含粗蛋白质 57.78%、粗脂肪 20.54%、粗纤维 0.84%、胆固醇 0.05%，此外，还富含磷、铁、钙、维生素 E 及氨基酸、甾类，其中赖氨酸、亮氨酸、蛋氨酸的含量比鸡鸭鹅、猪牛羊、鱼虾蟹有过之而无不及，是一种营养价值高，属低脂肪、低胆固醇的野味上品③。又曾听民间人士告知，这竹溜子的肉滋阴补肾，对于医治痔疮亦有特殊功效。竹溜子除了肉味鲜美、营养丰富之外，其毛皮绒厚柔软，与水獭皮不相上下，具有较

---

① 烹饪书籍引此诗作"竹䶆"，《三苏全书》（语言出版社 2001 年版）第六册第 482 页此诗则作"竹㹠"。又，清代天全文人杨甲秀《续增徙阳竹枝词》亦有"竹㹠深藏食竹根""坡公妙句堪寻味"之语（见《四川竹枝词》，四川人民出版社 1989 年版，第 227 页）。

② 《川菜烹饪事典》，重庆出版社 1999 年版，第 208 页。

③ 《竹鼠》，http://baike.baidu.com/view/115956.htm。

高的经济价值。

在羌民的信仰中，竹溜子则是"妖怪"。羌族民间，"驱魔避邪的仪式有很多种，人们相信患病、死亡和其他的许多灾难是邪魔所致。这些仪式包括清扫房屋、踩犁头、化水、封魔于罐埋在路下等，这些法事是由巫师来表演的"[1]。比如"打保护"或"打太平保护"，茂县渭门沟羌人每年农历八、九月以寨为单位，要请释比举行"打保护"送晦气仪式，以求村寨人畜兴旺，地方太平。事先会到竹林中捕捉一只竹溜子（羌人视为不祥之物），届时经释比诵经作法事后，将竹溜子埋到远离村寨的路口，以示把邪魔埋葬了。整个仪式活动历时两三天，最后一天，由一人抹黑脸、穿红裙、头顶红布、手执铁叉，装扮成民间宗教中制服鬼怪的护法神"灵官"巡游村寨，另有二人抬着"瘟床"（用篾条编的抬筛）随行。释比击鼓引导，"灵官"游行到村寨各户，人们纷纷将盐茶米面少许和草、布片等扔到"瘟床"中，再送到村外十字路口埋掉，象征送走晦气、瘟疫和不祥，从此全寨清吉平安、人畜兴旺、五谷丰登[2]。羌民把竹溜子视为"妖怪"并不奇怪，因为此物本来就是一种危害竹子的鼠类。竹溜子的学名为竹鼠（Rhizomys sinensis），又称竹鼬、竹狸、竹根鼠等，属哺乳纲啮齿目竹鼠科竹鼠属。竹鼠因主要吃竹根而得名，其在我国有1属3种，以中华竹鼠最常见，分布在我国中部、西南及南方的竹林内。秦岭以南，竹鼠栖息在山坡竹林或芒草丛下，以竹的地下茎、根、嫩枝和茎为食。据民间有经验者讲，这家伙个头不大，危害不小。主食鲜嫩的竹根、竹笋的它，生活在深山野林中，掘地挖洞而入，所过之处，会导致竹子成片地死亡。对于戕害竹林的竹溜子之类"害兽"，羌民们当然痛恨之，不

---

① 李绍明、周蜀蓉选编：《葛维汉民族学考古学论著》，巴蜀书社2004年版，第123页。

② 《中国原始宗教资料丛编：纳西族卷·羌族卷·独龙族卷·傈僳族卷·怒族卷》，上海人民出版社1993年版，第504页。一般认为，竹溜子指竹鼠。2011年3月25日，我去安县罗浮山羌王城考察，给我做向导的是69岁的田开永老人（北川羌族自治县羌乡美年艺术协会会长），陪同的有小金（羌王城风景区董事长的儿子，大学毕业）。行走在杂草丛生的山道上，我问山里有没有竹溜子，他们说有。小金说他家前年在灶房里就捉到过一只小竹溜子，胖胖的，后来把它放了。我问这山中有没有竹林，小金说原来有一片，后来开发旅游兴建设施，把竹子砍了。安县、北川相邻，当地人熟悉这鼠类的竹溜子。20世纪80年代钱安靖在茂汶地区调查报告中，亦是这样解释羌族释比经中的竹溜子。目前出版的《羌族释比经典》收有《竹留子》，列入"驱邪治病保太平篇"，其羌语读音为"fənəsu"，释义为"一种甲壳虫，在释比驱邪仪式中使用"（四川民族出版社2008年版，第1334页）。这是关于竹溜子的另一种说法，但语焉未详，所录释比经文中亦未描述其形态，仅言其会"钻洞"。若是甲壳虫，会不会是竹象呢？四川人呼之为"笋子虫"，也是危害竹子的虫子。

但举行仪式加以祛除，而且祈求天地间神灵"关闭害兽"。汶川龙溪等地释比还愿经有"关闭害兽"，其中唱道："太阳神关闭害兽/月亮神关闭害兽/青苗神关闭害兽/水源神关闭害兽/启明星关闭害兽/大树神关闭害兽/山神来关闭害兽"，并且呼吁"神灵一千关闭害兽/凡人成百关闭害兽"，待到"龙溪沟内众寨害兽驱除/东门口土司处害兽驱除"，于是"众神高兴露欢颜/山笑水笑人欢乐"①。

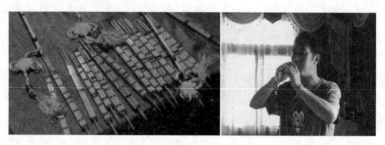

图4-3　羌笛制作及演奏技艺已列入国家级非物质文化遗产名录

四川多竹，乃竹的原生地之一，古籍即载："岷山多梓、柏、大竹。"（《华阳国志·蜀志》）竹子跟羌民的生活关系密切。从物质民俗层面看，其生活用具多以竹为制作材料，编筛子、箍水桶，制作口弦、羌笛，乃至咂酒吸管，都少不了竹；建房造屋也离不开竹子，茂汶高山区域的房屋建造用片石砌墙，以木为梁为檩子，再用油竹（箭竹）编笆辅以竹梢敷黄泥作平顶屋面。又如，释比经《莫河而格》（修房造屋）唱道："皇天菩萨教造房/先在四周砌墙基/……楼墙之上补房椽/房椽要用粗竹竿/还要补上竹丫枝/补完竹丫再敬神/敬天敬地上六层/竹丫枝上抹稀泥……"② 在山高谷深的川西北地区，羌人越峻涧跨深谷的交通工具溜索乃至索桥"笮"亦用竹制作。"笮，筊也。从竹，作声。竹索也。"（《说文》）明曹学佺《蜀中名胜记》、清《茂州志》《石泉县志》以及民国《汶川县志》等均记载了索桥制作方法。《清稗类钞》之"地理类·川边番地"，也介绍了出汶川城五里处有桥跨江，"长可百余丈，编竹为索"③。昔日羌区索桥，著名者有飞跨岷江的威州大索桥，茂县的镇西索桥和石鼓索桥，飞跨湔江的北川登云桥，长度都在百米以上。如北川县的登云索桥，每年

① 《羌族释比经典》，四川民族出版社2008年版，第669—670页。
② 《西羌古唱经》，茂县羌族文学社整理编辑，2004年10月，第20页。
③ 徐珂编撰：《清稗类钞》第1册，中华书局2010年版，第105页。

换索即需几万斤竹子，工程浩大。为了保证该桥的用竹，地方官府特地辟有数千亩的"官竹林"，并指定专人管理①。从信仰民俗层面看，竹这种植物在羌民心目中是具有灵异性的，在其宗教仪式活动中，释比会头戴羌语称为"坦笮"的竹帽驱邪，以竹刀刺杀代表鬼怪的麦秆人偶；村寨遇干旱或水涝时，祈神还愿以求风调雨顺的仪式中也要以竹帚洁净神路，所谓"竹桠扫把带九把／打扫神路把愿还"②。"释比驱魔百事吉"③，在羌民看来，世间常有怪异和劫难发生，这就需要请释比诵经击鼓，率领大家举行还愿、祭祀、打太平保护等仪式，以祈求神灵保佑，祛除邪魔侵害，保佑村寨平安。竹子开花意味着其生命将枯萎（1983 年在大熊猫栖息区就曾发生箭竹大面积开花，引起国家和国际关注），历来被民间视为不祥。羌族释比举行"打醋坛"法事，其中也有唱经替竹祈吉之举，如："没诵唱经竹开了花／唱了诵经花不开"，"没诵唱经油竹无故开花了／诵了唱经油竹就不再无故开花"④。羌人视吃竹根、竹笋，戕害竹子的竹溜子为妖物，该民间信仰实际上从侧面折射出羌人爱护竹子，爱护这种与他们生活息息相关的自然资源的生态意识。

第二节　古老故事和民间禁忌

"塔怖"或"塔布"乃西文"Taboo"之译音，本是源自南太平洋波利尼西亚人的字眼，汉语意译之对应词为"禁忌"，含义有"神圣的""禁止的"等，其"意指某种被限制或禁止而不可触摸等性质的东西之存在"，用弗洛伊德的话来说，它"是人类最古老的无形法律"⑤，植根于人的内心，对人的思想及行为有非同小可的约束力。根据民俗传统，被禁忌的事象往往包含危险性（弗雷泽称之为"想象的危险"，而且说"并不因为它是想象的就不真实了"，具体论述见《金枝》中有关章节），触犯禁忌，就会受到制裁和惩罚。羌族神话传说里，不乏涉及这种"无形法律"的作品。2010 年 6 月，我在羌族文学研讨会上同羌族作家叶星光谈起释

①　《四川民俗大典》，四川人民出版社 1999 年版，第 540 页。
②　《羌族释比经典》，四川民族出版社 2008 年版，第 694—695 页。
③　同上书，第 556 页。
④　同上书，第 528 页。
⑤　［奥地利］弗洛伊德：《图腾与禁忌》，杨庸一译，中国民间文艺出版社 1986 年版，第 31—32 页。

比戏《木姐珠剪纸救百兽》，向他请教有关问题。该剧是他20世纪80年代前期搜集的，相关内容也曾被他移用到小说《神山、神树、神林》对牛山寨羌民生活及习俗的描写中。2013年3月，我们在理县蒲溪乡休溪寨参加当地人祭祀天神和山神的民俗节庆活动，走在山道上，他再次告诉我，有关木姐珠的这出戏是他从蒲溪奎寨采录的，他家在该寨子有亲戚。后来，他把整理出来的文字给搞戏剧的朋友看，后者提醒他这应是"羌戏"。如今，这出民间戏剧已被正式收入《羌族释比经典》。木姐珠是天王木比塔的三女儿，也是羌人奉为祖先的女神。以"羌族神话戏"定位的《木姐珠剪纸救百兽》，主要包括"黑山""告状""除恶"等五场戏，讲述铜羊寨头人木勺金保欲设"百獐席"为自己庆寿，派出打山娃子坑耿山保去山里以"黑山"法术猎杀生灵。顿时，"山中遭大难，山神心如焚"。天仙女木姐珠在丈夫斗安珠父母祭日回人间途中得知真相，情况紧急，刻不容缓。为了使山间生灵免遭涂炭，心地善良的木姐珠赶回天宫向父王禀明事由，并且连夜赶制许许多多剪纸动物，启运神力使之变活，放归山林以假乱真，从而拯救了山中百兽。羌民说的"打山"，乃指打猎、狩猎。所谓"黑山"，是一种跟狩猎有关的法术，行此法术后，大白天能使山林间变成伸手不见五指的黑夜，仅仅留下一条道路有光亮，山中野兽只好行走此道，于是打山的人就可以随意捕之。从这部侧面涉及羌族民间巫术与禁忌的戏剧来看，上山打猎尽管是川西北羌区人们生活的组成部分，但他们并不赞同"黑山"这种有违生态原则的捕杀动物方式。

图4-4　狩猎曾是尔玛人生活的重要组成部分

对于"黑山"法术的贬弃，在羌族民间文学里有相当直接和明确的表述，由此可窥羌人对待自然万物的态度。羌民相信，山林中的飞禽走兽都归山神看管，他不允许人类肆意猎杀野物。羌族民间故事《黑山法》①，是 20 世纪 80 年代在茂县凤仪一带搜集的，说的是从前羌寨里有个打猎为生的巨人，他的狩猎技术很高，懂得"黑山法"。有两个徒弟跟了他多年，他也不曾将此传授给他们。有一年，他打算将此法术传授给徒弟一些，便吩咐后者去山林里安放 100 个捕猎套子。然后，他便开始盘腿念咒，施行法术。次日清晨，本该天亮了，可四周依然是黑黑的，两个徒弟不解，师傅说："这就是我要传授给你们的一种法术，叫'黑山'。你们看，现在到处都很黑，它是不会亮的，要黑七天七夜。但是，在你们安套子的路上，大概有一人多两人宽的一根线它是亮的，那些飞禽走兽就要到那儿去。因为到处都是黑的，它们非去不可，我们就可以套到很多野物。"七天七夜过去了，师傅让徒弟去收回套子。徒弟收回 99 个套子并把猎物都带回来了，师傅见后大惊失色，连忙叫徒弟们快跑，并且说拿的野物应该是"够吃就对"了，现在惹怒了神灵，恐怕性命不保。这时候，只见山王（山神）手提大刀，骑着雪白的狮子追来。徒弟年轻，腿脚利索，跑下山去了。师傅眼看跑不脱，用法术把自己变成路边朽木，耳朵则变成朽木上的木耳。怒气冲冲的山王不见了人，顺手将朽木上的木耳割了下来。待山王走后，师傅忍痛下山回家，从此病卧不起，一命呜呼，临终前还学着他生前捕捉过的老熊、野驴、獐子等怪叫。原来，这"黑山"法术太厉害了，他过去从来没敢轻易使用，这法术要伤害好多好多野兽，杀生太过，轻则会使施法术者折寿，重则为其带来灭顶之灾。证诸民俗，理县桃坪羌民就深信，山林被念过"黑山咒"后会变得不干净，死去的动物阴魂不散，山上的植物长不茂盛，"喜欢施黑山咒的猎人不仅早死，而且多数会断子绝孙"②。理县民间故事《山王和武昌》，讲述打山人（猎人）之所以从供奉武昌转向供奉山王菩萨，就因为放武昌行黑山之术"伤天害理"，会"绝儿绝女"。武昌又作五猖，平武县羌族民间故事《五猖神》亦讲述敬五猖使法术滥捕猎物者，"一个个都没有好下场"③。再看

　　① 见《羌族民间故事》第五集，四川省阿坝藏族羌族自治州茂县文化馆编，1993 年 8 月。
　　② 卢丁、工藤元男主编：《羌族社会历史文化研究——中国西部南北游牧文化走廊调查报告之一》，四川人民出版社 2000 年版，第 24 页。
　　③ 周晓钟搜集整理：《平武羌族民间故事集》，平武县民族宗教事务局编印，2002 年 11 月，第 16 页。

当代羌族小说中所写："黑山猎獐，结果触犯山规，竟遭五雷轰顶……"①因为有此禁忌，叶星光告诉我，有些懂得"黑山"法的猎人一生也未使用过此术，"害怕会使自己断子绝孙或脚跛眼瞎"，而且此法术"绝不传子"。

　　山有"山规"，这是狩猎者务必遵守的。川西北岷江上游，尔玛人大多生活在高半山地带，是大山给了他们生活所需的资源，大山成为他们安身立命的根基所在。除了作为人们世俗活动的物质场域，巍峨的大山在羌民们心目中也是由万物有灵信仰所建构的神圣空间。古往今来，他们世世代代崇拜大山，高耸入云的大山是神灵的居所，由神灵统辖着，也是通往上天的天梯。山越高，意味着离天宫越近；山越高的地方，神就越灵验。若借宗教学家伊利亚德的话来说，此乃"天国和尘世间的通道"，在世界许许多多文化体系中，当"山的形象出现于那种表述天国和尘世联系的图示中"时，它便成了"把尘世与天国联系起来的宇宙之轴"②，具有神圣的象征意义。所谓"山规"，也就是"天规"。面对神山神林，面对山神天神，山民们时时处处都须小心，不可违背神的意志、神的旨意，否则必遭天谴。羌是一个具有悠久狩猎传统的民族，巍巍高山，茫茫林海，狩猎的成功与否，总是充满许多变数，不是捕猎者个人所能完全把握的。尊奉神灵的尔玛民众相信，猎人捕捉的猎物都是由上天的神灵分配和恩赐的，并非狩猎者随心所欲就能获得，因此切忌强求，更不可贪得无厌。"为了避免将山上的野兽猎尽，理县一带的羌民，还有禁止猎人供'叉叉神'（猎神）的习俗。"③ 理县杂谷脑流域有羌民供奉猎神混牟策（hornmo-tze，或译"合莫士"，以叉为代表），后者是打猎人的师傅，猎术高强，据说猎人只要虔诚地敬奉他，就能顺利捕捉野兽。由于这神太灵验，许多人不主张供奉他，因为担心飞禽走兽被捕尽杀绝（混牟策与茂县曲谷民间所奉洪木基有无关联，待考）。归根结底，"山规""天规"与其说是天上的神灵颁布的，不如说是人世间自己制订的，只不过后者借用了前者名义、采用了具神圣性的超现实表述而已，目的在于让民众能更由衷地信

　　① 叶星光：《神山、神树、神林》，四川民族出版社 1999 年版，第 24 页。

　　② ［罗马尼亚］米尔恰·伊利亚德：《神圣与世俗》，王建光译，华夏出版社 2002 年版，第 5、13 页。

　　③ 王康、李鉴踪、汪青玉：《神秘的白石崇拜——羌族的信仰和礼俗》，四川民族出版社 1992 年版，第 203 页。

服、遵从。以神圣的天规约束世人，只不过是借助宗教性禁忌来维护人间秩序、协调人类与自然的关系罢了。由此来看上述羌族民间故事，其内核无非就是在提醒、告诫世人即使是因生存需要而打猎，也不可贪婪太过赶尽杀绝，因为杀尽动物也就意味着人们所依赖的某种生存资源枯竭。

2014 年 11 月 21 日，笔者应邀赴茂县与羌族同胞一起过羌年，并参加当地政府举办的"羌族非物质文化遗产保护与弘扬途径座谈会"。会上，我在谈到茂县羌文化资源的发掘、保护及利用时，曾指出当地不乏好的项目："如在茂县曲谷的村寨中，除了已名播遐迩的以妇女为主的'瓦尔俄足'，还有'基勒俄足'（又称"基勒俄苴"或"俄苴节"），后者以男儿参与为主，今天又被人们称为羌族的狩猎节，就是一个涉及尔玛人的生态保护意识的好项目。从尊重'地方性知识'的文化保护理念来看，这个项目有神奇的传说故事，有传承的民俗活动，有积极的价值意义，是一个堪称'人无我有'的具备民族和地方特色的非遗项目，其中蕴含的生态保护意识跟当今人类社会所倡导的生态保护观念也是息息相通的。"茂县曲谷乡是川西北羌文化的重要区域，当今羌语标准音制定便以此地方言为基础。在节日文化方面，这里除了已列入国家级非物质文化遗产名录的瓦尔俄足节，还有外界知之不多的俄苴节，时间在正月初五，此节上要举行祭祀英雄、男子狩猎比赛等民族特色的活动。此节俗在曲谷乡河坝村娃娃寨有传统，跟西湖寨的瓦尔俄足节形成有趣的对应。若说"瓦尔俄足"是羌族女性的节日，那"俄苴"则可谓羌族的男子节，也就是当地妇女说的"儿娃子的节日"（四川话"儿娃子"，指男儿、男子）。"5·12"大地震后首个春节，2009 年 1 月 30 日，农历正月初五，羌族民间传统的俄苴节在河坝村如期举行，曲谷乡所辖 5 个村的 2000 余民众赶赴这里参加庆典。主席台方的彩印横幅上，正中醒目地书写着"感恩 祈福 和谐"，标明了"2009 羌族'俄苴'庆典"的主题，两侧书写着"弘扬传统节日文化，传承优秀民间艺术""促进社会和谐进步，奋力重建美好家园"。人们在释比率领下宰羊祭神，开展射猎比赛等。按照习俗，寨子里的成年男子带上事先用面粉烤制的具有象征意义的野猪、獐子等兽形馍馍，背上弓箭来到活动场所进行"狩猎"比赛，箭法高者受到众人推崇，射中的"猎物"由在场的人共同分享。寨子里，妇女们在村口备好酒菜，载歌载舞迎接猎手归来。俄苴节又叫狩猎节，起源古老。根据民间传说，很久以前，有个羌人叫洪木基，身强力壮的他擅长狩猎，乐于助人，打来猎物都会跟部落成员分享，受到大家尊崇。后来，本领越发高强的他不用弓箭就能捉住走兽，走兽遇上他就无法逃生。久而久之，人们担心山林中的野兽会被猎杀干净，劝他住手，但他不听，人们只好祈求天神阿巴思来约束他。天神取走了洪木基的膝盖骨，并用面团替代之。从此，洪木基搬入山林，独自在岩洞中忏悔、修炼。母亲想念洪木基，上山找儿子回家。即将修炼成仙的洪木基忌行不洁之地，便叫母亲走在前面，把道路清扫干净。母亲边走边扫，到了离寨子不远处，又累又饿的她实在扫不动了，打算回家吃饭休息一下再来。没想到洪木基已赶上来，结果被道路边未清扫的狗粪秽气所伤，死在路上……

图 4-5　祭山会上前往祭祀场的村民们（理县蒲溪）

　　为了纪念这位狩猎英雄，人们在他死去的地方建起一座塔子，并且将正月初五定为纪念日，年年举行活动，既感谢天神阿巴思赐予羌人赖以生存的百兽，又敬奉能悔过自新的狩猎英雄洪木基，同时祈求新的一年风调雨顺、五谷丰登，提醒人们要尊重自然、保持人与自然之间的和谐关系。过去，"俄苴"活动在曲谷乡的河坝村等村寨年年举行。以上这个关于狩猎和节日的故事，传递出尔玛人重要的生活理念和正面的文化内涵。洪木基作为英雄为羌民所崇拜，但他对动物的过度猎杀，得不到大家认同。考察习俗可知，如今以馍馍代替猎物举行狩猎比赛，这仪式是经过演变的。据当地老人讲，过去是在祭祀后真的开始狩猎比赛，谁家男人捕获的动物越多就意味着谁家今年更幸福。后来，人们意识到山林中的野生动物越来越少，不能再随意猎杀了，于是便有了在俄苴节以猎枪射击兽形馍馍的变通办法，同时又使古老习俗得以保留。当然，以烧制面兽来进行打靶练习之举对于羌民来说并非今天的发明，有其传统习俗的根基。据《茂汶羌族自治县志》卷二十二"军事"所载："茂州所属羌族土司，'寓兵于农'，百姓没有土地，须向土司'领一份地、交一份粮、当一份差、出一个兵'，并承受各种摊派。百姓平时种地、纳粮、当差，战时奉调练兵、服役、打仗。每年正月，羌民亦习惯烧制面兽、面人作靶练习射击。"① 又，同书卷二十四"文化体育"介绍羌族传统体育项目"打靶"云："羌语'苏尔月'。每年正月初七，羌族青年各持猎枪弓弩，到开阔地比赛枪法，表演'一枪打飞鸟，一枪击飞饼'的射击项目。靶子用麦面包馅做成小兽，谁能射中面兽，标志着来年大吉、狩猎顺利，并将击中的面兽分给在场共享。"② 而在茂县三龙乡河心坝，村里男子按照传统习俗在正月十七祭拜猎神，各家各户也是用麦面烤制老熊、野猪、獐子等兽形馍馍作为祭品，祭祀后携之去村寨附近岩上举行打靶仪式（猎枪里不装铁砂，只装黄豆），打中一个吃一个，谓之吃"野兽肉"……鉴于上述，有新华社记者在报道曲谷俄苴节时，使用了"尊重自然，祈求幸福"一语作为标题③。毋庸置疑，"尊重自然"的意识在尔玛人的生活及习俗中处处可见，"俄苴节"庆典在羌寨年年举办正起着不断强化这种意识的积极作用。为了扩大影响，提高地方节庆活动的知名度，2013 年 2 月 14 日，蛇年春节期间，茂县又将该节从村寨搬上更大的展演舞台，在县城新建的羌文化广场设立主会场，而在曲谷乡设立分会场来欢庆这个羌族传统节日，并且事先通过网络等向外界发出"正月初五到茂县来过基勒俄足节"的邀请和召唤。

第三节　"小传统"作用不小

"天地之间生万物，万物种种均有灵。"（《苦涅巴》）羌族释比经如

---

① 《茂汶羌族自治县志》，四川辞书出版社 1997 年版，第 540—541 页。
② 同上书，第 632 页。
③ 新华社记者海明威报道：《尊重自然 祈求幸福——灾区羌族百姓欢度"俄苴"节》，http://www.gov.cn/jrzg/2009-01/30/content_ 1217367. htm。又据羌族研究者介绍，正月初五这个节日，在射猎表演之前，先由释比在白石塔前击鼓诵经，并由德高望重的老人代表村民们许愿，祈求神灵保佑村寨平安，许愿内容为："是大自然给予了寨民生存的条件，我们不会乱砍滥伐破坏森林，我们不会乱猎滥捕飞禽走兽，我们爱护生态家园，愿神灵佑护山寨风调雨顺，粮食增收，人畜两旺。"参见陈兴龙《羌族萨朗文化研究》，四川民族出版社 2010 年版，第 48 页。

此唱道。在信奉"万物有灵"的羌区民众眼里，与其生产生活息息相关的大自然中处处有神灵，"水源来处是水神/山岩之中是山神/森林之中大树神/草坪之中草坪神"①。敬畏神灵也就意味着敬畏自然本身，由此不难窥见尔玛人世世代代与大自然和谐共处的生态意识。川西北羌民大多生活在高半山地区，山神、树神崇拜在他们的信仰生活中占有显著位置，由此形成种种禁忌。《羌族释比经典·禁忌篇》"生产禁忌"即云："惊蛰之日禁上山/这天正值鸟交配""平常出门在劳动/禁忌砍伐神树林。"② 留心物候，爱护大自然，尊重万物自身的生长规律，禁止人为的干扰破坏，这种善待自然的生态意识作为民间"小传统"在羌人生活中借助种种宗教仪式活动不断得到强化。释比经典中，《神树林》是释比带领羌民举行祭拜神树林仪式所唱，列入"乡规民约篇"，其中言及"神林是羌人圣地""神灵圣地有禁忌"，神林里有"松树神""杉树神""柏树神"等，对于村寨男女老少来说有十忌："一忌去神林割草/二忌去神林拾柴禾/三忌去神林采石/四忌去神林放牧/五忌去神林采药/六忌去神林狩猎/七忌去神林喧闹/八忌去神林乱踩踏/九忌去神林滥砍树/十忌去神林窥视。"谁若触犯禁忌，"将受天神诅咒/将受释比诅咒"③。如我所见，理县蒲溪村寨演出的羌戏《刮浦日》中，会首率领村民指着替代邪恶的茅人（草偶）也说："今天我们用寨子特定的方式来解决和处理以往做坏事的人。比如乱糟蹋庄稼的、乱砍林木的、偷牛盗马的……我们要在天神、山神面前诅咒他们，唾骂他们。"羌人有在山林中祭祀的习俗，每个村寨附近都有一片树林被奉为"神林"而严禁砍伐，羌族作家笔下也屡见对"神树林"的描写。对此习俗，官方亦会尊重。据《茂汶羌族自治县志》，民国时期政府规定山林为"国有"，又认为"神林"与风水有关，禁止砍伐；20 世纪50 年代，经过调查将经营区中所有少数民族的"神林"在第一次经理会议列入特用林地；1961 年根据中央发布的"林业十八条"，明确划定国有林范围，同时认为神山、神林具有保持水土和风景作用，属当地社队所有并由社队保护，不纳入社有林范围；"公社化"期间，受极"左"思想影响，在破除迷信的潮流中，各村寨的"神林"遭到滥伐；"文化大革命"

---

① 《羌族释比经典》，四川民族出版社 2008 年版，第 636 页。
② 同上书，第 1102 页。
③ 同上书，第 2228—2229 页。

时期，"林业十八条"未能坚持执行，山林权属、管护更趋混乱①……

图 4-6　寨子后的树林与羌民生活息息相关（理县休溪寨）

"第一顶大的是天与地，天地之后神树林为大。"羌族古歌这样唱道。森林对于维持生态系统意义重大，川西北地区"九石一土"的高半山地貌使羌民对此有清醒认识，他们把村寨附近的森林称为神树林，认为其与村寨风水相关，不可乱伐。生活在大山怀抱中的羌人由此形成了护山保林的传统习俗和生态意识，而保护好村寨的神树林也就意味着保护好周围的自然环境，使自己的生产生活有所保障。议话坪制度是过去羌区的一种社会组织方式。村寨有议话坪（羌语叫"尔母孜巴"），是羌人以民主方式商议村寨要事、制订乡规民约、解决民间纠纷等的地方，其规约亦多涉及封山护林的，如汶川萝卜寨议话坪清光绪年间所立护林碑。羌区民约碑铭不少，1890 年茂县南新乡棉簇村所立民约碑（见《茂汶羌族自治县志》附录，标点符号在引用时有所调整），内容涉及护林、用水和护秋，碑文首云："立写禁惜家林，以培林木，永不准□伐，我村众姓等公立。"接着记事："想我村地处边隅，九石一土，遵先人之德，体前人之道，禁惜家林，只准捞叶□粪，不准妄伐树株。其家林盘：上至长流水为界，下至河脚为界，左至四里白为界，右至大槽水井为界。四至分明，以遗后世子孙，永远禁惜。不料今岁，有本村杨洪顺父子，起心不良，偷砍家林烧炭，被众人拿获，罚钱壹千贰百文，以作香资。"继而，"众姓公议：自

① 《茂汶羌族自治县志》，四川辞书出版社 1997 年版，第 203、207—208 页。

禁之后，所惜林盘，无论谁滋偷砍者，罚钱四千八百文、羊一只、酒十斤，以作山神宫香资。看见者罚钱赏钱八百文，以作辛苦费"。此碑主要是针对山林保护，从行文详略看，再下来针对村民争水、偷秋的规约应是顺带制订的，曰："以及春起放大沟之水，泡芋麦之时，无论亲朋，单进双出，不得紊所争。若有人乱争者，罚钱八百文。再有秋收之时，偷搬芋麦者，罚钱四千八百文、羊一只、酒十斤。看见者赏钱二百。"最后云："永垂不朽，是以为序也。"末署："大清光绪十六年十月初一棉簇众姓公立。"碑上有二字缺损，但不影响阅读。"芋麦"即玉麦、玉米，乃山地羌民的主要粮食作物之一。此外，"十月初一日，有的叫'牛王会'或'山王会'，也是羌族的节日"①。如今确定为"羌历年"的农历十月初一是尔玛人神圣的日子，届时的祭山乃其生活中极重要的仪式活动，在祭山会上制定乡规民约向来为羌民传统。此时此刻，村民们自觉面对神灵起誓立下群体规约，其对个体的制约力是内化的，绝对不可小视。须知，在"小传统"制约下的乡民社会结构中，谁要是敢违背共同制定的集体规约，会遭到人神共弃，根本就没法在村子里待下去，正如羌族作家笔下所记述的："这是法定的日子，其他时日定下的效力不大，这一天定的，无一例外的都得照此执行，否则村人会瞧不起，视为仇敌。"②

从实践层面看，作为"小传统"的民间习俗由于其贴近生活实际和植根民众心理，有时甚至比作为"大传统"的官方宣传乃至政策更具效力。以岷江上游地区的林木保护为例，历年来作为政策的官方条例屡屡颁布，如1954年茂县人民政府令（建林［54］字第04号）明言："森林系国家重要财富，在国家工业化的今天，为各项建设所不可缺少的物资。对改良气候，制止风沙，保持水土，涵养水源，保证我区农业丰收都有很大的作用。为此，凡我机关、部队及人民群众均有责任节约木材，保护我县现有之林木，以支持国家工业化建设。"又特别指出："当地少数民族之神树林不得随意砍伐，以免影响民族团结。"并对当地人生活所需而建房、拾柴等作出规定："群众修建房屋、做家具等用材需自己砍伐者，一律须报经当地乡（镇）人民政府批准。"③1982年茂汶羌族自治县人民政府关于保护山林、树木的通告（茂府发［1982］字第29号），先指出：

---

① 《理县志》，四川民族出版社1997年版，第754页。

② 《谷运龙散文选》，四川民族出版社2004年版，第30页。

③ 《茂汶羌族自治县志》，四川辞书出版社1997年版，第731页。

"要向群众广泛宣传保护山林、树木的重大意义，做到家喻户晓，人人明白，把保护山林和爱护树木当作每个公民应尽的责任。"再规定："毁林毁树者罚。……其标准是：损坏街道、行道树每株罚款 2—6 元；损坏公路行道树每株罚款 1—20 元；损坏荒山和'四旁'树木，每株罚款 0.5元；有意毁坏树木者，要加倍罚款。"① 既有正面引导，也有反面惩戒，政策法规的制订、颁布、宣传在各级政府不能不说是尽心尽力的。即使如此，由于现实利益的驱动，偷伐树木事件在乡间仍难杜绝，让地方政府和基层组织很是头疼。"5·12"地震后，有茂县黑虎寨余姓释比指着后山上郁郁葱葱的树林对来访者讲："那是我护的林子。以前，人们乱砍伐树木，由于当地人的文化素质偏低，对于外界和政府的教导根本不听，所以我出面说，我有一个办法，可以杜绝这一现象。"他的办法就是召集村里所有男性举行了一次祭山会，大家一起到山上赌咒发誓。"从此，没有一个人去违反他们所定下的乡规民约，树木才长得这么好。"② 对于川西北尔玛人在护林方面行之有效的习俗，当年深入岷江上游传教的英国牧师陶然士就以赞赏口吻写道："一个值得称道的习俗就是封林五十年。……一座山坡一旦在进行了宗教性的封闭后，不到期满，不进行典礼启封，是绝不能去伐树的。"他甚至建议："汉人不妨照此办理，国库会获益匪浅，地方工业也会更加得利。"③

　　法学研究表明，"中国民间法存在于家族制度、神权观念、民间性组织制定的规范、风俗习惯等多种渊源之中"，而"风俗习惯在广大中国农村地区依旧是处理社会关系的非常有效的行为准则"④。植根于民间信仰的习惯法有时候比现有政策更管用，以上便是活生生的例子。"大传统"（great tradition）和"小传统"（little tradition）这对概念见于美国学者罗伯特·雷德菲尔德的（Robert Redfield）《乡民社会与文化》（1956 年），此乃他以墨西哥乡村为考察对象时提出的。这位芝加哥大学教授认为，人类学的基本方法是在研究社会分化较小的部落文化中发展起来的，但这种来自"简单社会"研究的分析方法若是直接移植到"复杂社会"（比如乡

---

① 《茂汶羌族自治县志》，四川辞书出版社 1997 年版，第 733—734 页。
② 贾银忠主编：《濒危羌文化——5·12 灾后羌族村寨传统文化与文化传承人生存现状调查研究》，中国文联出版社 2009 年版，第 143—144 页。
③ 吴达民、谌海霞整理：《陶然士作品选译》，巴蜀书社 2016 年版，第 117 页。
④ 谭岳奇：《民间法：法律的一种民间记忆》，见谢晖、陈金钊主持《民间法》第一卷，山东人民出版社 2002 年版，第 33—34 页。

图 4-7　牛尾羌寨的神树林

图 4-8　当代羌族作家的作品

民社会）的研究中，会导致若干问题。为了避免这些问题，他认为研究复杂社会应当注意其中乡民（peasants）与绅士（gentry）、农村与城市以及"大传统"和"小传统"的区别及关系。所谓"小"，指乡民社会中一般的民众尤其是乡民的文化；所谓"大"，指以都市为中心、以绅士阶层和政府为发明者和支撑力量的文化。"大传统"更多涉及主流话语和精英文化，"小传统"更多涉及民间知识和大众文化。雷氏的分析过于强调"大""小"传统之间的差异性分层，将其置于对立的文化层面，并认为"小传统"在社会文化系统中处于被动地位。其实，"小传统"虽"小"却根底深厚、分布最广、富有活力，其毕竟是社会文化的基础，它盘根错节在民众的生活实践中，从根本上支配着他们的心理及行为，既有顽强的纵向传承又有广大的空间流播。也就是说，"小传统"不仅仅是被动的，民间根基久远且深厚的它不可能被"大传统"完全覆盖，面对"大传统"它也会做出自己的文化反应，并且使自己在与"大传统"的互动中也体现出某种决定性力量。传统观念认为"小传统"民间文化不登大雅之堂，在"大传统"主流文化面前也软弱无力，这实际上是忽视了"小传统"在民众生活中顽强的"草根性"及其在民间社会里的主导地位。上述羌民祭山护林的故事，就是有趣的例证。由此看来，在整体社会文化结构中，既然"大传统"和"小传统"并存共在，既然"大传统"文化终归要奠立在"小传统"文化基础之上而不是相反，那么，对于政策制订者以及学术研究者来说，在关注"大传统"文化对民间社会主动渗入过程的同时，要保证"大传统"在民间社会真正有效施行，就不可不留心下层民间的"地方性知识"，注重民众生活中固有的"小传统"的角色、地位并顺势利导地调动、发挥其积极作用。因此，台湾学者李亦园主张从"小传统"即民间文化出发去探寻"文化中国"的意义①，的确不无道理。

---

① 李亦园：《从民间文化看文化中国》，见《李亦园自选集》，上海教育出版社 2002 年版，第 225—226 页。

第五章

女神故事与集体记忆

神话（myth）是人类远古时期即萌生的重要文学样式之一，有着辐射后世的强大生命力。在意大利学者维柯看来，古老的神话传说中隐含着民族的过去，昭示出"最初各族人民的民政历史，最初各族人民到处是些天生的诗人"①，这些"天生的诗人"以神话方式对民族生活与民族历史进行着富有魅力的诗性讲述。羌族民间文学中有种种神话母题（motif）的生动体现，譬如祖先崇拜、英雄传说、多神信仰、洪水故事等，其中铭刻着尔玛人的古老文化意识，积淀着羌民族的深层族群心理。立足文化人类学，深入解读羌族民间文学中的女性神话母题，对于我们认识和把握羌人的族群、社会、习俗、文化等具有重要的现实意义。

第一节　救苦救难的伟大女神

《木姐珠剪纸救百兽》（或作《木吉剪纸救百兽》）是一出羌族戏剧②，源于尔玛人的神话传说。该戏脚本是 20 世纪 80 年代由羌族作家叶星光搜集整理的，并以羌、汉双语形式载入《羌族释比经典》。该剧写铜羊寨头人木勺金保为庆贺自己七十大寿，决定耍威风大摆"百獐席"，于

---

①　［意］维柯：《新科学》，朱光潜译，人民文学出版社 1986 年版，第 147 页。

②　关于羌族民间戏剧以及本人多年来为之的呼吁，请参阅李祥林《羌族戏剧文化遗产亟待抢救保护》（载冯骥才主编《羌去何处——紧急保护羌族文化遗产专家建言录》，中国文联出版社 2008 年版）、《释比·羌戏·文化遗产》（载《中外文化与文论》第 18 辑，四川大学出版社 2009 年版）、《独具特色的川西北藏羌戏剧文化遗产》（载《内蒙古大学艺术学院学报》2012 年第 2 期），等等。

是派打山娃子坑耿山保去施行"黑山"法术①，猎杀动物，限期三天之内交回100条獐子。顿时，"山中遭大难，山神心如焚"。天王木比塔的三女儿木姐珠与丈夫斗安珠在斗安珠父母祭日回人间途中得知事情原委，为使生灵免遭涂炭，木姐珠启运神力，赶制剪纸动物放归山林，以假乱真，正如剧中所唱："找来白纸百张整，夫裁妇剪到天明。剪出'獐子'形和状，再将'獐子'放山林。"铜羊寨头人庆寿敬祭"山头"（烧兽头）时，猎物全都变回纸剪原型，暴怒的他要惩治坑耿山保，坑耿山保此时已得神灵护佑。天仙女木姐珠、天王木比塔亲临铜羊山寨，并令众神赶百兽赴宴。百兽群起攻之，万恶的头人及其管家受到应有惩罚，从此铜羊寨又过上太平日子。以除恶扬善为叙事主题，全剧落幕于喜庆欢快的气氛中。羌民社会素有崇拜女神的传统，如剧名所示，《木姐珠剪纸救百兽》突出的主角正是天仙女木姐珠，剧中为我们塑造了一位心地善良、救苦救难、神通广大的女性"超人"式英雄形象。

　　纵观羌族口头叙事，天仙女木姐珠作为救苦救难的"超人"形象是被再三强化的，这甚至体现在她帮助丈夫斗安珠渡过难关直到复活其生命。讲述天上仙女木姐珠和凡世俗子斗安珠恋爱结合故事的《木姐珠与斗安珠》，是羌族释比唱经中的长篇之作，在母题归类上属于典型的"人神恋"。类似母题还见于羌族民间故事《云云鞋的传说》中。追溯史迹可知，"'人神恋'是反复出现在中国文学和戏剧里的母题之一，其形式有'凰求凤'也有'凤求凰'，但以前者居多"。文学史上被人们津津乐道的高唐神女、洛水女神等皆归此列，"近世舞台上遐迩闻名的河北梆子《宝莲灯》，写华山三圣母与草泽医生刘彦昌相敬相爱结为夫妇，亦属此类型。从女神的身份看，她们多为来自天上的仙女（如黄梅戏《天仙配》），或是出自水中的龙女（如元杂剧《张生煮海》），此外，像诸多剧种有见的《白蛇传》以及湘剧《追鱼》、花鼓戏《刘海砍樵》等涉及得道精怪（多系动物）化身美女和人间男子心心相爱的文本，亦当划归此类型。无论流传民间口头还是搬上戏曲舞台，'人神恋'故事中寄寓的内涵颇为繁杂，男女爱情、祈福心理、报恩思想乃至因果说教等，均在此得

①　"黑山"是见于羌民口碑的狩猎法术，施行此法术后，大白天能使深山老林变为黑夜般而仅仅留下一条道路有光亮，各种野兽只好行走此道，于是人们便可随意捕猎。从剧中反映的信仰民俗来看，狩猎尽管也是川西北地区羌人生活的组成部分之一，但他们对"黑山"这种有违生态原则的捕杀动物方式并不赞同。

图 5-1　单行本《木姐珠与斗安珠》

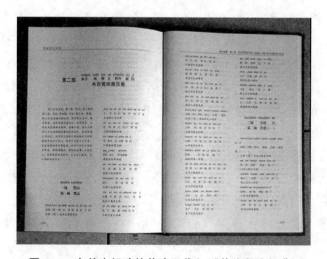

图 5-2　有关木姐珠的羌戏已收入《羌族释比经典》

以现身说法"①。羌族神话传说中，有流传甚广的版本讲天仙女木姐珠主

---

　　① 李祥林：《性别文化学视野中的东方戏曲》，香港天马图书有限公司 2001 年版，第 125—126 页。

动爱上斗安珠，即可谓是"凰求凤"式婚恋故事。"在平民化的'人神恋'故事里，'神'的一方总是以青春少女形象出现，既美丽、善良、慈爱同时又坚强、果敢、富于牺牲精神；'人'的一方通常为不具备任何神通的平凡男子，或农人或樵夫或渔郎，人品好却受贫苦，在厄运面前一筹莫展，处于被动的地位，多亏女神救援才化险为夷，并与后者喜结百年之好。"① 羌族民间故事里，汶川县雁门乡流传的《凤凰姑娘》讲述凤凰仙女爱上穷苦人家的小伙子并救难惩恶；松潘县小姓乡流传的《画像》讲述来自龙宫的神狗化身美女嫁给平民并惩治了贪色的恶皇帝，皆属于这种类型。

木姐珠与斗安珠的"人神恋"故事，在羌人心目中是美好婚姻的象征，连青年男女谈情说爱也以之作比，且听羌区山歌所唱："玉麦地里像杂铺，有心阿妹把情调，妹是天上木姐珠，哥是凡间斗安珠。"② 1983年四川民族出版社出版的《木姐珠与斗安珠》，由羌区人士搜集、整理和翻译，乃是综合汶川袁真奇和理县周明礼二位老人唱经而成。该整理本共有十章，叙事主线是天神木比塔的三女儿木姐珠向往人间生活，在龙池遇见了喀尔克别山脚下的牧羊青年斗安珠，彼此一见钟情。在木姐珠鼓励下，斗安珠来到天庭，向天神木比塔求娶他的女儿。天神对这打破仙、凡界限的婚恋很不满意，摆出种种难题让斗安珠去破解，但每次都因为有木姐珠暗中相助，斗安珠得以过关。恼羞成怒的天神最后让斗安珠去放火烧山，纯朴的斗安珠未能识破这是圈套，结果使自己葬身火海。木姐珠闻讯赶来，奋力扑火，"悲愤使她急出了眼泪，眼泪带给她新的希望！"顿时，奇迹发生了："眼泪化作倾盆大雨，立即把山火全部灭熄。大地恢复了它的平静，青山现出蓬勃的生机！"扒开灰烬，找到了不幸身亡的斗安珠，"木姐珠眼泪像断线的珠子，一颗接一颗滚落地上；眼泪滴在斗安珠脸上，他的眼睛马上现出灵光"。就这样，在超现实的叙事中，天仙女木姐珠的眼泪拯救了丈夫性命，复活了自然万物。通过这泪水化雨、滋润生命的神奇叙事，羌族神话为我们塑造了非凡的救难女神形象③。木姐珠神话

---

① 李祥林：《性别文化学视野中的东方戏曲》，香港天马图书有限公司2001年版，第126页。

② 《中国歌谣集成·四川卷》，中国ISBN中心2004年版，第986页。

③ 女性使生命复活是一个古老的神话母题，请参阅李祥林《生命复活与女性崇拜——一个文学母题的跨文化解读》，载《东方丛刊》2002年第4期。

在羌区有多种异文，故事中的斗安珠，有些地方称为"燃比娃"或"热比娃"，如汶川释比唱经中的《木姐珠与燃比娃》，其叙事内容大同小异。

图 5-3　尔玛人相信："男女婚配木姐定"

追溯人类自远古以来的女神崇拜史，考察有关女神崇拜的形形色色的民间文本，不难发现，"在神话和信仰中，女性都被视为较之男人强大的性别，并被赋予了魔法的力量"①。作为神话母题，女神或女性救难故事在后世口头文学和书面作品中反复出现，其在羌族民间叙事及演艺中也不鲜见。北川许家湾花灯戏表演的主要内容是天神木比塔（或称玉皇大帝）的七个女儿来到人间拯救羌民苦难的故事，当地羌民中便流传着木姐珠与其姐妹下凡救人、手持神灯捉拿凶神恶鬼的传说。此外，《金发公主》是茂县流传的地方传说，其中有个狠毒的国王，百姓莫不痛恨之。他杀死了金发公主倾心的厨官，"金发公主很伤心，对国王说：'我也去看他一眼吧，为了我们，他吃了不少苦啊！'金发公主揣了两瓶仙药水，带上那匹

---

① ［美］马丽加·金芭塔丝：《活着的女神》，叶舒宪等译，广西师范大学出版社 2008 年版，第 129 页。

鸡毛去了。走到那儿，厨官的脑壳在一边，身子在一边。金发公主把厨官的头和身合起来，用鸡毛点了三滴仙药水，厨官马上活转来了"①。接下来，金发公主又巧施计谋和法术，惩治了国王，使国家过上了太平日子。就这样，经由神异的女性之手，生命得以复活；乱世得以整治。又如羌民口述的九顶山故事，传说很多年以前，九顶山一带还是平原，气候好，庄稼长势旺，人们过着美好的日子。一天，西北雪山中钻出一个妖魔，它吹风，庄稼就干枯；它跺脚，这里就地震；它打滚，洪水就泛滥。羌民恨透了它，祈求天神降魔收妖，诚心感动了西王母，她派来九个女儿到凡间。仙女们打败了妖魔，妖魔逃跑时，对空中喷出几口臭气。臭气变成冷风，吹得大地飞沙走石。九个仙女决心救人到底，就背朝西北，面向东南，身子紧挨身子站成一排，化为九座大山，堵住了妖风②……女神不但拯救了人类，而且为了永久保护人类甚至舍弃了自我（同类母题故事还有《瑕支姑娘盗天水》），这是何等崇高和伟大！

第二节 来自天宫的尔玛祖先

"人神恋"文本中，女神下嫁人间男子的具体情况尽可不同，但"人弱神强，女强男弱"的叙事基调不变，其中洋溢着对女性能力的赞美。男性本位社会的男强女弱模式在此被颠覆了，女子不再被塑造成只有等待救助的柔弱形象，相反，有如救难女神木姐珠，如今她们是聪明能干，斗强扶弱，浑身充满着胜利者气概。此类民间口头文本，从神话角度大力张扬女性胜过男子的智慧和能力，从表层心理看是代男主女从社会中的"第二性"发出不甘示弱的呐喊，就深层心理言又可追溯到人类远古母性崇拜的集体无意识。世界上有不少民族的社会形态曾经历从母系向父系的转变，统治其信仰世界的天国神灵也曾发生由女向男这性别上的重大历史性位移。"在原始又原始的宗教信仰上，一切神灵都同女性联系在一起，彼时的男人尚未跻身神灵的行列，他们连同整个社会都服从女性神灵，接受着女神们的恩惠。这些享有至上神格的女性，不但是生养人类的大祖母，甚至是开天辟地的创世主。你看，古希腊神话里地母生养了天父，古埃及的天空女神每天生出新的太阳，迦太基的母亲神在没有男伴的帮助下生了宇

---

① 《中国民间故事集成·四川卷》，中国 ISBN 中心 1998 年版，第 1179—1180 页。

② 同上书，第 1114 页。

宙，突厥神话中的女海神化育出万物，汉族神话里的女娲娘娘造人又补天，而侗族的大母神造天造地造人更是奇特，她用自身的乳房造天地，用体内热气造太阳，用乳汁造月亮，用汗毛造植物，用身上的虱蛋造动物，用身上的肉痣造人类……这些女性神祇，她们顶天立地，叱咤风云，何等伟大又何等荣耀，她们是人类神话史上最早的'超人'。有如现代西方影视里每每在紧急关头亮相的'超人'，原始神话中的女性'超人'也往往以救苦救难的英姿出现，典型者莫如《淮南子·览冥训》中那个在天塌地裂后'炼五色石以补苍天，断鳌足以立四极，杀黑龙以济冀州，积芦灰以止淫水'从而拯救普天下生灵的女娲。"① 羌人崇拜的木姐珠，亦可谓是他们心目中伟大的"女娲"。

图 5-4　尔玛人心目中的木姐珠与斗安珠（茂县）

　　女娲是炼石补天的女神又是抟土造人的女祖，同样，救难女神木姐珠也是羌人的女性始祖，女神信仰和女祖崇拜在此合二为一。羌人崇拜白石，以之为神灵的象征，从村寨祭山的塔子到家家户户的屋顶上，都供奉之。被称为羌民族史诗的《羌戈大战》，其版本之一便讲述的是女神木姐珠以白石化作大雪山帮助羌人脱离危险，释比演唱道："羌人喊声如闪电，喊声直达九重天；木姐天宫往下看：'啊！我的子孙遭灾难！'白衣女神立云间，三块白石抛下山；三方魔兵面前倒，白石变成大雪山。"又

---

　　① 李祥林：《性别文化学视野中的东方戏曲》，香港天马图书有限公司 2001 年版，第 129—130 页。

唱："三座大雪山，矗立云中间；挡着魔兵前进路，羌人脱险得安全。"①
这里，值得注意的是，木姐珠作为羌人的始祖，明确称呼后者为"我的子孙"。众所周知，羌人以"尔玛"自称，有出自羌族学者之手的书籍注曰："'尔'有'人'意，'玛'有'天'意"，如此说来，"尔玛"的意思是"天人的后代"。同书又注："木姐：羌语，天女，羌人的始祖。"②
《木姐珠与斗安珠》涉及羌民族的始祖神话，羌人之能以"天人的后代"自诩，显然不在其男性始祖斗安珠，因为他本是身上长毛的俗世之人，而在其女性始祖木姐珠，因为她是来自天上的仙女。考察尔玛人的语言可知，木姐珠（mutçie）之"木"（mu），在羌语中即指"天"③。根据羌族民间信仰，"天神是羌族的主神，羌族每家每户房顶所供之白云石，既是祖先的象征，也是天神的牌位。他们把祖先神与天神合二为一了，究其原因，祖先是从天而降的"④。木姐珠神话在岷江上游羌族地区流传，民间口碑中有多种异文，大致形成了后人整理的《木姐珠与斗安珠》和《木姐珠与燃比娃》两种版本，尽管二者在时代背景、叙事内容乃至人物名字上有出入，但在确认女神木姐珠为羌族始祖这根本点上并无二致。这种以女神木姐珠为始祖以及自视为"天人的后代"的族群观念中有远古母系时代的印记，其作为积淀在古老的羌民族文化记忆深处的集体无意识，并没有因羌人社会步入父系时代而消失，反倒一直延续在他们的生活中并时有显影。

　　"羌人唱古歌，常常提到三公主；今天我来唱，起头先唱木姐珠。"⑤

---

　　① 罗世泽、时逢春搜集整理：《木姐珠与斗安珠》，四川民族出版社 1983 年版，第 93—94 页。另外，被辑入《中国少数民族民间长诗选》（四川民族出版社 1985 出版）的《木吉珠与豆宛珠》，是 20 世纪 50 年代白汀在羌族地区一些山寨搜集整理的，据其后记："《木吉珠与豆宛珠》就是一部端公经，在日尔米节（旧历五月初五）和转山会（旧历十月初一）等盛大节日，由端公在跳神时演唱。这个故事在羌族地区家喻户晓。"白汀搜集的与罗世泽等搜集的在故事走向上大致相近，但也有若干细节出入（如该长诗除了"歌头""尾歌"，主体内容包括十三节；又如二人相见对歌，有大段唱"花儿纳吉"），值得研究者注意。《木吉珠与豆宛珠》开篇即云："按我们羌家的规矩，开坛酒要敬天神和地神，亮嗓子，要先把祖先歌唱，五谷才会丰登，六畜才会兴旺。"关于人间祖先豆宛珠，经文唱到："相传很古的时候，大地是一片荒原"，没有飞禽走兽，没有田园炊烟，"只有羌家的祖先豆宛珠，住在这荒漠的人间"，"世上只有豆宛珠，一人生活多孤单"，"一个人多么寂寞，豆宛珠要寻找侣伴"。在汶川绵虒羌锋，该经文中男主角被称为"热比娃"。

　　② 罗世泽、时逢春搜集整理：《木姐珠与斗安珠》，四川民族出版社 1983 年版，第 77 页。

　　③ 黄布凡、周发成：《羌语研究》，四川人民出版社 2006 年版，第 338 页。

　　④ 曾文琼、陈泛舟：《羌族原始宗教考略》，《世界宗教研究》1981 年第 2 期。

　　⑤ 《中国歌谣集成·四川卷》，中国 ISBN 中心 2004 年版，第 1013 页。

这是汶川释比唱经《木姐珠与燃比娃》的开场白。自古以来，在羌人村寨中，每当岁时祭祀，或者婚丧大事，男女老少聚集在一起，都有头戴金丝猴帽、敲着羊皮鼓的释比出场，演唱《木姐珠》《羌戈大战》等经文，他们且歌且舞、绘声绘色地讲述着本民族历史，借以教育晚辈，增强族群认同。"羌族人民一谈起《木姐珠》，就会高兴的异口同声地说：'那是我们的木姐珠'，'那是我们羌人的祖先'，心中流露出一种骄傲、自豪和崇敬的情意"，正如释比经文所唱："木姐来引路，尔玛人人欢""凭了祖先的智慧，尔玛人的子孙才有了今天；凭了祖先的勇敢，尔玛人的子孙才居住在岷江两岸；歌声鼓声响彻云天，祖先的功勋数不完。"① 木姐珠神话及信仰，凝结着来自远古羌民社会的"大母神"（the Great Mother）崇拜的文化密码。羌人深信，作为"大母神"的木姐珠也为子孙后代的婚姻礼仪定下了千古不易的规矩，所谓"开天辟地到如今，男女婚配木姐定"。且听羌族《说亲词》："自从生了天，自从长了地，凡间就有了男，凡间就有了女，天神的女儿木姐珠就来到人间。木姐来了，古规有了，木姐来了，古规兴了。木姐的规矩我们不敢随便换，木姐的规矩我们不敢随便改。"随后又唱："木姐珠早先就定下了，八十种男女婚事的古规古礼，木姐珠订下的男女婚嫁的古规古礼。"② 作为口头文学，《木姐珠》故事的总体路子相近，但由于川西北羌区山高谷深、地形复杂，不同区域的演唱版本及篇幅各有差异，如汶川绵虒乡沟头寨释比所唱上坛经22本，其中第一为"出学"（解秽），乃是还愿作法前的解秽仪式；第二为"笛雪儿匹"（还愿开始），说明还大愿的起源，追念羌人祖先木姐珠，唱词曰："开坛先唱木吉卓，不唱不念无体统，话有从头树有根，木吉恩情垂后世"；第三便是"木吉卓"（天仙女），此乃上坛经的主要唱段，每年秋收后还大愿时必演唱之③。沟头寨与簇头寨同属绵虒乡羌锋村，来此走访时，释比王治升（他的老屋在沟头，"5·12"地震后搬下来住在簇头的小女儿家）不但给我们诵唱并讲述"木姐阿略"（当地羌语读音，"阿略"指这一段经文，"略"按川话发音），时常挂在他口边的也是天仙女木姐

---

① 罗世泽、时逢春搜集整理：《木姐珠与斗安珠》，四川民族出版社1983年版，第119、123页。

② 《中国歌谣集成·四川卷》，中国ISBN中心2004年版，第934—936页。

③ 《中国原始宗教资料丛编：纳西族卷·羌族卷·独龙族卷·傈僳族卷·怒族卷》，上海人民出版社1993年版，第533—534页。

珠的故事。

图5-5　2013年5月在茂县羌城，我身后右侧建筑是祭祖殿，
远处雪山是九顶山（梦非摄影）

　　木姐珠神话流行的核心区域在汶川及理县。或以为，"在现代羌族认同中，'木姐珠与斗安珠'故事主轴并不是'猴子变人'，而是羌族天神'木比塔'"[①]。的确，木姐珠神话的主体叙事不在所谓"猴子变人"（尽管被羌人奉为男性始祖的斗安珠或燃比娃相传是"毛人"或"猴人"，但无论《木姐珠与斗安珠》还是《木姐珠与燃比娃》以及种种异文，所要突出的都不是这个主题。"猴子变人"在羌族神话传说中有之，如松潘流传的《猴变人》；理县流传的《癞格宝变人》讲癞蛤蟆变猴子再变人，但二者均与木姐珠故事无瓜葛）。然而，该神话的叙事重心与其说是在天神木比塔，毋宁说是在女神木姐珠，她才是真正的"第一主角"。关于该神话整理，或从宗教文化入手，如四川大学宗教研究所教授钱安靖1983年调查释比经文时对此作了搜集，尤其是对汶川老释比袁真奇口述的"木吉卓"记录较详；或从民间文学出发，如罗世泽、时逢春1981年整理出韵文《木姐珠与斗安珠》并视之为"羌族民间说唱诗"，20世纪50年代白汀搜集整理的《木吉珠与豆宛珠》被辑入《中国少数民族民间长诗选》

---

　　①　王明珂：《羌在汉藏之间——川西羌族的历史人类学研究》，中华书局2008年版，第243页。

（1985）；西南民族学院羌族文学史编写组 1987 年编辑《羌族民间文学资料集》把"木姐珠与热比娃（燃比娃）"看作是"叙事长诗"；茂县羌族文学社 2004 年整理编辑的《西羌古唱经》则把"木姐珠"称为"爱情史诗"。其实，流行的《木姐珠与斗安珠》之题名原非如此，据整理者当年自言："原唱词叫《木姐珠》，现名是我们改的。"① 原名所突出的是女祖木姐珠。从钱安靖搜集整理的若干释比唱经来看，其中，汶川雁门乡袁真奇唱述的上坛经之十为《天仙女》（木姐珠）；龙溪乡余明海、朱顺才唱述的上坛经之十二是《颂祖先》（木姐珠）。而在理县，桃坪乡增头寨释比杨茂山唱述的上坛经之四为《请天神除害》（日魁），此经又分为两段，前段讲述的是："天神阿不确克与凡间羌人兹博娃打亲家。传说天神阿不确克的女儿木吉朱与兹博娃儿子吉比娃相爱结婚，是为羌人祖先，羌人的生产生活、衣食住行、婚丧嫁娶，都是他们制定的。这段经文甚长，每年秋收后还愿必唱。"② 天神的名字有所不同，但歌唱木姐珠的主题依然。

太阳哺育着生命，万物生长离不开阳光。羌区民间以太阳为女性的神话屡见，如汶川流传的《太阳和月亮》、理县流传的《月亮和太阳》，前者说从前洪水滔天，人间断了烟火，天神见有仅存的兄妹二人，"男的说他叫月亮，女的说她叫太阳"，便让他俩结合，繁衍人类；后者讲"原来，天上只有一个太阳和一个月亮。太阳是女的，月亮是男的。"③ 从跨文化角度看，这"女性的太阳"是一个世界性的神话母题。永宁纳西族在小孩出生第三天要举行拜太阳仪式，传说这太阳是女神，天界以她为大，她使万物生长，也能保护儿童成长。再看海外异邦，因纽特人以月亮为男而太阳为女，恩康武湾土人视太阳和月亮均为女性，马来半岛的敏拉族亦认定日月皆是女人④，凡此种种，并非偶然。文化人类学提醒我们，"太阳是女性"的神话当产生于远古母系氏族繁荣时期，其叙事中折射出来的文化密码，无疑是人类历史上初民社会对"大母神"的由衷崇拜。这位"大母神"，既是生养人类的始祖又是创造宇宙的英雄，祖先神话和

① 罗世泽、时逢春搜集整理：《木姐珠与斗安珠》，四川民族出版社 1983 年版，第 78 页。

② 《中国原始宗教资料丛编：纳西族卷·羌族卷·独龙族卷·傈僳族卷·怒族卷》，上海人民出版社 1993 年版，第 525 页。

③ 《中国民间故事集成·四川卷》，中国 ISBN 中心 1998 年版，第 1109—1110 页。

④ 茅盾：《神话研究》，百花文艺出版社 1981 年版，第 48—51 页。

创世神话在初民的"大母神"信仰中往往重叠合一，犹如川西北地区自称"尔玛"的羌人崇敬的女神木姐珠。

第三节　相关传说及民情风俗

"人人说是天为大/地母比天大一截"①，羌族释比经中有此说。从人类学研究中的性别理论（gender theory）角度看，羌民社会曾经历了从母系为主向父系为主的历史性转换。羌族释比唱经中有《唱婚嫁》（"母齐"），词曰："古今婚嫁大不同，不同之处说根由，从前羌人男出嫁，男子赘入女子家。但因女子无体统，三脚上面擦鼻涕，虱子三脚上面掐，吃饭猪狗坐上方。这样一来可不该，人神发怒罪难逃，父母责备她不改，无可奈何另安排。从此乃将婚制改，男子娶女到男家。"② 从"男子赘入女子家"到"男子娶女到男家"，正是历史上两性权力位移在婚姻习俗上的折射。步入父权制已久的羌民社会有明显的男主女从色彩，如一夫一妻制的父系家长制家庭中，以男性年长者为一家之主，若是绝嗣，家产由父亲的近亲继承。家庭中男性处于主导地位，可支配家庭收支、安排生产、决定婚嫁和财产继承，主持祖先祭祀及参加重大社会活动等。而女性则处于支配地位，一般没有财产继承权，不得参加祭山之类重大祭祀活动，也不能随便与男子谈笑。民间禁忌方面不乏有性别针对色彩的，如忌讳孕妇进入新媳妇的新房，认为孕妇身上不干净，甚至不准她在家里接生，分娩须去牛、羊圈；未满月的产妇不能进灶房，以免得罪火神和家神；祭山会上，在塔子前举行仪式时，已婚妇女不能参加，等等。尽管如此，毕竟有过"从前羌人男出嫁"的历史，因此，"在羌族的婚姻制度中，也保留着一些母系制的残余，例如姑舅表优先婚；寡妇可以再嫁或招赘，不受限制和歧视；兄死弟娶寡嫂，弟丧兄纳弟妇；入赘比较普遍，而且入赘后男方一般要改随女家的姓氏等等"③。走访民间可知，尽管家长是父亲，父死子继，但母亲主持家务，在家庭中享有重要权力，备受尊重。寡妇再婚普遍，一般不受限制，父母不得做主，也不受歧视，民间有"头嫁由爹妈，

① 《羌族释比经典》，四川民族出版社 2008 年版，第 469 页。

② 《羌族简史》，四川民族出版社 1986 年版，第 104 页。

③ 《中国原始宗教资料丛编：纳西族卷·羌族卷·独龙族卷·傈僳族卷·怒族卷》，上海人民出版社 1993 年版，第 529、460 页。

二嫁由自身"的说法。此外，一般羌族人家供奉十二尊神灵，其中有女祖神"阿塔士"、妇女神"移木士"和女神"石弟欠士"①，她们各司其职，或保佑女性身心健康，或保佑孕妇顺产和育婴，或专门保佑女孩子。2014年羌年前夕，我在茂县黑虎乡小河坝村鹰嘴河组，也看见羌族妇女在山坡上她们称为庙子的地方给供奉娘娘神的神龛上香祈求保佑。茂县民间流传的竹马花灯唱词中，参拜和歌颂的诸神灵中有地母、观音、送子娘娘，如《参地母神》唱道："地母菩萨圣又灵，坐在莲台显威灵，三十六戊要记全，保得五谷好收成。"② 其中，"地母神"又是跟"土地大神"并列的。羌族信奉"万物有灵"的原始宗教，释比是羌民社会中以巫术沟通人、神、鬼并熟知本民族历史和文化、通晓多种知识及技能者。羌民社会甚至有女释比的传说，若再结合汶川绵虒一带扯索卦的释比供奉女神"扎米亚木拉"来看，有可能羌族释比最早为女性，继而过渡到男女并存，最后才发生了由女到男的根本性转换。③ 的确，古老的母系文化作为族群心理深处的"童年记忆"，在羌民中有顽强地遗传，不仅体现在神话、诗歌、戏剧等口头文艺作品中，而且从种种习俗风尚中透射出来。

图 5-6　妇女给供奉娘娘神的神龛上香（黑虎乡鹰嘴河，2014 年）

"买缸子看釉子，娶媳妇看舅子。"这是阿坝羌族谚语。社会民俗方

---

① 《羌族释比的故事》，汶川县人民政府编，2006 年 6 月，第 168 页。

② 《羌族口头遗产集成·民间歌谣卷》，中国文联出版社 2009 年版，第 63 页。

③ 《羌族社会历史调查》，四川省社会科学院出版社 1986 年版，第 143 页。

面，研究羌人的家庭及家族，不难发现母舅享有甚高地位。民间所谓"大不过大母舅，亲不过小母舅"，亦道及此。"母舅在'四大亲戚'（母舅、姑父、伯叔、姨父）中权力最大，凡男女婚事必经母舅允诺；母死必经母舅同意方得入葬，否则就要'打丧火'（人命纠纷）；分家由母舅主持，母舅还有权力代表父母管教、抚养小孩。"① 母舅优先（舅权）习俗在羌区常见，如 2011 年 5 月笔者走访理县，就听当地人讲九子屯羌民家中若有老人去世，要派人去正、老、半边母舅家去报埋日；当正母舅、老母舅和半边母舅到来时，男女孝子须在大门口跪迎，摆一个酒坛和两个砂罐请其打煞。羌族古歌"尼莎"中，也有《唱诵母舅》的专章，屡屡称"高贵舅舅""伟大舅舅""地上最大的是什么，地上最大的是舅舅"②。且听茂县黑虎乡老人所言："男有舅家，女有娘家。水有源来树有根；树有千枝万叶落叶归根。归根就是舅家与娘家。舅家管你孝顺父母，持家呀横向是由舅家管，红白事事舅家是主宾。天上的雷公，地上的母舅。"台湾学者王明珂引此后写道："母舅虽然名义上是家庭之外的人，但家庭中许多大小事都有母舅参与。……在羌族婚姻习俗中，大母舅（父亲的母亲的弟兄）、小母舅（母亲的弟兄）都有相当的地位与权威。通常大母舅在仪式上有崇高的地位，但在实际家庭事务中，小母舅扮演重要角色。"母舅之于家族的重要性，甚至投射在羌民家中火塘的铁三脚信仰上，"据文献资料及今日老年人的解释，铁三脚的三个脚，代表家内三种神——火神、祖宗神与媳妇神，其意义是神、祖先与大、小母舅共治一家"。从两性权力较量角度看，"对于父权或家庭的主体性而言，母舅代表一种制衡的、外来的干涉力量"，或者说，"在村寨的每一家庭中，表面上是以父系家族为主体，而事实上处处潜在着另一制衡、敌对的力量——这是经由外面嫁来的女子所带来的力量"③，舅权正从某种程度上代表着这种与父权抗衡的力量。在中国，舅权的存在不限于羌族，究其由来，"舅权始于实行群婚的母系制前期，即使到了实行对偶婚的母权制后期，由于舅舅是同一族的人，因而仍是比属于外氏族的父亲更为亲近的亲属，舅舅的财产由外甥

① 《茂汶羌族自治县志》，四川辞书出版社 1997 年版，第 673 页。
② 毛明军主编：《羌族妮莎诗经》，四川师范大学电子出版社 2015 年版，第 74—75、169—170 页。
③ 王明珂：《羌在汉藏之间——川西羌族的历史人类学研究》，中华书局 2008 年版，第 33—34 页。

儿女们继承，他们也就成为外甥们理所当然的教育者和保护人。随着母权社会的发展，妇女们越来越多地依靠她们的兄弟（即她们子女的舅父们）帮助自己管理整个母系氏族的事务；这样，舅权并没有随着母权制的发展和繁荣而受到丝毫削弱，而是不断地得到了增强"①。当然，历史上未必有过像父权社会那种权力掌控式的母权社会，但人类学事实表明，跟种族繁衍息息相关的尊奉女性的母系时代是存在的，而亲属关系连接女方的舅权乃是跟母系制度相关联的产物。羌民社会有"贵妇人，党母族"（《后汉书·南蛮西南夷传》）的传统，任乃强在《羌族源流探索》中也说"古代羌族文化最大的特点是：在其社会组织中女性中心持续的时间很长"②，因此，舅舅作为母亲的兄弟在羌人家庭乃至家族事务中起着重要作用，也就不足为奇。

羌族节日风俗方面，已经列入国家级非物质文化遗产名录的有"羌历年"，还有"瓦尔俄足节"。后者在汉语中亦称"歌仙节"或"领歌节"，主要流传在茂县曲谷等地。"瓦尔俄足"是以羌族女性为主的习俗活动，因此在今天又被称为"羌族妇女节"。每年农历五月初五，为了祭祀天上的歌舞女神萨朗姐，要举行"瓦尔俄足"，这是以祈祷女神"引歌"为主线、具有独特民俗内涵的节日。传说很久以前，羌区有个海子叫西湖，湖边有山寨叫西湖寨，每年五月初五这天，天上的萨朗女神都要到此海子边唱歌跳舞，羌人纷纷跟她学习。土司见女神美貌绝伦，欲霸占为妻，女神愤然返回了天庭。人们为了纪念女神，在西湖寨的山顶上建起塔子，每到五月初五，羌族妇女都来此祭神领歌，相沿成俗。届时，村寨的妇女们，无论老少，都要身着鲜艳的民族服饰，前往参加。整个节日活动，从五月初三到初五连续三天，其基本内容为：初三，由会首组织数名净身妇女，手持香、蜡、酒、柏香、馍馍、刀头等祭品，结队前往"热和梁子"的石塔前，敬祀女神"若姐珠"（始歌女神），请女神赐以歌曲，谓之"引歌"；回到村里，再逐户告知相关信息，此为"接歌"。初四，也就是节日前夜，妇女忙碌地准备美食，以备次日使用；未婚女子则精心为情人准备亲手绣制的礼物；初五清晨，由本寨男性长者开启咂酒，祝福全寨人畜两旺、五谷丰登。活动的主要内容就是跳"萨朗"，由老年妇女领跳，再

①　张应强：《试析粤北瑶族原始婚姻形态残余》，《中南民族学院学报》（哲学社会科学版）1992 年第 3 期。

②　《川大史学·任乃强卷》，任新建编，四川大学出版社 2006 年版，第 617 页。

向年轻人传授。男人们则以歌舞附之，并以腊肉、咂酒、馍馍等伺候。活动的间歇，已婚妇女向青年女性传授性知识、持家之道等。或有情人漫步私语，或女性间相互谈笑。节日三天，妇女们尽情歌舞、尽情欢乐，农事和家事则由男子来操持①。纵观"瓦尔俄足"，以下特征突出：首先，是祭祀女神的节日；其次，是女性狂欢的节日；再次，是传授歌舞以及生活知识的节日。在此节日中，铭载着羌人古老的族群记忆。按照当地传统，若是本寨当年有 13—50 岁的女性死亡，这一年则不举办"瓦尔俄足"。曲谷乡位于茂县西北部，距离县城 69 公里，所辖 22 个自然村，总面积 129.9 平方公里。该乡地处高半山干旱峡谷地带，平均海拔 2400 米，境内群山耸立、河谷深邃，交通极为不便，闭塞的地理环境，使"瓦尔俄足"这古老的羌俗得以较完整地保存下来。以女性为主的"瓦尔俄足"，作为有别于日常生活的神圣仪式，表现出女性从身体到心灵释放的狂欢色彩，透露出古老的母性文化记忆，并且集宗教、歌舞、饮食、服饰等因素于一体，有颇高的研究价值和观赏价值。立足文化人类学，从性别研究角度考察羌区独有的这种风俗，"深描"（thick description）其由来和功用，对于我们认识和把握羌民族的女神信仰和女性文化有重要意义。

清人罗世勋曾作《西征竹枝词》十五首，记述他从灌县赴茂州的行程，其中有云："此地民风亦太殊，女当赘婿妇招夫。乱宗不恤男从女，新妇何曾识舅姑。"写的正是当地民族婚俗中的"男从女"现象。对此风俗，民国《汶川县志》卷五"风土"载曰："'赘婿'之风，亦极盛行。考是俗当发源于羌族，以其合理，足以破除重男轻女之陋规……"在萝卜寨，有"皇帝无儿招驸马，民间无儿招女婿"的谚语；在绵虒羌锋，包括释比在内的老人告诉我，若家中有女无儿，多招女婿上门。在羌族地区，"有的甚至将儿子全部入赘他人家庭，而将女儿留在家里招上门女婿"②。按照羌俗，入赘男子要改随女家姓氏，死后须经族人同意方能葬入祖坟，民间甚至称"招婿好比买骡子"；所生孩子，头胎得随母姓，二

---

① 参见非物质文化遗产代表作申报书《"瓦尔俄足"（歌仙节）》，茂县文化体育局制作，2005 年 7 月。顺便说说，同处中国西南的纳西族也有舞蹈传自天上女神的故事，称人类向金色神蛙学来了舞蹈，后者又是向十八层天上的盘珠沙美女神学来此艺的（见《中国少数民族古代美学思想资料初编》，四川人民出版社 1989 年版，第 585 页）。古老的神话叙事中，昭示着舞蹈起源在民间信仰中具有神圣性。

② 李鸣：《碉楼与议话坪——羌族习惯法的田野调查》，中国法制出版社 2008 年版，第 123 页。

图5-7　茂县曲谷乡西湖寨领歌节上的妇女们（2002年，余耀明摄影）

胎、三胎才可随父。这种习俗亦被称为"娶雄媳妇"，20 世纪 30 年代深入岷江上游地区考察的庄学本对此有记述："沙娜的家里，就是索囊仁清的家里，因为索囊仁清是幼年入赘在八石脑的，大凡西戎都盛行娶雄媳妇的风俗。"[1] 从地缘角度追溯历史，在羌、藏民族居住的川西北地区，有东女国故事自古流传。关于东女国，或以为所指至少有二：一是苏毗即今藏北高原羌塘一带，一在今西藏昌都地区及四川甘孜州西部；由于古代文献记录不详，后人多将二者相混[2]。川西北地区属于藏羌结合部，在此地带上世代居住的有羌族也有按照民族识别定为藏族支系的嘉绒[3]，羌与嘉绒相邻，彼此关联密切，文化多有沟通之处。阿坝州的金川县是嘉绒要地，2015 年 11 月下旬我等去该县，代表四川省民间文艺家协会为当地的"神山文化之乡"（民俗文化之乡）授牌[4]，顺便去了大金川河沿岸的广法

---

[1]　庄学本：《羌戎考察记》，四川民族出版社 2007 年版，第 128 页。

[2]　《羌族简史》，四川民族出版社 1986 年版，第 17—18 页。

[3]　嘉绒的族源问题在学界多有探讨。有研究者认为，嘉绒藏族是唐以来藏族同化、融合这一地带的古代氐羌部落后逐渐形成的，这些氐羌部落包括先秦的牦牛羌、冉駹夷以及隋唐的嘉良、哥邻等（格勒：《古代藏族同化、融合西山诸羌与嘉戎藏族的形成》，《西藏研究》1988 年第 2 期）。民族学家李绍明在《唐代西山诸羌考略》（载《四川大学学报》哲学社会科学版 1980 年第 1 期）中论述了唐代西山一带众多的羌人部落情况以及西山诸羌的地望，认为"哥邻"译于自称而"嘉良"译自他称，二部实为一部，其遗裔当为今天的嘉绒人。

[4]　《省民协授牌金川县万林乡为"神山文化（达委达乌）之乡"》，http：//www. zgscys. com/news/20151204/1733. html；《金川县万林乡被授予"神山文化之乡"》，http：//www. aba-news. com. cn/Article/abgx/jcx/2015/12/02/46815. html。

寺、天眼湖、本教岩画、乾隆御碑等处考察，一路陪同的是熟悉地方人文历史的郑姓副县长，他指着天眼湖、乾隆御碑对面山谷给我们讲了不少当地有关东女国的故事（譬如，距离县城不远、与城区隔河相望的勒乌乡马厂村名为神树包的山包上有一清澈的水塘，人称"天眼湖"，传说是东女国王的沐浴之地）。就文献记载看，已进入奴隶制初期的东女国保存了诸多母系制遗存，以女性为中心是东女国社会的突出特点。《旧唐书·南蛮西南蛮传》云"东女国，西羌之别种，以西海中复有女国，故称东女焉。俗以女为王"，其东与茂州、党项接，东南与雅州接，"俗重妇女而轻丈夫"。茂州为今之羌区重镇茂县，雅州指昔有青衣羌分布的雅安地区。《新唐书·西域传》亦记载东女国乃"羌别种也"，其"子从母姓"，且"俗轻男子，女贵者咸有侍男"。东女国以女性为国王，"女王号为'宾就'，有女官，曰'高霸'，平议国事。在外官僚，并男夫为之。其王侍女数百人，五日一听政。女王若死，国中多敛金钱，动至数万，更于王族求令女二人而立之。大者为王，其次为小王。若大王死，即小王嗣立，或姑死而妇继，无有篡夺"（《旧唐书》）。后来，吐蕃强盛，统一了青藏高原，东女国成为吐蕃政权一部分，而东女国旧部，又接受唐朝赐予的丝帛，甚至成为内地与吐蕃进行丝绸贸易的中间商，故《旧唐书》《唐会要》等称其为"两面羌"。东女国虽亡，但其文化为吐蕃吸收。从吐蕃的婚姻习俗、妇女享有较高地位、鸟卜、赭面之俗乃至建筑技术、丧葬制度等方面，不难看到前者的影响，而民族学调查亦表明至今川藏区域仍有东女国文化因素残存。在四川地区，与羌相邻的嘉绒藏族崇拜墨尔多神山，其转山习俗遐迩闻名。墨尔多神山是木尔多和斯巴嘉尔木的圣山。"木"在藏语中通常指女性，"嘉尔木"意指女王、后妃或神妃，"斯巴嘉尔木"即众生之女王。民族学、语言学调查表明，古代嘉绒地区存在过以女性为中心、以女性为首领的时代。或以为，"嘉尔木"应是唐代藏人对东女国的称呼①。东女国的位置，学界说法不一，反正不离青藏高原东南缘川西北地区，也就是羌族所居的汉、藏之间地带。在此地带上，女性崇拜作为古老的文化遗存，直到今天仍时时有见。

---

① 李茂：《东女国故址——华西坝》，见《金川文史》第二集，http://www.gata.gov.cn/web/t3/ main. jsp? go = newsDetail&cid = 9818&id = 27302。

第六章

先祖敬奉与华夏认同

"禹羌文化"之称屡屡见于当今报纸和网络,成为媒体报道青藏高原东南缘、川西北地区羌族文化的关键词之一。"禹"是一个远古人物,华夏民间围绕他形成了一个不可谓不丰富庞大的叙事系统;"羌"是一个古老族群,历史上被称为"西戎牧羊人"的他们如今主要聚居在中国西南部四川。一个人物和一个族群,从二者关联中我们能读出些什么呢?下面,从文化人类学切入,就羌区有关大禹的民间叙事及其背后的族群意念进行探视。

第一节 大禹崇拜和地方知识

若干年前,羌族自治县北川出于地方文化建设和发展的考虑,提出打造大禹故里品牌和申报大禹文化之乡。当时,社会上对此议论纷纷,其中不乏疑惑、诘难之声。有关方面曾询问我的看法,我讲了三点:首先,请问批评者对此的责难是站在当地人的"主位"立场还是外方人的"客位"立场?其次,据我所知,大禹文化在川西北羌区与其说是当代人为打造之物,毋宁说是基于地方口述传统,自有其地域性、民间性根底的文化资源;再次,实话实说,我不赞成将传说简单地坐实为历史,硬要把远古人物大禹的出生地非此莫属地指认为今天行政区划中的某县某地是有很多问题的,但我不反对今天的羌区地方政府和民众借助本地口头遗产中的大禹传说这份固有资源进行服务于当下生活的文化建设或者说打造。

"主位"(emic)和"客位"(etic)作为人类学术语,前者指被调查者自己对本地文化的看法和解释,后者指外来调查者对该地文化的看法和

图 6-1　羌人敬奉的先祖炎帝和大禹（《羌魂》演出，2010 年，成都）

解释。纵观人类学发展史，英国功能学派代表马林诺夫斯基提出让调查者到被调查者社区生活"参与观察"，美国历史学派领袖博厄斯主张在每种文化自身基础上深入每种文化，即使是解释人类学创立者格尔兹也认可置身当地人立场理解当地人文化的必要性，还有反思民族志领军人物詹姆斯·克利福德呼吁将调查者和被调查者声音并置于民族志文本中的"多音位式"书写……这些人类学大家，彼此学术观点虽有差异，但在有一关键点上是不二的，即都要求人类学家尊重被调查对象，尊重属于对象自家的"地方知识"。也就是说，要充分理解当事人的文化，持有"客位"身份的调查者，务必时时告诫自己要尊重当事人的"主位"视角和立场，避免发生错位性误读。想想看，羌人借助"大禹"这张国人皆知的名片打造地方文化，努力提升当地作为旅游目的地的文化形象，此举顺应着经济并不发达地区人们渴望发展和谋求更好生活的现实需要，凭什么该受到与之无关痛痒的外来者说三道四呢？当代美国人类学家格尔兹提出"地方性知识"（local knowledge）概念，强调知识或文化生成的"在地性"（localization），重视田野考察的地方立场。准其所见，要获得地方性知识，人类学家务必摒弃居高临下的自我中心，端正自己对待别人文化的态度，在民族志的主位和客位之间寻求"视界融合"，获得关于对象的合理阐释。格尔兹指出："用别人的眼光看我们自己可悟出很多瞠目的事实。承认他人也具有和我们一样的本性则是一种最起码的态度。但是，在别的文化中间发现我们自己，作为一种人类生活中生活形式地方化的地方性例子，作为众多个案中的一个个案，作为众多世界中的一个世界来看待，这将是一个十分难能可贵的成就。只有这样，宏阔的胸怀，不带自吹自擂的假冒的宽容的那种客观化的胸襟才会出现。如果阐释人类学家们在这个世界上真有其位置的话，他就应该不断申述这稍纵即逝的真理。"① 他把对"地方性知识"的尊重提高到人类学"真理"层面，这对我们客观、公正地把握地方的民间的文化是有益提醒。"禹兴于西羌"（《史记·六国年表》），此说在中国自古流传。为开创夏朝奠定基业的大禹是上古治水英雄，他跟巴山蜀水的关联，从见载于古籍的"岷山导江，东别为沱"（《尚书·禹贡》）这传说多多少少可以窥斑见豹。从蜀地民间信仰看，地处汉、藏之间的羌人也崇拜大禹，视之为治水救难、护佑羌民的"先祖"，由此形成了颇有民族性、"在地性"特色的叙事及符号系统，并且体现在从物质到非物质文化的方方面面。

作为中华大禹传说的"在地性"产物，羌区大禹传说自有其口头传统根基和地域文化特色，迄今依然存活在川西北羌区民众的口头上，以及与此口碑相关的种种遗迹和习俗中。这些遗迹和习俗，汶川有，北川有，茂县有，理县也有。民国《汶川县志》卷七"古迹"，首列"石纽村刳儿坪"，曰："县南十里飞沙关岭上里许，地平衍，名刳儿坪。有羌民数家，地可种植，相传为圣母生禹处。有地址数百步，羌民称为禹王庙，又称为启圣祠云。"又如北川，如我去禹里乡走访所见，崖上有石刻"禹穴"大字的山沟中，相关传说及遗迹不少。当地人称祭大禹为"祭禹王菩萨"，在他们看来，"大禹不但能消除自然灾害，还是庄稼的保护神"，连天旱不雨时也祭禹王，求其降雨②。该县禹里乡相传唐以前石纽山麓即建有禹庙，据清道光《石泉县志》："大禹庙在县东南一里石纽山下，禹生于石纽村。未设县先有是庙。"③ 每逢农历六月六禹王诞辰，人们来此祭拜。据当地学人描述，祭祀规格甚高，"六月六日禹生日，用帝王、诸侯祭祀社稷时的太牢（牛、羊、猪三牲齐备）之礼仪致祭大禹；在县衙两旁设置只有州、府以上才能有的鼓楼、乐楼在致祭大禹及重大礼仪时使用"，如清乾隆三十三年，县令姜炳璋率文武官员，以盛大仪仗为先导，百余人抬着牛、羊、猪、帛、爵、簋、笾、豆等祭品，从县衙出发去禹庙，百姓

---

① ［美］克利福德·吉尔兹：《地方性知识——阐释人类学论文集》，王海龙、张家瑄译，中央编译出版社 2000 年版，第 82 页。

② 王清贵：《北川羌族史略》，北川县政协文史资料委员会编印，1991 年 10 月，第 161 页。

③ 《禹里名胜壮古今》，北川县政协文史资料委员会编印，1991 年 5 月，第 20 页。

数千人随往，"以太牢之礼祭大禹"①。尽管屡遭兵祸灾害损毁，但维修或重建禹庙成为地方官的职责，祭祀禹王活动亦相沿成俗。由于羌人崇拜大禹，在过去王朝政府与边地民族关系紧张时期，治理羌地的官员"也往往借纪念大禹来缓和矛盾"②。1935 年，石纽山前禹庙被烧毁，庙祭活动又集中到禹穴沟口之禹王庙。庙会期间，如潮的人流来自四面八方，若遇水旱灾年，祭祀规模更大。禹里乡面积 81 平方公里，乡治禹王庙，今辖庙坪、禹里、禹穴、庙坝、云安等 7 村。大禹王来历不凡，在羌区还有跟禹迹相关的神奇的民俗故事。清乾隆时蜀中举人刘沅有《禹穴》诗（见《国朝全蜀诗钞》卷三十二），曰："神圣钟灵原不偶，剖儿儿出岂伤母？至今血石赭如珠，生生之气年年有。"自注："九龙山第五峰下，地稍平，有迹俨如人坐卧状，为剖儿坪，禹生于此。上有石穴，即禹穴。穴下有石，皮如血染，以煎水沃之，气腥。俗传能催生。人凿取之，明年复长如故。孕妇握之利产。"位于禹里羌族乡的九龙山又名九连山，该地禹穴有石呈血色，相传为禹母生大禹时流血所染。凿取血石为产妇催生，是当地人特有的习俗。在川西北羌区，诸如此类有别于中原汉区大禹传说的例子随手可拾，怎么会是现代打造的呢？毋庸置疑，作为"地方性知识"，羌区大禹传说是华夏大禹传说系统中的重要个案之一，就其文化学意义言，不能不说是羌民族对中国文化的一桩独特贡献。因此，在 2009 年初四川省第二批非物质文化遗产评审会上，作为专家组成员的我们不存任何异议地将来自羌区的"大禹传说"项目列入了省级名录，进而向国家级非物质文化遗产名录推荐。

　　如今，羌族聚居区包括岷江上游的汶川、理县、茂县和涪江上游的北川。走进地处岷江支流杂谷脑河畔的理县桃坪羌寨，可以看到，地震后恢复重建的新寨子入口处立着"大禹治水"的褐色墙体式浮雕。作为景观雕塑的大禹像背面，镌刻着地方学者撰写的《桃坪赋》及《桃坪新寨赋》，前者开篇即称"西羌圣地，神禹故里"，继而又曰："紫气东来，广柔神禹，光耀华夏，一代圣王，彰显人杰地灵；霞光西照，文山古庙，石纽岩刻，一脉圣迹，堪谓物华天宝。"历史上，"禹生石纽"说自古有之。在岷江上游羌族地区，老百姓视石纽山为圣地，在他们看来，此山连接着

　　①　谢兴鹏：《九州方圆话大禹》，四川省大禹研究会、中共北川县委党史研究室、北川县地方志办公室编印，2002 年 10 月，第 53 页。
　　②　《北川羌族自治县概况》，民族出版社 2009 年版，第 179 页。

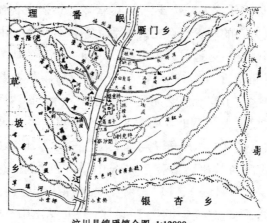

汶川县绵虒镇全图 1:12000

图6-2　民国三十三年《汶川县志》地图标出石纽山及刳儿坪

天与地，天神木比塔及众神上下于天地时必经此，这里的一草一木、一石一土都有祖先大禹的灵魂……至于"石纽"所在，按照民间传说，汶川、北川之外，也有理县。据当地有关资料介绍，通化古镇坐落在沱水（杂谷脑河之古称）南岸台地上，从桃坪寨对岸佳山寨沿着古骡马道，翻越大石门岭，顺山势而下，即到达通化。位于杂谷脑河下游的理县通化乡，跟汶川绵虒交界。该地汉时设广柔县，北周时为石门镇，隋改为金川镇，唐置小封县，两宋时名通化县，清初设通化巡抚司，民国时设通化乡。石纽山在通化乡汶山寨，悬崖峭壁，气势非凡，山上有禹王庙（毁于"文化大革命"时期），飞檐翘角、雕梁画栋，供奉大禹王。庙后，石壁光滑，上面刻着"石纽山"三个如斗大字，撰书者及时代不详。据当地老人讲，昔日通化城门上曾悬挂着"禹王故里"的大匾，毁于民国时期。因此，前述赋文中的"神禹故里"之说，并非今人编造，而是有久远的民间口碑基础。据悉，目前理县通化乡正把加大人文旅游资源开发作为支柱产业之一，其中项目即有汶山寨禹王庙风景区建设。在桃坪乡裕丰崖村对面，杂谷脑河南岸有山名"禹王山"，从东往西看宛如一个躺着的人，当地民间传说大禹王治水走过那里时，感觉十分疲惫，便躺下来休息，结果一觉睡去就再没醒来，他头戴的帽子变成长长的北坡，身体上长出茂密的森林，整个人渐渐变成了一座山……在汶川，跟禹相关的文化遗迹有石纽山、刳儿坪、涂禹山、禹碑岭、涂禹山、禹王宫等。民国元老于右任有《汶川纪行诗》，云："石纽山前沙尚飞，刳儿坪上黍初肥。茫茫禹迹何处得，蹀躞荒山汗湿衣。"又云："坪上羌民遗两口，坪前高处有颓墙。坪中父老说神禹，手斩蛟龙下大荒。"清代学者吴棠曾为汶川石纽山圣母祠题诗："共传大禹产西羌，明德千秋颂莫望。江水发源神肇迹，休将石纽比荒唐。"明代周洪谟《雪山天下高诗》亦曰："此去石纽无几许，昔钟灵秀生大禹。当时自此导江流，至今名垂千万古。"① 凡此种种，不一而足。

图 6-3　从西山村望去，对面云雾缭绕的是汶山，
那里有大禹传说（理县通化乡）

大禹生于西羌的具体地点又何在呢？《太平御览》卷八十二引扬雄《蜀王本纪》："禹本汶山郡广柔县人也，生于石纽。"郦道元《水经注·沫水》："禹生于蜀之广柔县石纽村。"《三国志·秦泌传》："禹生石纽，今之汶山郡是也。"汉代广柔县的范围，大致相当于今天阿坝藏族羌族自治州的汶川、茂县和绵阳市的北川。《吴越春秋·越王无余外传》称大禹"家于西羌，地曰石纽。石纽在蜀西川也"。《华阳国志·蜀志》载："石纽，古汶山郡也"，大禹出生在"石纽刳儿坪"。谯周《蜀本纪》亦云："禹本汶山广柔人，生于石纽，其地名刳儿坪。"石纽所在，除了汶川说，也有北川说（《新唐书·地理志》），等等。诚然，这些历史记忆在疑古派史学家们看来是"层累地造成的"，根据诸如此类记载亦未必能得出百分之百的信史，但至少提醒我们，"禹兴于西羌"作为民间信念由来已久，羌人关于大禹的种种民间叙事亦非空穴来风，这是今天我们从"口头

① 《古人游历川西北诗词选萃》，西南交通大学出版社 1992 年版，第 166—167、59、24 页。

传统"（oral traditions）研究羌族民间文化遗产不可忽视的。因此，历史学家李学勤在谈到"禹生石纽"时，一方面指出该传说来源有三种可能（蜀人固有的、羌人带来的、夏人自己的）而目前尚难确证就是哪一种，一方面仍肯定"禹生石纽的传说是很重要的，它反映着古代的我们探讨已为人们淡忘的古史，必须充分利用一切材料，吸取各种学科的成果"，并且说："事实上，禹生于今四川的传说起源甚早"，"此说有着相当深远的历史背景"①。既然"禹生石纽"说在蜀地起源甚古，既然四川是羌人南迁的主要聚居地，那么，大禹故事在川西北羌民中广泛流传和普遍信奉，也就自然而然。"5·12"地震之后，随着羌族文化抢救和保护的升温，蜀地大禹文化研究亦呼声更高，上述非物质文化遗产项目申报即是证明。2008年6月初，阿坝州羌学学会向有关部门报送了《保护羌族文化的报告》，其中提出保护项目十个，第三即是"西羌大禹文化的保护"。古往今来，大禹传说及大禹崇拜在中华大地上广泛存在，这是不争的民俗学事实，但大禹故里问题，古书言之欠详，后人争讼不已，从来是史学界见仁见智的悬案。这场名人出生地之争，连羌区内部也一度未能免俗，陷身其中，耗费了许多精力……经历了2008年"5·12"地震之后，面对灾后重建的实际，如今在羌族地区内部，县与县已抛开所谓"故里"之争，而是本着弘扬大禹精神、保护大禹文化的主旨提出携手共同打造"大禹品牌"进行当代文化建设的口号。这种理性面对现实、置身更高层面、着眼长远目标的举措，是应当肯定的。

第二节　口头遗产及多样表达

文化人类学重视"口头传统"，尤其研究像羌族这种族源古老而至今仍是有语言无文字的族群的文化，更是如此。"口头传统是指文化中非书面的故事、信仰和习俗。口头艺术是包括叙事、戏剧、诗歌、咒语、谚语、谜语和文字游戏。"②就文学言，口头文学有比书面文学更古老的历史，可以说它跟人类与生俱来，口口相传，体现着民众的心音，表达着民

①　李学勤：《禹生石纽说的历史背景》，见冯骥才主编《羌去何处——紧急保护羌族文化遗产专家建言录》，中国文联出版社2008年版，第130—134页。

②　［美］哈维兰：《文化人类学》（第十版），瞿铁鹏等译，上海社会科学院出版社2006年版，第449页。

众的意志。就其实质言，口头文学不仅仅是一种单纯的文学，它往往兼具文学、哲学、历史、宗教等多方面因素，以某种意识形态综合体的面貌存在并出现，有待我们不止是从纯文学层面去加以解读和把握。古往今来，羌民族有相当丰富的口述传统，其中大禹传说自成体系。就我所知，大禹传说在川西北羌族地区作为"地方性知识"，至少以三种跟文学有关的形式在民间流传着。

其一，是仪式诗歌。今被收入《羌族释比经典》的《颂神禹》是一部长篇叙事歌，但未注明是何人所唱。2011 年 5 月在汶川绵虒，我听曾任县文化馆馆长的汪友伦（羌族）讲，羌区大禹传说于 20 世纪 80 年代编纂十大文艺集成志时在茂县采录的多，至于有关大禹的经文，克枯乡木上寨释比余光耀能唱。羌族信奉"万物有灵"，释比又称"比""许""诗谷"等，是尔玛人社会中以巫术沟通人、神、鬼以协调人世间种种事务的智者，也是生活中的能人，他们熟知本民族历史和文化，通晓多种知识及技能。作为羌文化的重要掌握者和传承者，释比在尔玛人社会中享有甚高威望，从村寨到家庭，人们生产生活中每逢大事，诸如请神还愿、驱邪治病、婚礼丧仪等，都会把他们请来唱经跳皮鼓做法事。羌族释比在举行诸如此类仪式时诵唱的经文，从民间文学角度看，可谓是带韵律性的诗歌。目前整理的《颂神禹》版本，包括"石纽投胎""出世不凡""涂山联姻""背岭导江""化猪拱山""功德永垂"六个部分，其开篇唱道："在这良辰佳节里/在这吉运高照时/释比我要诵唱经/诵唱先祖大禹根/诵唱先祖大禹源/先祖圣禹生羌地/羌人大禹名传播/他的好事说不完/好事多如天上星/他的故事说不完/犹如凡间之沙石"；中间唱道："羌家夫妻得贵子/男女老少四面来/踏歌跳舞齐欢唱/欢娱作乐笑开颜/祭拜天神谢天恩/贵子生时雄鸡鸣/雄鸡鸣啼来世间/父母取名叫禹基/羌人尊称为大禹"；结尾唱道："释比我来掐算过/掐算今天是吉日/吉祥之日颂大禹/颂唱大禹是神灵/您是凡人大救星/您像红日当空照/普照万物有生机/您像圆月照凡民/日月融在您身上/苍天大地您顺从/投生凡间为百姓/驱逐洪魔世安宁/搬掉无数的山岭/九沟之水顺江流/岷江两岸住羌民/雷雨交加不用怕/洪水汇江归海流/从此旱涝民不怕/江水溉田粮丰收/凡民百姓多欢畅。"① 这部 640 多行的叙事长诗，内容翔实，结构完整，意象鲜明，词句生动，不乏感染力，体现出创作的技巧。

---

① 《羌族释比经典》，四川民族出版社 2008 年版，第 217—226 页。

　　其二，是传说故事。如上所述，在羌区内部，作为大禹传说再地方化的支系，北川和汶川又同中有异，前者的大禹故事包括跟大禹出生有关的"石纽投胎""甘泉""剜儿坪出世""洗儿池""血石流光"等，以及跟其治水业绩有关的"誓水柱的传说""禹治湔江"等，流传区域主要为禹里、片口、坝底、曲山、陈家坝、通口等乡镇①；后者的大禹故事，从20世纪80年代在汶川威州搜集的《大禹王的传说》来看，则包括"石纽出世""涂山联姻""背岭导江""九顶镇龙"和"化猪拱山"五个部分，其开篇云："在岷江河上游羌族居住的地方，出了一个了不起的人物。他生下来三天就会说话，三个月就会走路，三岁就成了一壮实的汉子，他就是羌族人感激不尽的大禹王。"② 后一故事，则是1980年4月从70岁的李姓羌族农民（女）口头采录的。汶川和北川，行政区划上今天一属阿坝州，一属绵阳市，彼此有关大禹的民间叙事出现"异文"，正是该传说深入民众生活而地方化的结果，它们共存互补，一道丰富着华夏神州的大禹传说体系。正因如此，2010年6月在网上公示的第三批国家级非物质文化遗产名录中，"民间文学"类有经过我们推荐的《禹的传说》，其申报主体乃是"四川省汶川县、北川羌族自治县"。为了方便读者了解，不妨将二县申报书内容撷要列举如下（见表6-1）。

表6-1　　　　　　　　　　　　　　羌区大禹传说

申报县份	北川	汶川
项目简介	北川，古属西羌，亦称西夷。《孟子》说："禹，西夷之人也。"《史记》云："禹生西羌。"《竹书纪年》说："修己背剖而生禹于石纽。"汉武帝元鼎元年，川西北置郡设县，北川属汶山郡广柔县，具体地点为石纽剜儿坪。北周天和元年始置北川县。唐贞观八年取"石纽"之"石"，"甘泉"之"泉"，更名为石泉县，此后的史志都指石泉县为禹生之地。民国三年因与陕西石泉同名，复改为北川县。据古史记载，今北川县应为大禹故里。 虽然年代久远，北川至今流传着有关大禹的传说，石纽山、禹穴沟还比较集中地完好保存着有关大禹的遗迹	羌族神话故事，在羌族聚居区岷江上游普遍流传，故事中的英雄人物鼓舞着一代代羌族青年。这之中，最让羌族人崇敬和歌唱的，莫过于诞生在这里的治水英雄大禹。有关大禹的神话传说，更是代代相传，人人争唱。 汶川，是大禹出生地。在汶川，至今还有石纽山、剜儿坪、涂禹山、大禹坪、禹背岭、禹碑岭等山名和地名

---

　　① 有关材料见非物质文化遗产项目申报书《大禹的传说》，北川羌族自治县文化旅游局制作，2008年7月。

　　② 《中国民间故事集成·四川卷》，中国ISBN中心1998年版，第1131页。

续表

申报县份	北川	汶川
分布区域	主要分布在北川羌族自治县境内的禹里、片口、坝底、曲山、陈家坝、通口等乡镇	主要流传在汶川县北部羌族聚居区，岷江河谷的威州镇、龙溪乡、雁门乡、克枯乡、绵虒镇
基本内容	禹生北川——《石纽投胎》《甘泉》《刳儿坪出世》《洗儿池》《血石流光》等；奉命治水——《誓水柱的传说》《禹治湔江》	主要包括《石纽出世》《涂山联姻》《背岭导江》《古树吞碑》等，从大禹带着天意出生、立志为民治水、恋爱成婚、夫妻治水、背岭导江、万世敬仰等方面，歌颂了大禹不凡的成长，以及治水建功的成就
主要特征	1. 多与大禹诞辰有关； 2. 集中在县境江河流域； 3. 多为民间口耳相传，少文字记载； 4. 创作和传承具有集体性和变异性特点	在民间广泛流传，大禹治水、为民谋利、战天斗地的开拓进取精神，已经成为羌民族的核心精神。在羌族《释比经典》中，集中反映了大禹王作为羌族首领的英雄事迹

不难看出，大禹传说在二地既同中有异又异中有同，是尔玛人的重要口头遗产。羌人聚居的川西北地区山高谷深，地形复杂，交通不便，地理界隔，使得羌区内部存在诸多文化上的细致差异，同一传说在一条沟和一条沟之间、这个寨子和那个寨子之间形成不同异文，是常有的事。比如，20 世纪 40 年代民族学家于式玉路过汶川曾踏访禹迹，她从当地人口中听到的大禹为何降生在刳儿坪的故事①，就跟前述从威州搜集的版本以及多数人所知的内容有出入。这体现出民间口头文学有别于书面文学的因人、因时、因地而异的活态流传特征。在川西北羌族地区，有关大禹王的传说不仅仅见于汶川、北川，在茂县、理县乃至松潘、平武等地亦有之，如平武羌族口传的《"巫教"的来历》、松潘黄龙流传的《暗海鱼》等民间故事。2012 年 11 月在理县参加藏羌文化研讨会，我曾就大禹传说在当地民间流传等做专题发言，并听见桃坪寨羌族老人王嘉俊等介绍大禹遗迹在该地存在的濒危现状；2016 年 7 月在汶川绵虒三官庙，我看见庙前简介上写着："所谓三官，一种说法是指尧、舜、禹三帝，另一种说法是指天官、地官和水官。这里的水官，据当地老百姓说，就是治水的大禹王。"

其三，是民间戏剧。羌族地区有自具特色的民间戏剧，"5·12"汶

---

① 《于式玉藏区考察文集》，中国藏学出版社 1990 年版，第 178—179 页。民国《汶川县志》卷七"古迹"中亦记载了"县南十里飞沙关岭上里许"的"石纽村刳儿坪"及"禹王庙"，云后者又称"启圣祠"。

川地震后我屡有文章论及此。2002 年 9 月，省人大及有关部门邀请专家学者赴岷江上游调研民族民间文化，依次考察了阿坝州的九寨沟县、松潘县、茂县、理县和汶川县。归来后，由我执笔写出《岷江上游民族民间文化考察报告》，上报给省委、省政府，"为有关方面的决策提供了参考的依据"①。该报告谈及羌族民间戏剧，云："羌戏和藏戏都属于具有原始艺术魅力的戏剧。"羌族民间戏剧包括释比戏和花灯戏。释比戏在笔者 20 世纪末参与编纂及统稿的《四川傩戏志》中有多个条目介绍；花灯戏如北川的许家湾十二花灯戏，已列入第二批四川省非物质文化遗产名录，其表演为男扮女装，声腔为花灯小调，剧目有《审土地》《三跑亲》《百花公主》等。唱灯跳灯的民间小戏在岷江上游羌区亦见，今被列入阿坝州非物质文化遗产名录的既有"释比戏"也有"羌族灯戏"。关于释比戏，或以为释比表演时所跳舞步是"禹步"，跟大禹有关。羌区花灯戏中，也有颂唱大禹的，过去流行于茂县土门、凤仪等地的竹马花灯（以竹子编扎并用彩纸糊成竹马作为道具）的剧目中有《大禹治水》，其中唱道："在这喜庆的日子里，歌唱我们的民族，歌唱我们的祖先。山有树，树有根，我们来唱羌族的根。最能干的'耶格西'，是他疏通了九条河，时间用了八年整……"这"耶格西"乃羌人对大禹的称呼，据羌族学人言，"格西"当属尊称，"耶"为禹之变音②。

　　有故事有诗歌有戏剧，此乃大禹传说在羌区民间客观存在的状况，要把它武断地指认为纯粹是当代人为打造之物显然是没有道理的。从文化人类学角度看，上述三种表述形式和实践以及多种多样异文的存在，恰恰足以证明大禹传说在川西北羌族地区根基深厚、流传广泛、影响不小，是尔玛人生活中地地道道的以地域、族群、民间为特色的传统文化遗产。

第三节　族群叙事与华夏认同

　　作为具有地方和民族特色的文化遗产，大禹传说在羌区流传广泛，其故事版本丰富多样，各具特色又彼此互补，共同建构着羌人心目中的大禹形象，也共同成就了他们关于这位古人的不无族群意识指向的"集体记

---

① 《四川省非物质文化遗产保护工作大事记》，《四川非物质文化遗产》2007 年第 1 期。
② 耿少将：《羌族通史》，上海人民出版社 2010 年版，第 27 页。

忆"。这种记忆作为"立足现在而对过去的一种重构"①，无疑带有鲜明的服务尔玛人当下现实的色彩。诚然，传说不是历史，传说的内容不等于历史的事实，但在人类学家眼中，一个故事被某个族群代代相传的过程本身亦是值得研究的历史。"传说对于有文字和没文字的社会同样重要。它呈现出一个社会的精神特质或存在方式，文化群体常常用传说在一代代之间传达重要的文化价值和教训。"② 从文化人类学角度研究羌区有关大禹事迹的口述史，不可不深入其背后隐藏的族群文化心理，去透视该民间叙事底层中尔玛人社会有关自我族群身份表达的"集体无意识"。也就是说，笔者在此无意追究羌人所讲大禹故事的内容是否属于历史真实（这是历史学的目标所在），而是要去探视一代代羌人如何讲此故事与为何讲此故事以及他们讲此故事的背后隐含着怎样的族群意念（此乃人类学的关注所在）。研究后者，既是为了对羌区大禹传说的解读去表层化，也为的是更深刻地认识羌民族。

图6-4　桃坪羌寨的大禹治水雕塑

从族群内部的自我认同和身份表达看，羌区大禹传说包含着先祖敬奉和英雄叙事的要素，其为羌人强化族群认同、提升族群声望、拒绝他者讹

---

① ［法］莫里斯·哈布瓦赫：《论集体记忆》，毕然、郭金华译，上海人民出版社2002年版，第53页。

② ［美］大卫·费特曼：《民族志：步步深入》，龚建华译，重庆大学出版社2007年版，第47页。

指提供着民间文学资源。大禹作为治水英雄名扬天下，既然"禹兴于西羌"，一代代羌人通过对此关涉灾难拯救主题的英雄故事的不断讲述，正可获得和增强自我族群的荣耀感，从而促进族群成员的内部认同。诚然，尔玛人对大禹故事的讲述不乏族群想象的成分，但如研究宗教文化象征的学者所指出，"不同民族的象征、想象与崇拜仪式等，乃是人们各自独特的生存需要与发展取向的反映"①。追溯史迹可知，"西南的四川古称巴蜀，本为少数民族地区。巴蜀为一种国家与部落联盟，据史籍所载和甲骨金文考证，境内至少有四五十个乃至百数十个小部落，谓之'戎伯'，巴、蜀不过是两个霸主，即所谓'戎伯之长'……迄至东汉末，四川仍为少数民族地区"②。古代中国，相对于中原这华夏政治地理观念中的腹心，地处西南的巴蜀向被目为边缘，尤其是汉文化域界之外的少数民族地区。秦国伐巴蜀，汉廷开发西南夷，乃至一次次大规模移民入川，说到底都是在历代当政者的武功文治中彰显着中原与边地、"我族"与"异族"、文明与蛮夷的二元区分。羌族口头文学中，释比唱经《赤吉格补》讲孤儿赤吉为报父仇发兵依多（成都）的故事，其中关于川西羌、汉之间战争的叙述，便多多少少折射出中心与边缘的紧张关系。大禹传说在川西北羌区始于何时无从考证，但从人类学的族群理论透视，处于中原之"西"的羌人世世代代对大禹故事的讲述，一方面是在表达他们对上古英雄人物的崇拜并借此神圣叙事强化自我族群的内在凝聚力，一方面也未必不是在某种族群身份焦虑的驱动下表明对华夏大家庭的一种认祖归宗意念。在此，口口相传的大禹故事成为羌人身份表达的一种族群代码。诚然，禹跟羌瓜葛密切，但如学界指出，从文献记载的"禹兴于西羌"至多可得出"禹，亦出于羌族"的结论，归根结底，"不能以此传说谓羌为禹之裔，只能谓禹为羌族之一人"③。然而，羌人并不以此为满足，其民间叙事偏偏要进而强调大禹是其族群根基所在的"先祖"，其中大有深意在焉。也许，你可以怀疑羌人口中这故事内容的历史真实性，甚至你干脆就把它看作是某种"传统的发明"（invention of tradition），但是，你无法质疑羌人

---

① ［美］斯特伦：《人与神——宗教生活的理解》，金泽、何其敏译，上海人民出版社1991年版，第297页。

② 钱安靖：《试论西南少数民族与道教的关系》，《贵州民族研究》1983年第4期。

③ 方国瑜：《彝族史长编（稿）》，见李绍明《羌族历史问题》，阿坝州地方志编纂委员会编印，1998年8月，第153页。

讲述该故事时情感表达的真诚性，也无法忽视羌人口述此故事背后族群意识指向的真实性。古往今来，民间涉及大禹的种种神话传说中，积淀着未必不真实的羌人关于族群历史的观念。

"抵挡着黑夜和蒙昧。我的祖先，是许多祖先的组合。"[1] 当代羌族诗人笔下这句子，耐人寻味。诗中的"我"，代称的并非个人，而是整个族群。祖先崇拜在民间信仰中占有重要位置，羌人敬奉的神灵众多，天上地下无所不在，其中被他们世代尊为"先祖"的有天仙女木姐珠、神农氏炎帝、治水英雄大禹，等等。羌语称大禹为"禹基"（前述"耶格西"乃不同译法），国际音标注音为"jytçi"。据当地研究者讲，羌人所奉始祖神有"炎帝、神农（apajen）、大禹（apajytçi）"[2]。在茂县某避暑山庄的羌圣祠中亦有炎帝石雕像，2009 年 11 月 17 日羌历年，在此还举行了由释比主持的隆重的祭祖仪式，参与者说："炎帝其实就是我们羌人的祖先。其实祭祀祖先目的就是求得风调雨顺。"又说："夏朝禹的儿子启，建立了夏朝，正式走入了封建王朝，就是启，就是我们羌族人禹。"[3] 2011 年 5 月，笔者走访"白石羌寨"甘青寨后，去了刻意突出羌文化特色的"山菜王"酒家就餐（2002 年我来过这里品尝羌餐），见其院内为首的三个雅间的墙上，亦分别供奉着炎帝、黄帝、大禹。中华民族自称"炎黄子孙"，羌人奉炎帝为"先祖"，其心意不言而喻。如笔者所见，在依山傍水的茂县坪头村，经过灾后重建并冠以"羌祖庙"的殿堂中，也塑有炎帝、大禹等的金身立像。又，在羌文化语境中，"apa"是羌语尊称，用于指父亲以上长辈，汉语音译为"阿爸"或"阿巴"，如羌族的英雄先祖有"阿爸白构"（apapekou）、羌族释比的祖师称"阿爸木拉"（apamula）、羌人尊奉的最高天神为"阿爸木比塔"（apamupitha）。羌民在大禹（jytçi）的名字前冠以"apa"，称为"apajytçi"（阿爸禹基），其中隐含着微妙的族群心理。结合多民族中国语境，从族群身份表述看，视大禹为"先祖"，奉大禹为"羌族首领"，强调大禹为"羌族的根"，羌人如此这般苦心构建大禹故事的口头传统，实际上是在以话语抗争方式进行自我身份表白，努力争取自我族群在整个华夏国族中的合法席位。历史

---

[1] 羊子：《汶川羌》，四川文艺出版社 2010 年版，第 7 页。

[2] 陈兴龙：《羌族释比文化研究》，四川民族出版社 2007 年版，第 51 页。

[3] 被访者是茂县尔玛协会一年逾古稀的傅姓老人，采访时间为"5·12"地震后在茂县举办的羌历年（2009 年），记录者是我指导的文学人类学研究生蔡京君。

上，生活在西北的羌被作为与中原腹心相对的"蛮夷"（史书所谓"生羌""羌夷""羌胡""蛮子"等，如《宋史·列传·蛮夷四》称"泸州西南徼外，古羌夷之地……冉駹，今茂州蛮、汶山夷地是也"），其族群身份和地位长期被强势话语指认为非中心、非正统（如调查者所见，北川的青片河、白草河流域为"羌"较集中之地，过去这一带汉人把所有非汉族群都称为"蛮子"；不仅如此，在习见的汉化表述中，甚至连俗称端公的羌族释比也被区别于汉地端公而叫做"蛮端公"），加之身处边地"山高皇帝远"而时有不合朝廷规矩的事情发生（如《明史·列传·西域二西番诸卫》："西番，即西羌，族种最多，自陕西历四川、云南西徼外皆是。其散处河、湟、洮、岷间者，为中国患尤剧。"），以致老是被当政者作为"伐""征"（如甲骨文屡载的"伐羌""征羌""灾羌""执羌""获羌"等）和"平""肃"（如沉淀历史记忆的地名"平羌""伏羌""宁羌"，以及"肃蕃""威戎""镇岷"等古镇名）的对象，成为政治和文化上被边缘化的族群。可是，站在羌人的"主位"立场上看，他们对此来自外方他者的异己化指认不但不认同，而且执意抵制。从羌人再三讲述的大禹故事中，我们读出的深层密码正是他们执意要表明大禹就是自己民族的"先祖"，而大禹作为《史记·夏本纪》所言"黄帝之玄孙"和标志中原王朝史开端的夏朝的奠基者，又无疑代表着华夏正宗①。也就是说，羌人借助有关大禹的活态口述史，意在拒绝和洗刷旧时代来自中心区域的强势话语对自我族群的"蛮夷"指认，从而声明自己跟位居中原的主流族群一样是中华大家庭的成员，彼此之间甚至有着血缘瓜葛久远的族群融合史。

考察族群心态可知，对来自权力话语的"蛮夷"指认的反感，于羌人未必不强烈。20世纪30年代，史学家、考古学家卫聚贤在岷山羌人中进行了大量调查，"调查资料显示，这里的羌人世代相传，自认为是'大禹王'的后代"②。卫聚贤来到汶川调查禹生石纽的传说，有年老羌民说："汉人不应叫我们蛮子，大禹王也是羌人，是不应叫大禹王蛮子的。"卫

---

① 当代羌族学人笔下有"夏羌文化"的提法，如："夏羌文化形成于羌炎文化之后，在公元前21世纪夏禹时代的奴隶社会时期。"（杨光成：《夏羌文化简论》，见《羌族研究》第二辑，《四川民族史志》1992年增刊）

② 许蓉生：《水与成都——成都城市水文化》第二章第三节"岷山地区的大禹文化"，http：//www.cdss.gov.cn/yanjiu/LSWH/xrs/354.htm，2008-10-16。

图 6-5　汶川县城的大禹塑像

图 6-6　走访北川县青片乡五龙寨禹王宫

氏问："大禹王是羌人，有何证据"，羌民说："古老传言如此。"① 台湾学者王明珂谈到的羌区"一截骂一截"现象，实际上也反映出当地人执意要跟"蛮夷"划界的族群意识。因强势话语压制而导致族群身份焦虑的羌人，借助炎帝、大禹传说的民间叙事及习俗就是要洗刷他者对自我的"蛮夷"指认，以求取其作为神州大地上合法公民的身份认同。向华夏认同也让华夏认同自己，羌人这种族群追求并非空穴来风。历史学家、四川

---

① 周原孙：《"禹生石纽"辨析》，见贾大泉主编《四川历史研究文集》，四川省社会科学院出版社 1987 年版。

大学教授徐中舒即认为羌、夏关联密切，他说："夏王朝的主要部族是羌，根据由汉至晋五百年间长期流传的羌族传说，我们没有理由再说夏不是羌。"① 民族学家李绍明亦持禹、羌同一族源说，依他之见，白石崇拜是羌人从古至今的传统，与有关禹和启的白石——"血石"崇拜的记载及遗迹是一致的，从中"不难看出禹与羌实有着族源与文化上的密切联系"②。从族群外部即族际关系看，拒绝他者讹指和表明华夏中心认同正是羌区大禹传说的深层底蕴所在，回过头来看前述借助大禹文化资源进行当代文化打造在今天羌人中能获得广泛共鸣，丝毫也不奇怪了。此外，考察羌人自古即与其他各族不断发生血缘融合的历史，对于我们把握羌区大禹传说及其表述实践背后的族群心理也有帮助。如费孝通所言，羌人是一个向外输血的族群，"很多民族（包括汉族在内）从羌人中得到血液"③。身居西部的他们，其中一支老早就东进中原融入当地族群中，而在藏彝走廊上，羌人与不少西南民族发生混血，也是民族学上不争的事实。作为有着悠久"向外输血"历史的族群，羌人总是希望和谋求与其他各族和睦相处、多元互补，这也朴实地反映在其民间文学里。如羌族劳动歌《麻撒觉窝楚格》（修房建屋歌）中，先问："白色的云，红色的云，彩色的云，为啥相聚在蓝天上？""羌族人，汉族人，藏族人，为啥相聚在羌山上？"接着答："三种云在蓝天上相聚，是为把蓝天点缀得更美；羌汉藏三兄弟相聚在羌山上，要为羌人修房造屋。房内应当怎样修？房外应当怎样筑？房外应当怎样平？羌汉藏三兄弟，围着篝火细商量。"最后，大家"汗水流在一起，笑声飞在一起，劲使在一起"，齐心协力建成了新屋④。这首羌族劳动歌意味深长，其中体现的多民族合作共处意识，迄今仍有积极的现实意义。总而言之，在多民族栖居的中国，像羌族这样努力寻求与他族和谐共处"细商量"的民族，对于所谓"蛮夷"这种来自权力话语的不公平指认打内心深处反感，并且竭力运用本民族的民间话语去抵制和拒斥之，乃是理所当然。今天我们从文化人类学角度解读羌区大禹传说，对此不可不注意。

---

① 徐中舒：《我国古代的父系家庭及其亲属称谓》，《四川大学学报》1980 年第 1 期。

② 谭继和、王纯五：《夏禹文化的新探索——四川学者夏禹文化研究新作综论》，《西羌文化》2007 年第 1 期。

③ 费孝通等：《中华民族多元一体格局》，中央民族学院出版社 1989 年版，第 26 页。

④ 杨明、马廷森编：《羌族思想史资料汇集》，西南民族学院民族研究所、科研处编印，1985 年 5 月，第 12—13 页。

第七章

族群表述与文化寻根

"中国古羌城将于2013年11月3日（农历十月初一）举行盛大开城仪式暨羌历年庆祝活动，届时上万游客可以亲身体验古羌千年文明，领略羌族悠久的文化内涵。"这是农历癸巳年中国羌族网（http://www.cnqiangzu.com）曾发布的消息。该羌城是"5·12"汶川地震后作为灾后重建重点项目推出的，其中汇聚着以"羌"为标示的多种文化元素。本章由此切入，立足笔者在川西北羌区的走访见闻，结合羌族社会、历史、文化等，继续就当代羌区在先祖认同方面的事象进行考察，并就其中透露出的族群想象与文化寻根问题谈谈己见。

第一节　羌城神庙及根基寻求

"羌民族朝拜圣地"，这是茂县"中国羌城"的三大定位之一①。朝拜什么？朝拜"先祖"。祭祖意味着寻根，寻家族之根，寻民族之根，寻历史之根，寻文化之根，这无论对于个体还是群体都是关系自我身份的极重要问题。川西北尔玛人祭祖认祖的族群寻根意识，在羌文化核心区茂县以

---

① 关于羌城定位的其余二项是"羌文化生态保护核心地"和"羌文化旅游目的地"，见《茂县羌城》（http://baike.baidu.com/link？url＝bTJbEGyP2neIw－T995V8w＿＿OeH1gRy38RTMU3Vo9sDKEJKmb5XGYDn2bEj＿0knvcnpOSwEyPnNuQ0wYxrpOSjq）。而对羌城的这种定位，在《茂县羌城修建性详细规划》（http://wenku.baidu.com/link？url＝mAW3HbrGB5EpBxmNyM－oWIatrfN8＿2IHsSBlQ1mlJvF0SWipzAkmNpW0v4Jx8jlbRPXhhb7sGwOOll2wGiKDIa44gAl8W9N9KYBqGzJ6xpK）中已见，其叙述文字为"羌文化集中完整保存地、羌民族朝拜胜地、最具吸引力的羌文化旅游目的地"，该规划还写道："银龟堡神庙占地规模5532平方米，建筑面积约1500平方米，其主要功能用来纪念羌族历史上的炎帝、大禹等著名人物，如果说金龟堡主要用来祭神，银龟堡则主要用来祭祖。"

"中国羌城"命名的建筑群中有鲜明体现。新建的羌城就在县城对面，也就是岷江西岸去风景区九寨沟要经过的213国道旁，位于当地人叫做金龟包和银龟包的两座山头之间，其建筑群包括萨朗广场、羌王官寨、庄严的神庙、高高的祭塔等。神庙即祭祖殿，其所在山包今被称为"羌圣山"，曰："羌圣山为羌民祭祖祈福圣山，庄严肃穆的'羌圣祠'就坐落在羌圣山之巅，羌圣祠由北向南，有序排列，错落有致，分别建祠安放炎帝、大禹、元昊及蚕丛、姬发、尝羌等羌圣羌祖大型塑像，让羌族后人牢记羌圣羌祖恩德，岁岁祭祀……"这段文字见于当地编印的旅游图册《中国古羌城》。大致说来，被川西北尔玛人作为民族先祖奉祀的对象主要有两大类，一是天神如木姐珠，一是人王如大禹。羌城祭祖大殿上供奉的人王有炎帝、大禹，还有元昊。对此三人，结合川西北羌人的族群生活，可以从多种角度加以认识（关于大禹崇拜，已见前章）。下面，主要说说元昊这位在当代羌区文化表述中再三提及的政治雄才以及相关问题。

图7-1　羌人历史在岷江西岸灾后新建的羌城中有多样化展示（茂县）

"中国羌城"坐西朝东，神庙也就是祭祀大殿位于南面山包上，系碉式建筑群。顺着山坡拾阶而上，迎面是大门向北的"李元昊纪念大殿"，门楣巨石上有太阳及卷云浮雕，两侧刻有西夏文字，内部为圆顶帐篷式，四周亦以西夏文作壁饰，正中是威武的元昊坐像，为金色。在金、银龟包之间是羌王官寨，上官寨的阶梯两侧有刻石图像展示羌族起源及历史发展，其中标名的人物有炎帝、大禹，也有元昊。先前我走访茂县坪头村，见村侧山腰处有与羌城遥遥相望的"羌祖庙"，从以中、英、日、韩四种文字撰写的该庙介绍中亦读到"庙内供奉羌祖先帝神农氏、大禹、蚕虫（丛）、姜子牙、李元昊"等。此外，茂县羌寨避暑山庄有羌圣祠，建于"5·12"地震前，其中也有作为先祖供奉的炎帝、大禹以及元昊等人的塑像。根据史书及相关资料记载，元昊为西夏开国皇帝，党项族人，北魏鲜卑拓跋氏之后，李姓乃唐王朝所赐。或曰党项族属西羌一支，故史有"党项羌"之称。元昊"性雄毅，有大略"，体格魁梧，勤奋好学，尤好法律和兵书，而且通蕃汉文字，晓佛学，善绘画，是个才能非凡的人。其父在位时，不断对外征战，扩大势力。1034 年，元昊改年号为"广运"，随后又改"大庆"。同年五月，升兴州为兴庆府（今银川），大兴土木，扩建宫城。兴庆府之布局，仿照唐都长安、宋都东京。大庆三年（1038）十月，元昊在亲信大臣们的拥戴下，正式登上皇帝宝座，国号"大夏"，因地处辽、金之西，史称"西夏"。定义二年（1227），西夏被蒙古所灭，党项羌人也逐渐融入其他族群中。西夏王朝在文化方面的突出贡献之一，是在元昊主持下创制了西夏文字。按照这位君主的规定，西夏国内所有艺文诰牒，一律采用新制西夏文字书写。由于其大力提倡和推行，上自官方文书，下至民间日常生活，西夏文字得到广泛使用并迅速流行，从而对于元昊强化统治和族群意识发挥了重要作用……以上介绍中，从当代尔玛人的族群诉求看，值得注意的关键词有三：党项羌、大夏国、西夏文。

在此三项中，元昊作为历史上一度叱咤风云的人物能成为今天川西北尔玛人敬奉的对象，首选标准在于着眼根基论的族群探源中的"羌"。此外，建立了存世近 200 年的国家政权，创造了独立的书写文字，以元昊为首的党项羌的所作所为确实让人不能不刮目相看，这在某种程度上又满足着今天尔玛人对族群强盛历史的集体追忆和对族群文字文明的想象述说。今天在岷江上游羌区，《西羌文化》是一份由本地本民族热心人士办了多年的内部刊物，每年一本，其刊名以西夏文对译，2005 年这期封面即选用了大家熟悉的赭红色的元昊半身塑像。该期刊物不但以文章及图片报道了在银川召开的第二届西夏学国际研讨会，还有主编撰写的《元昊传略》和《西夏古都鸣羌音》，该文特别提及四川羌族代表参观西夏皇陵时对各种有西夏符号的小商品很感兴趣，买了不少，有摊贩也对他们说："啊，你们是四川羌族，李元昊也是羌族，西夏王朝就是羌族建立的，难怪你们这么喜欢西夏文物（旅游纪念品），大包小包购买。"这种被认同，给羌族代表们留下的感受自然深刻。在该文中，作者还检讨了 1995 年首次西夏学国际研讨会上的情况："当时只有一名羌人参加，研究西夏党项羌人的历史文化，居然只有一名羌人参加，成了羌人不懂羌史的写照。"而在今天羌地知识阶层所表达的认同中，把"羌史"与"西夏史"直接联姻的类似言说已非偶见。"羌人"应懂"羌史"，发自当代羌族知识阶层的呼声，自有其道理在焉。总之，正是这种以"羌"为取舍的族群认同，透露出当代川西北尔玛人选择元昊这位"先祖"的某种根基性情感。

图 7-2　岷江西岸山包上祭祀先祖的神庙和祭祀天神的塔子（茂县）

大禹和元昊同被今天川西北羌人奉为"先祖"，前者的故事在汶川、茂县、理县和北川民间广泛流传，"作为'地方性知识'，羌区大禹传说是华夏大禹传说系统中的重要个案之一"①；后者的事迹更多被当代羌族知识分子讲述，川西北羌区搜集整理的《中国民间文学集成·羌族故事集》（阿坝州编）、《羌族民间故事》（茂县编）、《理县羌族藏族民间故事集》（理县编）、《羌族民间故事选》（汶川编）、《中国民间文学集成·北川卷》以及"5·12"地震后公开出版的《羌族口头遗产集成》等文献中不见有其传说。也就是说，在川西北羌区，对元昊的选择和认同以及相关表述更多见于当代尔玛人对"我族"历史的讲述中，见于今天羌族地区打造的文化景观，这种现象值得从人类学的族群理论角度研究。族群认同（Ethnic identity）涉及族群的身份认定，指的是成员对自己所属族群的认知和情感依附。族群认同理论中最有影响的是根基论和工具论，前者又叫

---

① 李祥林：《大禹崇拜在川西北羌族地区》，载《中国地域文化研究》第 9 辑（韩国），祥明大学韩中文化信息研究所编辑出版，2010 年 8 月。

原生论，其认为族群认同主要源于根基性的情感联系，基于语言、宗教、族属和领土的"原生纽带"是族群成员互相联系的因素；后者又叫场景论，其把族群视为政治、社会或经济现象，以政治与经济资源的竞争与分配来解释族群的形成、维系及变迁。当然，二者的区分主要在理论层面，就族群实践看，两者并用的现象在同一族群当中并不鲜见。当代川西北尔玛人对元昊及西夏的认同，也多多少少有着服从族群需要的工具论色彩，体现出认同之建构性的当代特征。

第二节　认同选择与历史追述

"羌亦东方大族。"[①] 此乃史家所言。作为西部族群，史称炎帝大岳之后的羌曾经族繁势盛，其东进者甚至融入中土，成为华夏族的重要组成部分（按照学界通行的说法，古"羌"是驰骋中国西北地区的族群的泛称，如今聚居在四川西北部岷江上游的羌族是其后裔的一支；也有学者在谈到隋唐以后的羌时指出，"现今四川茂汶地区的羌族，就是隋唐以来自青海东向这些地区的羌人，主要是党项羌人的后裔。《旧唐书·东女国传》说：'东女国，西羌之别种……东与茂州党项接。'据此，茂州各地皆为党项，唐时显然就是这样认识的"[②]，但后一观点在学界尚有争议）。不

---

①　吕思勉：《中华民族源流史》，九州出版社 2009 年版，第 260 页。

②　胡昭曦：《论汉晋的氐羌和隋唐以后的羌族》，《历史研究》1962 年第 2 期。该文作者也意识到历史上民族混合问题的长期性与复杂性，在谈到古代泛指性的"广义的羌"时云："《旧唐书·党项传》说：'每姓别自为部落，一姓之中复分为小部落，……不相统一。'既无大君长，即可把每个小部落各自的名称别为一部，也可以把各小部落如歘才、特浪、白苟、临涂，都认为是党项。这种情况到五代、宋时都谓之族。唐时韦皋所谓'西山八国'，实际上也只可谓是八族。史称之为'小小部落耳'。到宋时党项仍无君长，不相统一，直到赵元昊时党项羌才建立国家。"对于胡氏以党项为岷江上游羌族来源的观点，李绍明有不同看法，他在《历史研究》1963 年第 5 期发表的《关于羌族古代史的几个问题》一文中指出："关于岷江上游羌族的来源，胡昭曦同志认为不能与古代羌人的南下相联系，只是到了'唐初以后，党项的部落向东移徙'，这里才出现了羌人，'现今四川茂汶地区的羌族，就是隋唐以来自青海东向这些地区的羌人，主要是党项羌人的后裔。'作者对此不敢苟同。实则岷江上游一带自秦汉以来即有羌人由西北迁来居住，因此探讨岷江上游羌族的来源，必须与古代羌人的南下相联系。"李文还将《旧唐书·东女国传》的"东与茂州党项接"重新断句为"东与茂州、党项接"，指出这句话的意思是"指其东境与茂州和茂州及松州所羁縻的党项接，而非如胡文所说'茂州各地皆为党项'是显然的"。那么，在我看来，不排除历史上有党项人迁入岷江上游的可能性，因而川西北羌族敬奉元昊为先祖之一也不是毫无缘故，但要说茂汶地区羌族全部是党项羌的后裔，这显然又不符合历史事实乃至民间口碑。

过，纵观整个中国古代史，在随后强势的中原王朝的挤压下，有如周边的诸多族群，被称为"西戎牧羊人"的羌在总体上是不断被边缘化的，其弱势地位在研究者的笔下多有指说。这个不断被中原王朝势力边缘化的西部族群，其实从来也不曾熄灭对"我族"强盛的期盼，他们希望在神州大地上的族际交往中以自身应得的尊重受到公平对待。

"羌在汉、藏之间"，这既是对羌所在地理位置的指说，也是对羌处于比自己更强势的两大族群间地位的写照。如前所述，在羌、藏民族分布的川西北地区，古有"东女国"的种种传说，此乃公元六、七世纪出现的部落群体及地方政权，史称"西羌别种"。在史学界，"关于川藏'东女国'的统治中心究竟在何处的问题还有很多争议。有学者称它在西藏东部的昌都地区，而又有人说它在四川大渡河上游的金川一带。后来有学者试图调和这两种针锋相对的观点，认为随着吐蕃向东扩张，位于昌都的'东女国'于唐贞观年间举国迁徙至包括丹巴在内的金川（嘉绒）地区"①。关于"东女国"的诸多细节，学术界迄今犹在讨论中，但其作为历史存在是得到共识的，视其为"西部诸羌"之一。东女国事迹见于《旧唐书·南蛮西南蛮传》《新唐书·西域传》等史书记载，顾炎武《天下郡国利病书·四川备录下·蜀中边防记》亦云："东女国者，西羌之别种也，以西海中复有女国，故曰东以别之。"② 在与周边的关系方面，"东女国"纳贡并受封于唐王朝，与之保持友好往来。后来，吐蕃势力日益强大，统一了青藏高原，"东女国"成为吐蕃政权的一部分，"土有丝絮，岁输于吐蕃"。而"东女国"旧部，又接受唐王朝所赐丝帛，甚至成为内地与吐蕃之间丝绸贸易的中间商……史实表明，隋唐时期包括东女、白兰、白狗、附国等的西部诸羌，处在汉族与兴起于雅鲁藏布江流域的吐蕃之间，"成为中原汉人和吐蕃人文化、经济联系的纽带"③。在唐朝与吐蕃两大强势阵营之间，时而"归唐"，时而"附吐"，惟其如此，史书对"东女国"旧部有"两面羌"之称。就族群政治言，"两面羌"之称指说着"东女国"等的中介性质，又表明其与汉、藏文化有千丝万缕的联系，还反映出周旋于汉、藏两大族群之间该"西羌别种"的生存策略。追溯

---

① 丹增金巴：《"东女国之争"与边界和边缘化问题——来自川藏边界的个案研究》，《开放时代》2012 年第 11 期。

② 顾炎武：《天下郡国利病书》，黄珅等校点，上海古籍出版社 2012 年版，第 2251 页。

③ 《中国少数民族古籍总目提要·羌族卷》序言，中国大百科全书出版社 2009 年版。

历史可知，这种外交上的两面现象也见于党项，如学术界指出："在中国史籍中，最早的《党项传》见《隋书》和《北史》。《隋书·党项传》称'党项羌者，三苗之后也。其种有宕昌、白狼，皆自称猕猴种。东接临洮、西平，西拒叶护，南北数千里，处山谷间。每姓别为部落，大者五千余骑，小者千余骑。早期的党项'不能相统'，力量涣散，自隋朝开始，虽有部落降隋，但大部分党项还作为吐谷浑的属部活动。唐朝建立后，党项采取两面作法：一面常与吐谷浑联合骚扰西北边境；另一方面也派遣使者向唐'朝贡'。"① 由于这种双面性，在此地带上的羌人后来有的内附于中原王朝，有的融合在吐蕃及其他民族中，也就自然。

图 7-3　岷江畔羌城神庙中祭祀元昊的大殿

"跻身在汉戎之间，他们对外承认两者，却同时保留着自己的信仰。"② 20 世纪上半叶赴岷江上游地区传教的陶然士，谈到羌人与周边族群的关系时亦这样说。归根结底，面对两面皆强势的政权，"两面羌"仍折射出在夹缝中求生存的弱势族群的某种无奈。因此，对于"羌"这个后来在人口和势力上不断弱化和边缘化的族群来说，渴望自我族群的"强大""强盛"，希望通过对这种"强大""强盛"历史的探求、追溯乃至建构以满足我族曾经"强大""强盛"的心理愿望，也就成为尔玛人挥之不去的情结。关于这点，从上述羌族祖先崇拜中对上古"帝王"先祖的

---

① 杨富学、陈爱峰：《西夏与周边关系研究》，甘肃民族出版社 2012 年版，第 273 页。

② ［英］陶然士：《羌族的历史、习俗和宗教——中国西部的土著居民》，陈斯惠译，见《陶然士作品选译》，吴达民、陈海霞整理，巴蜀书社 2016 年版，第 119 页。

选择和认同，不难看出。有鉴于此，从历史人类学入手研究川西北羌族的学者指出，当代羌族言说的自我"历史"实可分为两大类：一类是"英雄祖先历史"，另一类是"弟兄祖先故事"。在"英雄祖先历史"中，他们或借由"过去"来呈现自身的边缘弱势形象（如愚笨的蛮子），或借由"过去"来塑造足以为傲的"我族"形象（如汉族的拯救者与守护者）。无论如何，这些"历史"多起源于一个"羌族"英雄祖先①……而出自当代羌族知识分子之手的《羌人列国要记》，如题辞所言"寻根求源不忘祖先，正本清源责无旁贷"，亦可谓是这种情结的表露。"羌人建立了西夏国"，这是中国羌族网刊载的《羌族历史人物探秘》文中一节的小标题，文曰："宋代时，羌人的一支——党项羌在中国西北建立了西夏国。这个王国持续近 200 年……"② 通过追溯历史上的"英雄祖先"，无疑是意在建构某种顺应当代族群需要的"集体记忆"和"我族历史"。作为历史上曾经的"东方大族"，羌在后世尽管分流融入他族中成为"输血的民族"而仅仅在川西北岷江上游留下小小的一支，但在当代尔玛人看来，其毕竟也有过建立王朝国家"西夏"这样的可引以为自豪的业绩。借用上述西夏学会议期间小摊贩对四川羌族代表说的话，"西夏王朝就是羌族建立的"……我想，这也是今天羌族认同"先祖"元昊的重要原因之一。如今，川西北地区的"羌"不过 30 余万人，对于这种在人口数量及所处地域上都算不上强势的群体来说，他们追寻曾经"强大"的历史，借历史上曾经建立王朝国家的政治雄才来表达渴望"我族"强盛的心理以及建构"我族"曾经强盛的形象，如此这般言说多少是可以理解的。

　　"羌族是我国民族大家庭里一个历史非常悠久，分布广泛、影响深远的民族。"周、秦时，羌人大量涌入中原，融入华夏族；随后，河湟地区繁衍日众的羌人又逐渐向西南迁徙，"这些散之四方的羌人部落，有的强大（曾建立后秦政权和西夏王朝），有的弱小……"③ 有关书籍在叙述羌族历史时，特别提及后来散落四方的羌人也曾有族群"强大"的业绩，并举出后秦和西夏为例。"后秦：十六国之一。淝水之战后，羌族贵族姚苌于公元 384 年称王，两年后称帝，国号秦，建都长安（今陕西西安西

① 王明珂：《羌在汉藏之间——川西羌族的历史人类学考察》前言，中华书局 2008 年版。
② 《羌族历史人物探秘》，http：//www.cnqiangzu.com/a/20130306/1801.shtml。
③ 《羌族词典》，巴蜀书社 2004 年版，第 78 页。

北），史称后秦。有今陕西、甘肃、山西一部分，417 年为东晋刘裕所灭。"① 诚然，后秦的时代更早，也是羌人建立的政权，姚苌亦曾称王称帝，但为何作为"羌民族朝拜圣地"的中国羌城突出彰显的是西夏及元昊而不是后秦及姚苌呢？其实，稍作比较便可明白，一个存活几十年的王朝跟一个存活了近两百年的王朝，彼此作为标志族群"强盛"的符号是不可同日而语的（自元昊称帝立国至 1227 年亡于蒙古，位于西北地区的西夏传 10 帝，存国 190 年，几乎与宋辽金诸王朝共始终；若再加计西夏建国前党项政权存在的时间，则前后共有 300 多年历史）。况且，就该政权的性质言，羌人姚氏所建立的后秦，并不是以羌族作为基础，而是一个从民族混杂的军事集团发展而成的继承了汉族封建传统的政权②。当然，当代川西北尔玛人（尤其是热心于本民族文化振兴与建构的知识阶层）主动选择西夏及元昊，尚有后秦等所不具备的文化缘由。

第三节　文明意识和文字想象

当今的尔玛人之所以表现出对西夏的高度认同，重要原因又在于后者曾经创造了独立的文字。西夏为蒙古所灭，但元昊称帝时创造的西夏文字到明代犹存，失传的西夏文字今已发现，对其的研究成为西夏学的重要课题。当代尔玛人对元昊及西夏的认同，应跟该族群自身的"文字情结"以及与此情结相关的"文明焦虑"有瓜葛。川西北羌族有语言无文字，在地方性表述中，也许这跟其族群迁徙历史有关，当代羌族诗歌即言："你这尔玛人的后裔/何时从黄河之源流放到岷江两岸……一切/都在迁徙的旅程上/遗失了/连文字和沾牧羊味的乡音/唯一支古朴的羌笛/从玉门关吹到九顶山……"③ 然而，羌族民间文学（如关于释比手中羊皮鼓来历的故事）总是讲述尔玛人原来有文字，如收入《羌年礼花》的《羊皮鼓舞与羌族锅庄》一文开篇即引神话："传说很早以前，羌人先祖就创造了羌文。古羌文字是刻在用麻线连成串的嫩竹片上，叫'竹经'（经书），竹经由祖师'许'（羌语，端公、祭师）或尊称'阿爸许'口诵，弟子手

① 《辞海》缩印本，上海辞书出版社 1980 年版，第 268 页。
② 黄烈：《中国古代民族史研究》，人民出版社 1987 年版，第 6 页。
③ 组诗《羌民篇》，作者何健，见李明主编《羌族文学史》，四川民族出版社 2009 年版，第 399 页。

记，世代传承。但是，传说中不知何时，由于'许'的弟子因疏忽大意，竹经竟被白毛山羊偷吃了，羌文经典由此失传。于是，弟子气愤而杀羊，并用其皮蒙鼓，敲击以泄恨。谁知，鼓声一响，弟子头脑猛然省悟，满腹经文随着鼓点节奏脱口而出。从此，羌人始祖千古业绩，皆由脑忆口授，留传后世。"①其实，尔玛人所讲羊皮鼓来历的故事中，蕴含着某种族群意念，正如我在解析羌族羊皮鼓深层内涵时指出，"在人类发展史上，文字的出现标志着告别蒙昧走向文明时代。历史上羌族是否有过文字难以确考（《北史·宕昌羌》云"其俗无文字，但候草木荣落，以纪岁时，三年一聚会，杀牛羊以祭天"，所指虽为南北朝时期陇西的羌人，但在岷江上游羌区亦然），但通过羊皮鼓来历这类民间叙事，羌人显然在努力建构自己作为'文明'民族的身份"（见本书第八章）。既然文字意味着文明，那么，羌人在神话传说中自称曾有文字，归根结底，旨在申明自我并非"蛮夷"（野蛮民族）。在川西北地区，尔玛人中流传很广的羊皮鼓故事有多种异文，但万变不离其宗的主题就是"羌族原本是有文字的"。然而，传说中的羌族文字究竟是何模样呢？神话传说已明言其失传了，给今人留下无尽猜想。

"5·12"汶川地震后，笔者去灾后重建的坪头村做田野调查，看见通往傩文化广场方向有"释比文化长廊"，位于主道雪坪路右侧长长的、齐人头高的石砌路基保坎上，乃根据山村起伏地势因地制宜而建。砌坎的石头主要是从岷江里拾取的卵石，上面以油漆彩绘诸多图像及符号，如日月、星斗、云朵、树木、飞鸟、走兽、家畜、火塘、斧头、弓箭、眼睛、手印、神旗、飞叉、香烛、符印、神龛、吞口、面具等，其中人物形象类

---

① 《羌年礼花》是内部编印的羌族历史文化文集，借用"礼花"之名，为的是表示节日庆典，据"编后记"介绍，该书正是"在四川茂县、汶川、理县、北川四县第二届汶川集贺羌年节上奉献给广大读者"的，书中收入了不同作者的20多篇文章。在川西北羌区，当地关于羌人本有文字的言说主要见于羊皮鼓来历故事，但也不限于此。20世纪80年代编纂民间文学三套集成时，有调查者从时任松潘县政协常委的安本钦（男，57岁，羌族，初中文化）口中采录的故事《羌族为什么迁来四川》中，开篇即云："据说，羌族原不在四川，是从黄河流域一带迁来的，并且有文字，但是由于战争和迁徙的关系，文字遗失了。"随后又说：历史上，在朝廷的征剿下，"有一支羌族人，经甘肃来到四川西北部。由于路上要打仗，不准羌人落脚，这羌族的文字到川西北地区就失传了"（《中国民间文学集成·羌族故事集》，阿坝藏族羌族自治州文化局编，1989年1月，第116—117页）在此我们看见，"羌人本有文字"的主题没变，只是发生了从神话性叙事向历史性表述的转换。从神话到历史，这种叙述转换是怎么发生的，其中又透露出怎样的信息，值得研究者琢磨。

图7-4 书写在茂县坪头羌寨景观墙上的西夏文

有挑柴火的樵夫，有敲羊皮鼓做法事的释比；有牛头或马面加人身的形象；有上身为女而下身为蛇的合体；等等。总之，有生活画面，有日常事物，但更多的是仪式场景，造型莫不夸张变形，富于想象力，给人奇异、神秘之感。大致说来，长廊上这些吸引游客眼球的奇异形象及符号，有的来自考古器物上的图纹；有的来自释比图经"刷勒日"；有的则来自被视为羌字的西夏文。长廊上嵌有两块刻着介绍文字的长方形青石板，一为"羌族释比经典"，一为"羌族释比图经"，前者云："羌族历史文化靠口传心授代代相传。因此，在羌民族漫长的历史发展过程中，除被称为羌文夏字的西夏文化记述外，另有部分汉文史志古籍有少量记述外，羌族释比经典和神话传说就成了今人研究羌族历史文化乃至文学艺术的主要资料和重要佐证。"这里，特别言及"羌文夏字"是饶有意味的。2011年5月在理县桃坪，私人创办羌文化博物馆的王嘉俊老人向我出示他收藏的一卷麻布，上面写满类似文字的图像符号（后来我看见，这些符号作为装饰还出现在地震后移居邛崃的羌民住房的外墙上）。尽管网络上有人猜测这是失传的羌字，但要从学术上确认很难。此外，据我走访所见，在享有"羌绣之乡"美誉的汶川绵虒羌锋，当地村寨妇女自小便在母亲的带领下习得挑花织布，她们至今把织腰带、撒须飘带称为"织字"，比如母亲问女儿织了多长就会问"今天织了几个字"，女儿则回答"两个字""一个字"或"半个字"，如此的民俗事象中似乎也透露出尔玛人对文字的某种执着的文化意念。纵观历史和现实，检视生活及民俗，凡此种种迹象不能不说是意味深长。于是我们看到，回溯悠悠古史，尤其是巡视古"羌"曾经驰骋纵横的中国西北地区，由党项羌建立的西夏王朝及其所创造的文字便进入今天羌地学人的视野中，尽管该文字早已不再使用和流传。川西北岷江上游今存的羌族是古羌人中一支的后裔，就在"古羌"这个涵盖广大的范畴中，党项羌及西夏文在今天不断强化族群认同的尔玛人当中得到了不无缘故的接轨。

图7-5　汶川县城较场坝新建商业街区碉楼上写着西夏文

于是我们看到，在羌地学人创办的内部刊物《西羌文化》封面上，出现了借西夏文对此刊名的翻译；在茂县坪头村释比文化长廊上，也有了多处借用西夏文字的符号化展示；在汶川博物馆对面新建的商业街区，一座写着"中国羌城"的高碉临江而立，其侧面亦醒目地书写着西夏文。《西羌文化》尽管在20世纪90年代已刊发了题为"西夏皇族后裔考"的文章并且在2004年这期封面上选用了当代人创作的元昊手牵战马的画像，但刊名使用的是汉字；而恰恰是从报道了上述西夏学国际研讨会的第二期也就是2005年这期开始，该刊名称改为西夏文对译并且沿用至今。从认同先祖到认同西夏再到认同西夏文字，这在当代川西北羌人对历史的讲述中便顺理成章了。上述《西夏古都鸣羌音》一文不但从多方面言及羌与西夏的联系，还对当时会议上的情景有如下描述："威州师范校羌族教师周吉祥用羌语与《西夏语言文字论集》作者、台湾中央研究院院士龚煌城先生私下交流，在语言文字组讨论会上与中国社会科学院民族所文献研究室主任、研究员聂鸿音先生用羌语与西夏语交流时，百分之八十相通，只是音节上有些差异，对西夏学语言文字研究震撼很大。西夏学研究必须有头有尾，上连下接。"正是这种"上连下接"的关系寻求，给当事人带来的兴奋是前所未有的。此前，该文作者尝撰《羌人列国要记》一书，1989 年由政协茂县委员会内部印刷。该书共四章，最后一章为"夏国羌文"，并称："羌文夏字以会意为主，是依据本民族的语言造的字。显示出羌民族语言文字的特色和羌语言音韵的优美。例如汉语文是'众所知识'，羌文则作'众知识所'；'饮酒取乐'则作'乐取酒饮'；'如是我闻'则作'是如闻我'；'皆唱是言'则作'皆是言唱'；'第一'作'一第'；'开渠'做'渠开'；'下雪'做'雪下'……"熟悉羌语者知道，这种倒装句跟汉语不同，但跟羌语倒是多少有契合之处，因此，今天羌地作者把"羌文"与"夏字"并提也有某种道理。此外，语言学界关于汉藏语系中羌语支包括羌语、西夏语、嘉戎语、普米语等十多种语言的观点[1]，亦多多少少为当代尔玛人在族群叙事中把"羌文"同"夏字"联系起来提供了某种依据。前述旅游图册《中国古羌城》在介绍元昊大殿时也说他在位期间"创制推行西夏羌文"，流传八百余年，"灭国后，部分党项羌人进入岷江流域地区，羌文夏字随之传入汶、理、茂、北羌区"。在这种不乏当代色彩的地方表述中，"夏字"不但与"羌文"相连，而且跟川西北岷江上游羌族聚居区直接挂起钩来。至于"羌文夏字"的提法，就笔者所见，1989 年在岷江上游羌区创刊的《羌年礼花》（羌族历史文化文集，内刊）中已有文章直接以此作为标题，而该文正是试图回答"羌族没有文字"这疑问的，并称"元昊亲自创造羌文"云云。

　　说到西夏字，不妨谈谈西夏文献的发现及研究。学界重视西夏，始于20 世纪初黑水城西夏文献的发现。1908 年，俄国科兹洛夫探险队在内蒙古黑水城遗址发掘到西夏文写本，受到俄国皇家地理学会高度重视，认为这是一种过去不了解的神秘文字；次年，科兹洛夫来到黑水城遗址继续发掘寻找，又在故城西面河畔大塔遗址发现了皇家图书馆，收藏极为丰富，其中有西夏文文献、汉文文献及部分其他民族文献，当时他把这些东西运往俄国的圣彼得堡，仅骆驼就雇用了 40 匹。1914 年，英国人斯坦因也在黑水城发掘出不少西夏文献，至今收藏在大英图书馆。黑水城文献的发现，惊动了学界，被视为跟殷墟甲骨、居延汉简、敦煌遗书、明清档案并

---

① 孙宏开：《羌语支属问题初探》，见《民族语文研究文集》，青海民族出版社 1982 年版。后来，孙先生撰文《再论西南民族走廊地区的语言及其相关问题》，谈到羌语支（Qiangic）时又指出："这是唯一分布在中国境内的语支，包括 10 多种类型差异很大的语言和文献语言西夏语。"（《西南民族大学学报》[社会科学版] 2013 年第 6 期）

列的 20 世纪初最重大的考古发现之一，有人称之为中国近代新材料的"第五大发现"。随着黑水城文献面世，对西夏文字和文献的识读也逐步展开。黑水城文献以俄罗斯收藏居多，早期研究成果也以该国学者为突出，如 1961 年伊凤阁出版了西夏文《观弥勒菩萨上生都率天经》的部分片段并附有汉译文，聂历山同日本学者石滨纯太郎合作发表了不少西夏佛教研究论文，等等。仅次于俄罗斯，日本学界在西夏学研究方面亦颇有成就。1908 年，法国人伯希和在敦煌莫高窟北区也发现了西夏文文献，如《华严经》《瑜伽师地本母》等。在中国，20 世纪二三十年代，国学大家如王国维、陈寅恪、赵元任、罗振玉等皆曾用力于西夏研究。新中国成立以来，国内西夏学研究成果有史金波《西夏文化》《西夏社会》《西夏佛教史略》及《中国活字印刷术的发明和早期传播——西夏和回鹘活字印刷术研究》，还有李范文《西夏研究论集》《宋代西北方音研究》《西夏语比较研究》和陈炳应《西夏谚语》《西夏文物研究》等。总之，随着西夏文献及文字的刊布，学界在语言文字、历史文化、宗教信仰、西夏法典等方面取得了可喜的研究成果。"过去学界对西夏文献的研究主要集中于西夏文文献，故语言文字研究领域所取得的重大成就远远高于其他领域"，不过，"西夏文是流行于宋初到元代的西北党项民族的文字，到明朝中期已彻底死亡"①，这也是学界有共识的。正如史金波在为《西夏与周边关系研究》所写序中指出："20 世纪以前竟不见一部西夏人编写的典籍，西夏文字作为死文字进入历史博物馆。"2016 年 11 月 10 日，"丝绸之路彩陶与嘉峪关历史文化研讨会"在甘肃召开，羌语专家孙宏开以"马家窑文化与羌人——语言学的视角"为题率先发言，他在谈到学术研究应把古代"羌人"和现代"羌族"从概念上区分时也明确指出："西夏人是党项羌构建的一个地方割据政权，但他们是历史上的羌，不是现在羌族中的一支。有人就把西夏文当作现在的羌族的文字，把西夏人的历史当作羌族的

① 杨富学、陈爱峰：《西夏与周边关系研究》，甘肃民族出版社 2012 年版，第 273、12、2 页。此外，1983 年 8 月阿坝州图书馆编印的《羌族历史文化文集》第四集附录《中华羌字词条辑著》中有"羌文夏字"条，云："公元 1036 年，雄居陕、甘、宁、青、内蒙五省区的大夏羌国（史称'西夏'），第十二世帝王元昊，命国相野利仁荣创制羌文夏字。……羌文夏字在大夏羌国通行，向辽、金、宋国行文通用。全国传用至公元 1881 年。"尽管同书《中华羌字词条辑著》之"羌文"条又称"羌文创字于五千多年前，以古羌语标音，记撰有著名的《夏书》"，但未免时代过于遥远而难以稽考，因而在今天羌地知识分子笔下少见引述，人们更多谈论并引以为据的还是"第二次重新创制的羌文夏字"也就是西夏文。

历史的一部分，这就有问题了。"① 既然如此，从文化人类学角度审视，努力寻求今"羌"与古"夏"的沟通并且试图把"羌文"同"夏字"画上等号，诸如此类意味深长的文化举动与其说是在客观呈现历史事实不如说是在表达有关历史的不无想象性的当代诉求，从中我们看到的是更多寄托着当代尔玛人基于族群建构需要的一种文化认同情感。

图 7-6 以西夏文作刊名的《西羌文化》

"认同"（identity）涉及对自我身份的追问，有学者把认同定义为"自我辨认和建构意义的过程"，因为虽然"所有的语言和文化都在其中有某种区别自己与别人、我们与他们的方式"，但归根结底，"对自我的知识总是被'建构'的"②。研究当代尔玛人的族群认同，对此不可忽视。诚然，要把"羌文"与"夏字"直接等同尚需更多的学术认证（这种认证也不是一蹴而就的），但在努力挖掘文化资源和打造符号经济以推动旅游业的今天，将二者联系起来在川西北羌区已不鲜见。2011 年 3 月，笔

---

① 这段话由我抄自孙宏开先生大会发言时制作的幻灯片，他在阐述"现在的羌族并不完全等同于古代的羌人"时强调："最后，我有一个建议，就是从名称上区分历史上'羌人'和现实生活中的'羌族'。即把历史上的各种'羌'称为'羌人'，把岷江上游 30 多万现实生活中的'羌'称为羌族，以免混淆。"

② ［美］曼纽尔·卡斯特：《认同的力量》，夏铸九等译，社会科学文献出版社 2003 年版，第 2、26 页。

图7-7　罗浮山羌王城尔玛楼室内布置

者赴安县参加睢水踩桥民俗活动及研讨会,住在罗浮山某酒店。安县与北川、茂县等相邻,该地也有羌族居民,地震后北川新县城永昌就是在安县支持下从其境内划拨土地建设的。罗浮山位于安县桑枣镇西侧,是绵阳、安县通往千佛山、白水湖的必经之地,公路上时时可见写着"羌山、羌风、羌韵"的羌王城广告。该山地处龙门山前凹陷带,海拔高度859米,垂直高度200余米。罗浮山十二峰呈马蹄形排列,绝壁耸立,中间为一凹地,构成一个天然城垣雏形,羌王城遗址依山就势在这里。城垣环绕山腰建造,城垣内面积约1平方公里,迄今尚存囤粮山城堡、点将台、石桅杆等,东西城门遗址仍清晰可辨。据县志记载,此城垣为明正德年间(1506—1521)羌人驻守此山所建。清咸丰十一年(1861),安县富绅徐畅为给后人留下古迹,曾再次维修城垣,使城垣至今尚存。按照当地的说法,"由于历代战争破坏,现存的羌人城垣已不多见,因此,罗浮山的'羌王城'遗址具有重要的考古价值"①。如今这里已被打造成羌文化特色的旅游风景区。山上有"尔玛楼"景点,为四合院形式,堂屋门上悬挂

① 《安县罗浮山景区》,http://www.my.gov.cn/bmwz/942683886259798016/20060725/109043.html。

着系有羊红的羊头，屋内正面墙上用红纸黄字大写一西夏文"𗀊"，身着羌装的主人问我是否认识，我说是"羌"①。他们有些惊讶，说很多来这里的人都不认识，我一来就认出了。其实，对于这个用西夏文翻译的"羌"字，时常行走在川西北民族地区的我多次见到并且熟悉，它是当代羌人借以彰显"我族"文化的一个意味深长的符号。

---

① 该西夏字读音为"勃"，其在西夏文献中既用于指"羌""西羌"，又用于指"西番""吐蕃"。参阅杨富学、陈爱峰《西夏与周边关系研究》下编第一章第一节，甘肃民族出版社2012年版。

第八章

释比名实及生存现状

一般说来，对于信奉"万物有灵"（animism）的民族，以祈吉驱邪为主旨的民间宗教信仰在其族群生活中占有举足轻重的位置。研究彝族文化，不能不研究毕摩；研究满族文化，不能不研究萨满；同理，研究羌族文化，也不能不研究释比。本章立足文化人类学的比较视野，对羌族释比的名与实进行知识考古和比较析说，以有助于大家对抢救、保护这份濒危民间文化遗产的认识。

第一节　称释比为端公之辨析

羌族信奉"万物有灵"，释比是羌民社会中以巫术沟通人、神、鬼并且熟知本民族历史和文化、通晓多种知识及技能者。长期以来，人们常常用汉语"端公"称呼羌族释比（所谓"羌端公""蛮端公"），这在当今出版物中不难见到，如："我国少数民族一般都有自己的祭司……彝族称'毕摩'；羌族称'端公'；纳西族称'东巴'；摩梭人称'达巴'"[1]；"羌族民间文学的产生，可能同宗教有过难解难分的阶段。端公的经文全是韵文，四字一句，两句一节，是韵文形式的宗教诗"[2]。对于羌区释比，"由于与汉文化的交流，又以汉语概称为'端公'或被邻近的汉族称为'蛮端公'或'羊皮鼓端公'。有'恶鬼都怕蛮端公'之说，可见其影响之深"[3]。蜀地汉文古籍中，明朝李实所著方言词典《蜀语》对之有所记

---

[1]　宋兆麟、黎家芳、杜耀西：《中国原始社会史》，文物出版社1983年版，第496页。

[2]　刘一沾主编：《民族艺术与审美》，青海人民出版社1994年版，第260页。

[3]　《四川民俗文化大典》，四川人民出版社1999年版，第577、338页。

载，云"男巫曰端公"，并引《大明律》："凡师巫假降邪神、书符咒水、扶鸾祷圣，自号端公、太保、师婆……"

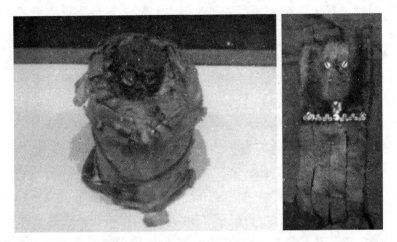

图 8-1　释比敬奉的猴头祖师以及做法事时戴的猴皮帽

然而，在我看来，"端公"这种汉化指称用于羌族释比未必妥当。从文化人类学倡导的"主位"（emic）立场看，羌民自己就未必全然认同这种来自"客位"（etic）的他者化称呼。2008 年"5·12"大地震发生后，有采访年逾古稀的汶川老释比王治升的文章写道："原来的时候，没有人会把释比叫端公。释比觉得自己的地位不仅是端公那么简单。但'文化大革命'后，称呼什么他们都不在意了。"久而久之，释比从称呼上被边缘化了，其名其义也被人们所淡忘，"释比是什么，越来越多的人不了解了。问到年轻人，有人说是端公，再仔细问，什么都不知道了"①。的确，"释比不是端公那么简单"。羌语关于释比自有专门称呼，20 世纪 30 年代胡鉴民在川西北羌族地区做调查时已注意到此，他指出："端公是羌民的巫师，羌语称端公为 pi，端公是汉化的名称"，而释比所带弟子学成出师时举行的谢师礼叫"pi-ge-tsa"②。羌语中的"比"，一种说法是"锡祖比"或"比不若瓦"的简称，原本指祖师爷，称呼上就表达着人们对释比的尊敬之意；在羌族民间传说中，释比的祖师阿爸木拉身世非凡，他来

① 《汶川大地震加剧羌文化流失 传承者为此忧心》，http：//www. qiangzu. com/Article/ShowArticle. asp？ ArticleID＝2270。

② 胡鉴民：《羌族之信仰与习为》，见《川大史学·专门史卷（三）》，四川大学出版社 2006 年版，第 84 页。

自天上，是天神木比塔家中专管占卜、驱邪、治病、送鬼的人。

　　"端公"之称来自汉语言系统，主要跟道教有关。上网看看，"百度百科"收录"端公"词条，释义有三：（1）唐人对侍御史的别称，也叫台端；（2）宋时称公人为端公；《水浒》第七回："原来宋时的公人都称呼'端公'；（3）又称神汉，指旧社会从事迷信活动、施行巫术的人，一般指男性。主司捉鬼。（道士司道场；仙娘婆司请神、死者鬼魂，俗称跳大神；阴阳司风水、择吉等，即风水先生）三条释义，跟本文所言端公有关的是第三条，涉及民间宗教信仰。接下来，该条目继续释曰："汉水流域，南接巴蜀，东连楚土，风俗毕近，文化一体，巫觋之风颇盛。《汉书》《宋书》、'地理志'都有'汉中之人，不甚趋利……好祀鬼神，尤多忌怨，崇奉道教，犹有张鲁之风'的记载。其'踏青药市之集'，实际就掌握在巫师道徒之手。他们白昼聚集售药，唱情咏事，招徕过往顾客；夜晚则受请作法，踏歌踊舞，娱神禳灾。他们在当地被混称为'马脚'，即天神马头驾前执事使者，负有神圣差遣、驱魔逐鬼的职责。男巫习呼为'端公'，女觋惯唤为'神婆'。'端公'，为唐官职务，将巫师称为'端公'、'马脚'，可见他们在陕南人们心目中的神圣地位。群众每遇病痛灾疫，少请医生诊治，惯邀巫觋诉神。'愚民有病，初不延医而延巫，俗云端工，即古称担弓者也。'"①事实表明，"端公"主要盛行于汉族地区民间，如邻近陕西汉中的四川旺苍，就有"端公戏"流传（该县申报的端公戏今已列入四川省非物质文化遗产名录，我在评审会上曾多加推荐）。

　　"端公"做法事在汉地民间称为"跳端公"，其内容有哪些呢？以邻近四川的陕西汉中为例，"当地的跳端公形式古朴，内涵丰富。其历史渊源可追溯商代以前，而且表现形式多样，因地域坛口不同略有差异，现遗存的类型还有'书符安胎、治癫打邪、镇宅下罩、禳关上锁、打符收境、遣瘟设送、赎魂买命、安龙谢土'等"。就其表现形式而言，"大致分文坛和武坛，文坛的端公们主要从事看阴阳二宅为亡人开路引魂，为亡人家属辟邪攘灾。善阴阳、风水、五行、八卦。文坛的端公们自幼从道士学艺，还有自称为'道师'的，也有自称为'先生'的。武坛的跳端公按类可分为：书符安胎，起油架火，治癫打邪，打符收境，烧胎，打胎，镇宅下罩，倒身灵符，禳关上锁，赎魂买命，遣瘟设送，起送瘟火，安龙谢

---

①《端公》，http://baike.baidu.com/view/658061.htm。

土，清宅打符，照牌管兵，行走香火，通启百门。武坛的端公们出师后可称为'掌坛师'。掌坛师由师传法。传法器、师牌，传符咒传手诀"。端公使用的法器，主要有"神榜、师牌、敕令、法印、法铃、角卦、号角、师刀、令旗、令剑、法衣、法裙、五佛冠、面具、坛神及坛公坛婆等"。其仪式过程及功能为："设坛、请神、打卦问询、申秉事由，执行法事（驱邪除疫）送神谢坛。而事主则请愿还愿。有些事主还求财求仕，遇天旱则祈雨，遇丰年则庆坛"①。去陕南地区走访，当地人也常常向我讲述当地的端公以及相关民俗事象。

不过，从严格意义讲，除了在占卜、打油火、过红锅、走钉板、踩火犁、翻刀山、送茅人等祭神驱鬼的外在法术操作上二者有相同之处外，在日常生活、传统礼仪、文化传承、精神信仰等诸多方面，笔者认为，羌族释比的角色、作用、地位、影响远非汉区端公所能比肩，以后者称呼前者，有矮化前者之嫌。诚然，"蜀人之事神也必冯（凭）巫，谓巫为端公"（《潜书·抑尊》），释比是羌民社会中行巫术的法师，而羌人地处汉藏之间，如在理县通化，"据说羌民在清代就开始使用汉文"而"汉语已成为当地交际的主要工具"②，又有论者指出"有文字记录表明羌族受汉族的影响，处于羌汉双语的情形已经有近2000年了"③。如今，汉语川西方言流行羌族地区（可谓其"第二母语"，而对不会讲羌语的羌人甚至成了"第一母语"），尤其是羌区南部尔玛人讲的汉话更是地道的四川话，加之蜀地民间炽盛的道教的影响（比如玉皇、龙王、药王、灵官等神灵也渗透到羌民的宗教信仰中，羌区有的释比做驱鬼逐祟法事时也会念"吾奉太上老君急急如律令"，等等），人们以"端公"称呼释比多少可谓是语言上的顺势。然而，归根结底，对于有语言无文字的羌族来说，在依靠口述记忆传承民族文化的羌民社会中，释比最重要的身份是"本土文化的记忆者与传述者"（王明珂语），还有他们在尔玛人村寨中受尊重的地位，皆是汉区民间熟悉的"端公"所难以比肩的。

2011年5月上旬，我在汶川做田野调查，听羌锋老释比王治升、县

---

① 《跳端公》，http://drama.sysu.edu.cn/wenhua/Article/ShowArticle.asp? ArticleID=1012。
② 《羌族社会历史调查》，四川省社会科学院出版社1986年版，第93页。
③ 陈维康、李山、刘珊珊：《羌语会继续生存下去吗》，《西羌文化》2005年第1期。汉语在川西北藏羌地区流行是历史事实，尤其是在明清以来的移民浪潮影响下，关于这个问题，可参阅陈世松等著《大变迁："湖广填四川"影响解读》（四川人民出版社2009年版）中相关章节。

图8-2　茂县释比肖永庆（右二）主持羌年祭祖仪式

文化馆老馆长汪友伦（皆羌族）谈起释比文化，他们称此为羌民族的
"核心文化"。年逾古稀的汪友伦说："自己的民族文化是为自己的民族服
务的，比如说他（指王治升——引注）那个释比，能够传承下来为羌锋
那个寨子服务，这个释比文化才是活的。比如你们印成书了，人家看得懂
文字的，才认为是起作用的；如果认不到这个字呢，就起不到这个作用。
但是，真正能够起作用的，是这个文化在这个寨子里头起精神作用，起凝
固（聚——引注）作用。比如十月初一还愿，那是一种信仰，就是说今
年我们得到丰收了，十月是最后一个月，丰收了，丰收是天神给我们
的……各家各户拿起香，拿起刀头，拿起馍馍去敬神，是各家各户了愿，
我这家在神树林给你烧了香，送了刀头，来年你更好地给我。这样子还愿
和许愿都在进行，实际上是对一个群体、一个寨子起一个这个精神作用。
如果没得这么一块了，端公（指释比——引注）也没得了，什么节也不
过了，那么人们的信仰、精神支柱没得，解决不了这个问题。我就说，群
体里头一定要有一个满足精神信仰的支柱，这跟迷不迷信是另外一回
事。"农历十月初一即今天说的羌年，此时此刻，释比是村寨中主持还愿
仪式的极重要人物，用王老释比的话说："十月初一，那么，这天的话咋
个办？必须每个村子都要有释比，每一个村子都请释比上神谷、神树
林……"信守自身传统的羌民社会需要信仰上的"精神支柱"，某种程度
上可以说，这支柱就通过释比及其文化得以集中体现出来。尽管现在有关
方面在搜集释比唱经并用文字（音标、汉字）印成书保存，但羌族有语

言无文字，释比经是用羌语念的，在王、汪二位老人看来，现在年轻人不说羌话，羌族这"核心文化"的传承面临困境。

释比熟知本民族社会历史与神话传说、主持春祈秋报的重大祭祀仪式、进行驱鬼治病除邪镇祟的活动，他们实际上是羌文化极重要的掌握者以及传承者，在羌民社会中占有不可取代的地位并享有崇高威望。即使在具体仪式活动中，羌族释比和汉族端公亦差异俨然。（1）请神过程，"羌端公与汉端公是不同的。羌端公与羌人祖先在一起，是从天上下凡的，在神道系统中权力很大，对鬼更不客气。羌端公请神时直呼其名，只对天王阿爸木比达在呼名时眼睛向上一瞥。对其他神，呼名到场、且到场是站着的，端公却坐着不动，不向神叩头。汉端公请神敬神时须叩头作揖"。（2）驱鬼法事，"羌端公对鬼动辄是咒骂打杀；即使客气一点，撒一把青稞叫它走。汉端公有时也驱鬼，但须向鬼烧纸钱送东西，甚至低三下四地请求"。（3）民间婚礼，"羌人办喜事时在正元日那天，男家主人须举行给端公、红爷、至亲长辈散肉的仪式。散肉时首先散端公，且将肉放在神龛上；然后再散其他人。可见羌端公在羌人中的地位之高，颇受尊敬。汉端公在汉人中就不可能有这种地位"。（4）生产生活，"羌端公与羌人生产生活息息相关，没有哪一项生产能离开端公。端公经典中就有不少生产内容，这是汉端公所不具备的"。[①] 有关材料来自20多年前的田野调查，尽管是按当时行文习惯使用"端公"之称，但二者间的差异是一目了然的。

图8-3　释比是羌族村寨中的能人，左为汶川释比朱光亮；右为理县释比王福山

诚然，汉族端公也会神词、神歌，一般是无书无谱，有的亦持有科

----

① 《羌族社会历史调查》，四川省社会科学院出版社1986年版，第139页。

仪、符咒、手诀的手抄本,为世代相传之典。但是,在文字体系发达和文献蕴藏丰富的汉族文化史上,主流文化的持有和传承主要不是依靠下层这些尽管为数也不算少的民间端公,此乃众所周知的。相比之下,对于有语言无文字的羌人来说,情况则截然不同。事实证明,释比作为掌握和传承本民族传统文化的极重要人物,他们是羌民社会中普通人难以与之比肩的"高级知识分子"(不妨借用此称呼,关于这点,下文再谈)。羌族有关羊皮鼓来历的故事,实质上也从民间信仰层面指认着释比非同常人的身份。羌族谚语有道:"敲羊皮鼓的是巫师,还神愿的是日墨。"所谓"日墨",又作"尔玛",乃羌人自称。关于羊皮鼓来历的传说有多种异文,其共同叙事模式如此:羌人本有写着文字的经书,但不慎被羊吃掉了,于是释比杀羊取皮做鼓,随着击鼓而回忆起经文来,从此释比唱经做法事必敲打羊皮鼓……从宗教信仰看,羊皮鼓是释比做法事专用的神圣法器,而羊皮鼓意味着经文和文字,只有释比能击鼓唱经也就是拾回羌人有关文字的记忆,因此,羊皮鼓来历故事的底蕴暗示着释比乃羌民社会中唯一掌控着经文和文字这"文明的标志"的人,而掌握着经文及文字也就意味着拥有文化的权力和神圣的身份,这对迄今仍然是有语言无文字的羌民来说是不言而喻的。

"比巴至巴"是羌族谚语译音,意思是"官有多大,释比就有多大"。羌族谚语还有"老民的知识多,寨首的知识多多,释比的知识多多多",从这些朴实的言语表述中,不难看出释比在羌民心目中非同一般的身份和地位。说到释比的知识多,2017年7月走访绵虒羌锋,年逾八旬的王治升那超强的记忆力和清晰的思维及语言表达让我们惊奇,他除了操释比之业,在聊天中还告诉我说他从二十几岁起就当"支客司",当了几十年,村寨里凡有婚嫁礼仪等都要请他主持安排。当年,走访岷江上游羌区的冯汉骥谈到羌民的副业时写道:"羌人中之优秀儿童不令之读书,则令之学端公,亦一副业也。"[①]凡此种种,从侧面提醒我们:(1)羌民社会中,释比不是专职的;(2)能学释比者,其品行超过常人。至于释比的祖师阿爸木拉,在羌语中,"'木拉'是菩萨之意"[②]。正因为如此,过去便有深入羌区调查者不含糊地指出,"凡值岁时祭祀或冠婚丧事,羌族的一切

---

① 冯汉骥:《松理茂汶羌族考察杂记》,见《四川大学考古专业创建四十周年暨冯汉骥教授百年诞辰纪念文集》,四川大学出版社2001年版,第33页。

② 《羌族社会历史调查》,四川省社会科学院出版社1986年版,第143页。

文化宝藏——巫术、仪式，历史传说，民族神话与歌舞等等，犹常在巫师与长老领导之下，热烈地一次一次的表演着，由作者看来，这是羌族文化中最可宝贵的一部分"。释比掌握着古老的羌文化密码，他们作为羌民社会中的知识分子，堪称"羌人的精神领袖"①，通过他们世代口传的"释比经典"便是羌族文化的极宝贵财富。此外，大家知道，汉族端公跟道教直接相关（民间将"端公道士"并提实非偶然），地处汉藏之间的羌族释比尽管也受道教影响（还受到藏传佛教等的影响，尤其是在岷江上游北部羌区），但从根本上讲，深入骨髓影响后者的还是羌民族自身固有的原始宗教观念，如羌人固有的白石信仰就无法涵盖在道教谱系中。因此，把二者混同起来的确问题多多。

从法国学者福柯所讲的"话语权势"（the power of discourse）角度看，语言及命名往往会搅和着意识形态的权力因素，并由此体现出不可忽视的话语倾向。在长久奉守中原正统而视周边族群为蛮夷边缘的本土传统文化格局中，按照汉化思维以"端公"（尤其是"蛮端公"）指称释比，实乃从名称上将后者贬低化、边缘化了。"名不正则言不顺"，以致在《辞海》（包括 1983 年增补本）这类工具书中，可以看见彝族的"毕摩"、纳西族的"东巴教"等词条，却找不到羌族"释比"（包括"许""比"等）。不仅如此，跟名称错位和身份矮化相应，释比的边缘化更体现在其现实处境和命运上。也就是说，"在对待羌族'释比'文化问题上，由于以往长时期内被转译成汉语的端公，于是给人造成错觉，误将羌族'释比'与端公等同看待；对'释比'的法事活动与唱经内容方面，也不加任何区别，统统视为封建迷信"②。当年，羌族释比被划归封建迷信行列，有意识形态方面更深层的原因，不单单是由于译名错位，但将"端公"之称用于释比确实欠妥，尤其是在释比文化传承现状堪忧的今天。

释比文化的传承当然非释比莫属，但是，由于跟民间宗教信仰沾边，加上指称错位的贬低化，新中国成立后半个多世纪以来，释比们的日子在相当长时期是很不好过的。1949 年以后的民族调查中，就因把释比视为迷信活动者而将其排除在外。尤其是在打着"文化大革命"旗号的十年动乱时期，在意识形态领域极"左"思潮冲击下，释比文化被划归"四

---

① 胡鉴民：《羌族之信仰与习为》，见《川大史学·专门史卷（三）》，四川大学出版社2006年版，第69、57、68页。

② 王科贤：《浅谈羌族释比文化的特色》，《西羌文化》2005年第1期。

旧"“封建迷信”行列，是严加破除清扫的对象，而释比们受管制被揪斗遭迫害亦为众所周知。2012 年 4 月 30 日，笔者在茂县坪头村走访释比杨芝德（茂县永和乡人，64 岁，被聘来此），他谈到释比不是什么人都能学的，谈到自己"传内不传外"的九代传承的释比世家，谈到他本人从 12 岁开始跟父亲学释比，但不久便因"文化大革命"而中断……不仅如此，即使在"文化大革命"之后到 20 世纪 90 年代乃至世纪转换，其在释比们内心中的负面影响仍非短时期能彻底消除。比如，国家民委于 2002 年启动了释比经文的收集整理，由于"多数释比经过'文化大革命'之创，心有余悸，依旧担心此类东西被视为封建迷信，或是担心唱经和咒语外传，会影响其法力。因此常常是念到关键处，声音就突然小下去，让听者难以辨清"①，给采录工作造成困难。2010 年秋季在阿坝师专召开的羌族文化论坛期间，主持释比经典采录工作的羌族学者陈兴龙同我再次谈到这点，他对此状况亦甚感遗憾和无奈。

图 8-4　释比头上的法帽和使用的神杖（茂县永和、理县蒲溪）

岁月流逝，释比们年事渐高，从业者越来越少，曾经在羌民社会中占据重要地位的释比及其所代表的文化渐渐被边缘化，淡出在人们的视野中。2001 年有走访羌区者就惊呼：羌族民间宗教执业者不但在过去 30 年快速衰退，"恐怕在近 20 年内巫师就会消失殆尽"②。前些年《羌族释比经典》课题组人员经过实地调查，统计出"5·12"地震前阿坝州主要释比名单，共计 49 人，其中 13 人已故，实为 36 人。这 36 人中，1950 年前

①　《最后的释比》，http：//www.qiangzu.com/thread-2174-1-1.html，2008-7-30 12：27。
②　卢丁、工藤元男主编：《中国四川西部历史文化综合研究》，四川大学出版社 2003 年版，第 80、82 页。

出生的 24 人，占绝大多数；1950 年后出生的 12 人，年龄最小者为 1960 年后出生，有 2 人[①]。即使在这份名单中，亦非人人都精通全套释比经文及法事，彼此间在技艺掌握上是有差别的。近年来笔者走访羌区的所见所闻，亦证实着这点。据调查，地震前所存 40 多位释比中，仅仅有少部分人精通释比唱经、法术、咒语、占卜等全部释比内容，并通过了"解卦"（又作"盖卦"，指释比学成后的出师仪式）成为真正的释比。因此，羌区现存真正的释比当不超过 15 人[②]。随着时光推移，加之灾害发生，对于从新中国成立初期几万人发展到今天已有 30 余万人的羌民族来说，在他们生活中曾发挥重要作用、占有重要地位的释比越来越少，真正精通此业的老释比更是凤毛麟角，释比连同其名其实正从我们的视野中渐渐远去，古老的释比文化遗产亟待加大抢救力度。

羌族释比文化的濒危度，在与其他少数民族同类文化比较中尤其明显。以同在四川的彝族为例，位于凉山州东部的美姑县，是彝族毕摩文化的核心区，号称"毕摩文化之乡"。毕摩是彝民社会中以念诵经文做仪式的方式与神鬼交通的人，是以祭祖送灵、禳灾祛祸、占算时日、主持诅盟等为主要职业的民间宗教祭司。今据当地彝族学者提供的资料，美姑县辖区面积 2727 平方公里，人口 18 万，其中彝族占 98.2%，是全国彝族人口比例最高的县份。整个美姑县，有九大家支上百个姓氏作毕，有大小毕摩 8000 多名，民间散存的毕摩经书达 330 种 11 万卷左右，以毕摩人数多、毕摩经典丰富、毕摩水平高、仪式生活频繁而著称。近年来，随着非物质文化遗产保护的兴起，毕摩文化遗产的抢救和保护也受到更多关注。2004 年 1 月，省档案局将"凉山彝族毕摩文献"列入向国家申报《中国文献遗产名录》首选项目；2006 年，"毕摩文化艺术"被列入四川省民间文化保护工程三个试点项目之一。毕摩文化传承人方面，在普查的基础上，该县确立了九口、合姑洛、龙门等五个乡为毕摩文化重点保护区，各乡、村制定了相应的规约，对各派的主要毕摩进行登记造册，建档 300 多人[③]。两相对比，有助于我们对羌区释比文化濒危度的认识。

[①]　杨嘉铭、杨艺：《阿坝藏族羌族自治州羌族文化生态保护实验区大禹文化、羌语文化、释比传承人、羌族民间演艺等实施项目确立的思考》，见《四川省非物质文化遗产保护工作论坛交流材料汇编》，四川省文化厅编印，2010 年 6 月。

[②]　《最后的释比》，http：//www.qiangzu.com/thread-2174-1-1.html，2008-7-30 12：27。

[③]　阿牛史日：《美姑毕摩文化 非物质文化遗产的保护》，http：//www.caich.cn/a/documentliteraturelib /2010/ 0805/513.html。

　　检索汉语文献，将川西北民族地区释比之类称作端公古已有之，如明代顾炎武《天下郡国利病书》载维州诸羌"岁时不用官历，知岁时者为端公。如辰年，则画十二龙，或卧或行，因形而推之，他像亦然"，并云其推算日月食及甲子建除，不差毫厘，"大率以十月为一岁"①。在羌族地区，释比通晓天文地理、礼仪医药等，他们是羌民社会中的"知识分子"。古代汉语书写的文献中称释比为端公，实乃按照汉化思维和汉区习惯推衍的②。然而，如上所述，这种称呼对于释比其实并不适合，也不准确，今天我们理应从学术上予以清理和辨析。

第二节　释比之名的词语考察

　　在如今羌族聚居的川西北岷江上游地区，羌语有南北方言之区分，大致说来，在汶川威州以北到茂县、黑水、松潘多称"许"或"释比"，在汶川威州以南以西沿杂谷脑河一带称"诗卓"或"诗谷"，尊称"比"。因地区性差异，在茂县赤不苏一带又称之为"刷贝姆"。最近，羌语专家孙宏开撰文考述"释比"语源，指出该词尽管在羌语分布地区的读音差异较大（跟羌语方言的演变有关），但它们都是同源词，所指对象（释比）始终如一。其云："端公是汉语词，'释比'是羌语读音。由于1956年底编写羌语词汇调查大纲的时候，对羌语还没有深入的认识，也没有发现祭师的说法，因此只好以汉语词来作为词目进行调查。"又说："现在的羌族祭师称'释比'，这已经是学术界公认的了。"③ 在长期的族群互动实践中，羌人受汉文化影响甚深，不少汉语词汇也融入羌语，并且大致保持原有读音。比如被称为"日美吉"或"尔玛节"的羌历年（四川话"吉"与"节"读音相同，均为"jie"），据当地羌族学者④告诉我，其

---

　　① 顾炎武：《天下郡国利病书》，黄珅等校点，上海古籍出版社2012年版，第2265页。

　　② 顺便说说，藏族中除了喇嘛，亦有被称为"端公"的巫师，其实这也是汉语词挪用，他们在藏语中原本称"拉娃"，即"神人"的意思。见《于式玉藏区考察文集》之《拉娃——西藏人的巫师》一文，中国藏学出版社1990年版。

　　③ 孙宏开：《羌族"释比"语源》，《阿坝师范高等专科学校学报》2013年第2期。从释比文化的调查和研究历史看，"释比"之称呼在新中国成立以前的走访者笔下已见，如1943年6月《边疆服务》第1卷第2期发表张宗南的文章《萝卜寨的端公》即指出："端公是羌民的始祖，也称巫师，羌语叫'释比'。"

　　④ 访谈对象是陈兴龙教授，他是茂县曲谷人，乃羌族拼音文字创制组8人之一。访谈时间：2010年10月29日上午，访谈地点：阿坝师范高等专科学校。

中"吉"或"节"的读音即来自汉语单词节日的"节"（jie），只不过羌语发"jie"音时要送气，不像原来在汉语中是单纯的清辅音。从称呼看，"诗卓"或以为是汉语"始祖"之音讹①，那么，"诗谷"会不会是"师公"之音变呢？此外，释比之"释"与萨满之"萨"读音相近，彼此是否相通？释比之"比"与毕摩之"毕"，读音可谓一致，二者是否有关联？羌族"释比"与普米族"释毕"之间，又有何异同？诸如此类，有待学界深入探讨。

图 8-5　巴夺寨释比文化传承人的家以及建设中的释比文化传习所
（2011 年 11 月拍摄）

　　关于释比，地方上有羌族学者认为，"在春秋战国时期羌族的宗教祭司被称为'觋'。《国语·楚语》云：'在男曰觋，在女曰巫。'所以在羌语中，'觋'为男性祭司。《西夏记事本末·元昊僭逆》说，党项羌人'病者不用医药，召巫者送鬼，西夏语以巫为厮也'。在现代羌语中，宗教祭司被称为'许'、'阿爸许'或'释比'，而'阿爸'或'比'均是对父性长辈或首领的尊称。'觋'、'许'、'厮'或'释'均是对羌语宗教祭司的不同音译"②。在其看来，羌族释比之"释"跟汉语古籍中男巫之"觋"相通，此说值得注意。羌汉自古交流多，后者对前者影响甚深，体现在不少方面。因此，说羌语释比之"释"或"许"通于汉语之"觋"，不是没有可能。历史上，西夏乃党项羌人建立的政权，2008 年地震后茂县在岷江西岸山头上新建的"中国羌城"之祭祀大殿上也供奉着西夏的国君元昊，表达出对之的族群认同。西夏语以"厮"称巫，亦见

---

　　①　王康、李鉴踪、汪青玉：《神秘的白石崇拜——羌族的信仰和礼俗》，四川民族出版社1992 年版，第 102 页。

　　②　耿少将：《羌族通史》，上海人民出版社 2010 年版，第 27 页。

于《辽史》记载，该书列传第四十五载西夏党项羌人在出战、疾病、复仇等方面都会运用巫术："凡出兵先卜，有四：一灸勃焦，以艾灼羊胛骨；二擗箄，擗竹于地求数，若揲蓍然；三咒羊，其夜牵羊，焚香祷之，又焚谷火于野，次晨屠羊，肠胃通则吉，羊心有血则败；四矢击弦，听其声，知胜负及敌至之期。病者不用医药，召巫者送鬼，西夏语以巫为'厮'也；或迁他室，谓之'闪病'。"从词语读音和巫者仪式看，党项羌人的"厮"跟后世羌人"释比"之"释"，的确相去不远。此外，"比"除了作为释比之简称外（见下文），在"释"的后面加上"比"，似乎又意在强调其男性身份（传说过去"许"或"释比"有男有女，后来随着羌民社会父系化，"许"或"释比"不再由女性担任）。羌语中，"比"之国际音标注音为"pi"，常用于指男性，如"舅公"叫"kupi"，舅母叫"kumi"①，即是通过"pi"和"mi"将长辈"ku"的性别区分开来。查《羌语简志》，羌语称父母为"pima"，其中，"pi"指父亲而"ma"指母亲；有时这种对称的亲属称谓前也加词头"a"，父亲叫"api"，母亲叫"ama"②。民国《汶川县志》卷五"风土"附录中搜集了若干羌语并以汉文注音和释义，其中"比"为"父"而"绵"为"母"，又记录"巫师"在羌语中读"碑"③。

　　《羌族释比经典》第84页为释比注音"lapi"，就该书所录《木吉珠和斗安珠》之上下文看，当是释比祖师阿爸锡拉之简称，即"锡拉释比"或"释比锡拉"（"拉比"或"比拉"）。证诸田野，"lapi"之称在汶川萝卜寨迄今有见，2007年有研究者调查，在萝卜寨，"释比自称'lapi'，意思是会腾云驾雾的人，或'pi'，意思是祖师爷阿爸锡拉（abasila）的后人或手艺人。有的又称之为老师（kepia）。汉族称之为'端公'。现在一般称为'释比'。"并且注云："调查中发现，对释比，村民们更乐于用汉族的称呼'端公'。并认为端公有汉端公和蛮端公之分，蛮端公要厉害些，其经文全是羌语，只有在念咒语的时候才会有些汉语；汉端公（羌语

　　① 《羌族释比经典》，四川民族出版社2008年版，第723、944—945页。

　　② 孙宏开：《羌语简志》，民族出版社1981年版，第65、75页。

　　③ 民国三十三年《汶川县志》第141页，祝世德主持修纂。据该县志介绍，"参议员陈君昌洪，羌人也，服公务甚久，常怀破除汉夷界限之志，欲研究羌语，对译中文，使成字典一部。其有心人欤！因余续修县志，寄至材料甚夥，特录其羌汉言语对照表"。

图 8-6 北川羌族民俗馆收藏的释比法器

叫做‘epi’）就是从汉族地方来的，经文都用汉语唱"①。汶川地处都江堰以上，紧邻汉地，"端公"之称流行并不奇怪。值得注意的是，这里指出汉端公在羌语中叫"epi"，而不是"lapi"。又据该调查者介绍，萝卜寨还有阴阳先生，"其与释比不同之处在于：第一，存在的时间不一。地理先生比释比存在的时间短；第二，传播途径不一。前者有经书，有文字，传播起来比较容易，而释比只能是口传心授；第三，传承方式不一。地理先生的徒弟是师父看起了之后才收，一旦为徒，要住在师父家里，无偿劳动三年，师徒间完全是一对一的关系。释比收徒则无须过多的讲究，只要徒弟能讲好羌语，记忆力好，表达力强就行，并且释比可以同时传授多人；第四，做法事的讲述方式不一样。前者通常用汉语念诵，而释比以羌语为主"。此外，当地还有"跳童子"的，农历六、七月会负责寨子的求雨活动，"这些人不是释比的徒弟，系村寨里一些跟着释比学一门或几门法术的人。逢村民家里发生不好的事才请跳童子的人来。主人家把香蜡点起，由跳童子的人选会首。然后，跳童子的人开始通冥，会首就跪在他们面前接受他们的传话。跳童子的人说了是哪个鬼害了主人家，会首就把话传给主人家，然后就开始解秽。之后，主家对跳童子的人略付一定报酬，

---

① 耿静：《羌族的民间信仰——以汶川县雁门乡萝卜寨村为例》，《阿坝师范高等专科学校学报》2009 年第 2 期。

但不会酬谢会首"①。不同的神职人员并存于一个村子里，正是多元文化在羌族地区交汇的结果。

图8-7　走访中与释比朱金龙合影（汶川龙溪，王建摄影）

　　生活在川、滇交界地带的普米族，其民间宗教人士中亦有"师毕"或"释毕"。普米人史称"西蕃"，散居在云南西北长江第一湾以西至以北一线的兰坪、维西、丽江、宁蒗、永胜五县；四川西南与宁蒗接壤的木里、盐源二县亦有分布。民族史研究表明，普米族跟羌族一样无文字，通用汉文，其语言属于汉藏语系藏缅语族羌语支，其族源跟古代中国西北部羌戎游牧部落集团有关。普米族民间宗教信仰具有"多神崇拜"的特点，也受到周边藏族本教和佛教、纳西族东巴教等的影响，明代以来形成了藏本、佛教和普米族多神教混合的"汗归教"。汗归（或音译"韩规"）是普米族男性巫师，其除了熟悉本民族原始宗教经典、祭祀仪式以及各种传统文化之外，得掌握一定的藏文及藏传佛教知识，有声誉的汗归还须到西藏、青海或四川的藏传佛教寺院修行三至五年。在普米族民间社会中，汗归的主要作用在于治病、占卜、祭神驱鬼、消灾祛难，主持祭祖、婚礼、丧仪以及调解仲裁因财产、奸情、偷盗、口角等引起的纷争。除了汗归之外，普米族民间宗教人士还有"师毕"或"释毕"，如：兰坪县称祭师为

---

　　① 耿静：《羌族的民间信仰——以汶川县雁门乡萝卜寨村为例》，《阿坝师范高等专科学校学报》2009年第2期。

"师毕代"（大巫师）而巫师为"师毕格则"（小巫师），维西县称祭师为"东巴"而巫师为"师毕"①。三者中，"汗归"明显受藏文化影响，"东巴"则受纳西族影响而直接借用其名，唯有"师毕"似更具本民族特征。与前说有别，有论者指出"居住在金沙江以南的兰坪、维西等地普米族称祭司为'释毕'"，至于"'释毕'一词，普米族宗教经书韩规经解释为'世间老人'，意即够阐述宇宙万物的起源、人类社会繁衍以及普米族的族源、迁徙历史却又不擅识经文的长者。"② 所谓"不擅识经文"，应是指不能像专门研习过藏传佛教的汗归一样能阅读文字经典。另外，普米族释毕跟羌族释比相似，做法事时也使用以柏木和牛、羊皮制作的鼓（普米语称为"缙"），而见于彼此民间的巫师骑鼓飞行传说也折射出藏彝走廊上各民族宗教文化的互渗。

总而言之，作为中国西南地区的羌语支民族，普米族和羌族之间、普米族的"释毕"和羌族的"释比"之间，无论从族源追究还是从族群生活看，无论从名称读音还是从身份作用看，都有值得我们关注的东西。

第三节　比较视野中的羌释比

身处中国西部民族迁徙大走廊上的羌人，其跟栖居和驰骋在此广阔地带上的诸多族群发生过血缘融合，因此，从人类学跨民族和跨文化角度将羌族"释比"同其他族群同类人士对读，不但可以加深对"释比"身份、地位及作用的认识，且能够获得不少有启发性的文化信息。

"羌语支语言在汉藏语系中是一支比较保守的语言，也是保留古老面貌比较多的一些语言。"孙宏开前不久在文章中对此进行了论述，又说："羌语支语言北部与阿尔泰语言接壤，南部被彝语支语言所包围，由于所分布的地理位置不同，在类型上存在很大的差异，不同地区的语言分别向相关的语言结构类型靠近。……羌语支不同语言或方言的某些特点，分别处在历史演变链的某个链节上。分析和研究这个演变链，不仅对羌语支的历史演变脉络有一个比较清楚的认识，对藏缅语族乃至汉藏语系语音和语

---

① 《中国各民族原始宗教资料集成：傣族卷·哈尼族卷·景颇族卷·孟—高棉语族群体卷·普米族卷·珞巴族卷·阿昌族卷》，中国社会科学出版社 1999 年版，第 592 页。

② 熊永翔、殷海涛：《普米族宗教祭司的法器与服饰艺术》，《民族艺术研究》2011 年第 3 期。

图 8-8   戴上猴皮帽面对神树林主持村寨祭神还愿仪式的羌锋释比王治升

法的历史演变也会有一些启示。"① 历史上的古羌人驰骋在大西北，而释比之"释"在读音上会使人联想到北方民族的萨满之"萨"。今之学者也写过相关文章，如钱安靖《论羌族民间宗教与北方民族萨满教相类》指出："羌族原始宗教与北方民族的萨满教，作为宗教文化，是属于同一类型的。"② 蒙默《漫谈茂汶羌族的"比"与"萨满"》认为"茂汶羌族的释比很可能原本是有萨满式巫术的，只是在近代渐渐失传了"，并且推测"羌族的萨满式巫术应当是从祖国东北传来，然后又再向南传到川滇藏彝民族走廊地区"，也就是说，"古代通古斯的鲜卑人把东北地区的萨满教带到甘青，甘青羌人在吐谷浑统治下接受了萨满教。后羌人南下，又将萨满教带到了西南，这就是前面所说川西地区操羌语支语言的各种西番（即南迁羌人的后裔）有萨满式巫师的来历"③。更早，胡鉴民在《羌族之信仰与习为》中便谈及羌族释比"是祭司兼魔术师双重人格。敬神是

---

① 孙宏开：《羌语支在汉藏语系中的历史地位》，《云南民族大学学报》（哲学社会科学版）2011 年第 6 期。

② 钱安靖：《论羌族民间宗教与北方民族萨满教相类》，《宗教学研究》1990 第 3、4 期。

③ 蒙默：《漫谈茂汶羌族的"比"与"萨满"》，载冉光荣、工藤元男主编《四川岷江上游历史文化研究》，四川大学出版社 1996 年版。此外，有藏族研究者指出"释比"的读音与藏族本教的"斯巴"或"斯本"有相似之处（同美：《西藏本教研究——岷江上游本教的历史与现状》，民族出版社 2013 年版，第 378 页），这也是值得关注并有待深入研究的话题。

他，伏魔鬼邪神的也是他，这样的一种人物正与流行在东亚洲的寒带与次寒带诸民族间的萨满（Shaman）的身份相类。……萨满者即祭司兼巫师之意"，而"羌民的端公以及一切萨满，都是代表巫觋的最后阶段与祭司的最初阶段"①。前辈学者的成果对于我们甚有启发，但释比与萨满的关系究竟如何还需要更多研究来证实。本书无意就二者源流关系进行探讨，只是想借助与萨满的对读来认识羌族释比的文化身份及其特征。

在通古斯—满语族当中，萨满由来亦古，影响宽广。宋代《三朝北盟汇编》卷三写作"珊蛮"，曰："珊蛮者，女真语巫妪也，以其通变如神。"关于"萨满"词义，相当长时间里，国内外学界多将其释义为"兴奋""狂舞"，萨满则被定义为"因兴奋而狂舞的人"。然而，这种认识并非来自本民族，亦非本民族语的释义，而是某些考察者从客位角度根据萨满祭祀的外在表现形态做出的概括和阐释，久而久之则相互沿用。"这种概括并没有抓住萨满的本质特点，也未触及和反映萨满的内在精神实质。事实上，萨满在精神、生理和心理上是清醒、正常的，具有较强的自制、自控能力，出神术和歌舞艺术仅仅是他们与神沟通的途径和方式，通过这种途径，萨满才得以实现沟通人神，代达庶望的人神中介的神圣职能。"换言之，"从心理学的视角看，通古斯人用'狂舞'、'癫狂'等多少带有贬义的词来表示他们心目中的智者和尊者，似乎不大合情理"。考察词义可知，"Saman 一词在满—通古斯语族诸语言中是一个通用词语，都由意为'知道'的词根构成，因而，其本义也源于此，为无所不知的智者。这种解释与满族萨满史诗《乌布西奔妈妈》的释义恰相符合：'萨满'为'晓彻'之意，其含义为最能通达、了解神意。同时，这种解释与我国阿尔泰语族非通古斯民族萨满巫师称谓的本义亦非常相近。如近代维吾尔、柯尔克孜等突厥语族诸族称萨满为'巴克西'，意即'老师'、'师傅'、'智者'；裕固族通常称萨满为'艾勒者'（ehidzi），意为'使者'，即视萨满为神的使者；蒙古族称萨满为'博'。据贝烈津解释，'博'来源于突厥语的'布古'，意为'聪明'、'机灵'。俄罗斯境内通古斯语族的乌耳奇族，也称本民族祭司为'萨满'。按乌耳奇语辞典的俄文版解释，其意为 знахарь，即巫医、古老的术士，其词根源自名词 знаение，即知识、学问，或动词 Zhatb，即熟悉、知识。可见，乌耳奇语族的巫医一词也为

---

① 胡鉴民：《羌族之信仰与习为》，见《川大史学·专门史卷（三）》，四川大学出版社2006年版，第84—85页。

知晓、知识之意"①。正因如此，萨满在族人中享有甚高威望，被视为本族精神、智慧的代表，身为祭祀主持者（祭司）的他们，往往也是部落时代的酋长。

的确，过去人们谈到萨满，往往想到"癫狂""昏迷"等，以致"萨满的昏迷"成为某种刻板印象，著名宗教学家米尔恰·伊利亚德有本著作 *Shamanism：Archaic Techniques of Ecstasy*，有的中文译名即为《萨满教——古老的昏迷方术》。检视中外学界，对萨满行为的研究观点有二：一种认为萨满精神不正常，如 K. M. 雷奇科夫《论西伯利亚民族的宗教观念和萨满教》云："萨满是神经易冲动的人，且带有病态性易受刺激的神经组织，而这种组织是先天的，并因遗传性而得到传播和加强。因此，神经病理学因素在萨满术中起着作用"；一种认为萨满精神正常，如希罗科戈洛夫《通古斯人萨满教原理研究试探》曰："通古斯萨满在心理和生理上是健全的，否则生理疾病不会使他随心所欲地把握自己，而神经病和精神病在关键时刻能够阻碍维持昏迷状态，变整个喀木（萨满）为神经迸发病。"② 据我所知，萨满在俄文中的音译词为"шаман"，而俄文中另有一词"знахарь"指巫医（巫医术为"знахарство"），后者与动词"знать"（知道、通晓）、名词"знаток"（内行、行家）、"значение"（意思、意义）等有词根上的关联。这也给我们认识此类人士提供了语言学旁证。事实表明，萨满并非仅仅是通神状态中的疯狂舞者，匈牙利学者 V. 迪欧塞吉在为《不列颠百科全书》（1980 年）撰写的萨满教条目中，从考察 Saman 的词根入手，指出"萨满"（Saman）一词是"由动词'萨'（Sa）（知道）构成，这样，'萨满'照字面讲意为'无所不知的人'"③。这种解释更切合"萨满"一词的本质。"根据满—通古斯民族语言志，Saman 一词都是由意为'知道'、'通晓'、'知觉'等动词的词根构成，如鄂伦春语、鄂温克语的 saa（知觉、感觉），锡伯语的 sar（知道、知晓、通晓、明晓），满语、赫哲语的 sa 或 sam（使知道）。"④ 因此，可以说"萨满是本氏族的智者，渊博多能的文化人"⑤。由此回过头看羌族释比，他们也

① 郭淑云：《"萨满"词源与词义考析》，《西北民族研究》2007 年第 1 期。
② 孟慧英：《中国北方民族萨满教》，社会科学文献出版社 2000 年版，第 11 页。
③ 《不列颠百科全书·萨满教》，于锦绣译，《世界宗教资料》1983 年第 3 期。
④ 郭淑云：《"萨满"词源与词义考析》，《西北民族研究》2007 年第 1 期。
⑤ 孟慧英：《中国北方民族萨满教》，社会科学文献出版社 2000 年版，第 11 页。

不仅仅是跳皮鼓念咒语疯狂跳神驱鬼的"端公"，而更是羌民社会中拥有过人智慧和丰富知识的"无所不知的人"，是本民族文化的极重要传承者。

图 8-9　凉山彝族火把节上的毕摩文化展示（2010 年 8 月，西昌）

释比之"比"，其语音又容易使人联想到西南彝族毕摩之"毕"。关于释比，《羌族词典》曰："宗教活动通常由'许'（çy）或'比'（ʂpi）主持。"① 这里，"比"即释比之简称。《羌族释比经典》"敬神篇"有《敬奉诸神》，开头云"释比我敬请诸神协助我"，其中释比标音为"tçy"，实为"许"；临近结尾时云"坟墓地脉龙气好，释比根就有了"，此处释比标音为"pi"，也就是"比"②，释比的两种称呼出现在同一经文里。"比"作为释比简称，常见于释比唱经，如"创世纪篇"第三部《分万物》"释比做事施法的地方"；再如"祭祀还愿篇"第九部《还天晴愿》"在此作法是释比"，其中释比之羌语注音均为"pi"③。民国《汶川县志》卷五羌汉词汇对照表所列"巫师"的羌语称呼为"碑"，发音实相近。当年进入川西北羌区调查的葛维汉写道："一些地方称巫师为比波

① 《羌族词典》，巴蜀书社 2004 年版，第 200 页。
② 《羌族释比经典》，四川民族出版社 2008 年版，第 399、404 页。
③ 同上书，第 256、690 页。

（bi-bo）。在木上寨称为比布（bi-bu），布瓦寨称比木（bi-mu），西山寨称比土（bi-to）。"① 称呼尽管因地而异，但不变的是"比"（bi），显然这是羌语释比的关键性词素。再来看彝族毕摩，又作毕莫，"'毕莫'是近代以来对彝语'bi mop'（规范彝文注音符号）的音译"②。或译音为笔母、比目、布母、白毛、布幕、笔摩、必磨、呗耄等，亦称"毕"，如调查者指出："毕摩（祭司）历史较长，至少也有六七十代之久，古代称'毕'，是统治阶级的一个等级，地位仅次于兹、莫。"③ 毕摩也常常简称"毕"，如彝族尔比云"毕不择贫富""雄劣不胜雌，毕劣不胜魔""凶孽由毕除，过错要说清"④ 等。凉山昭觉彝族将毕摩分"曲毕"（白彝毕摩）、"诺毕"（黑彝毕摩）和"咨毕"（非祖传毕摩）三类，贵州威宁和赫章彝族将毕摩分"纳布"（黑彝布母）、"土布"（白彝布母）和"戈布"（红彝布母）三类⑤，其中关键词素也是"毕"或"布"。彝族毕摩之古称，明清以来有"奚婆""偰卜""西波""觋皤"乃至"觋爸"等，其跟羌族释比之读音亦不乏近似之处。

除了语音和词素相近，羌族释比和彝族毕摩在身份、地位、仪式、传习等方面异同也值得注意。彝语毕摩，"毕"指祭祀、诵经，"摩"义为长老⑥。彝族社会阶层向有"兹""莫""毕""格""卓"之划分，其中，"兹"是彝族社会的统治者，如部落的首领、君主，也指后来受册封的土司。"莫"则是辅佐"兹"的，近似谋士、大臣。"毕"即毕摩，其既是彝族传统社会中主持宗教仪式的祭司，又是文字、书籍等的掌握者，用今天的话来说，或可谓是彝民族当中的知识分子。其余三者，指工匠、农牧民等下层。"莫"和"毕"本是原始家庭公社中的执事和宗教祭司之类人物，他们协助"兹"分别掌管民政、祭祀⑦。尽管族源古老的彝族有文字，但是，普通彝人大多数不会写彝文，是毕摩通过经书传抄，方使得彝文代代流传，加上毕摩通晓天文地理，其成为彝民社会中最受尊敬的人

① 李绍明、周蜀蓉选编：《葛维汉民族学考古学论著》，巴蜀书社 2004 年版，第 55 页。

② 《四川民俗文化大典》，四川人民出版社 1999 年版，第 338 页。

③ 《中国各民族原始宗教资料集成：彝族卷·白族卷·基诺族卷》，中国社会科学出版社 1996 年版，第 227—228 页。

④ 《中国彝文典籍译丛》第 1 辑，四川民族出版社 2006 年版，第 287—289 页。

⑤ 《中国各民族原始宗教资料集成：彝族卷·白族卷·基诺族卷》，中国社会科学出版社 1996 年版，第 219—220 页。

⑥ 朱文旭：《彝族文化研究论文集》，四川民族出版社 1993 年版，第 149 页。

⑦ 易谋远：《彝族史要》，社会科学文献出版社 2000 年版，第 623 页。

也就理所当然。因此，即使单就经文唱诵及传承来看，彝族毕摩和羌族释比也都是各自民族中极重要人物，其身份具有神圣性。对于有文字的彝族来说，由毕摩世代相传的彝文经书是一笔包罗万象、积淀厚重的文化遗产，其涉及彝民生活的方方面面。1947 年马学良在《边政公论》上发表《俸族的巫师"呗耄"和"天书"》，即称他搜集的彝文经书达 2000 余册。对于有语言无文字的羌族来说，由释比世代传承的羌语经典同样涉及羌民社会历史各方面，是反映他们生活的"百科全书"。在"5·12"汶川地震后出版的《羌族释比经典》，集羌区数十位释比之力而成，收入经文 360 多部，令人惊叹。无论作为书面文献的彝文经书，还是作为口头遗产的羌语经典，其传承都离不开毕摩或释比这类"智者"或"文化人"。

图 8-10　舔铧、击鼓的彝族苏尼及嬷尼（2015 年 10 月，凉山布拖）

　　彝族民间宗教人士，除了毕摩，还有苏尼（从事此业的女性称嬷尼）。一般说来，毕摩诵经请神驱邪，苏尼击鼓跳神逐鬼，尽管彼此都做法事，但二者有别，凉山彝族谚语即称"苏尼儿驱鬼，毕摩儿念经"[1]。除了在诵经上近于有"经师"之称的彝族毕摩，羌族释比在击鼓跳神等上又接近彝族苏尼。羌族释比内部也分类，有羌族研究者按照释比的实际表现分为三类：日麦祭，指以主持祭祀、还愿为主又知晓其他法术的"全卦子"；赫苏德木，指祭祀舞蹈表演者；德布释比，指祛除病灾者[2]。又

① 《中国谚语集成·四川卷》，中国 ISBN 中心 2004 年版，第 621 页。
② 陈兴龙：《羌族释比文化研究》，四川民族出版社 2007 年版，第 26—27 页。

有释比根据所擅长法术不同将同行分为四类：（1）"诗许"（shixu），这类释比主要面向天庭作法，祈愿奏报等；（2）"木许"（muxu），这类释比是专门对付鬼妖的，他特别指出这类释比要戴猴头帽；（3）第三类释比羌语叫"日许"（rixu），这类释比是主要负责人间之事；（4）第四类释比羌语叫"鲁许"（luxu），这类释比可以敬神，敬天地，以及对付毒药猫①。当年，葛维汉曾谈到蒲溪沟羌族巫师有红、白之分，"红巫师供奉的保护神是孙猴子（Sen-hou-tzu）、沙和尚（Sa-ho-sang）和猪八戒（Tsu-sa-chin）。白巫师敬奉的保护神是西天佛主（His-t'ien-fuh-chu）或西天世界的佛教之主。据他们说，红巫师用的很多驱魔念词都晦涩难懂，而白巫师一般都使用羌语，语言明白易懂。在西山寨的神林和房顶上，红巫师主要从事驱魔法事，白巫师进行许愿活动"。但也指出："更多的羌族地区，没有红白或黑巫师之分别，他们只是羌族的巫师，行使羌族巫师素有的职能。"② 暂且不说羌族释比身上多种宗教元素的渗透，单就红、白之术的划分来看，白者近似诵经请神的毕摩，红者近似击鼓驱鬼的苏尼。1941 年，庄学本在《彝族调查报告》中记述："苏桌为巫初系常人无师傅，后因已死的苏桌附体，忽染精神病，乃以白羊白公鸡林中祭祀之，病愈即为苏桌。……无经典，法器有羊皮鼓。作法是提鼓击之，口诵神咒，全身战栗，旋转跳跃，神附于体，即作神言，有一人为之执木叉，随之旋转。苏桌多为男子，但亦有妇女，名'么桌'，亦为神附于体，其法事与男子同，替人看病，断口嘴，作法时亦用鸡猪牛羊，唯击鼓不插树枝，有时舐烧红的镰刀和犁铧。"③ 而羌人的红巫师，本领高强者也会"打油火""翻刀山""两颊穿针""洗火炭澡""舐烧红的犁铧"之类驱鬼除祟法术。但是，释比多为家传，也有师传，是后天学习的（出师者平时跟随师傅学习后最终要经过严格的"盖卦"仪式，汶川羌锋释比王治升曾指着寨子后方的大山给我们讲述了行此仪式中如何让徒弟独自上山以考验其胆识及能力的种种步骤，并说当地羌语读音称此为"比格扎"），这又明显跟苏尼拉开了距离。

---

① 采访对象是黑虎寨释比余友成，时间为 2009 年 11 月 17 日上午，地点在茂县避暑山庄，记录者为我指导的文学人类学研究生江卓霖。

② 李绍明、周蜀蓉选编：《葛维汉民族学考古学论著》，巴蜀书社 2004 年版，第 55 页。

③《中国各民族原始宗教资料集成：彝族卷·白族卷·基诺族卷》，中国社会科学出版社 1996 年版，第 262 页。

综上所述，立足汉藏语系藏缅语族内部的羌、彝文化比较，从诵经请神看，羌族释比近于彝族毕摩，但前者能念长篇经文却未必识字；从击鼓驱鬼看，羌族释比近于彝族苏尼，但前者能击鼓又能诵念长篇经文。既诵经又击鼓，既请神又驱鬼，既主持民间仪式活动又传承民族经典文化，将二者之长集于一身，羌族释比这功夫当然不是汉族端公那么简单的。至此，不妨再次强调："莫把释比称端公。"

第九章

皮鼓传说及超凡底蕴

　　羊皮鼓舞，羌语读音称"布兹拉"（理县佳山寨）或"莫恩纳莎"（汶川龙溪乡）等，如今已被列入国家级非物质文化遗产名录之"民间舞蹈"类。单从名称及归类看，似乎羌族羊皮鼓舞就是一种在舞台或广场上表演的艺术舞蹈，羊皮鼓之于尔玛人也不过是日常娱乐伴舞的普通乐器和道具。其实不尽然。研究作为"地方性知识"（local knowledge）的羌族文化遗产可知，正如羊皮鼓舞原本是羌民传统生活中具有非凡意义的仪式性舞蹈，羊皮鼓严格说来也并非是常人跳舞所击之物，其最主要的功用在于此鼓非释比莫属，是羌民社会中释比击鼓诵经跳舞以请神祈福、逐祟驱邪仪式中使用的具有神圣性的法器。[①] 在"5·12"地震中心，在羌人聚居的川西北岷江上游地区，从来历到制作，从材料到形态，从功用到意义，围绕释比手中羊皮鼓的神话传说、仪规禁忌多多，其中蕴含着羌民族古老的、隐秘的、执着的文化意念和族群心理。从艺术人类学入手，"深描"（thick description）羊皮

---

　　① "跳皮鼓"从羌族释比仪式活动中抽取出来，演变为常人所跳之舞乃至被频频搬上舞台、广场以及晚会、荧屏成为一种"艺术"表演（譬如 2009 年 6 月 1 日亮相在成都举办的第二届中国非物质文化遗产节开幕式上的羌族羊皮鼓舞），据《中国民族民间舞蹈集成·四川卷》介绍，主要是新中国成立以后的事。研究中国非物质文化遗产可知，由于社会背景转换，有不少原本跟民族民间习俗有密切联系的音乐、舞蹈、美术等，如今被人们从其原有"语境"（context）中抽出而作为所谓纯粹的舞台或广场"艺术"来观照，这当中固然有可以理解的原因，但对于学术研究者来说，最好还是不要忘了这些"艺术"的原有根基和发生语境以及它们在具体族群中特有的文化意义，这样才不至于使自己的研究有太多的缺漏和遗憾。2011 我在岷江上游地区考察藏羌民间文化，理县文体局何局长向我谈起他们准备申报"释鼓"（理县蒲溪乡的，该地的羌族释比文化保存较好），并再三强调这是释比跳皮鼓，不仅仅是那种已作为民间舞蹈列入非物质文化遗产名录的羊皮鼓舞。对此，我表示赞同。2013 年 3 月 13 日，我在蒲溪沟顶端的休溪寨（海拔2600 多米，山高路险，交通不便）参加当地的夬儒节（夬儒乃羌语之汉语译音，指祭祀的日子），也看见乡民们杀牛宰羊、带猴皮帽的释比跳皮鼓唱太平经祭祀天神、山神的场面。

鼓的非凡内涵，辨识其中的文化密码，这是有重要意义的。

第一节　从圣到俗的羊皮鼓舞

羊皮鼓是羌族释比做法事时使用的主要法器，羌语音译称"布"或"补"。羊皮鼓为释比专用，阿坝羌族谚语有道："敲羊皮鼓的是巫师，还神愿的是日墨。"① 所谓"日墨"又作"尔玛"，乃羌人自称。汶川雁门乡小寨子村释比袁正祺演唱的上坛经《日补》，即为"说鼓"，经文曰："端公做法不离鼓，鼓有鼓公和鼓母。鼓声一响邪魔避，鼓声一响神灵到。鼓鸣草木无污秽，鼓鸣山川皆洁净。六畜兴旺庄稼好，地方清洁人平安。"② 又，该地释比做上、中、下三坛法事，都要演唱开坛经《笛》以通白神灵，此为释比经典序章，其中专门叙说了羊皮鼓的制作、材料、种类及功用等，如："左手握住羊皮鼓，右手拿着击鼓槌，今天端公来作法，敬天答地说缘由。"又如："木比留下四段经，凡民敬神须用鼓。木比制就三种鼓，颜色各异不同用。白鼓拿来上坛用，黑鼓拿来家庭用。黄色鼓儿是凶鼓，鬼事凶事用黄鼓。法事不同鼓不同，端公须当分别用。"再如："说罢鼓色说鼓圈，鼓圈不得任意取。麦吊树上取鼓圈，鼓圈蒙皮做成鼓。敬天答地都用它，赶鬼驱邪不可少。鼓和鼓槌制齐了，谁人来用鼓和槌？此人不是非凡人，阿爸锡拉老祖师。"③ 关于白、黑、黄三种鼓及其功用，2004 年茂县搜集整理的《西羌古唱经》之"得为"篇的汉语

---

① 《中国谚语集成·四川卷》，中国 ISBN 中心 2004 年版，第 619 页。羊皮鼓是释比专用法器，跳皮鼓是羌民仪式中的神圣法事，地方志亦云："关于羊皮鼓的来历，在羌区传说羊皮鼓本为天王木比塔制成的开天鼓，其敲击羊皮鼓的鼓槌则名辟地锤，后由木姐珠带到人间。最早的羊皮鼓又称'释比神鼓'，只能由人神中介者释比使用。"（《茂县志：1988—2005》，四川省茂县地方志编纂委员会编，方志出版社 2010 年版，第 732 页）在尔玛人的信仰中，这传自天神又充满神性的"开天鼓"和"辟地锤"，当然不是什么人都敲得的。不仅如此，此鼓连释比本人也不可以随时随地随便敲的（否则，有戏弄鬼神之嫌），如释比经文所唱："端公不可乱打鼓"（《中国原始宗教资料丛编：纳西族卷·羌族卷·独龙族卷·傈僳族卷·怒族卷》，上海人民出版社 1993 年版，第 536 页）。2016 年 7 月我们在绵虒羌锋，为释比王治币做羌年之国家级非物质文化遗产传承人口述史摄录，他就对摄制组再三强调释比不能随便在屋里乃至别人家附近击鼓唱经（否则，以后倘若出了什么不好的事，主家会怪罪的），即使是因为工作需要而补录部分镜头，请他再上神树林时也是在唱经击鼓之前先虔诚地上香敬神，向神通明。此外，茂县黑虎乡释比余有成如今应聘在岷江西岸的羌城，他在给我们介绍仪式中使用的各种鼓时，也特别强调释比用鼓的规矩。

② 《羌族社会历史调查》，四川省社会科学院出版社 1986 年版，第 167 页。

③ 同上书，第 159—160 页。

译文为"白鼓用来还天愿，黑鼓用来保太平，黄鼓用来驱凶邪"，字面有出入但意思差不多。

图 9-1　"白石祭"中释比带领下的跳皮鼓（理县西山村）

木比指天王木比塔，这是羌人信奉的至尊神灵。阿爸锡拉是天王家中的祭司，后世释比们奉他为祖师。上述唱经把释比做法事使用的法鼓明确指为天神所制，可见羊皮鼓具有神奇色彩。这一说法跟人们通常所知的羊皮鼓来历故事有所不同，多种异文彼此之间正好形成互补。关于羊皮鼓来历，2006 年汶川县政府部门编印的《羌族释比的故事》中有数则涉及此，或说释比去西天取经，归途中船翻落水，打湿的经书在晒时被羊吃了，于是释比杀羊取皮做成鼓，经文便随着鼓声敲响而在头脑中浮现（《释比为什么敲羊皮鼓》）；或说木姐珠和斗安珠结婚时天王送的嫁妆中有本写满羌族文字的天书，一放羊娃因好奇拿走天书却不慎被羊吃掉了，人们为泄愤杀羊取皮蒙成鼓，木姐珠夫妇从鼓声中悟出羌人的心声，羊皮鼓便成了羌族无字的书（《羌族的文字和羊皮鼓》）；或说释比祖师受天王派遣来帮助木姐珠夫妇驱邪除害，他打着羊皮鼓从天上来到人间，疲倦后一睡数载，放在地上的羊皮鼓着地的一面坏了，因此释比敲的鼓只有单面（《释比为啥用一面鼓》）。1986 年四川民族出版社出版的羌族史诗《羌戈大战》，首章也专讲羊皮鼓的来源，其中经书被羊吃掉以及杀羊取皮做鼓等叙事基本相同，不同之处在于经书乃是太阳神牟尼委西送给羌人始祖阿巴白构的，其云："阿巴白构好首领，力大无比善作战；牟尼委西是师傅，传授本领力无边。""阿巴白构好首领，本是神人来凡间；牟尼委西授经书，牟尼委西给神箭。""经书本是桦皮写，羌文羌典记中间；神箭用的金竹根，百发百中敌胆寒。"　"阿巴白构看经书，天事神事记心间；上天能拔金牛角，下海能取鳌鱼胆。"　"阿巴白构看经书，人事兵事记心中；千人万众能统率，百万军中真英雄。"　"可恨白毛公山羊，去把经书偷吃完；经书吃进羊肚内，羌文羌典永失传。"又据20世纪30年代来自羌区的调查，取来的经书被羊吃掉后，释比痛心不已，是金丝猴提醒释比："汝可买下白羊，将羊肉完全独自吃下，以羊皮为鼓，汝每打一下便能忆起经书一句。"①金丝猴死后，为了感恩，释比以猴皮做成法帽，并供奉猴头祖师，从此世世代代沿袭下来。2012年"5·12"地震四周年前夕，笔者去茂县坪头村作田野调查，见村寨中展示羊皮鼓，提供的"释比诵唱羊皮鼓"经文亦曰："阿巴白构好首领/聪明好学悟性高/经书写在桦皮上/羌人经典记中间……倘若不敲羊皮鼓/人事几段难记全/边敲皮鼓边唱诵/经典源源口中出。"羊皮鼓之于释比的重要性，是尔玛人口头叙事中再三强调的。羊皮鼓作为祀神驱邪的法器具有神圣性，还体现在释比禁忌之一是不可将此鼓作枕头，相传过去有余姓释比犯了此忌，结果是害病发疯而死。纵观羌族有关羊皮鼓的口头叙事，其中积淀着羌人并不简单的古老文化意念，其深层底蕴值得挖掘。

图9-2　走访羌族村寨所见羊皮鼓展示

"色彩的感觉是一般美感中最大众化的形式。"（马克思语）从色彩审美看，羌人崇尚白色，以白为善为美（《明史·四川土司·茂州卫》云"其俗以白为善，以黑为恶"），所以白鼓用于上坛法事。这种色彩记忆，今在非羌族核心区的散居羌人中依然保持，如在贵州铜仁地区，江口县桃

---

① 胡鉴民：《羌族之信仰与习为》，见《川大史学·专门史卷（三）》，四川大学出版社2006年版，第67页。

映乡漆树坪羌寨民间俗语称"白石头放在路上，黑石头放在路边"①，可见他们黑、白分明，也说明白石在其心目中地位甚高。通常，释比唱经被分为上、中、下三坛，上坛法事为神事，主要是通过释比交通诸神，谢天谢地，请神敬神，许愿还愿等，即所谓"还天愿"，这类活动多以村寨为单位，事关群体生活，意义重大，故用白鼓；中坛法事为人事，主要是安神谢土、打扫房子、打太平保护等，通过释比为家庭祈福禳灾、解污除秽、治病防病等，即所谓"保太平"，所用之鼓为黑鼓；下坛法事乃鬼事，羌民中有凶死事件（坠岩、跳河、抹喉、吊颈、难产等）发生，要请释比招魂除黑进行超度，以使死者灵魂转生而不致沦为厉鬼危害家庭和村寨，即所谓"驱凶邪"，此时释比所用之鼓为黄色。经文分三坛，仪式分三级，鼓色分三种，相互对应。羌人这种祀神逐祟的三色观，亦见于其他释比经文，如："解秽不离三条水，白水解秽山神坛，黑水解秽山和岩，黄水解秽邪无踪。"② 又，羌人还愿插旗请神，有"腰拴白带骑白马，扛上白旗是天神""腰拴黑带骑黑马，扛上黑旗是天神""腰拴黄带骑黄马，扛上黄旗是天神"③。一般说来，三种色彩中，尤其以黑、白对立区分在羌民审美和宗教意识中最鲜明，如释比经《兑也》（说吉祥）所唱："今天村寨还大愿，请求神灵分黑白。白牛白羊还愿用，黑牛黑羊送鬼用。上坛神愿须用白，下坛鬼愿才用黑。"④ 就笔者走访羌区所见，绷鼓的羊皮黑、白皆有，以白羊皮鼓祭神还愿的确是尔玛人的定规。

第二节　羊皮鼓制作用材探秘

鼓色有区分，鼓材亦有讲究。作为释比手中的法器，从"圣"

---

① 《白石莹莹象征神——羌寨风情暨"尔玛"文化揽胜之六》，稿件来源：江口县委办督查信息科，http：//www.gz.xinhuanet.com/zfpd/2007-11/02/content_11565075.htm。迁居黔地的羌民对白石头和黑石头的区分，积淀着历史记忆，承续着族群传统。在川西北岷江上游，羌区村寨屋顶供奉白石的塔子称为"勒夏"（纳萨、纳察）。收入《羌族民间故事集》（中国民间文艺出版社1988年版）的《勒夏的故事》就讲勇斗妖魔为民除害的小伙子勒夏牺牲后化身白石在夜间放出亮光为乡亲们指路，山坡上的黑石头则是魔王死后变的而被"羌民认为黑石头是不吉利的"，后来，"为了纪念这位除魔献身的英雄，羌民们在每家每户的寨子房背正中都要镶嵌一块条形的白石头。羌民叫勒夏（白石神）能避邪驱魔。羌民这种民俗，一直流传到今天"。

② 《羌族社会历史调查》，四川省社会科学院出版社1986年版，第167页。

③ 《羌族释比经典》，四川民族出版社2008年版，第303页。

④ 《中国原始宗教资料丛编：纳西族卷·羌族卷·独龙族卷·傈僳族卷·怒族卷》，上海人民出版社1993年版，第536页。

（sacred）、"俗"（profane）分界的宗教信仰看，羊皮鼓制作在材料选择上不是随意的。先看鼓面，顾名思义，以羊皮绷制法鼓，这跟本是"西戎牧羊人"的羌的族群生活特征有关。"图腾"是民族的标志和象征，英文为totem，源于印第安语，本义是"他的亲族"。图腾崇拜就是把某种动物或植物或其他无生物当作自己的祖先，或者是把它当作本氏族的保护神，以及种族的标识。汉字"羌"，在甲骨文中是上为羊角而下为人的写照，故《说文》释曰"从羊从人，羊亦声"，反映出上古被称为"羌"的族群与羊的密切关系，似乎折射出某种羊图腾迹象。"大概有图腾制度的民族，凡遇到人生的重要关头，如婚冠丧祭之类，每每举行与图腾同体化 identification 的仪式，或摹拟图腾的仪式。并且这个同体化的仪式，在图腾原则上代表极重要的一点。关于这方面的事实在羌族文化中尚颇丰富。"如300多年前从四川茂汶辗转迁居贵州铜仁的羌族过羌历年，要用面粉捏成牛、羊、鸡等，先祭太阳神后祭祖先；还让小孩脸上涂抹成牛、羊状，扮成牛、羊互斗取乐，表示五畜兴旺。又如羌戈大战传说中，神灵在梦中启示羌人与戈基人战场相遇时，应于颈上悬挂羊毛线以为标志，羌人遵嘱行事，打败了戈基人。胡鉴民指出，"羌人为牧羊人而自称'rmee'，最好的译音当然为芈字（密蚁切音弪训羊鸣），颈上悬羊毛线是摹拟羊的形状，这是由图腾主义中的同体化的原则产出的行动"[1]。何光岳亦说"羌族自称'尔咩'，与羊的叫声相近"[2]，认为"rmee"之称的产生跟羌人的牧羊生活有关。羌族是否以羊为图腾有待更深入的研究，但考察川西北羌族习俗可知，颈上悬挂羊毛线的确成为尔玛人成年礼上由释比主持的重要仪式之一。羊之于羌民族的重要性，从羌人牧羊食羊、着羊皮褂、以羊还愿、炙羊膀断吉凶、撒羊血驱邪祟、供祭代表六畜神的羊神等，不难看出。此外，以羊皮作为记写经文载体的民间传说，也传递出羌人本是来自北方的族群的古老信息。[3] 总之，

---

① 胡鉴民：《羌族之信仰与习为》，见《川大史学·专门史卷（三）》，四川大学出版社2006年版，第87—88页。

② 何光岳：《氐羌源流史》，江西教育出版社2000年版，第197页。

③ 类似传说也见于蒙古族，如四川凉山有蒙古族人，是历史上来自北方而留居此地的。《凉山民间文学集成》（四川民族出版社1993年版）收录有木里县蒙古族民间流传的《蒙古族为什么没有经书》，讲汉、蒙僧人去很远的地方念经，途中粮食吃完了，背着纸写经书的汉族僧人饿死了，蒙古族僧人则靠吃写有经文的羊皮得以活命。"一天，他终于走到了他要去念经的地方，可是，经书也恰好被他吃完了。他只好试着背诵着念经。不知为什么，他竟能从头念到尾，一字不漏。""从此，蒙古族和尚吃在肚子里的经文，也一代代地口传下来。"蒙古族僧人吃了羊皮经书能念经，羌族释比敲着吃了经书的羊的皮做的鼓能念经，这是有趣的故事。

羊对于羌民社会来说，既是生活中的常见物，更是信仰上的灵异物。对此，学界指说已多，本文不赘。再看鼓圈制作，当今出版的有关专业书籍介绍羊皮鼓如下："圆形，单面鼓，直径40—50厘米，用木制框（鼓帮），框宽15—20厘米，羊皮绷面，鼓边留毛为穗，木框穿孔，用羊皮将羊皮鼓面与木框固定，框内装木柄，并系铜铃一对。"① 对其形制仅仅停留在普泛化述说，并未涉及用材上有何特别。然而，"鼓圈不得任意取"这句经文提醒我们，恰恰在此有文化人类学的深意在焉。

图9-3　羌族羊皮鼓制作和羌族老人向我介绍羊皮鼓鼓圈（理县蒲溪、桃坪）

释比经文所言的用来制作鼓圈的麦吊树，当指麦吊杉或麦吊云杉，又名垂枝云杉，属松科云杉属常绿乔木，乃我国特有树种，分布于秦岭、大巴山山区以及四川北部，据《四川植物志》介绍，"主产平武、南坪、松潘地区，向东可至城口、巫山，向南沿岷江流域可达宝兴、天全，西北达红原龙口坝，西南界康定东南面。生于海拔1500—3000米地带，最低下限达1500米，见于汶川；最高可达3000米，见于红原，常与青扦、粗枝云衫、铁杉混交或散生于针阔叶林中"②。民国三十三年《汶川县志》卷四"物产·植物类·木属"对杉的叙述如下："枝干与松略同，而叶稍秀，皮细色红。木心含香气者，名香杉……干耸直，叶细长，质白细嫩，为麦吊子香杉。"如前所述，杉树是羌民心目中的圣树，释比经文有道：

---

① 《中国民族民间舞蹈集成·四川卷》，中国ISBN中心1993年版，第1324页。
② 《四川植物志》，四川民族出版社1999年版，第82页。

"杉木桦木树，还愿作旗杆。""端公来安神，神位在树上。"① 在羌人所奉女祖木姐珠神话中，天王木比塔送给女儿作陪奁带往人间的即有杉、桦、柏等树种，并说："给你青稞和麦子，带到人间去播种，子孙后代有食粮。给你荆棘有柴烧，种子撒在悬岩上。给你杉木桦木种，修房造屋少不了。"② 从森林资源看，在羌区用材林中，以冷杉、云杉、桦木为较多。居住民俗方面，羌人修建房屋，须请释比还愿，砍杉杆立于房顶，所谓"房顶边缘修水沟，房顶正中立石碉。石碉上面放白石，再插一根杉木杆。神灵就位人平安，牲畜发展庄稼好"③。传说杉杆象征天神，天神就住在杉杆上。汶川龙溪乡释比唱经有《比雅塔涉》（房屋建成敬天神），曰："小小杉树苗，一岁长两寸，两岁长两尺，三岁与腰齐，四岁齐肩臂，五岁正好用，砍来做杉杆。""杉杆何处寻？天神都知道，端公亦知道。"又道："这户人家盖新房，新房竣工须还愿。为了答谢神灵恩，请我端公砍杉杆。拿上斧头和绳子，进入杉林花椒林。要砍那株须着准，第一斧头从根伐。树欲倒时须留神，要让树梢先着地。神圣杉杆须去皮，剥皮须从上到下。为将杉杆巧打扮，杨柳树儿砍一株，毛窝草儿扯一把，美丽山花采一束。绳索捆好搬上路，息气坪上且休息。再将杉杆运房后，放到房顶'那萨'处，杀鸡宰羊敬神后，搬上石碉登神位。亲戚家门来祝贺，神灵和人都喜欢。"④ 羌语"那萨"，指房顶供天神的石碉。羌人还鸡愿仪式，要在房顶立杉杆，"扎旗插在杉树上，以鸡毛粘在杉树枝上"，以通达神灵；理县通化乡民举行玉米播种仪式，在田里放上白石三块代表谷神，并于石间立扎有白旗的杉木杆，其枝数与所需田亩块数相等，"然后分别插入各家田亩中"，以分享吉瑞⑤。羌民成年礼中，有一重要环节亦是"冠礼人著新衣冠，端公跪下，手执杉杆，杆巅有纸制人类始祖之像，冠礼人向人类始祖跪下"⑥。羌族火葬仪式上的锅庄唱词《归天》中，

---

① 《中国原始宗教资料丛编：纳西族卷·羌族卷·独龙族卷·傈僳族卷·怒族卷》，上海人民出版社 1993 年版，第 535 页。

② 《羌族社会历史调查》，四川省社会科学院出版社 1986 年版，第 166—167 页。

③ 同上书，第 174 页。

④ 同上书，第 174—175 页。

⑤ 《中国原始宗教资料丛编：纳西族卷·羌族卷·独龙族卷·傈僳族卷·怒族卷》，上海人民出版社 1993 年版，第 504 页。

⑥ 胡鉴民：《羌族之信仰与习为》，见《川大史学·专门史卷（三）》，四川大学出版社 2006 年版，第 79 页。

有"归天! 归天! 死者的灵魂，从青杉天梯上天去"①，这提醒我们，杉杆之于羌人，又象征着神灵从天而降和亡灵由地升天的"天梯"（在世界神话体系中，"天梯"也是跨文化母题之一）。此外，汶川绵虒释比唱经中，谈到"释比自有解秽法"时云："高山盘香油榨子，矮山柏木杉木桠，砍回家中点火熏，香烟四散污秽除。"② 平时，杉树作为神灵的象征，摆放位置是有规矩的。史诗《羌戈大战》有的版本中，天神木比塔询问"热"（羌人）和"嘎"（戈基人）的敬神方式，前者回答"敬神分先后，大的我先敬，小的我后敬，柏树要栽在房后的山上，松树要栽在房前的矮处，还愿的杉木丫丫，桦树丫丫，捆好插在房背上敬神的地方。松树丫丫，捆好插在房下路边，给那些邪和鬼"，后者回答"先敬小的，后敬大的。柏树栽在房前的矮处，松树栽在房后的山上，松树丫丫乱捆起，插在房背上敬神的地方。杉木丫丫桦树丫丫，捆起插在房前矮处，送给邪和鬼"，木比塔由此断定"不会敬神的不是热"而是嘎③。诸如此类神话及习俗表明，杉树除了作为羌民生活中修房造屋的材料等，对他们更重要的还在于宗教信仰意义，该植物具有神圣性质。因此，羌人选择杉木制作释比法鼓的鼓圈，也就有着文化人类学上的充足理由。

称鼓圈用材为麦吊树的开坛经《笛》流传于汶川，而在理县一带，人们又以柳条作羊皮鼓的鼓圈④。收入《羌族释比经典》的《羊皮鼓经》亦称，此乃阿巴木比所传"神鼓"，释比用"杨柳枝条做鼓圈，鼓圈中心要箍圆"。柳树是杨柳科柳属植物的总称，全世界约520余种，主要分布在北半球温带地区，中国有257种，以西南高山地区和东北三省种类最

---

① 《中国歌谣集成·四川卷》，中国ISBN中心2004年版，第959—961页。

② 同上书，第1029页。

③ 《中国原始宗教资料丛编：纳西族卷·羌族卷·独龙族卷·傈僳族卷·怒族卷》，上海人民出版社1993年版，第533页。

④ 《羌族社会历史调查》，四川省社会科学院出版社1986年版，第160页。除了柳树，用杉树做鼓圈在理县民间亦见。2011年5月5日，我走访桃坪羌寨王嘉俊老人创办的私人博物馆，他向我展示了从理县佳山寨搜集的老羊皮鼓，鼓面已无，他说这鼓圈就是用杉树板材手工制作的，相当厚实。不管杉树还是柳树，其作为羌民信仰中的"圣树"是无疑的。又据羌族朋友告知，除了麦吊杉，用来制作羊皮鼓鼓圈的还有泡杉等。在汶川龙溪阿尔，村民是这样讲述羊皮鼓制作的："首先用优质的银衫木，削成长100厘米、宽40厘米、厚0.5厘米的木板。然后，在大锅里用高温煮软后，将木板卷成圆形，用牛皮筋拴牢。内做一个鼓把……再用金刚藤做鼓的内圈和褪了羊毛的羊皮绷在鼓外圈的最下方。周围用牛皮筋内外拉紧。"（阿尔村人编著：《阿尔档案》，文物出版社2011年版，第57—58页）羌锋老释比王治升告诉我，他也会做羊皮鼓，过去他制作的鼓还曾被收藏者购走。

图 9-4　年逾八旬的老释比王治升和他的羊皮鼓（2016 年拍摄）

多。柳树的材质轻，易切削，纤维含量高，干燥后不变形，柳条可用来编筐、箱、帽等，在材质上亦符合羌人作鼓圈的物理要求。考古资料表明，我国在旧石器时代已有柳树的发现。甲骨文有"柳"字，文献最早记载柳树的是历法专书《夏小正》。俗语有"无心插柳柳成荫"，由于适应性强，柳树成为我国绿化使用的最普遍树种之一。尽管柳树和杉树在植物学上有别，但就民间信仰看，羌人以二者制作羊皮鼓的鼓圈，在选材上注重"神异植物"这点并无轩轾。柳在民俗学上并非凡物，或认为，蜀地三星堆遗址出土的有鸟栖息的两棵青铜树可能是神话中太阳歇息的扶桑和若木，"两株大铜树的树枝有明显的差别，一棵铜树的树枝好似桑树，一颗树枝好像柳树。而在神话传说中，东方的扶桑是桑树，西方的若木又名'细柳'，其形态应当是柳树。在保存较好的西方若木铜树上，还有一条头下尾上的龙，我们颇怀疑在那株残损较严重的东方扶桑树上，也应有一条头上尾下的升龙，因为根据有一种古代传说，太阳在巡行天上的时候需要龙来驾车，而龙要从海面负重升空，则需要沿着某种树木的帮助，长沙马王堆一号汉墓帛画的扶桑树上就盘绕着一条这样的龙。东西两条迎送太阳起落的神龙，可能就是后世中国传统图案'二龙抢宝'的原形。三星堆这两棵铜树在这么多细节上都与神话中的扶桑和若木相似，它们应当正是一株象征着东极的扶桑，一株象征着西极的若木"。中国神话传说里，"天上有十个太阳，这些太阳都由神鸟负载（或者鸟就是太阳的化身），它们都歇息在东方的扶桑上和西方的若木树上，轮流按时巡行天空等……在中国古代文献中，十个太阳及扶桑若木神话的文字记载是在东周时期，三星堆的这两株太阳神树的发现一方面说明，上述神话的产生时间至迟已经可以提前到商代后期；另一方面则说明，这个本来产生在东方沿海地区的神话早在商代也出现在了西南的四川"①。若木是否柳树可再探，但以柳树为神异植物在中国并不鲜见。北方满族奉"佛朵妈妈"为始祖神，佛朵即满语"佛特赫"，意为柳枝，民间多以柳枝和布制"妈妈口袋"为女神象征，如在院内祭之时，要立一根妈妈杆，其上拴柳枝，代表"佛朵妈妈"，并且从柳枝向室内引一根子孙绳②；南方彝族古籍亦载"祭祖仪式用柏枝，传宗礼仪用樱枝，诅咒仪式用柳枝。"③ 柳树有治病驱邪的药用功能，民间视之为具有辟邪功能的神异植物，"柳枝被认为可以驱除恶鬼"④，称为"鬼怖木"。魏晋南北朝时期就有元旦（正月初一）挂柳枝于门户辟鬼的习俗，北魏贾思勰《齐民要术》卷四载："正月旦取杨柳枝著户上，百鬼不入家。"唐段成式《酉阳杂俎》前集卷一曰："三月三日，赐侍臣细柳圈，言带之免成虿毒。"传统川剧高腔《柳木剑》中，有以柳木剑斩杀鬼邪的情节。汶川雁门释比经文《出》（解秽经）亦云："解秽公来解秽母，先将解秽说清楚。端公提鸡拿柳条，邪魔鬼怪赶出堂。端公手提鼓和槌，神坛解秽坛洁净。"又道："红石、黄石和白石，端公解秽离不了。木香、柳条和桃条，赶鬼驱邪是利器。"⑤ 此外，还有用柏木做鼓圈的，而柏树作为羌民信仰中的圣树之一，从他们祭山敬神燃柏香不难看出。

除了上述，还有用竹子做鼓圈的，理县蒲溪王姓释比对调查者讲述羊皮鼓的来历及制作，在介绍了竹子的羌语读音后即说"竹板如今弯曲弄成鼓圈"，又说"那个竹板剖开后，把羊皮绷开（做成羊皮鼓）"⑥。由党项羌人建立的西夏王朝是今天尔玛人讲述族群历史时常常提及，据《西夏

① 孙华：《探秘"三星堆"：两铜树象征神话中扶桑和若木》，《广州日报》2009年1月10日。

② 宋兆麟：《会说话的巫图——远古民间信仰调查》，学苑出版社2004年版，第54页。

③ 《中国彝文典籍译丛》第1辑，凉山彝族自治州人民政府组织选编，四川民族出版社2006年版，第97页。

④ 檀明山主编：《象征学全书》，台海出版社2001年版，第405页。

⑤ 《羌族社会历史调查》，四川省社会科学院出版社1986年版，第167页。

⑥ 黄成龙：《蒲溪羌语研究》，民族出版社2007年版，第257页。

图9-5　"夬儒节"上释比跳皮鼓（理县休溪村）

纪事本末》卷十《元昊僭逆》载："西夏旧俗，凡出兵先卜……擗竹于地以求数，若揲蓍然。"又据曾经深入岷江上游羌区的西方民族学家葛维汉介绍，释比的职能之一是"为丧葬、婚姻、外出、建房等诸事占卜择吉日；告诉人们在哪里找到失踪的人或丢失的物品；占卜时，他有时要用劈裂的竹根"[1]。除了这用于占卜的羊角形竹根卦，还有竹箭。2011年11月上旬，羌历年刚过去没几天，笔者在汶川龙溪沟顶端的巴夺寨后面山腰处的老祭台上看见了祭祀后留下的神箭。这箭是竹制的，拳头般大小，作满弓欲射状，以细藤悬挂在插于岩缝间的竹竿上，竿上还有白色花形剪纸等，当是释比祭祀神灵时制作的神旗的遗留物。考察羌民信仰可知，竹箭是常见于仪式中的神奇物。茂县赤不苏一带羌民祭山时，有释比以小竹箭向空四射的仪式；汶川羌锋释比唱经中，有尔玛人向天神还箭愿仪式的叙述。相传，远古羌人在雪隆包神山射下一枝箭，第二年箭落之处长出了青稞，人们便在神的指点下在此建立家园。从此，人们祭祀还愿的时候，要以神箭作为圣物献给天神，即所谓"还箭愿"。此外，释比图经"刷勒日"中，被称为"箭位图"的弓箭图像是其中重要部分，呈一系列连续展开式。羌族民间叙事长诗《比格溜》（《吆猪经》，现在一般译名《羌戈

---

① ［美］葛维汉：《羌族巫师制度》，见茂县羌族文学社整理编辑《西羌古唱经》，2004年10月，第168页。

大战》）中，讲述当初释比的锡拉祖师（一说太阳神牟尼委西）"辞别羌人回天界"时，曾送经书和神箭给他们的首领阿巴白构，"神箭用的金竹根/百发百中敌胆寒"，"一箭射得黑星坠/光明照亮半边天"①。传说古时候常有黑星遮挡太阳，是英雄先祖阿巴白构用金竹神箭射落黑星，天空才光明了……青青翠竹在四川地区有广泛分布，《华阳国志·蜀志》即载："岷山多梓、柏、大竹。"犹如第四章所述，竹子在尔玛人的民间信仰中也具有非凡意义，释比做法事过程中清扫神路、驱逐邪怪会使用竹子及相关制品。总而言之，无论杉树还是柳树，无论柏树还是竹子，诸如此类民间叙事都不容置疑地指证着"鼓圈不得任意取"的规忌中以"神圣性"为准尺的宗教文化心理。

第三节　羊皮鼓来历故事透视

神话传说属于口头叙事，是民间文学研究的重要对象。"民间叙事应是一个较宽泛的概念，它既是民众的一种行为方式，又是民众的一种精神产品。它是广大民众日常生活的组成部分之一，是他们认识社会、寄托理想、表达情感意愿的重要方式和渠道。"② 研究语言和神话的西方学者卡西尔也提醒我们："神话观念，无论看上去是多么丰富多彩，多么千变万化，多么庞杂无章，其实是有着自身的内在合规律性的；它们并非源于漫无边际的恣意狂想，而是在沿循感觉和创造性思维的确定轨道运行着的。"事实上，"在神话中，人将自己最深处的情感客观化了"③。在羌族社会中，关于羊皮鼓来历的民间叙事尽管有多种异义，但万变不离其宗的主题有一个，就是对羌人本有文字的再三申述和强调，其中当隐埋着某种"集体无意识"（collective unconscious），也就是某种执着的文化意念和深层次的文化心理。迄今为止，羌族依然是有语言无文字的民族，为什么其神话传说偏偏要再三讲述他们原本是有文字（书面经文）的呢？或者说，羌人这口口相传的羊皮鼓故事，究竟是想对内（族群内部）和对外（族群外部）传递什么信息呢？对隐含其中的文化密码作人类学"深描"，在我看来，至少可读出下述两点。

① 《羌族释比经典》，四川民族出版社 2008 年版，第 60 页。
② 江帆：《民间口承叙事论》，黑龙江人民出版社 2003 年版，第 3 页。
③ ［德］恩斯特·卡西尔：《语言与神话》，丁帆译，三联书店 1988 年版，第 42、153 页。

图 9-6 杂谷脑河畔羌民收藏的写满疑似文字的麻布片

首先，是申述文明身份的族群意识。"鼓用羊皮而不能用牛皮，也因前面传说端公始祖之经书为羊所吃，而把羊皮鼓击打之后，才能记住经句的缘故。"① 这仅仅是民间叙事表层。深入藏身其中的族群意识，可知羌人通过羊皮鼓故事当意在表明他们是有别于"野蛮人"的"文明人"，因为该故事核心即在"很早以前，释比的唱经是有文字记载的"②。也就是说，羌人原本是有文字的民族。20 世纪 80 年代搜集的民间故事《羌族文字和羊皮鼓》，开篇便说"在很早很早以前，羌族是有文字的……"③，这不无缘故。纵观人类发展史，文字出现标志着告别蒙昧走向文明。历史上羌族是否有文字难以确考，但通过羊皮鼓来历这类口头叙事，羌人无疑在努力构筑自己作为"文明"民族的身份（前文对此已有涉及，这里再做些补充）。过去中国，主流化观念认为"汉、蛮（华、夷）有别"，认为周边远离文明而从来都只能是被中原"修文德以来之"的教化对象。古人所谓"吾闻用夏变夷者，未闻变于夷者也"（《孟子·滕文公上》），即表露出这种深深的文化偏见。④ 然而，对此指认，身处周边的少数民族难免内心抗拒，羌族神话关于本民族曾有文字的口头叙事，实质上透露出这种跟"蛮夷"划界的族群意识。跟"蛮夷"划界的意识甚至见于羌民内部，有学者指出，岷江上游村寨间存在着"一截骂一截"现象："在狭隘的'尔玛'观念下，所有上游的村寨人群都是'赤部'或'费儿'，也就是蛮子；所有下游的人群都是'而'，汉人。于是，大致说来，每一沟中

① 《中国原始宗教资料丛编：纳西族卷·羌族卷·独龙族卷·傈僳族卷·怒族卷》，上海人民出版社 1993 年版，第 489 页。

② 《羌族释比的故事》，汶川县人民政府编印，2006 年 6 月，第 18 页。

③ 《羌族民间故事集》，中国民间文艺出版社 1988 年版，第 295 页。

④ 对此问题的检讨和反思，请参阅李祥林《全球化·少数民族·中华美学》（《民族文学研究》2006 年第 2 期）、《性别、民族、中国文艺批评》（《民族文学研究》2008 年第 2 期）等文。

的人群都有三种身份——自称的'尔玛'、上游人所称的汉人、下游人所称的'蛮子'。以整个大区域来看，我们看到的便是'一截骂一截'的族群结构。"① 在川西北羌区，这种现象很明显。尽管羌人不会把自己等同于汉人，但是，当"骂"在他们（一截和另一截或一条沟和另一条沟）之间发生时，谁都会自觉地同"蛮子"划清界限，强调有别于"蛮子"的自我族群身份。据汶川老释比王治升讲，"15 岁起他开始背核桃去下游灌县卖，一上大路就讲汉话，但下游的人仍叫他'蛮子'，而他和寨人也把上游茂县、黑水和理县的人唤作'蛮子'"②，这不是偶然的。关于"文字代表文明"在羌民意识中的反映，有个例子见于当今现实。一位不懂羌语的外来者到了羌寨，听见当地人用羌语交谈，"于是问房东：'羌文好学么？'后者立时红了脸，生出了如上辈子欠债，下辈子人还的那种难堪，说：'羌族是没有文字的。'" 房东是开小卖部的，属于村民中跟外界交往较多且见过世面的人，他在回答羌族没有文字时会脸红，显得很不自在，其中隐含的文化心理相当微妙。继而，外来者请教寨里的老人，"老人似乎根本不回避这个问题，说：'其实，羌族是有自己的文字的。'" 接着，老人给外来者讲述的故事是：羌人祖先携带的文书被羊吃掉了，当杀羊取皮做鼓拍打发泄愤恨时，"不料，羊皮鼓竟在拍打中吐出羌话。从此羌人就成了打羊皮鼓学说话的民族了"。这位外来者继续写道："老人讲完传说，对我说了几句羌话。我认真听了，果然有拍打羊皮鼓时发出的韵律。"③ 跟前者不同，老人的自信来自他深信羌人是曾有文字的民族。一方面拒绝来自异族他方对自己的"蛮夷"指认，一方面又借助曾有文字的追忆来证明自己的"文明"身份，这对羌人来说乃是一块硬币的两面。通过羊皮鼓传说，不难看出中心话语影响下边缘族群对自我文化身份的用心建构。

其次，是强化释比权威的神圣叙事。从宗教信仰看，羊皮鼓是释比做法事专用的神圣物品，羊皮鼓意味着经文和文字，只有释比能够击鼓唱经也就是拾回羌人有关文字的记忆。且听释比所唱《羊皮鼓经》："鼓经唱起颂木比／木比造下千秋鼓／凡人敲来识字鼓／识字鼓是双面鼓。"又道：

---

① 王明珂：《羌在汉藏之间——川西羌族的历史人类学研究》，中华书局 2008 年版，第72 页。

② 《释比黄昏》，http：//www.qiangzu.com/thread-2079-1-1.html，2008-7-20 10：52。

③ 邹廷清：《羌寨散记》，《羌族文学》2008 年第 4 期。

图 9-7　祭祀前将羊皮鼓稍稍烘烤，敲起来鼓声更响亮

"神鼓木比传凡人／现在释比来传承。"① 也就是说，天神给予人世间的羊皮鼓是"识字鼓"，最终真正掌握了这"识字"神鼓奥秘并且把它传承下来的乃是羌族释比。因此，羌族传统强调羊皮鼓乃释比唱经做法事的专用法器，以及再三讲述羊皮鼓来历故事的底蕴，均在于暗示释比乃羌民社会中唯一掌控着经文和文字这"文明的标志"的人，而掌握着经文及文字也就意味着拥有文化的权力和神圣的身份，借用法国学者福柯的话来说，也就是意味着"话语权"（the power of discourse）的拥有。在文化和宗教上拥有"话语权"，当然也就能让庶民大众听信于释比，尊奉并崇拜之，正如马林诺夫斯基论及巫术时指出，"法师们靠其秘传的知识，常可完全的或大部分的控制着团体的实际行动，因而成为社区中的要人"②。羌族谚语"老民的知识多，寨首的知识多多，释比的知识多多多"，也反映出有本民族语言而无本民族文字的羌人对释比文化身份和非凡地位的诚心诚意认同。在信奉原始宗教的羌民社会中，释比作为神职人员，他们平时身着日常服装，并不脱离生产，也娶妻生子，过着同常人一样的吃、喝、拉、撒、睡的世俗生活，可是，一旦他们进入仪式场景，敲响羊皮鼓诵唱起经文来，其身份立刻就会发生从"俗"到"圣"的转换和升华，神奇的羊皮鼓成为他们超凡身份的重要标志。羌族谚语"能飞天上的释比，也少不了一日两餐"，或可作为释比"圣""俗"双重身份的形象说明。鼓与释比有神奇的关联，20 世纪 30 年代调查岷江上游羌区习俗的学者写道："端公可以说是羌人的精神领袖。他记得羌人的历史，他能与鬼神相

①《羌族释比经典》，四川民族出版社 2008 年版，第 781—782 页。

② ［英］马林诺夫斯基：《文化论》，费孝通等译，中国民间文艺出版社 1987 年版，第 70 页。

通；他能控制自然，呼风唤雨，繁殖牲畜与百谷；他是医生，能治百病；甚至命运的亨蹇，他亦有转移的能力；这样一个人物，应当是有神通的。"传说释比有凌空之术，一次，某释比外出做法事时未将羊皮鼓携出，结果鼓在柜中大闹，自行飞出随释比到了目的地。"这样神奇的事件，初视之似觉难信，可是在宗教学上甚普通。信巫教的亚古特人 yakut 不也视神鼓为萨满 shaman 的马，可以乘之上天吗？"① 有如释比，北方民族的萨满跳神亦鼓不离手，鼓也是其超世俗身份的象征符号。此外，考察中国民间信仰可知，对文字的神奇崇拜自古有之，从"仓颉造字"而"天雨粟""鬼夜哭"的古老神话到忌讳用写字的纸擦屁股的民间习俗，都表明人们对文字的膜拜心理。② 羌人讲述被羊吃掉的有文字的天书，或者是天王送给木姐珠做嫁妆的，或者是太阳神送给羌人祖先的，或者是释比去西天取经得来的，诸如此类，其实均在表明文字并非来自凡间，无疑叙说着同类的母题。羊皮鼓来历的神话传说起源于何时无从考证，倘若从人类学的"表演理论"（performance theory）角度看，这种神异化叙事的口口相传，本身亦未必不可以说是一次次意味深长的文化展演，而释比作为羌民社会中"精神领袖"的地位和威信正可由此不断得到强化和巩固。

---

① 胡鉴民：《羌族之信仰与习为》，见《川大史学·专门史卷（三）》，四川大学出版社 2006 年版，第 68—69 页。

② 羌族释比唱经中亦见类似描述，如《羊皮鼓经》讲，当天神把"识字"的羊皮鼓给予人世间时，曾出现种种异象："阿巴木比传神鼓/天宫太阳被收回/收回月亮无光辉/收回星星无光明/转眼世间全黑暗……"（《羌族释比经典》，第 781 页）可见，无论对于汉人还是对于羌人，文字出现都是人类文化史上惊天动地的大事件。从超现实的神话叙事中，正折射出人类对文字的崇拜心理。

第十章

神奇经典与文化遗产

说起"经典",人们便想到文字典籍,而对有语言无文字的族群来说,他们世代传承的"经典",除了从其"口述传统"中去寻觅,别无他径。"'口述传统'(oral traditions)是文化人类学格外重视的对象,尤其是研究像中国羌族这种迄今依然是有语言无文字的古老民族。"[1] 释比是持有和传承羌族文化的核心人物,羌族释比经典就其具体表现形式看,包括口述之经和图像之经,二者都可归入"口述传统"范畴。在此,口头言说和图像呈现这两种形式既关联又互为补充,它们共同组成了释比经典这份不可谓不厚重的羌族民间文化遗产。然而,由于种种原因,这份文化遗产在当今时代有失传之虞,亟待抢救和保护。

第一节 羌人的"百科全书"

羌族释比做法事,要敲击羊皮鼓诵唱经文。释比经文,"四字一句,两句一节。每节第二句押韵,也有在每节第一句押韵的,是含有韵文的宗教诗歌"[2],也是羌族口头文学中极其重要的部分。由于羌人有语言而没有自己的文字,自古以来的汉文典籍中也不见有释比唱经的资料,以致人们对之的把握相当有限,而且所知甚迟。20 世纪上半叶,陆续有一些历史学家、社会学家、民族学家、考古学家来到川西北岷江上游调查羌族历

---

① 李祥林:《释比·羌戏·文化遗产》,《中外文化与文论》第 18 辑,四川大学出版社 2009 年版;全文转载于中国人民大学复印报刊资料《舞台艺术》2010 年第 1 期。

② 《川西北藏族羌族社会调查》,民族出版社 2008 年版,第 380 页。走访中得知,韵文式的羌族释比经文有四言、五言、六言、七言,还有长短句,形式多样。

史文化，方有相关文章见诸《边疆研究论丛》《民族学研究集刊》《康导月刊》《边疆服务》等，关于释比唱经的信息才开始在这些文章中有所披露，但总的说来，系统整理还谈不上。直到20世纪70年代末，学界对此的搜集整理工作才重新开始，经过多年努力，取得了今天看来不可谓不宝贵的成果。以当年四川大学的学者为例，就有胡鉴民、冯汉骥、任乃强、钱安靖等。比如胡鉴民，身为社会学家、民族学家、新中国成立初曾任四川大学文学院代理院长兼历史系主任的他，曾于1937年6月赴川西北作边疆民族考察，遍访汶川、茂县、理县三县的主要羌民区域，对羌族经济、文化和宗教进行了前后历时两个多月的调查。根据田野所得，胡鉴民相继发表了《羌族之信仰与习为》和《羌民的经济活动型式》等论著，前者有《边疆研究论丛》民国三十年（1941年）本，后者刊于1944年10月《民族学研究集刊》第4期，从而将新中国成立以前的羌族地区历史及风俗展现在我们面前。其中，他曾记录"羌人的古代歌曲"，也就是羌民十月初一杀羊祭神林所唱："第一顶大的是天与地，天地以后神林为大，野兽在崖上敲石头，杉树桦木树，草茂池深，山高地广，纪念纪念！"

释比是羌民社会中人、神、鬼的沟通者，也是羌族传统文化的重要掌握者，又称"许"，其在羌民社会中威望甚高，从村寨到家庭，人们生产生活中每逢大事，诸如请神还愿、驱邪治病、婚礼丧仪等，都会邀请他们到场唱经做法事。一般认为，根据所做法事性质不同，释比唱经分为上、中、下三坛（今有人不赞成"坛"这说法，但跟本文关系不大，叙述方便起见，仍然暂时借用通行之语）。大致说来，上坛法事为神事，即向神灵许愿还愿，如以村寨为单位，春播时许愿，秋收后还愿；以家庭为单位，因稀儿少女、爹娘生病、修房造屋而许愿还愿等，向神灵祈求或答谢人寿年丰，人畜兴旺，合家安乐，地方太平。在村寨或联寨春祈秋报，祭天祭山还大愿时，要演唱全部上坛经，演唱和其他法事配合进行，至少一天一夜，从前要两三天。中坛法事为人事，通常以家庭或村寨为单位，举行预防性的打太平保护等巫术性法事，意在解秽、驱邪、招财、治病，或者婚嫁丧葬时敬神祈禳等，主要是向神灵祈求人兴财发，林茂粮丰，人畜两旺，家庭或村寨无灾无难。为达此目的，也要对邪魔鬼怪进行警告斥责，甚至加以驱赶。做法事的时间视具体情况而定，多为半天或一夜，有的也达两三天。下坛法事为鬼事，一般以家庭为单位，驱鬼治病，主要是治重病；为凶死者招魂超度、打扫山场等，以免家庭和村寨再发生类似事件。下坛法事过程中，唱经多与巫术并行，甚至表演大型巫术。① 总的说来，神秘的释比法事中，有丰富的文化内容。

图 10-1 岷江上游羌区搜集整理的释比文献

相传，释比经文是祖师阿巴锡拉传下来的。作为法术高强的巫师，阿巴锡拉能和神交往，能镇压鬼邪，是沟通人、神、鬼三方的中间人。他在离开凡世去天宫时，曾给弟子们留下七十二段经文。所谓"七十二"，不过是民间叙事的笼统说法，概言其多，并非确指。在汶川绵虒走访老释比王治升的时候，他就对我屡屡言及他至今还能唱30多部经文。2012年"五一"前夕，我在羌文化核心区茂县做田野调查，在岷江西岸坪头村走访了64岁的释比杨芝德，他向我谈到做释比不是那么简单，人品要好、记性要好，又跳（皮鼓）又要唱（经），"你虽敲得来（羊皮鼓）不算事……你唱经，你唱了，自己要解释"，并且自豪地说他父亲何昌德（杨随母亲姓）唱经能唱"七天七夜"②。这位杨姓释比乃茂县永和乡人，是被聘来坪头村的，其父亲系当地知名释比。在山高谷深的岷江上游，地形

---

① 《中国原始宗教资料丛编：纳西族卷·羌族卷·独龙族卷·傈僳族卷·怒族卷》，上海人民出版社1993年版，第516页。

② 释比杨芝德也是当地申报非遗项目"刷勒日"所列第四代传承人。我与杨释比的访谈记录，见李祥林《城镇村寨和民俗符号——羌文化走访笔记》第132—141页，巴蜀书社2014年版。

图 10-2　释比杨芝德告诉我，他父亲能唱许多经

复杂，交通不便，不同村寨的释比唱经会因时因地而出现多种多样的异文，这并不奇怪。释比诵唱的经文，内容丰富，包罗万象，无不跟羌人的社会历史、生产生活、风土人情以及精神信仰、文化心理、人伦纲常等密切相关，堪称是羌民社会中世代传承的"百科全书"。20 世纪 80 年代，四川大学钱安靖先生深入岷江上游羌区调查，收获甚丰。根据田野采录，他在所著《羌族和羌语支各居民集团的宗教习俗调查报告》（四川大学宗教研究所油印本，1987 年 12 月）中为我们提供了由汶川、理县等地不同村寨释比演唱的多种经文版本，各本之主体内容大致相近，但是在具体的篇数、章节、顺序等上互有出入。例如：

篇幅较大者，有汶川县绵虒沟头寨释比王治国的诵唱本，包括上坛经 22 部、中坛经 8 部、下坛经 12 部，总共 42 部。上坛经为：（1）解秽（"出学"）；（2）还愿开始（"笛雪尔匹"）；（3）天仙女（"木吉卓"）；（4）驱农害（"热扯"）；（5）分好坏、白黑二神（"国"）；（6）送邪魔（"默默格"）；（7）说旗杆树（"不灰"）；（8）请远近诸神（"色国作"）；（9）羌戈大战（"孞"）；（10）说鼓（"遮"）；（11）求吉祥（"兑也"）；（12）说什么好（"尔"）；（13）说劳累（"枯"）；（14）说修房（"巴"）；（15）唱一年十二月（"厄"）；（16）解罪（"助耶"）；（17）说箭（"色士"）；（18）请各地地盘业主神和祖师（"折"）；（19）还杉杆或桦木杆愿（"波"）；（20）说牛

（"俄"）；（21）天亮还愿（"索"）；（22）吃咂酒（"谷谷维"）。中坛经为：（1）祸从天降（"莫打阿白"）；（2）说死者生前功劳苦绩（"雪阿日"）；（3）说病愁（"得愁日"）；（4）躲病（"堵日克"）；（5）诀别（"格嘎日克"）；（6）唱死者穿戴（"孤士"）；（7）赞灵房（"牛均克"）；（8）招财（"勒勿挨"）。下坛经为：（1）说消灾（"质"）；（2）打仗（"迟"）；（3）送六畜鬼（"鄂"）；（4）送怪物（"勒"）；（5）消灾（"则"）；（6）除家怪（"米亚"）；（7）解罪（"助耶"）；（8）送口嘴（"蔑"）；（9）送妖精（"里依"）；（10）收鬼（"模"）；（11）乃尔（"尔"）；（12）解梦（"司"）。

篇幅较小者，有理县桃坪增头寨释比杨茂山的诵唱本，包括上坛经14部、中坛经5部、下坛经5部，共有24部。上坛经为：（1）开坛请神（"得遮阿吉"）；（2）畜圈和大门解秽（"格得"）；（3）打扫神坛（"满纽"）；（4）请天神除害（"日魁"）；（5）追念祖先（"莫把雪"）；（6）请舅舅点酥灯（"十基初"）；（7）扭鸡献羊神（"拘玉昔"）；（8）神灵坐堂（"乌洛莫于"）；（9）在水缸边请神（"默构"）；（10）敬中柱神（"宜玉昔"）；（11）向姜太公还愿（"南安戚"）；（12）敬仓房五谷神（"吁宇昔"）；（13）向天神还鸡愿（"勿拙"）；（14）上坛还愿结束词（"勒勿"）。中坛经为：（1）开坛请神（"得遮阿吉"）；（2）赶邪魔（"莫黑"）；（3）做夜法事（"时黑纽"）；（4）丢替代（"铁歹足"）；（5）赶野仙（"阔汝扯"）。下坛经为：（1）开坛请神（"得遮阿吉"）；（2）请城隍神（"时多莫匹"）；（3）羌戈大战（"嘎诗堵格"）；（4）解煞解罪（"其息"）；（5）招魂除黑（"疏其"）。当年杨茂山诵唱的这24部经文中，"得遮阿吉"（开坛请神）乃是上、中、下三坛通用的，可谓是释比唱经之程式化的部分，因此，从经文唱述的实际内容看，杨姓释比诵唱的经文应当是22部。

除了上述，尚有2004年茂县朋友搜集整理的《西羌古唱经》，经文亦分上、中、下三坛，上坛经为：（1）得为；（2）勿邪；（3）日堵；（4）莫河而格；（5）木姐珠；（6）索初；（7）啊日耶；（8）兹；（9）嗟啵刹格；（10）阿吧白耶。中坛经为：（1）植；（2）咭；（3）耶；（4）迷阿；（5）择吉格驳；（6）罗；（7）如姑；（8）格扭；（9）别；（10）养蜂酿酒。下坛经为：（1）咄；（2）独；（3）而目；（4）九敬经之一；（5）九敬经之二；（6）九敬经之三；（7）九敬经之四；（8）九敬

图 10-3　老释比王治升手执小竹棍敲着火架子教徒弟
唱经以及他手写的各部经文名称

经之五；（9）九敬经之六；（10）九敬经之七；（11）九敬经之八；
（12）九敬经之九。这部《西羌古唱经》是羌区有识之士集合群体之力而
成，如该书序言所述，有鉴于羌族口头文化遗产的濒危现状，"茂县羌族
文学社历时数年，充分利用业余时间，在前人所做努力的基础上，广采博
收，集众家之长，收录数十名现在已绝大部分不在人世的'许'的唱词，
整理成集，尤其在民间口头文化已被列入濒危抢救对象的时候，就有了重
大的意义"。《西羌古唱经》所收三坛经文共计 32 部，跟前述王、杨释比
演唱的版本比较，内容上有明显异同。而在赵曦的《中国羌族释比文化调
查研究》（2010 年出版）中，根据他的调查和理解，又将释比唱经分为
白、黑、黄三大类：白经 160 部、黑经 160 部、黄经 180 部，黑、白经中
有些篇章交叉。譬如白经，首部为"西阿日耶"，内容是唱述所有的神；
第二部"且威"，请神；第三部"如波赫色"，敬山神、土地神；此外，
有"勒日"（杉树神）、"罗撒"（白石来自天上）、"须娲"（敬羊神）、
"竿巴热色"（敬颂大禹神），等等。

　　"释比的经书反映了羌族的历史、文化、生产、生活，是羌族的'荷
马史诗'和百科全书"，上述坪头村的释比文化长廊如此提醒游客。近年
来编辑出版的茂县地方志书亦言，"由释比保存的古唱经，是羌民族传统

文化中的核心部分"①。当今时代，全球化浪潮迅猛推进并向方方面面渗透，在给各民族和各地区带来新的机遇的同时，也给各民族和各地区的文化传承和保护提出了新的挑战。在此社会背景下，随着非物质文化遗产保护从世界到中国兴起，随着保护民族民间文化的呼声日高，为了抢救羌族释比口头遗产，有关方面在政府支持下自 2004 年以来走访了近 50 位释比，对其诵唱的经文进行录音、记音、翻译和整理（有些经文，由于种种原因，仍被释比保留而未透露出来）。在此基础上，作为"十五""十一五"全国少数民族古籍重点出版项目，篇幅不小的《羌族释比经典》于 2008 年底出版，其中收入经文 362 部，分为史诗、创世纪、敬神、解秽、婚姻、丧葬、驱害、符咒、禁忌、法具、战争、建筑、农牧、医药、释比戏、祝福词、祭祀还愿、哲学伦理、天文历算、科技工艺、乡规民约等 22 篇。总之，释比经文作为内容丰富的羌族口头文化遗产，有待我们从文化人类学作深度解读。

第二节　奇异图经"刷勒日"

2009 年元月上旬，四川省第二批非物质文化遗产名录评审会议在成都召开，从各地申报上来参评的项目共有 270 多个，涉及民俗、民间文学、传统音乐、传统舞蹈、传统美术、传统医药、传统手工技艺等类别。其中，属于羌族民间文化遗产的有"羌族口弦""羌族萨朗""羌族推杆""释比唱经""羌戈大战""大禹的传说""羌族石碉建筑工艺""'刷纳日'羌族释比绘画经卷"等。所谓"刷纳日"，乃羌语译音，又作"刷勒日"，在这次评审项目总表中列入传统美术类，项目代码为"VII"，编号为"126"。经历了"5·12"汶川大地震，本着紧急抢救保护的原则，与会的评审专家们对来自灾区的民族民间文化遗产项目给予了特别关注，这次所报的羌族文化项目基本上通过了，但唯有"'刷纳日'羌族释比绘画经卷"不在其列，原因并不在于项目内容及价值本身，而是因为有关方面没来得及替此项目做出申报书文本。按照评审会惯例，此项目只好暂时不作评议，留待以后再评。尽管如此，我作为评审委员在会上依然结合羌族释比文化，向大家介绍了释比图经"刷勒日"的濒危现状，呼吁有关部

---

① 《茂县志：1988—2005》，方志出版社 2010 年版，第 678 页。

门加快对之抢救和保护的步伐。

　　作为羌族民间文化遗产，释比图经也值得我们重视。十多年前，我们编纂《四川傩戏志》，谈到释比文化资料田野发掘情况时，对此即予以关注并多有议说，只是因该书体例所限而未能将其纳入。美国民族学家葛维汉（David Crockett Graham）1924—1948年曾先后8次到川西北少数民族地区考察羌文化，他写道："羌族巫师有时有一本用于占卜的图书，上面没有写或印一个字。在汉语中，这本书叫《铁算盘》。占卜的内容很多，包括预测婚礼、出行、建房、种庄稼的节日和其他许多事情。"在拥有图经的释比看来，"占卜时这些东西都必不可少，通过它们可预测未来，解决很多棘手的问题"[1]。葛维汉所见这"占卜的图书"，即释比图经，羌语译音为"刷勒日"，意即算书，或称"刷补"[2]。此外，"刷勒日"在茂县沙坝、赤不苏地区又称"命簿"。这是羌族释比用于占卜、唱经、做法事的一种图画经典，也就是推算婚丧嫁娶、吉凶祸福、良辰忌日等的工具书，内容丰富，也不乏神秘色彩。目前所见"刷勒日"，乃以连环画式的图像呈现，主要不是依靠文字说明（就现存图经来看，有的版本画面上亦非绝对没有汉字，但甚少，或为"八月十九""九月十六"之类，或为"桑柘木""大溪水"，等等）。释比做法事时，依照画面的提示，测算日子，诵唱经文，举行仪式。释比图经通常为彩色折叠式，便于携带，其质地或为麻质涂白彩绘，或为绢本彩描，或为纸质画本，图像按照部类划分，涉及羌人的狩猎、游牧、农耕、衣食住行、婚俗丧仪、祭祀还愿等生产生活。比如，图经中有弓箭图像，就可以跟祭山会上释比用竹箭向空四射的仪式以及相关神话传说对读。"刷勒日"被释比们奉为圣物，是具有丰富文化内涵的羌族民间遗产。较之释比口述经文，图像化的"刷勒日"所包含的内容自有特点，应该得到研究者关注。

　　又据当地调查者介绍，1997年6月，他们在对羌族释比进行为期一月的专题拍摄中，得知茂县沟口乡的肖老释比有一部"神秘图经"。这样的图经只有资历较深的释比看过、用过，凡人无缘得见，民间传说极为神秘，就是做法事时释比自己要用，也得洁手焚香。当时他们到了肖老释比家中，但无缘拍摄。8年后，也就是2005年，他们再次拜访这位肖姓释

---

　　① 李绍明、周蜀蓉选编：《葛维汉民族学考古学论著》，巴蜀书社2004年版，第67页。
　　② 《羌族词典》，巴蜀书社2004年版，第211页。汪友伦在20世纪70年代即供职于汶川县文化馆，老家在绵虒羌锋的他告诉我，他们那里称此图经为"刷补"，而"刷"是测算的意思。

图 10-4 人称"刷勒日"的羌族释比图经

比，经多方工作和说明之后，方得拍摄"刷勒日"。随后，"刷勒日"被制作成电子文件，以光盘为载体，收藏于阿坝藏族羌族自治州图书馆地方文献室，收藏档案为"Ⅰ、羌……Ⅱ、余……Ⅲ、羌族算簿——葬图经。馆藏号：B992.2/0641"。阿坝州图书馆收录释比图经的消息传出之后，有关方面领导和文化界人士纷纷热情地来电话询问，相关媒体也给予关注，如《川图导报》2005 年 6 月总第 45 期写道："目前，阿坝州图书馆地方文献研究室，从茂县沟口乡羌寨成功搜录了《羌族释比图经》。该图经系麻质涂白彩绘折叠书牒，约 100 幅……内容涉及羌民吃、穿、住、行，婚、丧、嫁、娶，是一部内蕴神秘文化色彩的'百科全书'，目前在羌区可能属'独一无二'的孤本，是民族文化的当然瑰宝。"此外，《阿坝文化研究》《阿坝师专学报》等也先后予以了报道。[1] 说图经很"神秘"，这是事实，因为释比不肯以之轻易示人。茂县永和乡老释比龙国志就曾讲，他的师傅就视此为宝贝，直到落气也不肯传给他。[2] 但是，说此本图经为羌区"独一无二"的"孤本"（此说也见于川西北羌区之外学术界沿用），则不尽然。多年来走访羌文化，我见过"刷勒日"的版本不止一种，或为手绘，或为印刷，内容互有出入。不过，川西北地区民间流传的此类实物资料毕竟不可多得，"刷勒日"为研究羌族文化提供了又一重

---

① 二根米：《羌族释比图经〈刷勒日〉的收藏与利用》，《西羌文化》2007 年第 1 期。

② 阮宝娣：《羌族释比口述史》，民族出版社 2011 年版，第 566—567、548 页。

要参考。

　　羌族释比图经为折叠彩绘的一页页书牒，有的 80 多幅，有的 100 多幅，版本不一。阿坝州图书馆收藏的"刷勒日"，约有 80 页完好。图经为麻质涂白彩绘折叠式两面绘图，有线描着色（由蓝、黄、红、绿、黑各色构成）、服饰各异的人物形象，以及花草、动物、日月等，色彩鲜艳，造型生动。由于缺少文字说明，一般人看不懂，仅有释比方能识图诵经。1995 年，茂县政协曾内部出版《羌族释比（许）文化研究》一书，作者为李家骥、陈兴才，披露了他们当年在茂县赤不苏走访民间发现的释比图经。该书前 8 页集中刊发了约 60 幅黑白图片，经过对比，可知其跟阿坝州图书馆收藏的"刷勒日"多有相同之处。由此推测，两套图经应属同一系统。他们所见"刷勒日"原件为折叠式两面图，长 176 公分，宽 6 公分，共 107 幅图，无文字说明，据研究者结合释比唱经的解释，其内容分为"祭祀图""大葬图""婚姻图""命运图""吉凶箭位图""美女蛇神图""治病驱邪图""生肖命运图""属相甲子图"九个部分，画面上除了各种人物及仪式场景，动物、花卉占的比重颇大，动物有龙、蛇、狮、虎、猴、野牛、老熊、野猪、岩羊、松鼠、老鹰、喜鹊、乌鸦等①。综合言之，羌族的历史文化、生活状况、宗教信仰等在图画中有种种形象体现。就笔者走访所见，今天在茂县坪头村、汶川龙溪东门口的景观设计中，在岷江西岸新建的羌族博物馆的室内布置中，都有从"刷勒日"中借取图像作为族群文化符号向游客展示。

　　纵观释比图经"刷勒日"，其中不乏造型奇特、内涵神秘的图像，它们反映着尔玛人古老原始的民间信仰，有待研究者从文化人类学层面深入探考。以上述被称为"蛇神图"的部分为例，共有 8 幅，其中蛇神形象乃是人、蛇结合体，主要造型是上身为袒胸露乳的女性而下部为蟒蛇盘绕，有的女神还手握一条蛇，有的女神头上圆形毡帽的边缘露出三个蛇头。从造型看，蛇神是以人身蛇腰的美女形象来表现的，体态端庄，容貌秀雅和善，显然是作为正面神灵来敬奉的。羌人何以敬奉女蛇神呢？据释比讲，敬奉蛇神，一是颂其先祖，二是请美女蛇神来解除病人秽气，使病者脱离痛苦。又说，蛇神是专门为羌族妇女解除缠身病魔，除秽祛病的女神。因此，按照羌人的观念，遇见蟒蛇乃是吉祥的兆头，是值得庆幸的

---

① 李家骥、陈兴才、余保之：《羌族图经〈刷勒日〉》，《羌族历史文化文集》第 4 集，"羌年礼花"编辑部编，阿坝州图书馆印，1993 年 8 月。

事。"据说，蛇神神力巨大，仅次于释比。关于蛇神，来历颇为神奇。传说，羌人祖先易母（圣洁女神），原来是蟒蛇所变。经文《则席》是这样说的：有一位蛇神，非常美丽、文静，被羌人斯比卓爱上了。后来二人成了婚。为共筑人间美好的山间平原，他们日夜劳动，还打开了迫害羌人的'九魂链'，救出了苦难中的羌人。此后，蛇神受到了羌人的无比尊重。"①文化人类学提醒我们，"人、蛇合体"或"蛇、女合体"意象在人类文化史上由来古老，并且在中国境内诸多民族的神话传说中有生动体现，是民间叙事中反复出现的母题之一。女首蛇身的女娲为众所周知，东巴经中人与蛇合体的神灵也屡见，这些都体现着古老的原始思维。因此，立足多民族文化比较，从原型批评角度研究释比图经中的"人、蛇合体"或"蛇、女合体"，对于我们深入解读羌族传统文化应多有裨益。

图 10-5　地震后从汶川龙溪乡迁往邛崃南宝山的直台村民众将
"刷勒日"绣在 18 米长的麻布上

列入首批阿坝州非物质文化遗产名录之民间美术类的"刷勒日"，是茂县申报的，又被称为"命簿画"。当然，"刷勒日"的版本不止上述，其内容亦多种多样，当年葛维汉即谈到他"所见这样的书各不相同，没有相似的"②。作为民间传写之物，"刷勒日"是原本就没有统一规制，还是由于代代相传而衍生种种异文，或者是在流传过程中因执有者掌握的内容各为局部而互有差异，对此今天已难考证。有论者认为，"刷勒日"有其古本，羌语叫"撒涅卜"（philepu），意思是"羌族白黑缘起的天地人神的古事"，乃释比祖师传下来的，明清以来随着"改土归流"，又融入了

①　于一、李家骥、罗永康、李斌：《羌族释比文化探秘》，中国戏剧出版社 2003 年版，第 107—108 页。

②　李绍明、周蜀蓉选编：《葛维汉民族学考古学论著》，巴蜀书社 2004 年版，第 67 页。

汉文化的天干地支等因素，"化合成为新的图本，新的名字叫《刷勒日》"①，此为一说。有关"刷勒日"的信息，在释比唱经中亦有反映，如《释比择吉日》："主家邀请释比择日子/过去的时候，你把铁板放在桌子上/图经翻开放在桌上，敬了所有的神/给主家一年里选了一月……"据《羌族释比经典》，其中"铁板"和"图经"的羌语读音，国际音标注前者为"suabu"而后者为"pusua"，二者在此被认为是指同一物，故前述语句的规范译文统一称"图经"，曰："来请释比去看期/图经翻开放桌面/翻了图经敬神灵/一月当中有朔望……"②又，羌人谈婚论嫁要请释比，经文云："释比掐了铁板算/释比翻开万年历/释比来把神敬请/选好了良辰佳期……"此处被译为"铁板算"的词语，羌语之标音为"popusua-bu"③。不过，前述老释比龙国志对来访者称图经"刷勒日"为"铁板算"就不以为然，他说："你们没得用处，那个东西。我这个手不是铁板算啊？我们这个手就是铁板算，子丑寅卯辰巳戊未申酉戌亥，这个节节（手指的指节）上……这个就是我们这儿说的铁板算。"类似说法，我从绵虒羌锋村民口中也听到过。但据释比王治升讲，"铁板算是这么长，拆开就这么长，它是一折，这样子一折，这样子一折，它尽都翻出来等于是六十花甲铁板算"，又是指图经，他还解释"铁板算"的"铁"非指用铁这种金属制作，而是指依照"模子"而"刻"出来的，"不是铁板，是书板"，模子"永久都是那个"，是"没得改变的"④。据我所知，在茂县公布的首批羌族非物质文化遗产名录中，"刷勒日"和"铁板算"分别立项，前者列入"美术"类，后者列入"民俗"类。看来，羌区释比对"铁板算"说法不一，其中原因待考。

　　图像奇特、内容丰富的释比图经"刷勒日"给我们的文化启示多多。1997 年 6 月，调查者拜访今已作古的茂县永和乡卡尔寨老释比杨大爷，时年 82 岁的杨大爷说"刷勒日"主要内容是治送瘟神的。相传，羌族当时有五兄弟，都害瘟病：大哥打摆子，二哥得寒症，三哥屙痢疾，老四出烂痘子，老五害狂病。羌族大释比为此看图作法，尊请五瘟大神——治

---

①　赵曦：《神圣与亲和——中国羌族释比文化调查研究》，民族出版社 2010 年版，第 78—79 页。

②　《羌族释比经典》，四川民族出版社 2008 年版，第 703—704 页。

③　同上书，第 879—881 页。

④　阮宝娣：《羌族释比口述史》，民族出版社 2011 年版，第 209—211 页。

送，还鸡愿牛愿，抓生替死……①也许，这位老释比是想告诉我们该图经主要是用于"治病"的，不能简单地视为"封建迷信"，从其讲述中透露出来的文化心理和文化信息，值得我们注意。在多年来以"科学"破除"迷信"的主流意识形态话语引导下，羌民如此讲述"刷勒日"是为了避免被扣上宣扬"封建迷信"的帽子，但其所言，亦非全无道理。自古以来，巫、医合流（汉字"医"的繁体为"毉"，即是形象的证明），中西方人类学调查再三提供给我们这方面例证，其在羌区释比替人解厄祛病的法事中屡屡有见（比如"打醋坛"）。目前列入首批阿坝藏族羌族自治州非物质文化遗产名录的有来自汶川龙溪的"释比医药"，2011 年 11 月中旬笔者走访龙溪沟中有名的释比文化传承地巴夺寨，懂医药的村民朱金福就对我说他们寨子的释比朱金龙医术好，尤其在接骨方面，他还说自己最初是跟爷爷学的医，爷爷朱金贵也是释比。同村的另一位释比朱光亮擅长下坛法事，他在做法事过程中也替人治病疗疾，在当地民众中有良好口碑……既然如此，今天对于释比文化中的合理成分，我们理应本着实事求是的态度予以分辨，不可简单地以"糟粕"目之而粗暴地全部扫地出门。此外，在"刷勒日"中有多幅释比模样人物手执皮鼓做法事的图像，也为我们研究相关问题提供了依据。或以为，释比图经"刷勒日"可以概括上、中、下三坛经文的基本内容。即是说，这部凝结民间知识的图像之书，某种程度上亦可谓是一部羌文化百科词典。

　　川西北民族走廊上的羌人处在汉、藏之间，多民族文化交融的特征亦反映在"刷勒日"中。以图经中人物装束及发式为例，有论者指出："羌族在历史上曾有过三次大的迁徙及与其他民族融合期。唐朝时，主要聚居在他们的原始住地河曲及洮水、白龙江流域，后来迁徙到岷江上游、黑水流域及其西北直至今青海南部一带。在吐蕃占领时期，佛教开始传入，松州西北部的羌民和维、茂二州的嘉戎及嘉戎统治下的羌民，在衣饰习俗方面都受到很大的影响。在嘉戎上层统治下的羌民，例如杂谷土司统治下的九子屯羌民，梭磨土司统治下的芦花、黑水之羌民，其语言虽为羌语，但其衣饰和宗教则同于嘉戎，这一点在《刷勒日》婚配图及大葬图中可以清楚地反映出这种影响。《刷勒日》婚配图构图及男女服饰中'衣边镶皮毛、配项链、首饰'，大葬图构图及服饰'长袍大十字开领，袖、衣边为

---

① 二根米：《羌族释比图经〈刷勒日〉的收藏与利用》，《西羌文化》2007 年第 1 期。

黄色兽皮毛镶边，束黄色腰带，脚穿黑色长筒皂靴。'这些都是典型的嘉戎藏族的服饰特征。"又如："《新唐书》《旧唐书》的《吐谷浑传》：'妇人辫发萦后，缀珠贝。''萦后'和'垂于后'不同，盖分发为二辫，萦绕于后，其发长者则盘于顶。这种辫发而萦于头之前后的发式，在西南羌、彝、藏族中十分普遍。今河湟间的藏化羌族妇女则分发为二辫垂于后，盛以锦囊，安多地区的妇女发式也往往如此。"而在《刷勒日》中，"大葬图女'头饰圆帽，发披肩于后臂'，蛇神图中几位女像都是'发披肩后'，应从中可以看出羌族妇女发式发展的轨迹"。总而言之，"羌女发式的演变，由披发而束发，由束发而辫发"。①清道光《茂州志·风俗》有"男毡帽，女编发"的记载，今茂县黑虎乡妇女便是将头发梳成两辫，左右分盘于头顶②。诸如此类，从释比图经"刷勒日"今存种种版本中可觅得相关信息。

作为民间宗教仪式中供主持者"看图唱经"之物，流传在羌族地区的释比图经"刷勒日"，尽管由于岁月迁移、历史演变，实物留存下来的极少，但也非孤本。如上所述，前些年茂县维城乡曾发现版本有别于阿坝州图书馆收藏的"刷勒日"，其封面、封底为香木版包夹，也是以麻布涂白粉为底作画。2009 年，阿坝师专陈兴龙教授等在茂县永和乡释比何清云家中觅得另一版本的释比图经，也是折叠式两面绘画，有 82 幅图，图像生动，内容涉及修房建屋、婚姻丧葬、耕种狩猎、行路渡舟、祭祀还愿等。据年近八旬的何老释比讲，图经之名羌语叫"摩萨"（mosua），分上、下两卷，该图经是师傅张世清留给他的，据说已传承了 16 代。另据中央民族大学的调查者讲，他们 2004—2006 年在岷江上游曾访得两种"刷勒日"，拍下了照片及录像③。此外，释比图经在羌区南部汶川等地亦见踪迹。2008 年 7 月，也就是"5·12"大地震之后，有前往采访汶川绵虒羌锋释比王治升的记者写道："文化大革命"时期，释比文化受到严重冲击，"红卫兵冲进他家，把神龛上供奉的释比祖师猴头神砸得粉碎，抄走了一只小响盘、传了 12 代的神棍、5 只羊皮鼓、算簿和释比图画经书

---

①　徐君：《羌族宗教经典〈刷勒日〉浅析》，《宗教学研究》1997 年第 1 期。

②　《茂汶羌族自治县志》，四川辞书出版社 1997 年版，第 682 页。

③　阮宝娣、祁庆富：《关于羌族释比文化实地调查的收获和体会》，见王文章主编《非物质文化遗产保护与田野工作方法》，文化艺术出版社 2008 年版。

《刷勒日》……"① 的确，"刷勒日"亦见于汶川释比手中。20 世纪 80 年代，王治升的二哥王治国就曾向来访者出示图经，他是川西北羌区著名释比。2010 年 10 月，我向阿坝师专教师赵曦询问此事，多年行走于羌族村寨的他回忆起当年王治国、袁真祺等释比给他讲述"刷勒日"的情形，说只有资深的老释比才能将此图经运用自如。2016 年 7 月，我们在汶川羌锋做羌年、羌绣之国家级传承人口述史摄录，我和年逾古稀的县文化馆原馆长汪友伦（绵虒羌锋人）聊起图经，他说释比王治国以及汪和明都有，称为"刷补"，后者的图经后来给了和平寨释比王海云，至今还在。此事得到老释比王治升确认，王大爷的外孙王小荣也告诉我们，图经如今在羌锋村某人家还保存有一部（另一部在前些年被某调查者借走而未归还），只是由于使用年深日久而有些破损。当时，我们希望借出来拍摄一些镜头，但因主家不愿意而未成。总而言之，从种种信息来看，释比图经"刷勒日"在岷江上游羌区民间的实物存在状况，尚有进而调查、发掘的空间。

图 10-6　阿坝师范高等专科学校搜集的"刷勒日"

那么，羌族释比图经"刷勒日"是什么年代产生的呢？或曰："据有关羌学专家和个别老释比证实，约成于唐代。传说当时的羌族释比徒步去长安，绘成此图经后，携回悉州（即今四川省阿坝藏族羌族自治州茂县的维城乡。也即今发现图经之地）。据有的释比说，此类图经在宋、元、

---

① 《释比黄昏》，http：//www.qiangzu.com/thread-2079-1-1.html，2008-7-20 10：52。

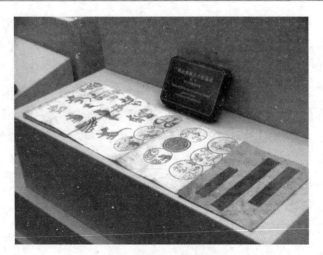

图 10-7　四川省博物院收藏的释比图经

明、清时期，已在羌族地区流传。"① 一个"据"字和一个"约"字说明，羌族释比图经产生的年代尚无定论。不过，从现存图经之画面来看，其中好几处绘有官兵模样的人物，其服饰跟元代或清朝近似。四川历史上，蒙元军队入川为众所周知，迄今巴蜀的金堂、合川等地尚存抗元城堡；乾隆以来，清政府在川西北藏羌地区用力甚多，影响亦深。这些会不会在释比图经绘制上留下痕迹呢？看来有待研究。此外，就笔者所见，四川博物院也收藏有同类图经并标名为"释比推算日子的画谱"，其版本有所不同，白色封面上竖贴三条繁体楷书墨字红纸，依次写着"民國甲申年夏月""番羌端公推算畫譜""龍淵文明印"。显然，这又是出版商根据羌族释比图经制作的刻印本了。既然是刻板印刷，想必有某种相对固定的模本，其发行量也不会太少。总之，不管怎么说，释比图经"刷勒日"并非出自今人创作，其质朴原始的图像中包含着古老的民间文化信息，这点是可以肯定的。

第三节　神秘"天书"谁能识

纵观西南少数民族地区，拥有类似宗教性图经的不仅仅是羌族，纳西

---

①　于一、李家骥、罗永康、李斌：《羌族释比文化探秘》，中国戏剧出版社 2003 年版，第99 页。

族的东巴经为众所周知，彝族毕摩也有图画符号式的鬼板在仪式中使用，四川越西、甘洛、石棉的尔苏人和平武、九寨沟的白马人的巫师中亦有图经发现。中国西部，羌、藏相邻，羌族释比与藏族本教之文化异同是学界感兴趣的话题，有藏族学者谈到"刷勒日"时指出："本教也有类似的图经，名叫'杂喀勒'，简称'杂勒'"，其类别亦多，"一般是正面为图，背面为经"①。又如，"藏族尔苏图画文现存大约两百字。文字的形体与它所代表的事物有明显的一致性，可以从单字体推知它所代表的事物；有少量的衍生字和会意字；用不同的颜色表达不同的附加意义，常在文字中配用白、黑、红、蓝、绿、黄色来表示不同的字义；无固定的笔顺和书写格式，但有时为了说明时间顺序，根据内容需要，在一个复杂的图形中，将单字按左下、左上、右上、右下、中间的顺序排列……单字体和语言里的词和音节不是一对一的关系，往往一个字读两个音节或三个音节，有的字需要用一段话才能解释清楚。尔苏图画文是象形文字，其表达功能系统还很不完备。它是由图画脱胎出来，刚刚跨入文字行列的原始图画文字"。在尔苏人社会中，"沙巴既是祭司和大法师的名号，也是尔苏人宗教和经文的名称。他们的图画文字以萨巴经文的方式流传下来，那里面包含着他们对宇宙、神鬼、万物的看法，以及他们所掌握的历史源流等"②。有如尔玛人，尔苏人也是有语言无文字，后者的沙巴图画文字今多得媒体关注。

　　贵州与四川相邻，当地水族有自己的文字"水书"，其结构多为象形，主要以花、鸟、虫、鱼等自然界中的事物以及图腾物如龙等为摹写对象，传递着古老的文明信息。能看懂读通并会使用水书的人（均为男性）被称为"鬼师"（水书先生），有如羌族的释比，他们能与鬼神沟通，在民间地位甚高。水书就是靠一代代"鬼师"通过口传、手抄的形式流传至今。水族鬼神崇拜的仪式活动，不论是判定事情吉凶，还是驱鬼送鬼、禳灾祈福，均由"鬼师"从水书中查找依据。对于诸如此类图像化经典的研究，迄今仍很有限。前不久去世的民族学家李绍明在肯定有关方面对"刷勒日"的阐释时即指出："这种类似的巫师图经在西南少数民族中并

---

① 同美：《西藏本教研究——岷江上游本教的历史与现状》，民族出版社 2013 年版，第383—384 页。

② 第四批四川省非物质文化遗产名录项目申报书《尔苏图画文字》，甘洛县文化馆制作，2013 年 11 月。

不少见……目前，学术界对这些图经还缺乏深入的研究，尤其是它们之间有无关系还不甚明了。"① 比如，纳西族与羌族在历史上的血缘关系为学界所知，但以象形文字及符号组成的东巴经跟释比图经是否存在瓜葛？众所周知，纳西族创世史诗《人类迁徙记》（《崇搬图》）便是根据丽江地区民间艺人说唱与东巴经图像资料整理而成，那么，对于羌族释比图经我们又该怎么看待呢？此外，着眼物质民俗，释比图经中人物服饰对于我们研究"藏羌彝走廊"上多民族文化交流的意义何在呢？着眼民俗艺术，"刷勒日"的美术价值又何在呢？凡此种种课题，对于羌族文化研究都很重要，有待明识之士叩问。2009 年 6 月 2 日，我和绍明先生一道应邀参加第二届中国非物质文化遗产节举办的"人类非物质文化遗产保护国际论坛"，他还同我谈到对包括"刷勒日"在内的羌族释比经典的发掘和研究需要不断深化，并且认为目前学界在这方面的工作做得不够。

图 10-8 "刷勒日"中涉及仪式场面的图像（余耀明摄影）

作为羌族民间文化遗产，释比图经"刷勒日"在今天有很高的濒危度，这跟多年来释比文化的现状有关。口头遗产最注重的就是活态传承，要抢救"刷勒日"就要抢救释比及其文化。目前在羌族地区，70 岁以上健在的老释比为数不多，而且年老多病，令人担忧。"5·12"大地震发生前，羌区已有数位德高望重的老释比相继作古，其中有汶川县龙溪乡巴夺寨 90 多岁的余明海，有茂县永和乡纳普寨 80 多岁的龙国志。地震发生，又对包括释比在内的羌族文化造成严重伤害，且看当时报道："羌族

① 李绍明序，见于一、李家骥、罗永康、李斌《羌族释比文化探秘》，中国戏剧出版社2003 年版。

的主要聚居地汶川、北川、茂县皆在地震中遭遇毁灭性打击。""记者获得的官方资料显示：汶川县原有耕地 106500 亩，地震导致灭失土地42000 亩，严重损毁 48000 亩，仅存 1 万多亩耕地。""羌文化研究专家孙宏开教授从国家民委获悉，有两位老释比在地震中丧生。而在整个羌族中，能够主持祭山会的释比只有 6 个人。""地震中，北川羌族民俗博物馆整栋大楼被埋没在一个山体里面，记录羌族文化历史发展演变的大部分历史遗迹和珍贵文物遭到损毁。""5 月 30 日，北京召开四川羌族文化抢救与保护座谈会上，一北川官员说，20 多万人口的羌族，仅在北川就有约 2 万人遇难。"[①] 生存环境被毁，文化遗产受损，年长释比离世，给原本神秘的"刷勒日"的收藏与研究带来更大困难。加之该图经之存世文本在保护上也有相当难度，为了防止其彻底失传，需要拿出切实有效的办法。

释比图经对于研究羌族民间文化的重要性不容怀疑，因此，已被阿坝藏族羌族自治州正式列入首批州级非物质文化遗产名录之"民间美术"类的有"刷勒日"，并介绍其主要分布地区有"茂县三龙乡、维城乡、雅都乡"。但是，从民间"刷勒日"的实物保存到释比对其内容的识读之现状看，情况不容乐观。在羌人聚居的川西北地区，释比图经"刷勒日"的存世文本已有如"天书"般稀少，能够识读该图经内容的释比如今更是寥寥无几。2006 年 10 月，有调查者走访了余明海、龙国志、肖永庆、王治升等羌区老释比，结果发现，除了龙国志、肖永庆二人尚能解读几幅图经，这些释比都不能完整地解读释比图经《刷勒日》的内容，而"释比占卜中的有代表性的扯索卦，目前仅有肖永庆一人会做"[②]。扯索卦即羊毛线卜，有一定的卦辞相配，释比扯后即循之解卦，其作为羌民社会中古老的占卜方式，可以卜问病因、运气等。根据有关材料，龙国志出生于1915 年，已去世；肖永庆出生于 1938 年，长在释比世家，正式学艺于1974 年，连他自己也感叹"现在能完整地传承整个'释比'文化的人越来越少了"[③]。又据调查者讲，"目前羌族地区的释比都不能够'看图唱

　　①　《8 级羌震：4000 年禹羌文化之殇》，http：//hi. baidu. com/% CE% F7% C7% BC% D6% AE%BA%F3/blog/item/ 9c023fc4fda5f9ac8326ac66. html。

　　②　阮宝娣、祁庆富：《关于羌族释比文化实地调查的收获和体会》，见王文章主编《非物质文化遗产保护与田野工作方法》，文化艺术出版社 2008 年版。

　　③　《肖永庆：在坚守中前行》，http：//www. mxxcb. com/mfms. asp? Data_ ID = 1643&MenuId =281。

经'了，只有个别释比能理解图画中关于'占卜'的图画意义"①。阿坝师专的羌学研究者从何清云老人处搜集到释比图经时，也曾请该释比及其徒弟对之进行解读，他们仍时时感叹解读有太多困难。其实，就整个羌族释比经典来看，又何止以图像示意的"刷勒日"，现存释比口述经文同样存在能演唱而不能释读的严重问题。

图 10-9　羌寨景观墙上取自"刷勒日"的图像（茂县）

田野调查表明，释比唱经主要使用的是古羌语，有些篇章及词句甚至连诵唱者本人也不晓其义。翻开"5·12"汶川地震后出版的《羌族释比经典》，其中《开坛》开头 4 行和中间 5 行、《献青稞》开头 18 行和中间 3 行、《唱面馍》开头 8 行和末尾 7 行、《竹溜子》开头 8 行和中间 6 行以及《天宫龙潭》中间 18 行、《吉》开头 14 行、《招魂》开头 6 行、《送草把人》开头 7 行、《打整房子》开头 6 行，凡此种种，为数不算少，皆是仅存羌语读音而不晓其义；有的篇章，如只有 29 行经文的《敬师祖师爷》，竟有 18 行翻译不出来，比例上占了过半篇幅；更有甚者，有些由释比敬神所唱《敬神》和驱邪所唱《解秽》，前者 34 行经文和后者 46 行经文，通篇意义都无人知晓②……部头不小的《羌族释比经典》乃集合近 50 位羌区释比之力而成，据该书介绍，其中年龄最大者有 1901 年出生的刘光元、1902 出生的袁祯其、1904 年出生的王长生保等，今犹在世的年长释比还有 1918 年出生的余明龙、1922 年出生的陈兴太、1935 年出生的仁永清等。尽管如此，依然未能在搜集者的协助下完成所搜集经文的全部释读，这不能不让人深感遗憾。2013 年，有关方面在为《刷勒日》申报非遗项目的材料中言及其濒危状况时亦云："集巫、医、学、艺、匠于一身

① 阮宝娣、祁庆富：《关于羌族释比文化实地调查的收获和体会》，见王文章主编《非物质文化遗产保护与田野工作方法》，文化艺术出版社 2008 年版，第 247—248 页。

② 《羌族释比经典》，四川民族出版社 2008 年版，第 356—359、346—347、351—354、1334—1336、372、568、1371、1377、1487、497、499、571 页。

的老释比的纷纷离世，给本来就神秘难辨的《刷勒日》的收藏与研读，带来更大困难。加之存世不多的《刷勒日》经年虫蛀鼠咬，潮霉变质，极可能出现'绝迹'之憾。急需国家有关部门组织专门人员对其进行收集、修缮与研究。"[①] 难道一份古老的民族民间文化遗产，就这样在岁月的无情磨洗下渐渐淡出人们的记忆，最终成为无人读得懂的神秘"天书"么？

---

① 第四批四川省非物质文化遗产名录项目申报书《羌族〈刷勒日〉》，茂县文化馆制作，2013 年 10 月。

第十一章

释比诵经与仪式戏剧

羌族拥有丰富的口述传统，戏剧是其重要体现之一；羌族有独特的文化遗产，民间是其重要展演场所。在这以口头为传播渠道、以民间为生存场域的民族传统艺术中，积淀着羌人的历史与文化，结晶着羌人的理念和信仰，凝聚着羌人的生命和情感。① 2008 年，惊天动地的 "5·12" 汶川大地震，把世界的关注目光引向了中国西部省份四川；也把藏彝走廊上以岷江及涪江上游为主要聚居地的羌民族及其文化遗产的抢救和保护这个大课题，倍加严峻又刻不容缓地提到了国人面前。此时此刻，以释比戏为代表的羌族民间戏剧文化遗产尤其应得到我们特别关注和重视，因为从遗产申报、艺人传承、媒介传播、区域意识等方面看，羌族这份文化遗产多年来在主流视域中恰恰是被边缘化的。本章的审视和反思，以此为焦点。

第一节　主流视野之外的羌戏

毋庸讳言，在主流学界的眼中，羌戏多年来是边缘化的。以下四点，可以说明。

首先，在从世界名录到国家名录的非物质文化遗产代表作申报中，羌族释比戏长时期缺少席位，直到最近才被列入省级名录。2006 年 5 月，国务院公布首批国家级非物质文化遗产名录，四川省推出 42 个项目中有 27 个入选，其中羌族文化方面有 "羌笛演奏及制作技艺" 和 "羌族瓦尔俄足节"；2008 年 6 月，在国务院公布的第二批国家级非物质文化遗产名

---

① 羌族民间戏剧文化遗产以释比戏为代表，此外还有花灯戏等。对于作为文化遗产和民俗艺术的羌族戏剧，我结合历史与现实、文献与田野，另有更系统和更深入的专题研究。

录中，"羌年""羌族多声部民歌""羌族羊皮鼓舞""羌族传统刺绣工艺"作为四川省申报的项目入选。然而，这两批共 1082 项国家级非物质文化遗产名录中（其中传统戏剧 126 项，被保护剧种 210 个），迄今不见有羌族民间戏剧文化遗产项目入选；在目前公布的第一、二批国家级非物质文化遗产 777 名传承人中，也不见有羌戏艺人的类别。释比是羌族文化的重要传承者和代表者，也是作为释比戏表演主体的民间艺人，他们期待着被纳入多民族国家文化遗产的抢救保护视野。2005 年 8 月，一个以汶川县龙溪乡阿尔巴夺寨、雁门乡萝卜寨为基地进行羌族释比文化遗产抢救保护的项目，在申报首批国家级非物质文化遗产代表作的省级论证会上，经我推荐并得到了与会专家们认同。然而，这个以释比还愿会（祭山会，羌语称"苏布士"）为题目的羌族文化遗产项目再往上报后，有关方面出于某种考虑，给予这类涉及民间信仰的项目（包括彝族毕摩文化、梓潼文昌信仰等）的回音是"暂缓申报"，于是被搁置下来。此时此刻，对于羌族这方面文化遗产，我们还未来得及作更全面系统搜集和深入到位研究，一场以岷江及涪江上游羌族聚居地为重灾区的山崩地裂的大地震发生了，从汶川到北川，从茂县到理县，城市毁灭，村寨坍塌，碉楼开裂，文物损坏，艺人伤亡，给羌族人民的生命和财产带来空前浩劫，也大大加深了羌族文化遗产的濒危度。

图 11-1　汶川绵虒禹王宫戏台和龙溪东门口戏台

其次，从释比戏传承来看，作为其表演艺人的释比之现状堪忧。非物质文化遗产保护，以技艺传承为头等要事。释比戏的表演主体是释比，其技艺传承非释比莫属。释比文化的传承，或子承父业，或拜师学艺，有严格的学艺要求，不是简单容易的事。笔者曾去汶川龙溪沟深处的巴夺寨做田野调查，这里是岷江上游著名的释比文化传承地。该寨有余姓"释比世家"，其传承谱系已有六代，从第一代余尚德（生卒年不详）到第五代余世荣（1949 年出生）均为本姓家族传承，第五、六代既有本姓家族传承的余正荣、余正国（1982 年出生），也有异姓师徒传承的朱金龙（1951年出生）、杨林（1982 年出生）等。2006 年据阿坝州友人马成富告知，羌族释比戏传人有茂县的龙国志、肖永庆，汶川的余明海、余世荣和王治升，理县的王九清、王定香和韩全保，等等。然而，回顾本土半个多世纪历史，由于极"左"思潮冲击，释比文化长时期都被粗暴地视为"封建迷信"扫地出门。2001 年，中、日双方学者合作调查四川、甘肃的羌族文化，就指出释比"最近 30 年来，呈快速衰退的趋势"，释比唱经"也随着一代代的传承而日益不完善"①，令人担忧。岁月流逝，释比文化传承者的数量不断减少，他们中好些人年事越来越高，如王九清、龙国志、余明海这些知名度响亮的羌区老释比已离世。"5·12"地震中，又有释比不幸身亡②，如 93 岁的张福良。村寨中，老释比越来越少，全面通晓释比技艺的释比更是屈指可数，古老的羌族释比文化遗产亟待抢救保护。此外，人们常常用汉语"端公"来称呼羌族释比，但这未免有误读之嫌，因为从严格意义上讲，除了在祭神驱鬼法术操作上二者有相近之处外，在日常生活、文化传承、精神领域等诸多方面，羌族释比的角色、作用、地位、影响绝非汉族端公所能比肩，而羌民自己也未必认同这种他者化称呼。地震后，有采访汶川释比王治升的文章写道："原来的时候，没有人会把释比叫端公。释比觉得自己的地位不仅是端公那么简单。但'文化大革命'后，称呼什么他们都不在意了。"久而久之，释比从称呼上被边缘化了，"释比是什么，越来越多的人不了解了。问到年轻人，有人说是端公，再仔细问，什么都不知道了"③。如此状况，不能不令人担忧。

---

① 卢丁、工藤元男主编：《中国四川西北人文历史文化综合研究》，四川大学出版社 2003 年版，第 200 页。

② 这次地震对羌族文化的破坏是"粉碎性的"（冯骥才语），根据 2008 年 7 月 6 日阿坝州羌学学会报告，"40 多位羌族文化传人罹难，有些文化项目成了绝唱。汶川龙溪乡 3 位释比遇难。北川羌族自治县 6 名羌族音乐、舞蹈创编人员全部遇难。禹羌文化 7 名研究人员，其中 5 人罹难。理县的佳山寨、若达寨、西山寨；汶川的萝卜寨房屋全部倒垮，萝卜寨死亡 44 人。佳山寨石墙娄空宗教、族徽图案、古文字符号、太阳神图案，房顶敬奉的石天狗、石鸡，千年的古寨房倒塌……"（《保护羌族文化的报告》，http：//hi. baidu. com/%CE%F7%C7%BC%D6%AE%BA%F3/blog/item/86f75e132fae84d5f7039ecf. html）

③ 张寒：《汶川大地震加剧羌文化流失 传承者为此忧心》，http：//www. qiangzu. com/Article/ShowArticle. asp? ArticleID = 2270。

图 11-2　以"历史深处的记忆"为题的光碟中有《释比戏》（理县，2015 年）

再次，由于相关信息缺少及传播有限，今人对释比戏为主的羌族民间戏剧知之不多。先看纸质出版物，1983 年问世的《中国大百科全书·戏曲曲艺》之"中国戏曲剧种"条后附有"中国戏曲剧种表"，总共收录全国各地及各民族戏曲剧种 317 种，其中有"藏戏""彝剧""傣剧""布依戏""壮族师公戏"等少数民族戏剧，但没有羌族戏剧。作为权威的大型工具书，《中国大百科全书·戏曲曲艺》之剧种表内，连"今已失传"的袁河戏（流传于江西宜春）、对子戏（流传于山西长治）、贵儿戏（流传于广东怀集）、抚河戏（流传于江西临川）、打城戏（流传于福建泉州、晋江等地）、排楼戏（又称青楼戏、勾栏戏，流传于海南岛）以及"只有业余演出"的地戏（贵州安顺）、关索戏（云南澄江）、高山戏（甘肃武都）、牛娘戏（广西岑溪）、八仙戏（山东淄博）、拉话戏（山西昔阳）、丁丁腔（江苏徐州）、笛子调（河北深县、武强县等）、繁峙蹦蹦（山西繁峙）、定县秧歌（河北保定农村）、四川灯戏、安多藏戏、凤阳花鼓戏、桂南采茶戏、宁夏道情戏等也收入了，从类型上看，有民间歌舞小戏，也有少数民族戏剧，但就是未能列入既有剧目又有表演艺人的羌族释比戏。1994 年青海人民出版社出版的《民族艺术与审美》乃"中国少数民族美学思想研究丛书"之一，分别介绍了汉族之外 55 个民族的艺术，其中《古老的民族艺术之花——羌族艺术与审美》提到神话、歌谣、羌笛、刺绣、建筑等，未涉及其民间戏剧。2003 年民族出版社出版的《民族戏剧学》，如序者所言，是"历史上首次在理论上打破基于汉族正统论和中心论的传统戏剧观念，为少数民族戏剧正名，还她历史本来面貌，给以历史应有价值与地位"之作，但书中仍缺少羌族戏剧的章节。翻开 2005 年中国戏剧出版社出版的《全国剧种剧团现状调查报告集》（全国艺术科学

"十五"规划重点课题），亦找不到有关羌族戏剧的只言片语（也许，这跟羌族戏剧存在于民间而无专业剧团的现状有关）。再看网络方面，例如"福客网"（http：//www.folkw.com）之"民族概览·戏剧"栏目，列出的56个民族戏剧中明明有"羌族戏剧"，但点击该条，则有题目无内文，完全是空的（仅有两三张羌族村寨的照片）；又如，"中国传统文化艺术网"（http：//www.cntca.com）有"中国戏曲"栏，不见有羌族戏剧方面条目，通过站内资源搜索羌族释比戏等，仍然一无所获。诸如此类，并非偶然，不能简单地责怪书籍、网站等媒介疏忽，从根本上讲，乃是长期以来有关羌族民间戏剧文化的资料不多且传播不广，以及主流学术对之关注及研究不够的现状所致。

图11-3　岷江西岸中国羌城展示的土司官寨室内戏台

最后，这种边缘化，还从人们惯性化的区域意识中自觉不自觉地折射出来。在中国，一谈到汉族之外少数民族聚居的省区，人们首先想到的是西藏、新疆、内蒙古、云南等而没有四川，因为按照通常理解，后者向来不被视为这方面的重点省份。2006年元月，中国艺术研究院召集各省区艺术研究机构负责人开会，商讨艺术科研方面的有关问题。当时，正供职于四川省戏剧研究机构并任副院长的我，前往北京昌平参加了这次会议。会上确定的集体攻关课题之一，就是编纂《中国少数民族戏曲剧种发展史》。为此，主持人通知了西藏、新疆、内蒙古、青海、云南、广西、贵州等省区同志参加该课题讨论会，却没有四川。得知消息后，我主动找到会议主持人，要求列入四川，并陈述理由二：（1）四川藏戏有自身的表演系统和艺术特点，为西藏藏戏无法全部涵盖，它至少跟青海、甘肃的藏戏是并立的；（2）目前中国，羌族聚居区就在四川，尤其是阿坝藏族羌族自治州（以及2003年国务院批准设立的北川羌族自治县），具有唯一性，而羌族有其独具特色的民间戏剧如释比戏，书中不应该缺少这方面内容。我的意见当即被采纳，编委会将我列入编委，让我负责组织"四川藏戏"和"羌族释比戏"的文稿撰写和图片搜集。回川后，我便带领单位两个年轻同志，确立要点，定下体例，撰写文稿。作为全国艺术科学"十一五"规划课题，《中国少数民族戏曲剧种发展史》由王文章主编，2007年12月学苑出版社出版，共17章53万字，图片855幅。首章为概述，其余各章分别介绍了"西藏藏戏与门巴戏""广西壮剧与壮师剧""新城戏与唱剧""傣剧与章哈剧""维吾尔剧""蒙古剧""侗剧""苗剧""白剧"等。其中，第五章为"四川藏戏"，12000字左右，照片10幅；末尾一章也就是第十七章为"其他剧种"，第三节便是与佤族清戏（第一节）、广西毛南戏（第二节）并列的"释比戏的发展历史与舞台艺术"，8000字左右，照片11幅。当时，我的想法就是，让地处西部四川的少数民族戏剧文化遗产通过此书有更多机会亮相在读者面前。如今，在余震逾万次而仍未停息的日子里，坐在书房，翻开2008年4月底也就是汶川大地震前夕从北京寄来的样书，内心真的是有太多感慨。

第二节　释比法事和仪式戏剧

就人们对羌族释比戏的认识来看，其在主流视域中被边缘化，重要原因之一应是其跟"傩"字沾边。"释比戏是羌族傩戏剧种，流传于阿坝藏族羌族自治州的茂县、汶川、理县和绵阳市北川等羌族地区，羌语叫'刺喇'或'俞哦'，习称羌戏。"[①] 在民俗演艺中，由于羌族祀神祭祖、驱邪逐祟以及相关的戏剧性表演均由释比来主持并扮演，故以释比戏相称。就其性质和功能看，有的剧目从神话传说演化而来，在释比主持相关仪式中或仪式后演出，娱神的同时有更明显的娱人色彩，如《羌戈大战》《木姐珠与斗安珠》等；有的剧目即是祀神驱鬼仪式本身，在此傩仪和演戏融合在一起，难分彼此，如汶川一带流传的《斗旱魃》。旱魃是传说中的鬼魅，民间认为天旱农作物歉收是旱魃作祟的结果，因此，驱赶旱魃祈求下

①《四川傩戏志》，四川文艺出版社2004年版，第54页。20世纪末我们编纂的这部傩戏志，意在补充《中国戏曲志·四川卷》的不足（当年该书未收录羌戏），因此编辑部经过慎重考虑和反复讨论后，决定将具有祭神驱邪之仪式色彩的羌族"释比戏"收入书中，并给予了好些篇幅的展示。

雨是农耕习俗中的重要仪式活动。羌民多居住在高半山地区，对雨水的祈求是半牧半耕的他们生活中的大事。《斗旱魃》演出前，由释比挑选一人扮作旱魃，藏匿于山林中。戏开始，释比主持祈雨仪式，告诉大家天旱是因旱魃作怪，于是在他指引下，村寨男女鸣锣执棍，纷纷上山去捉拿旱魃。① 这种不乏狂欢色彩的群体行为，在仪式层面即是弗雷泽于《金枝》中多有讲述的"公众驱邪"，从中可以看到戏剧性扮演与宗教性仪式的合二为一，也可以看到村寨百姓既是观众又是演员的身份重合，这种奇妙的双重性正是民间演剧特点所在。除了释比戏，类似情况亦见于羌族地区其他民间歌舞小戏。当年，阿坝州在为编纂十大文艺集成志书而开展的调研工作中，发现了流行于茂县、汶川一带的花灯戏及唱词，"他们对此进行了搜集、整理与研究，有认为'羌族的花灯戏是在羌族释比（巫师）庆坛戏的基础上派生和发展起来的……是羌族文化发展的必然趋势'"②。作为羌族民间戏剧文化遗产，无论释比戏还是花灯戏，都在巫傩文化层面上跟其民间宗教信仰有千丝万缕的瓜葛。对此问题，我们要作冷静的学术分析，而且必须以尊重民族、民间文化为前提。

"傩"，一个不太好认的汉字而又曾被人们深深忌讳的话题。回顾新中国成立后半个多世纪，由于历史原因，特别是在昔日极"左"思维定式下，长期以来国人提起它，总是想到装神弄鬼、封建迷信，把它跟愚昧、落后、野蛮、粗俗联系在一起，不是痛加贬斥，扫地出门，就是避若瘟疫，生怕沾边。"文化大革命"时期，就有不少羌族释比被管制被批斗，甚至绳子系着大石头挂在胸口上，做法事用的猴皮帽和羊皮鼓当着他们的面被烧掉，等等。直到今天，文字工具书对"傩"的释义仍是："旧

---

① 对于羌族民间这种"捉旱魃"仪式的戏剧性场面，"5·12"地震后四川推出的大型乐舞《羌风》中有所展现，其舞台脚本写道：烈日炎炎，大地龟裂，河流枯竭，人们祈求着雨水。"'喂！'一声锣鼓的巨响。两个脸戴面具的汉子由纱幕前的乐池升起。这是一场《斗旱魃》。"接着，"扮演'旱魃'的汉子带着凶恶的面具，凶神恶煞般地手舞足蹈。而另一位汉子扮演'英雄'，他戴着英武的面具，手里高举长矛，追逐着'旱魃'"。最后，"'英雄'和'旱魃'在搏斗，终于，'英雄'的长矛击中了'旱魃'的心脏，'旱魃'倒了下来"（《从悲壮走向豪迈·汶川特大地震书系》之《文艺卷·舞台艺术》，四川文艺出版社2011年版，第61—62页）。当然，"捉旱魃"或"斗旱魃"这类戏剧化仪式活动在中国源远流长且分布广泛，不仅仅属于羌区，如据老艺人回忆，旧时蜀地春二三月遇旱灾，民间祈神求雨，"戏班也忙碌起来，要配合'全民'活动。戏班求雨，兼有祈神和娱民两种功能，乡土色彩很浓厚。在农村乡镇要演《搬东窗》之一折《捉旱魃》，由正旦或老旦扮演旱魃女神，被押着串街走巷"（蒋维明、唐剑青《打游台》，《川剧与观众》2017年3月）。

② 李绍明：《"禹兴西羌"说新证》，《阿坝师范高等专科学校学报》2006年第3期。

图 11-4　祭山会上羌族非物质文化遗产项目展示（理县蒲溪）

时迎神赛会，驱逐疫鬼"，或曰，"古代驱逐疫鬼的迷信活动"①。无须否认，"傩"（儺）的本字如学界指出应是"魌"。《说文·鬼部》释之为"见鬼惊词，从鬼、难省声"，段注："见鬼而惊骇，其词曰魌也。魌为奈何之合声。凡惊词曰那者，即魌字。"《说文通训定声》释云："击鼓大呼似见鬼而逐之，故曰魌。唯经传皆以傩为之。"而"傩"在此乃一假借字。本字以"鬼"为偏旁且当划归原始宗教信仰之列的"傩（儺、魌）"，其在过去时代也确实因封建迷信和邪恶意识渗透而走向荒诞不经，但是，在人类文化史上起源古老又绵延不绝、分布广泛的"傩"，其深厚复杂的内涵绝非请巫、降神、打卦、画符、驱鬼等外在表象所概括得尽，仅仅用带贬义色彩的"迷信"二字来定位这种人类文化现象是远远不够的，对此我们务必辨析。

也就是说，"从学术研究的角度来看的话，迷信首先应该是一个中性词。有些迷信行为和思想对社会具有极大的破坏性，但有一些迷信却在人类的心理和社会组织等方面起着积极的作用"②。既然如此，本着实事求是的学术研究态度，把"傩"不仅仅看作是愚昧落后的封建迷信活动，而是切入其人类学实质去认知它理解它，承认它是一种基于人类生活本身、起源古老的民俗文化事象（无论"天子傩"还是"乡人傩"，傩祭之

① 《现代汉语词典》，商务印书馆 1978 年版，第 835 页；《古代汉语词典》，商务印书馆 1998 年版，第 1130 页。

② 王娟：《民俗学概论》，北京大学出版社 2002 年版，第 157 页。

本意都在于"驱鬼逐疫"也就是"驱邪祛疫、祈福纳吉",皆跟人类生存意志密切相关),剔除糟粕,发掘精华,就会发现其光怪陆离的表象下竟然凝结、浓缩、隐藏、演绎着那么多不失价值的人文内涵:生命意识的张扬,民俗风情的展现,内心愿望的投射,大众娱乐的自足,戏剧扮演的原始基因,音乐舞蹈的悠远血缘,古朴神奇的面具艺术,幽深莫测的符号体系,一件件,一桩桩,无不渗透着人的情感,体现着人的意志,张扬着人的精神,与人的生存、人的追求、人的企盼有着千丝万缕又实实在在的血肉关联,虽然粗陋原始却又生动鲜活,尽管怪诞诡异却又神奇浪漫。置身人类学立场,看看酬神还愿、驱邪纳吉、说唱扮演的羌族释比戏及释比文化,对此我们不难有真切的感受。

对于中国学术界来说,从学科意义上大张旗鼓地开展傩学、傩文化研究,是改革开放以来才有的事①。随新时期崛起的傩文化研究,涉及艺术学、民俗学、社会学、宗教学、文化学、人类学等方方面面,以其纵深的历史维度和广阔的现实空间显示出不可小视的学术潜力。相关成果给学界带来的惊喜,可以戏剧史研究为例。过去多年来对中国戏剧史的撰述,从发生到发展,从资料搜求到框架建构,主要循守的是从书本到书本的文献路径的治学模式,对于活跃在乡野民间并积淀着大量原始戏剧因素的巫傩文化事象则少有关注。其实,"傩虽古礼而近于戏"(朱熹《论语集注》卷五),原始宗教和艺术往往不分家。从字形上看,汉字"巫"即"以舞降神者也,像人两袖舞形"(《说文》),所以王国维说:"歌舞之兴,其始于古之巫乎""巫之事神,必用歌舞""后世戏剧,当自巫、优二者出。"(《宋元戏曲考》)常任侠论及中国原始戏剧时指出:"'角抵'与'大傩',便是从远古流传下来的两种原始戏剧",这"大傩"是"一种驱祟的神舞。"② 有西方学者也说:"神秘宗教仪式是一出戏。""在许多宗教祭祀里,我们听到过'dromena'(表演故事)——这个词接近'戏剧'Drama一词。"究其由来,"这不但是很早时期的而且是原始时代的信仰"③。正是在巫、舞一体的民间原始宗教活动中,蕴涵着戏剧产生的极重要元素。

---

① 李祥林:《本土语境中的傩文化研究》,《中国文化报》2005年6月25日。
② 常任侠:《东方艺术丛谈》,上海文艺出版社1984年版,第48、50页。
③ 〔英〕吉尔伯特·默雷:《古希腊文学史》,孙席珍等译,上海译文出版社1988年版,第65、217页。

图 11-5 释比做法事时头戴的皮盔（余耀明摄影）

　　随着傩文化研究兴起，来自田野的成果刷新着学界视野，为中国戏剧发生学提供了值得重视的鲜活资料与内容。如今，行中人由衷地感叹，中国戏剧史将因此而补充、改写并完善起来。对中国戏剧史深有研究的专家即断言："傩和戏之间相互影响、相互渗透，有着不一般的密切关系"，因此，"把傩放在视野之外而编写的戏剧史，必然会对若干问题难以理清头绪和作出合理说明"①。1993 年 9 月，在四川省傩文化研究会成立大会上，郭汉城也坦然承认："我和张庚主编过《中国戏曲通史》，有很多局限，当时好多资料都没有出来，对目连戏讲得很少。对它价值的评价、在戏史上的作用，都讲得少。另外，对少数民族的戏剧，研究的也很少。傩戏在少数民族中相当发展。我们对傩戏要广泛的研究，思路要宽一些。这个问题一定要解决好。将来对戏曲史的修改，写一部更完备的戏曲史，会有重要作用。"② 傩文化遗存在神州大地上积淀深厚，其对本土戏剧艺术的发生和发展影响甚深，证诸个案，"江苏的扬剧是从香火会发展成戏的。所谓香火会，即是农民和渔民为谢神还愿，或对神仙有所祈求，于是请巫师或出家道士设斋做会，如盂兰会、火星会、青苗会，总称香火会"③；土戏作为土家族戏剧为今人所知，当年在湖北来凤一带调查土戏

---

① 陈多：《古傩略考》，载贵州省民委文教处主编《中国傩文化论文选》，贵州民族出版社1989 年版。

② 相关言论见《四川傩文化通讯》第 2 期，四川省傩文化研究会编印，1994 年 6 月。

③ 陈勤建：《文艺民俗学导论》，上海文艺出版社 1991 年版，第 178 页。

起源时，据当地人讲，"1956 年调演，当地弄了一台端公戏去演出。鉴于端公戏有封建迷信之讳，便报名土戏，于是衍生出《现代汉语词典》的条目释文"①。此外，从黄梅戏音乐中尚存【傩神调】、各地移民会馆的戏台朝向神殿建造、民间称川北灯戏"木偶是爹，皮影是妈，猴戏是姊妹，庆坛（由端公主持的请神祈福、驱祟禳灾仪式）是它干爸爸"等亦可窥斑见豹。从戏剧人类学看，羌族释比戏作为从祭仪向演艺、从经文说唱向戏剧扮演转化中的戏剧，某种程度上可谓是形成中的民间戏剧形态，其对我们从田野角度考察戏剧发生和演剧形态不无参考价值。

　　"释比说法请动你，神功神力佑羌人。"这是祭山会上释比所唱《请神经》。鬼神信仰在羌民社会中有古老根基和广泛影响，万物有灵的观念构成其信仰习俗的主要内容，释比是尔玛民间以法术沟通人、神、鬼世界的重要中介。用人类学家弗雷泽的话来说，其作为"公众巫师占据着一个有很大影响的位置"，而且，"他们应该知道得比他的同伴更多些；他们应该通晓一切有助于人与自然艰苦斗争所需的知识，一切可以减轻人们的痛苦并延长其生命的知识"。他们所主持和施行的"公众巫术"，乃是"为了公共利益而举行的仪式。"因此，当部落的福利被认为有赖于这些仪式时，作为公众法术施行者的他们"就上升到一种更有影响和声望的地位，而且可能很容易地取得一个首领或国王的身份和权势"②。对于有语言无文字的羌族来说，释比熟知本民族社会历史与神话传说、主持祭山请神祀祖的重大仪式、进行逐祟禳灾治病的民俗活动，"祈神佑羌"的他们实质上是羌族文化极重要的掌握者和传承者，从他们口中所传递的精神文化信息对羌人族群有重大影响，他们在羌民社会中占有不可取代的地位并享有崇高威望，人们生产生活中每逢大事都要请他们主持唱经做法事。

　　尽管汉语在川西北羌区也通用，但释比唱经几乎全用的是古羌语，老释比们基本上是文盲，其汉语也不怎么流畅。无文字的羌族有自己的语言及源远流长的口头传统，而众所周知，"口语的历史比书写的历史要长久得多，它发生于人类意识的最早阶段"③。按照文化人类学的界定，"口头

---

　　① 于一、益西曲珍、周正民：《四川省少数民族戏剧调查研究纪实》，载方鹤春主编《中国少数民族戏剧研究论文集》，辽宁民族出版社 1997 年版。

　　② ［英］詹·乔·弗雷泽：《金枝》，徐育新等译，大众文艺出版社 1998 年版，第 93、94、70 页。

　　③ 孟慧英：《西方民俗学史》，中国社会科学出版社 2006 年版，第 382 页。

图 11-6　在岷江上游羌族村寨所见傩文化展示（茂县坪头村）

传统是指文化中非书面的故事、信仰和习俗。口头艺术是包括叙事、戏剧、诗歌、咒语、谚语、谜语和文字游戏"①。作为古老的口头传统，释比用羌语演唱的经文按照神事、人事、鬼事分为上、中、下三坛，达数十部之多（如祭祀歌、喜庆歌、劳动歌、丧事歌等），其内容莫不跟羌人的社会历史、生产生活、风土人情等密切相关。释比戏作为跟仪式活动密切相关的民间戏剧，即由此衍化而来。在原始宗教层面上，释比是仪式主持者；在民间艺术层面上，释比是戏剧表演者。无论从哪个层面看，释比戏及释比文化作为族群心理的显现，都保留着羌人古老的文化记忆，凝结着羌人丰富的文化智慧。因此，研究以"口承性"（orality）为重要特征的释比戏及释比文化，对于把握起源古老、传承悠久、内涵深厚的羌民族文化遗产，有举足轻重的意义。犹如研究彝族，不可不研究彝族的毕摩文化；研究满族，不可不研究满族的萨满文化。不仅如此，研究羌族释比文化、彝族毕摩文化和满族萨满文化，对于深入把握多民族中国的文化多样性，亦是不可缺少的环节。

第三节　本体识别及学术反思

就人们对羌族释比戏形态的认识来看，其在主流视域中被边缘化，另

① ［美］哈维兰：《文化人类学》（第十版），瞿铁鹏等译，上海社会科学院出版社 2006 年版，第 449 页。

一重要原因当是跟成熟的"代言体"戏剧有距离。2008 年 6 月 19 日，由冯骥才先生入川发起的"紧急保护羌族文化遗产四川工作基地成立暨专家调研工作会"，在西南民族大学召开。本人作为工作基地专家委员会成员与会，并结合近年来自己参与本省非物质文化遗产保护工作的实际，就抢救保护羌族民间戏剧文化遗产在当下的重要性和紧迫性作了发言，提出四点建议供有关部门参考：第一，加快羌族民间戏剧文化遗产向上申报非物质文化遗产代表作的步伐；第二，加快羌族民间戏剧文化遗产的全面调查、系统搜集和深入研究的步伐；第三，加快抢救保护羌族民间戏剧传承人及其技艺的步伐；第四，加快建立羌族民间戏剧文化活态保护和传承基地的步伐。7 月 2 日，省非物质文化遗产保护中心根据文化部的"特事特办，紧急保护"指示精神，邀请有关人士来商讨这次地震重灾区（尤其是羌族聚居区）非物质文化遗产项目及传承人向国家级项目补充申报的问题。会上，结合当前中国正在积极推进的非物质文化遗产项目评审，我再次提出四川省应向上补报释比戏等羌族民间戏剧及其传承人，并介绍了相关情况。当时，与会者中有人对此怀疑，认为这种释比演戏跟他们平时所知的戏剧"不一样"，够不上"戏剧艺术"的标准，"不像"戏剧①。当然，说此话者并非做戏剧研究的，他们不了解有关情况也很自然。这使我想起另一件事，2005 年本省推荐首批国家级非物质文化遗产代表作时，评审会上有人以专业音乐标准来衡量"川北薅草锣鼓"而认为其不够向上推荐资格，当时我便从民间文化遗产抢救保护角度为之据理力争，并且指出，用所谓专业眼光来苛求民间艺术是不合适的，这会导致对后者的扼杀。我的意见得到采纳，也是这次地震重灾县青川申报的"川北薅草锣鼓"，经我们推荐后被列入了第一批国家级名录。

对释比戏这类充满仪式色彩的民间演艺，刻板套用所谓专业化尺度去裁定之，不免削足适履。众所周知，成熟形态的汉地传统戏剧或曰古典戏曲，音乐多讲究（曲牌体、板腔体），演员分行当（生、旦、净、末），

---

① 受某种思维定式影响，类似观点过去在本地戏剧界也曾存在，有当事人回顾和反思当年《中国戏曲志·四川卷》（1995 年出版）编纂工作时即言："虽说我们对少数民族戏剧的调查取得了重大成绩，但也有疏漏和完成得不尽人意的地方，这疏漏主要表现在藏戏剧种和羌族释比戏问题上。……由于我们对羌族史研究的不够，又未深入调研，对羌族释比戏有无之争，未作及时论定，致使羌戏（羌族释比戏）未作为四川少数民族剧种，载入戏曲志四川卷之中。这不能不说是我们在研究少数民族戏剧工作中的又一个遗憾。"（严肃：《更着老树添新花——于一〈蜀戏新探〉序》，《戏剧家》2011 年第 3 期）

图 11-7　我在理县蒲溪所见村民演出羌戏（一）

表演高度程式化（四功五法），尤以叙述方式上的"代言体"为突出特征。不同于由作者直接讲述故事的小说，作为代言体艺术的戏剧，其作品的语言必是其中人物的语言，即"代"角色之"言"。如果作者不是化身为作品中人物来说话，而是直接叙说故事或描写人物，那就是"叙事体"而非"代言体"。表演方面，代言体戏剧要求"一人一角"，一般的叙事体说唱艺术则是演员可以"装文扮武我自己，一人能演一台戏"。在代言体艺术中，演员要化身为角色，以剧中人物的身份行动、说话，使用的语言是第一人称的；至于描述，则是说书、小说等叙事体艺术所擅长的，它跟戏剧明显不同就是使用第三人称口吻说话（不过，中国戏曲舞台上也可见到扮演人物的演员跳出角色说话，或交代背景，或说明事由，或插话评论①，这恰恰是戏曲从艺人说唱向角色扮演转化后残留的文体痕迹）。王国维《宋元戏曲考》指出："由叙事体而变为代言体"是元杂剧作为戏曲成熟标志的关键，"宋人大曲，就其现存者观之，皆为叙事体；金之诸宫调，虽有代言之处，而其大体只可谓之叙事。独元杂剧于科白中叙事，而曲文全为代言"。正因如此，人们视宋元为中国古典戏剧的成熟期；久而久之，"代言体"也渐渐成为人们头脑中定位戏剧的"刻板印象"。

　　然而，当我们走向田野，在民间仪式戏剧和少数民族戏剧中，常常看

---

①　例如，宋元戏文《幽闺记》终于生旦团圆、满门诏封，包括当事人在内的生、旦、外、末、净等山呼万岁，齐声唱道："铁球漾在江边，江边；终须到底团圆，团圆。戏文自古出梨园。今夜里且欢散，明日里再敷衍，明日里再敷衍。"显然，这已从剧中人身份跳了出来。

到第三人称说唱和第一人称扮演并存于演出过程中，表演艺人不断在二者间跳进跳出。如四川梓潼阳戏，也是将请神仪式与戏剧扮演糅合起来的傩戏剧种，且看其"三十二天戏"中接连三出戏的唱词："戏台设就请诸神，千神百戏要来临。棚上钱财纷纷绕，棚下法师转回程。一棚神戏助人间，威灵有感化三千。十方施主皈信我，消灾散祸寿延长。"（《出扫棚钱》）此处的"我"是做法事又兼表演的端公，他以叙事者口吻在介绍设棚请神唱戏过程；"小鬼本姓高，手中拿把刀。主家还戏福，棚上走一遭。小鬼生得丑，棚上耍乐抖搂。借动鸣锣鼓，跳个魁星踢斗。"（《出小鬼》）通篇唱词如此，语气既像是端公在介绍小鬼，又像是小鬼在作自述；"主人家，准备金鸡对盒酒，土地老者走一遭。遥空参拜众诸神，在天在地众神灵。受我土地参拜你，府降香坛作证盟。"（《出土地》）这里的"我"，已经不是出场时的端公，而是端公所扮演的土地神了。类似状况在中国民间演剧中未必不具有普遍性，如梁山灯调秧苗戏《收虫》，内容是庄稼遇虫灾而农民请端公来跳神驱虫，戏中那个在老君锣伴奏下出台就唱"一台去，二台来，戏班子去了端公来"的表演者，说他是跳神驱虫的端公或说他是扮演角色的演员，皆无不可；更有甚者，在邻近四川的贵州，"地戏本的文体是第三人称为主的叙事说唱体"①。2017 年 9 月，我们去甘孜藏族自治州考察，接连在巴塘、壤塘等好几个地方观看藏戏，那种叙事性地唱一段后再歌舞表演一段（二者不同步进行）的演剧方式，也跟人们熟悉的汉地戏曲拉开了距离，对前者的欣赏显然不能机械地套用后者的规矩。在川西北羌区，释比戏由释比唱经演化来，其中释比除了主持祭神驱邪仪式，他在戏剧化扮演中一人可饰多角，或唱男角（如英雄赤吉格补），或饰女子（如天女木姐珠），或扮神灵，或装魔怪，亦是在叙事性说唱和角色化扮演之间跳入跳出，有相当的灵活性，显出过渡形态的民间戏剧特点②。

---

① 高伦：《贵州地戏简史》，贵州人民出版社 1985 年版，第 34 页。

② 关于仪式与戏剧的关系，法国社会学家涂尔干说："人们举行仪式，是为了将过去的信念保存下来，将群体的正常面貌保持下来"，此外，"仪式不仅追忆了过去，而且还借助名副其实的戏剧表现方式将过去呈现出来，这就是仪式的全部内容。戏剧表现这个说法是非常精确的，因为在这个仪典中，祭司被人们当成了祖先的化身；作为演员，他扮演的是祖先的角色"（《宗教生活的基本形式》，渠东、汲喆译，商务印书馆 2011 年版，第 513—514 页）。也就是说，仪式植根于族群生活，保存着传统信念，祭司在仪式过程中化身为神灵或已故的祖先面对大众时，从戏剧表演角度看，他跟舞台场景中的角色扮演正有相通之处。涂尔干这番话，有助于我们理解和把握释比戏这类羌族民间仪式戏剧。

图 11-8　我在理县蒲溪所见村民演出羌戏（二）

大致说来，戏剧人类学要么是把戏剧向人生场景还原，从人类文化行为，尤其是仪式行为等探究戏剧的功能和意义；要么是从书本走向田野，通过考察现存民间的原始形态戏剧，窥测戏剧的起源和发展。无论从哪个层面看，研究羌族戏剧文化遗产的价值和意义，都不言而喻。"以歌舞演故事"（《戏曲考原》），这是王国维给戏曲下的定义。尽管今人对此见仁见智，但在我看来，其毕竟抓住了"扮演"这涉及戏剧本质的问题。戏剧是假定性艺术，借印度《舞论》之语，有了苦乐人间事，"有了形体等表演，就称为戏剧"。事实上，有情节有人物有演唱的羌族释比戏，未必不是按照假定性原则以歌舞为手段来扮演角色反映生活的。"歌"的方面，释比的唱腔民间称为"神歌"，音律起伏较大，节奏较缓慢，每句唱腔终结有延音，唱段与唱段之间、章节与章节之间夹有音调夸张的道白，是有唱有白、二者结合的。所用乐器，则有羊皮鼓、盘铃、响盘、唢呐、锣、钹、镲等。"舞"的方面，除了有人物化、角色化扮演（有时也不止释比一人，如前述《斗旱魃》），释比表演的肢体动作主要在腿部，多以双腿跳跃或单腿、单脚跳跃，前后左右轮番交替进行，即所谓跳"禹步"。禹指大禹，就是率民治水抗灾、开创夏朝基业的大禹。"禹兴于西羌"（《史记·六国年表》）、"大禹生西羌"（《后汉书·戴叔鸾传》），其"家于西羌，地曰石纽。石纽在蜀西川也"（《吴越春秋·越王无余外传》）。属于"5·12"地震重灾区的汶川、茂县、北川等地多有禹迹及传说，如北川有禹庙、禹穴、石纽山等。相传，大禹王因治水而患足疾，释比做法事时效其步态，于是有此身段表演。被神话学者称为"民族英雄第一人"的禹，如学界所言，原本也是羌人部落中身兼大酋长和大巫师职位的第一人。由大禹开创的"禹步"，古籍中多有记载，从艺术研究角度看应是他祭祀天地山川、神祇祖先以及求神问卜时所跳的一种舞步①，多为后世巫师效法。"道具"方面，据理县羌族学人介绍，"释比戏演出时，演员们都要穿戴上牛头、虎鼻、鸟喙、龙颜、羊身、蛇身、兽角等各式各样的面具或服饰"；视剧情和场景需要，还有豹皮、猴皮帽、竹帽、佳普（白裙）、色科塔坡（权杖）、铠甲、刀枪等；"表演者表演时如道具不够，也可信手拈来一件能够敲击出声的家什当作道具"②，凡此种种，不一而足。

图 11-9　经过记录整理，羌戏的若干剧本今被收入相关书籍

又，中国传统戏剧讲究程式化，不论是唱、念、做、打、舞的表演，还是服装道具的设置，音乐曲牌的使用，舞台时空的调度，等等，都顺应着程式化要求。程式就是事物的规程、法式，所谓"程者，物之准也"（《荀子·致仕》）。尽管羌族释比戏作为形成中的民间戏剧带有原始古朴色彩，不好时时处处都用成熟形态戏剧那种标准去要求之，但从"禹步"

---

① 周冰：《巫·舞·八卦》，新华出版社 1991 年版，第 80 页。2012 年 4 月下旬，我赴茂县做田野调查，在岷江西岸坪头村新建的傩文化广场（村民们俗称"鬼林林"，因其中挂着许多巫傩面具），见当地人书写的介绍文字中提及禹、羌、巫、傩关系时有云："大禹，古经统帅，一代君王，也是羌族首领——释比的开山鼻祖。因长期治水，足腿有疾，在祭祀时，形成屈腿蹲胯的'禹步'，一直是羌族巫师——释比世代相传的独特步态。"如此表述，多少折射出今天当地人（尤其是知识阶层）对此话题的某种"主位"（emic）看法，也透露出深信"禹兴于西羌"的他们对大禹王的族群认同。当然，当今作者笔下常见的"禹步"之说主要来自学界，2016 年 7 月我们在绵虒羌锋为老释比王治升做口述史摄录，当访谈人问起"禹步"时，重复了好几遍，王大爷仍不明白。后来经我解释，告诉王大爷就是请他讲讲跳皮鼓的脚步，他才明白。

② 王科贤：《理县羌区释比戏》，见《留住我们的记忆——理县藏羌民族民间文化集》，中共理县县委、县人民政府编印，2011 年 1 月。

等肢体表演上是可以见到某种程式化处理的。此外，由于释比戏演出跟羌民的祭祀活动密切相关，释比作为主演人的穿戴亦颇有讲究：若扮演神灵先圣时，须戴猴皮帽；若表演驱邪逐妖时，则戴竹帽；表现战斗场面或演唱英雄时，要披挂铠甲；表演一般人物时，则穿日常服装。凡此种种，程式化趋向恐怕也不能说绝对没有。最后说说，有故事有情节、有角色有扮演的民间羌戏，我有幸目睹。在岷江上游民族地区，理县蒲溪的释比文化保存较好。2013 年 3 月 13 日，农历二月二，我去了蒲溪沟最顶端的高山寨子休溪，在当地举办的央儒节（央儒乃羌语之译音，指祭祀的日子，人们在这天宰杀牛羊祭祀山神和天神）上观看了乡民演出的仪式戏剧《刮浦日》①。这出民间小戏的挖掘恢复，曾得当地已故释比王定香生前指点，内容及主题是宣讲惩恶扬善的乡规民约，有说有唱，语言诙谐，表演夸张，形式质朴。全剧用羌语表演，包括羊皮鼓队祭祀、独白与对白式交叉表演、集体砍杀象征邪恶的"茅人"（草偶）、释比以"打油火"等法术祛除邪祟等环节，人物角色有"会首""秃子""聋子""尖勾子""讨口子"等十余个，整个演出有浓厚的仪式气息，其功能是在传统祭祀活动中让人们耳濡目染地接受和遵从"神灵"所引导的社会规范，从而整饬村寨风俗。这出由村民自扮自演的"寨子戏"，作用不凡，给人印象深刻。

---

①　2013 年、2015 年，我在理县蒲溪的羌族村寨祭祀活动中都观看过村民根据传统习俗用羌语演出的这出民间小戏，并拍摄有照片和录像。对此羌戏的活态存在及演出，我另有专文论述和分析，此处不赘。2015 年 10 月，理县县委、县政府推出光碟《历史深处的记忆——理县口述历史纪录片合集》，共包括"藏羌走廊史话""平民祭祀　羌族释比""博巴森根""羌戏—释比戏""国际友人伊莎白与理县"等八部纪录片，其中"羌戏—释比戏"从挖掘、定位、阐释、评价等角度对蒲溪羌民所演这出戏多有论说和展示。

第十二章

唱灯跳灯及文化交融

目前中国，唯一的羌族聚居区在四川西北部。川西北羌区，重点县份主要有阿坝藏族羌族自治州的汶川、茂县、理县以及绵阳市北川羌族自治县。此外，尚有阿坝的松潘、绵阳的平武等地。恰恰就发生在此地带上的"5·12"汶川大地震，给羌区人民的生命财产带来毁灭性的灾难，也大大加重了羌族民间文化遗产的濒危度。古老的羌民族有丰富的民间艺术遗产，以至今存活的民间戏剧为例，除了释比戏，在岷江和涪江上游羌区还有其他歌舞小戏，比如载歌载舞的唱灯跳灯就为尔玛村寨的民众所喜闻乐见。

第一节　民间花灯在北川羌区

"5·12"地震以前，有关方面拟编辑《四川省民族民间文化资源普查资料汇编》，在经过我手统稿的该书文稿中，有来自绵阳地区的非物质文化遗产项目71项，其中戏剧类居首的是北川羌族自治县墩上乡的"许家湾十二花灯戏"。这次普查，是非物质文化遗产保护在当下中国启动之初进行的，目的在于尽快了解情况后开展工作，虽然因时间甚短而不够全面（随着保护工作逐渐上路，这普查后来又在全国范围内重新展开），但毕竟使着手这项工作的我们对来自基层的大致情况有了初步把握。资料汇编中的条目文字，乃是根据各地文化部门填写的调查表整理的。北川地处涪江上游的湔江流域，墩上乡南邻安县，西靠茂县，海拔约2000米，省道213线北茂路（北川至茂县）贯穿全乡。乡治墩上，位于土门河与青片河交汇处，距离北川县城曲山42公里，距离茂县县城57公里，是北川通往茂县、松潘的关口。该乡所辖岭岗村，原名许家湾。据地方志书，北川、绵竹的有些地方实跟茂县关联密切，由于行政区划变动，1951年将茂县的清平乡划给绵竹，太平乡划给安县；次年，以东兴乡的朱史坪、从乃山、雅梁子为界，又将亚坪村、许家湾划给北川。关于许家湾花灯戏，上述普查资料标明其民族归属为"羌族"，流传地区为"绵阳市北川县墩上乡及茂县桃坪乡"，正文云："据传起源于山上牧童玩草把把耍，后人将草把变为花灯，配上民间小调，山歌表演，取名花灯，后加入戏剧情节，成为花灯戏。最早属单一的祭祀舞蹈，花灯象征为神，能驱疫逐鬼，能保人安康，舞蹈特点是碎步走路，上身控制，给人以飘逸秀美之感，剧中人全为男性表演，男扮女装。声腔为花灯小调，以响器和唢呐、笛、胡琴等伴奏。代表剧目有《百花公主》《审土地》《三跑亲》等。"照此表述，北川许家湾花灯源于乡村牧童在山上放牛时为打发时间而创造的一种游戏，后来逐渐演变为绚丽的五彩花灯表演。那么，该花灯起源是否如此呢？

从文化人类学角度看，羌族民间唱灯跳灯的由来，跟他们生活中的信仰习俗有密切联系。在当地村民心目中，花灯乃是神灵的象征，能驱鬼逐祟，保佑人畜平安。如前所述，尔玛人敬奉天女木姐珠为先祖。1986年9月，北川墩上羌族乡岭岗村有古稀老人就对来访者讲许家湾花灯的由来跟木姐珠有关。他说，很早以前，天底下的人都害了瘟症，到处有凶神恶鬼作乱，木姐珠与其姐妹闻讯后就从天门土路下凡来拯救人类。她们拿着宝剑，手持神灯，头包白帕，身穿白衣白裤去捕捉鬼怪，"木姐珠和大姐、二姐，每人手头拿一盏神灯，凶神恶鬼看见灯就要出来，凶神恶鬼一出来，遭神灯一照，就跑不脱了。四妹、五妹、六妹捉到凶神恶鬼以后喃，就把凶神恶鬼变成草把把，交给放羊娃儿去踢到耍。后来，人们就扎起花灯到每家每户去耍。耍以前，先到庙子头去祭天神，这种习惯一直流传到这阵"①。原来，耍花灯本是祈瑞求吉的神圣活动，"踢草把把"原为逐鬼驱邪的仪式，具有不寻常的意义。羌人相信万物有灵，天上地下，其崇拜的神灵众多。羌族释比唱经亦有专门歌颂灯神的篇章，曰："天上挂月地上灯，普照凡民免灾星""灯神普照人世间，照得凡民多舒心""延寿多

---

① 《中国民间文学集成·北川县资料集》上册，四川省北川县民间文学三套集成编委会编印，1987年10月，第205页。讲述人苟玉书，男，羌族，76岁，农民，不识字，北川县墩上羌族乡岭岗村人。

福人丁兴，敬奉灯神天地明"①。因此，跟乡民生活及信仰息息相关的唱灯跳灯，对他们来说就不单单是供娱乐的，也不是随随便便的事情，所以演出前表演者要去庙里拜祭神灵。不仅如此，花灯表演队伍来到请灯人家，也是要先拜祭主人家的祖先，拜堂屋中"天地君亲师"的牌位。花灯演出，通常是正月初一出灯，至二月初收灯，主要在正月里唱灯跳灯，求吉驱邪，人神共乐。

图 12-1　北川许家湾花灯戏及民间艺人（《羌族文化传承人纪实录》）

除了上述，花灯戏艺人还会在农历六月二十五日千佛老祖庙会期间义务表演。千佛山位于安县、北川和茂县三县交界处，面积约 122 平方公里，处在岷山山脉南段，海拔 3033 米，是龙门山东北向余脉的最高峰。"5·12"汶川地震前笔者曾前往那里，如今地方政府将其作为重要旅游景点来打造，藏羌民俗风情表演即是所在地向游客大力展示的项目。横亘在高山和平原之间的千佛山，乃是西羌与内地联系的纽带，自古为茶马古道的重要一环，其在文化上的意义值得关注。"5·12"地震后汇集羌区资料出版的《羌族口头遗产集成·神话传说卷》收录有关于女娲的神话，其一是《千佛山和千佛庙》，讲天漏后大神女娲炼五彩石补天，天很高，女娲以土石垒山，爬到山上用自己身体和五彩石一起才堵住了天上的漏洞。后来，唐僧去西天取经时向佛祖奏其功，佛祖让唐僧在女娲垒的山上修建了一座庙子，每年农历四月初二，佛祖便叫天底下的佛爷和菩萨都去庙里拜女娲神，从此人们称此山为千佛山，此庙为佛祖庙，并且形成了千

---

① 《羌族释比经典》，四川民族出版社 2008 年版，第 447 页。

佛山庙会①。此外，当地民间又传说药王孙思邈曾在千佛山探药读书，修炼于此，后来他收下一羌女为徒。该羌女心怀仁慈，行医于世，她技艺高明，让无数百姓起死回生，可谓善莫大焉。最终，这位羌女受到王母娘娘点化，成为当地人崇拜的千佛老祖……千佛山顶部有千佛庙，经考证始建于唐代。唱灯跳灯在北川民间流行，据当地老人回忆，当年红军长征路过千佛山时，村民们曾组织花灯表演，欢迎红军。2007 年 8 月 7 日，北川县文化馆人员曾利用千佛老祖庙会期间，去墩上乡岭岗村观摩许家湾花灯戏。

从艺术研究角度看，如今已被列入第二批四川省非物质文化遗产名录的许家湾花灯戏，原本是乡民庆贺丰收以及节日期间边唱边舞的"跳灯"，后来民间艺人在此基础上将动作改编，配以山歌曲子表演，并且融入故事情节，逐渐发展成为有人物有故事的"灯戏"。由于表演者手持十二盏五彩灯笼，故以"十二花灯"名之。此外，据《北川羌族史略》介绍，墩上羌族乡的许家湾花灯又叫"武安花灯"。北川古称石泉，从北川羌区交通线路看，墩上乡地处松岭关路（陇东路、石泉军路），"这条古道是从绵州（绵阳）溯涪江、石密水（即今之湔江，又名湔水、石泉河、石板河）上至松岭关共 200 里左右，再 50 里即至石泉县城，然后沿青片河经石泉堡、青岗堡、石板关至墩上羌族乡折而顺土门河经土门堡，翻越土地岭即到茂州"②。羌族民间花灯表演集叙事、抒情、音乐、舞蹈于一体，生动地反映着当地人的生活及风土人情，堪称地方民俗文化的活态见证。作为扎根民间土壤的演艺活动，唱灯跳灯为羌族民众所喜闻乐见。"5·12"汶川地震之后，也就是 2009 年 8 月 15 日（农历六月二十五），一年一度的许家湾花灯节在岭岗村吉祥庵举办，自发前来观看的民众仍达数百名，可见其在人们心目中的位置。许家湾花灯戏的表演者有 9—12人，皆为男子，女角则系身着花衣的男扮女装，角色面部有抹白式化妆，分"小花脸"和"大花脸"，有独唱、对唱、领唱、帮腔等形式，配以锣鼓等，曲调有【采花】【十指尖尖把门】等，多为五声徵羽调式。表演者

---

① 这个故事流传于北川县墩上乡岭岗村，讲述人是该村的苟玉明，男，羌族，68 岁，农民，不识字。关于女娲神话在川西北羌族地区的传播，请参阅李祥林《从羌族口头遗产看女娲神话踪迹》（载《文化遗产》2013 年第 3 期）等文。

② 王清贵：《北川羌族史略》，北川县政协文史资料委员会编印，1991 年 10 月，第 187、80—81 页。

的肢体动作主要是上身随音乐摇摆，脚下作碎步，轻快活泼，风格质朴，具有浓厚的乡土气息。一般说来，花灯戏表演者的服饰是男角包黑色头巾，身着黑衣黑裤，脚上穿布鞋或草鞋；女角包红色头巾，身着花衣花裙，手上拿红帕，脚上穿绣花鞋。

当今时代，由于种种原因，羌族地区的这种民俗艺术如今面临困境，亟待加大抢救和保护的力度。有关资料表明，80 多岁的苟姓老艺人是目前许家湾花灯戏表演者中年龄最长者，熟悉曲目、精通表演而被大家称为"戏母子"的他，如今随着年龄增升记忆力减退，也只能完整唱出 20 余个曲目来。花灯唱词靠祖辈口头传承，学艺者少说也得花上三至四年才能"出台"（登台表演）。学艺的时间长，加之少有经济效益，窘迫的状况使得岭岗村花灯表演者队伍从最多时的 100 多人，到后来仅余 30 人左右，而且年龄普遍偏大，年轻人基本上不肯学①。从列入四川省第三批非物质文化遗产名录的"羌族麻龙马灯"的申报材料中，我们也看到，其谈及濒危现状时指出："既懂又能演的老一辈人逐日消亡，新一代愿意学习的人又极少，'5·12'大地震后，由于各种原因会的民间艺人外出务工或迁移，现在北川羌族自治县只有少数人能够主持传承羌族麻龙马灯这一民间活动。"② 如此态势，让人不能不担忧。

第二节　岷江上游的唱灯跳灯

当下中国，随着文化遗产保护热潮兴起，在川西北岷江及涪江上游地区，被阿坝藏族羌族自治州正式列入首批州级非物质文化遗产名录的，既有"释比戏"，也有"羌族灯戏"。作为中国首部少数民族古籍解题书目之一，当今出版的《中国少数民族古籍总目提要·羌族卷》（2009）中，其讲唱类（口传文化资料）亦有"花灯戏"，收录了若干剧目。

竹马花灯是茂汶地区流传的歌舞小戏，该地凤仪镇的竹马花灯调《香灯》从正月数到腊月，将一年十二个月里月月观灯的乐事——道出，其中唱道："二月去看灯，看的是什么灯？二月里看的是二龙抢宝灯。""六月

---

① 非物质文化遗产项目申报书《许家湾十二花灯戏》，北川羌族自治县文化馆制作，2006 年 6 月。

② 非物质文化遗产项目申报书《羌族麻龙马灯》，北川羌族自治县文化旅游局制作，2010 年 8 月。

去看灯，看的是什么灯？六月里看的是鹿鹤同春灯。""九月去看灯，看的是什么灯？九月里看的是久久长寿灯。"该地的竹马花灯，因使用竹子编扎并用彩纸裱糊的竹马六或九匹作道具而得名，竹马分"引马""隔马""幺马"，道具另有灯牌一对和手提马灯若干；身段步法有"望月步""双挽花""倒提扇""万字格"等，唱腔曲牌有【闹五更】、【贺灯调】、【欢喜调】、【过街调】等；行当以丑、旦为主，旦角为男扮女装，头搭花帕，脚穿云云鞋，扎花腰带，围绣花围腰，右手执扇，左手拿花帕，丑角则鼻梁抹白，整个表演生动活泼，乡土气息浓厚。如茂县东兴乡等地羌民中流传的竹马花灯《捶金扇》，"唱述'舅舅的儿子来看奴的妈，意在要奴嫁给他'。形象地以扯拉拉、笑哈哈、叹哀哀、水渣渣来述说女子的心情，唱出女子想摆脱包办婚姻的强烈愿望"①。茂县土门片区耍花灯，"又称'花灯戏'，具有较为完整的情节和情景，唱词优美，故事性强"②，为当地民众所喜闻乐见。流传于凤仪镇、东兴乡等地的竹马花灯剧目，有《十送》《谢茶》《渡舟》《三讨亲》《打菜薹》《斗老虎》《贾报喜》《捶金扇》《结拜桥》《玉仙楼》《金腰带》《四进财门》《把总上任》《火烧豆子林》《王先生教书》《百花山招亲》等。从技艺及习俗看，川西北羌区唱灯跳灯还有"破阵"表演。在渭门一带，龙灯入户，要放鞭炮迎灯，要由香灯师致吉利语，接下来是"破阵"，阵有多种摆法，破阵招式亦多姿多彩。比如，表演时摆阵一方拿出四张纸片，两张写有"大"字，两张为空白，经过另一方破阵后，可组成"大吉大利""大富大贵"之类吉语。纸上的字由主家人设计，阵由香灯师来破，破阵之后即耍灯。这破阵，既有趣味又讨吉利，既考验灯师技艺又受到民众欢迎，表演上很有可看性。唱灯跳灯在当地见于好些乡镇村寨，如当代羌族作家在《唱游茂县》中所吟："赏野花/看菜花/春意盎然到农家/村民自古传文化/马马灯/耍花灯/唱起民歌表心声"（东兴乡）、"戏楼遗址清风凉/往昔灯笼高高挂/马马灯/狮子舞/台上台下跟着感觉走"（光明乡）③等。

唱灯跳灯在川西北羌区实不鲜见。据《汶川县志·雁门志》，春节期间城乡有龙灯、狮灯、花灯等游演各村寨，灯班由十多二十人组成，每到一处，艺人们都是先拜庙后耍灯，唱灯时"中堂上二人坐，拉土制胡琴以

①　《中国少数民族古籍总目提要·羌族卷》，中国大百科全书出版社 2009 年版，第 147 页。
②　《茂县民间文化集成·土门片区》，中央民族大学出版社 2014 年版，第 405 页。
③　梦非：《唱游茂县》，中央民族大学出版社 2014 年版，第 96、162 页。

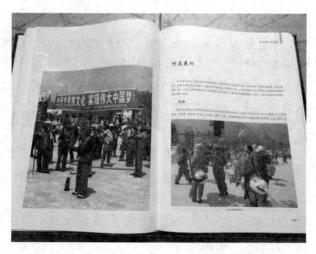

图 12-2 茂县民间竹马花灯（《茂县民间文化集成》）

配音提调，另二人在堂中，按半月形舞扇交走，轮次唱灯"①，表演的剧目有《正月去看灯》《朝贺庙宇灯》等。譬如花灯戏《进庙灯》，"分说白、踩台、唱灯三个部分。说白中叙说通山寨村众姓弟子许了一次愿灯，今天来到月里村川主庙，来唱还愿灯，请求神灵保佑等。踩台叙说庙宇的祝贺词，赞颂庙宇雄伟壮观。唱灯演唱8盏灯所象征的神灵庙宇。主要内容是敬请神灵保佑，保护村民家家清净、户户平安，人财两旺……"② 汶川紧邻汉区，羌、汉文化多有互动，20世纪90年代付梓的《中国民间歌曲集成·四川卷》，也收录了从汶川采集的花灯调《一颗豆子圆又圆》。在绵虒羌锋走访，释比和村民给我们讲述尤多的也是龙灯、狮灯，在汪清发、高玉兵、王文成等村民家中我看见，其神龛（角角神）侧"罩围"（木刻雕版印花着色的图案，村民说这是神的衣裳）上方都有一小木升装玉米插着一支彩纸剪须装饰的花棒，他们告诉我这是正月里玩龙灯后分给每家每户的，供在神龛上，表示神灵护佑，吉祥安康。据理县地方志记载，在木卡、蒲溪等地羌族村寨中有地方小戏，"羌语叫'哟'，羌民说汉话时叫'灯'"③。理县地处岷江支流杂谷脑河流域，据考以"灯"相称的此剧种是三国时期从东路（茂县）传入理县的。通常为一男一女二人对唱（女角系男扮），有时根据剧情亦由多人表演，以胡琴、小锣鼓伴

---

① 马成富：《雪域魂》，中国文史出版社2005年版，第47页。
② 《中国少数民族古籍总目提要·羌族卷》，中国大百科全书出版社2009年版，第143页。
③ 《理县志》，四川民族出版社1997年版，第661页。

奏，演唱用汉语，剧目有《南桥接水》《王戏背凳》等，戏装为对门襟、短褂、短裤，化妆不开"脸子"，女角稍稍搽粉即可，唱腔有浓郁的民族民间风味。2004年5月9日，理县通化乡大西山村委会在《四川神禹之邦旅游圣地理县大西山开发旅游文化资源报告》中，谈到当地文化遗产时也提出"广泛深入收集羌族民歌、谚语、锅庄、曲艺、羌戏、花灯、莎喇演奏、皮鼓舞蹈、民间故事等民间文学艺术资料"，等等。此外，羌人崇拜大禹，尊奉其为"先祖"，由此形成了一整套自具特色的民间叙事，涉及神话传说、仪式诗歌、文化遗迹等方方面面。被人称为羌族四大史诗之一的《颂神禹》，长达600多行，是从汶川等地老释比口中采录的。在岷江上游羌区，民间灯词亦有《大禹治水》，云："在这喜庆的日子里，歌唱我们的民族，歌唱我们的祖先。山有树，树有根，我们来唱羌族的根。最能干的'耶格西'，是他疏通了九条河，时间用了八年整……"如前所述，这"耶格西"即羌人对大禹的称呼。

图12-3　理县杂谷脑河畔的木卡羌寨

川西北羌区的民俗活动有"灯会"，乃地方上老百姓自发组织，表演类民艺有龙灯、狮灯等，多在节日或喜庆时走村串寨，献艺四方，也专门为集会、婚礼等演出。《茂汶羌族自治县志·社会风土·节日》记载羌民过春节，"正月十五闹元宵，耍马马灯、龙灯、牛灯、彩莲船、舞狮子，家家张灯结彩，放鞭炮，吃汤圆"①。在北川，青片乡西窝羌寨每年要举办龙灯会，主办者由每家每户共同抽签决定，家家户户都希望被抽中，因

---

① 《茂汶羌族自治县志》，四川辞书出版社1997年版，第677页。

为这是吉祥的好兆头；舞龙灯者首先前往神庙祭拜，再来到每家每户，为羌民带去神灵的赐福；人们穿上节日的盛装，吹起唢呐，敲着皮鼓，载歌载舞。茂县叠溪庙会四方有名，时在农历七月，周边乡民要背着药材、皮毛等山货进城赶会。仪式活动方面，是七月十三日人们将城隍老爷抬至东北门外南坛庙，到了十五日"鬼节"这天，又将其抬回城隍庙。届时，人们舞龙灯、耍狮子，燃放鞭炮，人山人海，十分热闹。作为民俗艺术，唱灯跳灯适应着尔玛人的年节需求。"5·12"地震后首个春节来临，汶川龙溪沟的夕格村民们商量着如何过年，议来议去，最终决定还是按照老规矩来过："敬神、舞狮、点天灯。"资金方面由村寨公积金支出500元，再由每家每户出50元，然后，"手巧的负责扎狮灯，力大的负责砍天灯杉杆"①，各项活动也就张罗开来。在尔玛人生活中，除了节日，婚礼等喜庆的日子也唱灯跳灯。松潘小姓羌族乡的多声部民歌如今知名度甚高，该乡埃溪村已故歌手雷簇（女，1919—1993）所唱羌族古歌"尼莎"中有叙述婚礼上送迎新娘的段落："戴着什么牦牛迎接去？戴着耍牦牛灯壳去迎接。接新娘的牦牛灯看到没？接新娘的牦牛灯没看到。你没看到转到哪了？转到调皮模样是吧……"②这里说到"牦牛灯"，接下来还提及"黄马灯"。从文化人类学角度看，唱灯跳灯在羌族地区，除了"圣"的层面娱神和"俗"的层面娱人，尚有一重要的社会功能不可忽视，这就是有利于强化羌民的内部联系和族群认同。以绵虒羌锋为例，"在地缘认同上，羌村人以村寨为中心。羌村、簇头寨、沟头寨各村都有狮子会、龙灯会。正月里耍狮子龙灯，它是春节间的重要娱乐活动，更重要的是加强寨中认同和加强寨间关系，达到地缘上的整合作用"③。各寨的狮子、龙灯除了在本寨挨户戏要，祈吉祛祟，寨与寨之间还要互访，举行竞技性表演；他寨的狮子、龙灯到来，本寨要办"九大碗"等盛情款待，不能怠慢。借助唱灯跳灯这民俗艺术，彼此沟通交流，礼尚往来，促进着乡民社会的人际联系与和谐。

　　唱灯跳灯是羌区民众喜闻乐见的艺术，民主改革后其被用来配合时政宣传，也就自然。汶川县档案馆存有一份《雁门人民公社解放前生活习俗、文化艺术和解放后文化活动开展情况的补充调查》，这份调查报告除

---

① 高屯子：《羌在深谷高山》，中信出版社2013年版，第28页。
② 毛明军主编：《羌族妮莎诗经》，四川师范大学电子出版社2015年版，第91页。
③ 徐平：《文化的适应和变迁——四川羌村调查》，上海人民出版社2006年版，第109页。

了已收入《羌族社会历史调查》一书的内容之外，尚有关于当地乡村"索桥俱乐部"的记录，云："索桥大队俱乐部是于1956年建立初级社时成立的。公社成立后，俱乐部的活动内容更加丰富，在配合党的各项中心工作和促进生产上都起了显著的作用。"该俱乐部设委员会，有主任委员一人、委员若干，委员以下分设有幻灯、剧作、读报等活动小组。参加俱乐部的20多个成员，绝大多数是能歌善舞的青年男女。"俱乐部的活动特点是：紧密围绕党的中心工作，本着农忙小搞，农闲大搞的原则，展开各种形式的文化宣传和文娱活动。几年来他们传承了无数的优秀节目。其中采取花灯形式创作的歌舞剧'人民公社好'、舞剧'皮鼓舞'等是最受群众欢迎的节目，这两个优秀的节目曾于1958年12月选出参加了县、州的文艺会演和1959年1月省的文艺会演大会。皮鼓舞、花灯被评为县、州的剧作奖和演出奖，在省的会演大会上，花灯被评为优秀奖。"① 这载歌载舞并被推选到州、省参加汇演获得奖励的《人民公社好》，正是当地采用民间传统艺术形式排演的剧目。索桥大队即今之索桥村，属于高半山村，沿着盘山公路去萝卜寨，首先映入眼帘的便是该村。1935年5月红军进至汶川县，徐向前指挥"雁门关战斗"时总部就设在索桥村川主庙。

图 12-4　节日庆典舞龙的道具（茂县牛尾村神树林）

从唱灯跳灯流传的茂县、汶川、理县、北川等地看，羌族民间灯戏的

---

① 蒋彬主编：《民主改革与四川羌族地区社会文化变迁研究》，民族出版社2008年版，第189—190页。

图 12-5　羌族村寨的麻龙灯舞（北川非遗展示）

剧目多姿多彩，有《香灯》《十送》《闹元宵》《送金银》《打盖指》《参新房》《赶市场》《龙凤配》《闹五更》《审土地》《小采茶》《樊梨花》《打菜薹》《天官赐福》《龙灯进门》《百事齐昌》《大禹治水》《仙灯照山》《钟馗嫁妹》《和尚占诗》《湘子度妻》《十二杯酒》《百花公主》《参拜财门》《鸿雁传书》《夫妻赶会》《安安送米》《上山打柴》《关公保皇娘》《七仙女下凡》《杨三姐说媒》《二郎神镇妖》《赵匡胤送京娘》《栀子花开月儿青》等，相传有上百出戏。从剧名不难看出，羌区花灯戏所表现的题材，有不少都是在中华大地上广泛流传的。如《安安送米》，讲述的是东汉时期发生在川西平原上（德阳孝泉）的孝道故事（"二十四孝"之一），其在川北灯戏以及外省地方戏中也能见到，为老百姓家喻户晓。如今行政区划上属于重庆市所辖的梁山灯戏中，据老艺人介绍，传统剧目有《安儿送米》。走访贵州傩文化博物馆，我也看见有傩堂戏《安安送米》的展示。又据"河南文化网"报道，2010 年 1 月 23 日晚，也就是农历腊月初九这天晚上，地处中原的该省曲剧团即推出了一台颂扬孝敬父母、尊老爱幼的传统大戏《安安送米》①。华夏民间信仰中，天、地、水三官是庶民百姓尊奉的道教神灵，其身影常常出现在戏曲舞台上，羌族释比唱经中亦有《敬三官神》之类，笔者走访羌族地区也屡屡看见当地老百姓对三官的虔诚敬奉（在理县蒲溪沟休溪寨，就看见不少人家门前有小

---

① 郑红旗：《省曲剧团演出〈安安送米〉以颂德孝之剧年终封箱》，http：//www. chnmus. net/html/20100125/481463. html。

小的木制神龛，上书"天地水府三元三品三官大帝之神位"；绵虒是汶川老县城，此地有三官庙，始建时间不详，重建于清乾隆年间，迄今犹存，是岷江上游地区著名的人文景观）。三国文化源远流长，三国故事脍炙人口，"三国戏"名扬天下，对忠义神勇的关羽的崇拜亦流播到羌、藏等民族地区，如过去汶川有的村寨羌民屋顶上所供五块白石之一即代表的是关老爷，其出现在羌族民间唱灯跳灯中丝毫也不奇怪。

图 12-6　蜀地民间唱本（2015 年购于崇州文庙侧小街旧书铺）

　　至于钟馗嫁妹、八仙过海、七仙女下凡、赵匡胤千里送京娘之类故事，在神州大地可谓口口相传，人人皆知。再如汉区地方戏中屡见的"梁祝传说"，也反映在羌族民间《狮灯歌》里。过节时舞狮人来到各家各户，在锣鼓伴奏下边舞边唱："正月好唱祝英台，龙王制下狮子来；二月好唱祝英台，蚕蚕蛾蛾枝上来"，"六月好唱祝英台，买把雨伞来遮荫；一来遮荫梁山伯，二来遮荫祝英台"，"冬月好唱祝英台，背包拿伞朝山来；腊月好唱祝英台，雪花飘飘过一年"。当然，不必怀疑，唱灯跳灯传入川西北羌区也"在地化"了，呈现出他方所不具有的民族文化特色，如"独雄大王"（独雄菩萨）是尔玛人敬奉的地盘业主神，他们认为作为"土主"的独雄本是"蛮王"，茂县土门有独雄庙，农历正月初四是庙会时间，当地人称"老蛮子是地盘业主，汉人是后来的"，从庙里铸造于明万历十四年的钟看，"证明'独雄庙'历史已久，确是'夷人所信'"①。该县富顺乡永城村竹马花灯唱词之参神曲中有《参独雄》，词曰："一进宝殿往上观，独雄大王坐中堂。独雄菩萨为祖先，镇守西羌显威灵。保得

　　① 《中国原始宗教资料丛编：纳西族卷·羌族卷·独龙族卷·傈僳族卷·怒族卷》，上海人民出版社 1993 年版，第 553 页。

此方民安乐，刀兵水火远远行。花灯弟子来参拜，五谷丰登保太平。"①

第三节　灯俗民艺的多面考察

研究民间戏剧可知，花灯戏在中国民间歌舞小戏家族中为一大类别，从地区看，云南有贵州有四川也有；从民族看，汉族有其他民族也有。跳灯唱灯习俗在巴蜀地区由来已久，《中国大百科全书·戏曲曲艺》收有"四川灯戏"条目，列入"戏曲声腔剧种"中，云其"唱腔质朴明快，富有民歌特色""表演较接近生活，多跳跃性舞蹈动作，具有轻松自由，活泼开朗的特点"，并且将其剧目划分为正灯、浪浪灯、地灯三大类，称其是"具有地方特色的小戏"②。该书对四川花灯的叙述主要着眼于汉族地区，并未言及川西北羌区的唱灯跳灯习俗。20 世纪 90 年代，十大文艺集成志书修纂期间，《中国戏曲志·四川卷》编辑部搜集到灯戏剧本 50 多个，在此基础上编成《四川灯戏集》一书，辑入梁山灯戏、川北灯戏、古蔺花灯戏等剧本，2006 年由四川文艺出版社出版。过去或公开出版或内部编印的《川北灯戏》《四川灯戏·四川傩戏》《云贵川民间戏曲研讨会论文集》等书，也为读者提供了相关信息。毋庸讳言，多年以来由于种种缘故，犹如羌族释比戏，川西北羌区灯戏受到学界的关注也有限。

目前，首批列入国家级非物质文化遗产名录的，有四川省申报的"川北灯戏"，其流行于川北地区的南充、岳池、苍溪、江油、剑阁等，剧目有《小放牛》《打胖官》《送京妹》《山伯访友》《皮金滚灯》《瞎子算命》等数百个，是田间地头民众喜闻乐见的艺术。据清乾隆年间《苍溪县志》载："上元，放花灯，演灯戏，在郡邑城廓间筑台竞演，昼夜不分。"上元即元宵，人称此"乃天官上元赐福之辰"，这见于《梦粱录》等书记载。中古以来，我国有元宵张灯观赏之俗，又称"灯节"。在四川，据元代《岁华纪丽谱》载，"成都游赏之盛，甲于西蜀"，而上元节"成都灯亦盛"。《岁华纪丽谱》还言及唐咸通年间正月初二成都"街坊点灯张乐，昼夜喧阗"的盛况，并称"唐时放灯不独上元也"③。清同治

---

① 《茂县民间文化集成·土门片区》，中央民族大学出版社 2014 年版，第 375 页。
② 《中国大百科全书·戏曲曲艺》，中国大百科全书出版社 1983 年版，第 361 页。
③ 傅崇矩编：《成都通览》，成都时代出版社 2006 年版，第 98 页。《岁华纪丽谱》乃元人费著所撰，《成都通览》介绍"成都之民情风俗"时将其作为附录收入。

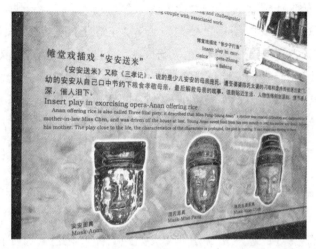

图 12-7　傩堂戏《安安送米》的角色面具（贵州傩文化博物馆）

《重修成都县志》"岁时民俗"记载正月："九日，谓之上九。……沿街挂灯，城乡装扮龙、狮各灯，于是日起。十五日，谓之'元宵'，亦曰'灯节'。"关于"上九"扮灯耍灯习俗，清代巴蜀地方志书多有记载，如嘉庆《华阳县志》："是夕始放灯，曰'出灯'，有狮龙、竹马、走马、鳌山、采莲船诸名。"嘉庆《温江县志》："街巷于'上九日'俱扎彩棚，悬挂各色花灯，彻夜辉煌。子弟巧扮女妆，携灯唱采茶歌，或童稚作傀儡，扮各色故事，不可枚举，至十六夜止。"光绪《增修灌县志》："是日，沿街挂灯，城乡装扮龙狮各灯游戏至十五日，谓之'元宵'，亦曰'灯节'。"光绪《重修长寿县志》："自初九至十五夜，城乡市镇斗灯，制鱼、龙、狮、象各形状，导以鼓乐，沿门相贺，仿春傩逐疫意。主人设香烛迎接，大施爆竹或放花筒以为乐……"光绪《合州志》："自正月初十至十五日，各庙灯火辉煌达旦，街市亦灿烂如白日。又有滚龙、跳狮、妆演杂曲诸灯，颇极喧闹。"民国《安县志》："入夜燃灯，祀天地、祖先，好事者作龙灯、狮灯、竹马灯，游戏城市……"[1]又据清末《芙蓉话旧录》介绍，"太平日久，民物恬熙，每值度岁，翕然繁盛"，省会成都，"初九夜起，春灯彩胜，同时齐出，鱼龙曼衍，到处游行。繁盛街道，大都有牌坊灯，细木作架，髹以金漆，上段幂以细纱，绘说部杂剧，中置灯烛，间三

①　丁世良、赵放主编：《中国地方志民俗资料汇编·西南卷》，书目文献出版社 1991 年版，第 1、5、54、57、21、199、127 页。

四十部，即安放一架。尤以东大街者为最精致……"① 至于灯戏，清乾隆朝双流举人刘沅《蜀中新年竹枝词》云："花灯正好月华催，无那书声入耳来；看戏看花都未了，伤心竹马竟成灰。"自注："新年诸戏，俗名花灯，儿童有娱久而畏入学者。"又云："东风吹度好笙歌，几处楼台坐绮罗。狮子龙灯齐击鼓，欢娱多处是人多。"自注："俗有狮子龙灯，金鼓轰然，沿门作戏。恒有百余人随其所至往观，不惮深夜相随者。"② 刘氏笔下竹枝词说的民间观灯及花灯戏，是流行在川西平原汉族地区的。成都乃四川省会，其在羌族释比经文中称为"依多"，诸如此类事象是冬日按例从上面（岷江上游峡谷）下来（到川西坝子）务工的尔玛人所不陌生的。

　　民间扮灯耍灯，意在祈吉祛邪，有颇强的傩文化色彩，如民国二十八年《巴县志》"上九"条所言：是日"比户燃灯，矫捷者饰狮子，夜则群拥龙灯，禺然双舞，金鼓满街。《周礼》：方相氏卒岁大傩，黄金四目，玄衣朱裳，强武伥童，驱除群厉。狮龙之饰，山鼻电目，大髯长鳞，即仿其意，以化厉疫为吉祥也"③。在北川所属的绵阳地区，从嘉庆初到清末，戏曲演出活跃，"在四川花灯基础上演变发展而来的川北灯戏，这一时期也有较大发展，光绪年间绵州、江油、平武等县均有灯戏班起班"，而"境内部分端公把灯戏和跳端公结合，既唱灯戏，又跳端公"，打保符行庆坛，出现了"半巫半艺之端公班"④。在与北川相邻的江油雁门山区，民间称这类小戏为"耍灯"，表演以小丑为主，集唱、念、做、逗为一体，结合山歌、端公调等做通宵演出，有时兼做法事——"传老爷"，灯、傩不分家，具有娱神和娱人的双重性质。"剑门天下雄"，地处川北今为广元市所辖的剑阁有白龙花灯，风格质朴，乡土味浓，以锣鼓伴奏，说唱杂耍，其节目有《小放牛》《赶元宵》《春官说春》《仙女散花》《傈傈唱灯》《马马赶会》《西山种茶》《船夫摆渡》《五虎伏瘟》等。剑阁古称剑州，民国时期改剑阁县，1935 年曾设剑阁专区，辖剑阁、昭化、广元、北川、江油、平武、阆中等九县。比较北川许家湾花灯，白龙花灯的

①　周询：《芙蓉话旧录》，四川人民出版社 1987 年版，第 58—59 页。
②　雷梦水、潘超等编：《中华竹枝词》，北京古籍出版社 1997 年版，第 3174 页。
③　丁世良、赵放主编：《中国地方志民俗资料汇编·西南卷》，书目文献出版社 1991 年版，第 40 页。
④　《绵阳市戏曲志》，绵阳市文化局本志编辑组编，1987 年 6 月，第 3 页。

舞蹈步法亦多为"小跑步"，过去也无女性表演者，所有女角皆由男子装扮。民间有专办花灯的"灯官"，下辖灯棚若干，每年表演由各棚灯头率领，正月初一起灯，至十五元宵倒灯，以夜灯为主。作为民间演艺，白龙花灯的仪式性也甚强，比如腊月三十晚"开灯"，全体人员要集合到神坛或祠庙前，鸣炮奏乐迎接"灯官"，这灯官务必是受过"文昌职"（民间道教掌教）的人。白龙花灯表演分"外场"和"内场"，顺序为先外后内。外场又称"大场"，由龙灯、狮灯、马马灯、牛牛灯、牌灯、凤凰灯、鲤鱼灯、十二盏"素灯"（仙女手中花灯）、十二盏"荤灯"（农民手中花灯）组成，队伍庞大，表演者少则40人，多则上百人，场面可观。内场也称"小场"，其表演融音乐、舞蹈、戏剧、杂耍等于一体，说唱结合、歌舞相间，讨人喜欢。跟北川羌族自治县的许家湾花灯相近，这里也有以"十二"为数的彩灯。前述羌区花灯有"破阵"，类似表演亦见于剑阁民间花灯以及地处川北、今跟北川同属绵阳市所辖三台县的民间狮灯中，该地百姓口碑甚至有"狮灯不破阵，等于瞎胡混"之说。而在紧邻汶川的都江堰市（灌县），当地民间龙灯、狮灯表演中皆有"破阵"，甚有可看性。

　　地处岷江二级支流青衣江流域的芦山、宝兴、天全等县，今属雅安市所辖，历史上为"青衣羌"所在地。作为古羌人的一支，"青衣羌"又简称"青羌"，主要分布在今四川西部雅安地区，当代学者徐中舒、任乃强等对此多有考述。据《水经·青衣水》："青衣水出青衣县西蒙山，东与沫水合也。县故青衣羌国也。"青衣水即青衣江。据任乃强《雅安地区八县地名考释》（手稿）："羌族者，即以放牧与狩猎为主的游牧民族。大约在公元前一千多年，从今之阿坝、金川等地逐渐徙入四川盆地边缘的这支部族，最先是以宝兴为原始根据地，曾一度扩散青衣江全流域……"[1] 芦山、宝兴也是2013年"4·20"四川地震的重灾区。芦山县位于雅安东北部，青衣江上游，北与汶川接壤，东北邻崇州、大邑，东接邛崃，西面和西南分别与宝兴和天全毗连。这里山高林密，沟壑纵横，是成都平原向青藏高原的过渡地带，秦汉时期尤其为内地与西南少数民族交往的必经之地。自古以来，此地巫傩之风兴盛，今被列入非物质文化遗产名录的"芦山庆坛"即是当地一种以酬神祈福为主并且融汇多种文化元素的民间宗教

---

① 阮基康主编：《青衣江志》，四川省水利电力厅编印，1989年9月，第310页。

祭祀活动。芦山也有花灯流传，其作为乡土艺术迄今犹见于节日、婚嫁、庆寿、丧事、祭祖祀神、祛灾禳病等民俗活动。庆坛中会插演花灯戏，常演剧目有《裁缝偷布》《安安送米》等。《中国民间歌曲集成·四川卷》收录的花灯调，也有采自芦山的《说春》《闹五更》《左也难啊右也难》等。芦山花灯艺人亦多为"庆坛师"，表演时要反穿羊皮背心，其跟前述羌民唱灯跳灯有无关联，感兴趣者不妨探究探究。芦山今属雅安所辖，民国十七年《雅安县志》"岁时风俗"正月初九至十五，不但有"龙灯、狮灯、骑街灯"和"小儿女以纸篾扎新灯"，还有"乔装沿门讴俚曲，曰'唱花灯'"①，十分热闹。总之，唱灯跳灯既见于川北也见于川南，后者民间著名者有古蔺花灯、芦山花灯等。又据民国十八年《合江县志》，正月十五闹元宵，"有龙灯、狮子、花灯诸目"，其中，"最令人轩渠者为花灯，昔称'车车灯'。以男扮女，项黄腰大，而脂粉嫣然；别扮小丑，左执汗巾，右秉蒲葵扇以戏之，婆娑蹀躞，唱《采茶歌》，众人合之，金鼓为节，彻夜乃息"②，正是一丑一旦的"两小戏"。

图 12-8　川北南充举办的灯戏节

从多民族文化角度看，在阿坝藏族羌族自治州，"过年节时，嘉绒藏族也有耍狮子龙灯的，舞的也很好"③。沿岷江上溯，过了茂县便是松潘

①　丁世良、赵放主编：《中国地方志民俗资料汇编·西南卷》，书目文献出版社 1991 年版，第 353 页。

②　同上书，第 160 页。

③　《四川省阿坝州藏族社会历史调查》，四川省社会科学院出版社 1985 年版，第 229 页。

图 12-9　川南古蔺花灯亮相非遗节

（岷江发源于这里的弓杠岭），据民国十三年《松潘县志》，当地正月十五亦称"灯节"，按照习俗，"民间出鱼龙百戏，爆竹相随，谓之'烧灯'"①。松潘藏族，半牧半农，语言上属于安多方言区，他们也跳花灯。据当地藏族作者讲，"史书上所称'松潘草地'囊括今青海省果洛州的一部分地区、甘肃省甘南州的铁布地区，以及今阿坝州的红原、若尔盖、阿坝、南坪、松潘五县"。历史上的松潘是高原与内地交往的重要门户，是川西北"茶马互市"的中心，这里的山山水水风景迷人，民间文化资源丰富。当地藏族中盛行的"花灯"，民间口碑言其有上千年传承，说它跟历史上吐蕃派兵松州征战凯旋的故事相关，其内涵经历了从"庆贺胜利或排遣思乡之情"向"庆贺五谷丰登、六畜兴旺、人寿健康、为节日增添欢乐"的演变。"松潘藏族的'花灯'，只有在一年一度的藏历新春佳节时才表演。一般从大年三十晚开始，至正月十五日结束。它是松潘各族人民在新春佳节必不可少的文化娱乐活动。春节期间，不论昼夜都要跳，但以'晚会'为主。生活在岷江两岸的藏族各村寨，都有这传统。"以村寨为单位的"花灯"表演队伍，多则上百人，少则十几人，通常是男女各占一半。"每个'花灯'队都有一名德高望重的领队老者和一位能歌善舞的教练，并配有五至十位能颂会唱的歌手，以及锣鼓、跳狮子、跳犀牛等

①　丁世良、赵放主编：《中国地方志民俗资料汇编·西南卷》，书目文献出版社 1991 年版，第 387 页。

队，以壮声势。"① 这载歌载舞的花灯队伍，除了在本寨子表演，也串村走寨互相献艺，以增进彼此感情联系。此外，在藏、羌、回、汉共居的松潘还有回族花灯，或说起自明代，或说源于清代，亦称"九莲灯"，表演时以民歌配唱，男女手执花灯成对歌舞，节目有《观灯》等。正因为在杂居松潘的诸民族中都有唱灯跳灯，其出现在前述羌族古歌"尼莎"中也就自然。

"羌"之族名早在甲骨文中有见。"羌族是我国最古老的民族之一，历史上分布很广，传说他们是汉族的前身——'华夏族'的一个重要组成部分。在长期的历史进程中，羌族中的若干分支由于不同的条件和原因，逐渐发展，演变为汉藏语系中藏缅语族的各民族。……羌族在我国民族史上占有极其重要的地位。"② 费孝通曾指出，较之多吸收兄弟民族血液的汉族，羌是一个向外输血的民族，中华大地上"很多民族（包括汉族在内）从羌人中得到血液"③。历史上以"羌"命名的古老族群，是华夏族的族源之一，其大部分融入了汉族和其他民族之中，仅在山高谷深的岷江上游一带保留了主要聚居区，成为民族演化史上一个"活化石"。随着历史演进和社会变迁，羌人一方面不断跟其他民族发生融合，一方面也从汉族、藏族等民族文化中汲取养分，发展和丰富自己的文化。因此，在"你中有我，我中有你"的民族交流大格局中，今天我们研究花灯戏这类羌族民间演艺，也就离不开跨文化和多民族的视野。况且，羌人迄今依然有语言无文字，汉语在川西北羌区通用。因此，从民族文化和民俗艺术看，载歌载舞的花灯小戏作为羌族民间戏剧的内涵及特色值得好好研究；从族群互动和文化交流看，羌族花灯戏跟邻近地区以及兄弟民族同类艺术的关系亦有待深入探讨。

"羌在汉、藏之间。"根据第五次全国人口普查，羌族现有人口 30 多万，以"尔玛"自称、身处中国西部民族走廊上、大多居住在川西北岷江上游高半山地带的他们，在半耕半牧的生活中守护着自我族群的文化及习俗。羌民社会有丰富的口述文化传统，扎根民间生活土壤的歌舞戏剧正是其重要体现之一。在这凭借口头渠道传播、存活于民间场域的传统演艺

---

① 达尔基：《松潘藏族花灯》，载《山情——达尔基小说散文集》，四川大学出版社 2007年版。

② 《羌族简史》，四川民族出版社 1982 年版，第 2 页。

③ 费孝通等：《中华民族多元一体格局》，中央民族学院出版社 1989 年版，第 26 页。

中，有着羌人古老厚重的历史与斑斓多彩的文化的积淀，为从事民俗学、人类学、文化学、艺术学研究者所不可忽视。对于羌族民间戏剧这类演艺活动，也就是对于作为羌区"地方性知识"（local knowledge）的这份文化遗产，尽管我们已有初步知晓和把握，但真正从学理上深入内在层面的研究，尚期待有志之士去展开。

第十三章

民族歌舞及多面观照

作为典范化的民族文化符号，"萨朗""羊皮鼓舞""多声部民歌"等羌族民间歌舞在 2008 年"5·12"地震后尤其得到大力展示，频频亮相于观众面前，成为当今媒体追捧的热点。歌舞是艺术，考察和研究羌族民间歌舞，自然不应该少了艺术学视角，但也不能仅仅局限在此，因为从文化人类学审视，羌族民间歌舞不单单是当今舞台或广场上向观众、向游客表演的"艺术"，扎根族群生活、体现族群心理、服从族群需要的它有着更宽广也更深厚的民俗意义和文化内涵。从整体上去把握人类社会事象，"从整体上去理解人类许多方面的准则"①，此乃人类学的文化整体观，也是当今非物质文化遗产整体性保护理念的基础所在。立足现实，本章从旅游学、艺术学、人类学三方面切入，对羌族民间歌舞进行多向度考察。

第一节 地震之后的频繁亮相

"5·12"地震发生后，四川有关部门编制完成了《文化产业和文化市场恢复重建大纲》等专项规划，将 79 个文化产业园区和艺术培训项目纳入国家发改委《汶川地震灾后恢复重建生产力布局和产业调整专项规划》，并且提出恢复重建的指导思想和工作重点：一是突出地域文化特色，重建文化产业基础设施，恢复城乡文化产业体系，繁荣文化市场，提高文化产品供给能力；二是构建特色文化产业带和文化产业群，实施重大文化产业项目带动战略，恢复重建九寨沟演艺群等国家文化产业示范基地

---

① ［美］詹姆斯·皮科克：《人类学透镜》，汪丽华译，北京大学出版社 2009 年版，第 11 页。

和都江堰灵岩山文化产业园、绵竹年画产业园等文化产业项目，构建以成都、德阳、绵阳、广元、雅安、阿坝为重点的文化产业带；三是建设藏羌文化走廊，以阿坝、绵阳为主，恢复藏羌民族文化机构的生产能力，发挥名城古镇和非物质文化遗产富集资源的优势，大力发展文化旅游，深入挖掘民族民间文化，大力推进舞台艺术、文博展览等特色文化产品和服务的开发营销。在此思路下，川西北羌族地区在灾后重建中努力凭借文化发展旅游。

图 13-1　迎宾仪式上的跳鼓（北川巴拿恰）

去过北川的人知道，"巴拿恰"是灾后新建县城永昌的中心，羌语的意思是指做生意的地方，用今天的话讲叫商贸集市。既是做生意之地，"巴拿恰"凭什么招来买主和游客呢？无他，就是以"羌"为标志的文化符号。换言之，由以"羌"为代表的文化资源所构成的符号经济，为这里的商业运作提供了重要动力。按照当地计划，"巴拿恰"除了作为商业街，还应是羌文化展示街，是传承和发展羌族文化的重要载体。为此，当地整合文化资源和国有资产，刻意包装打造这条"羌族特色文化产品商业街"，努力展示北川羌族文化和特色产品。行走在"巴拿恰"大街上，悬挂着"羌之源""云云羌""寺格堂""羌城网""羌寨水乡""禹妃丝绸""羌乡菌族""羌寨雀舌""北羌瑰宝""古羌水磨漆""禹羌情特色馆""羌族生活文化馆"等匾牌的店铺相继映入眼帘，还有带角羊头、石砌碉楼、白石祭塔，凡此种种，为游客营造出浓浓的民族文化氛围。汇聚

图 13-2   羌寨旅游中的歌舞（汶川东门寨）

羌绣、羌服、羌乐、古羌茶艺以及本地土特产的"巴拿恰"，集观光、购物、餐饮、休闲娱乐等多种功能于一体。当地提出，以旅游商业形态为核心，充分考虑旅游的六大要素（吃、住、行、游、购、娱），以羌韵北川、魅力北川、创意北川、原味北川、海纳北川、动感北川、夜色北川和悠游北川八大板块来表现羌族文化，让游客在"游、看、品、坐"中感受、体验古老的民族文化。"北川万家门，羌风一街情"，这是"巴拿恰"入口处碉楼式建筑上的巨幅对联。当地文化旅游部门还计划今后每天上午10 点和下午 3 点，在大街上表演羌族歌舞，"上午是吸引客人，下午则要留住客人"。不仅如此，由山东援建的羌族艺术学校，现有 300 名学生，如今也与地方上有关院校共同打造剧目，拟赴美国 17 个州进行商业演出①。如今在新北川，每当有重要客人到来，当地有关部门都会在"巴拿恰"的入口处组织羌民击鼓跳舞，举行热烈的欢迎仪式，正如笔者多次实地所见。在此，我们看到，走上大街、走出国门的羌族歌舞在吸引和留住游客的旅游产业中，是作为代表羌、代表羌文化的重要元素使用的。

　　释比文化、羊皮鼓舞在有"羌人谷"之称的汶川县龙溪乡传承较好。地震后异地安置到邛崃南宝山的汶川羌民，有来自龙溪沟夕格寨的，他们

图 13-3　广场上的萨朗（茂县羌城）

称跳羊皮鼓舞为"打鼓鼓"。2011 年 6 月我去该地做田野调查，寨里年逾 80 的陈大爷便这样对我讲。他说，释比做法事的时候要"打鼓鼓"，现在寨子里也有表演"打鼓鼓"的队伍。他说的队伍，指 2010 年 5 月村里组建的羌文化艺术团。该团有成员 66 人，为游客奉献羌族特色节目，从事羌族歌舞创作和表演，承接中、小型文艺演出活动，节目主要有释比祭祀活动、锅庄、皮鼓舞、群舞《尔玛姑娘》、歌曲《羌家姑娘绣彩绣》、原生态山歌《羌磨情缘》等。坐在杨姓村民家门口聊天，40 多岁的这位羌族汉子告诉我，来到南宝山后，他们六七人组成的羊皮鼓舞队，曾去平乐镇表演一周，对方管吃住行费用，每天每人还有 30 元劳务费。他说的事，指 2010 年中秋节、国庆节期间，他们村里的羌文化艺术团被同属邛崃市的平乐镇景区管委会邀请去作了为期一周的表演。2011 年 5 月，我曾去平乐镇，在桥头大榕树下见到一宣传牌背面尚存"平乐中秋、国庆活动时间表"，其中列出的正是前一年中秋、国庆期间该镇文化活动项目。平乐是邛崃重点打造已多年的旅游乡镇，南宝山羌民新村的宣传栏中，也有异地安置后夕格羌族同胞为开办农家乐去平乐镇学习厨艺的照片。从平乐镇的宣传牌可知，这次中秋、国庆活动以"水榕邀月·平乐酒歌"为主题，有两个羌文化项目见于表中，一称"羌绣展"，一称"羌族舞蹈表演"，并有文字介绍前者云："'云云鞋儿哟，两头尖，前云后云哟，无针线'。世界文化遗产——羌绣作品。请绣娘现场制绣，旁边那位淡定唱歌的老者，可是难得一见的资格'释比'。"介绍后者曰："舞！舞！！舞！！！来自整体搬迁到邛崃蓝宝山的汶川羌族同胞，同你一起在榕树下，江水边，跳起锅庄舞。"广告式文辞写得不算高明，甚至有别字，但是，从旅游人类学角度看，"资格"释比、"遗产"羌绣、民歌、锅庄，这些在现代社会语境中被典范化的羌元素，对于喜好从"异文化"中寻求视觉和体验快乐的游客们无疑有着相当的号召力，是当地发展旅游借以吸引八方来宾的新亮点。根据宣传牌时间表所列，羌绣和羌舞这两项活动是在白天展示（前者时间为 9 月 22 日至 10 月 7 日全天，后者时间为 9 月 22 日至 10 月 7 日上午 11—12 点、下午 2 点半—4 点），地点均在平乐新建的音乐广场。值得注意的是，作为该时间表头条内容的是"锅庄晚会"，地点也是"平沙落雁音乐广场"，时间则是"9 月 21 日至 10 月 6 日 20 点半—22 点半"，也就是整个活动期间的每天晚上。有别于白天的专场表演，这晚会应是吸引游客参与的大众式广场跳舞，犹如前不久我在汶川县城新建的锅庄广场所见。时间表中关于"锅庄晚会"的介绍，也把前述关于"羌族舞蹈表演"的文字照搬过来，仅仅把"江水边"三字换成了"月光下"。就这样，由羌族同胞专场表演或带领游客们跳的"锅庄舞"，实际上成为这次平乐节日活动表中所列 13 个项目中所占比重居首的重头戏，每天都不止一次地展示在"月光下""江水边"的广场上。就这样，移居的羌人，少数民族的歌舞，迁入的"他者"文化，就在地方政府的精心策划下，作为吸引游客的新元素有声有色地展演在旅游场景中，成为一道被迁入地成功组织和有效利用的文化符号景观。当然，有机会去新地方展示本民族文化，这也让走出山寨的羌民们感到自豪。

民间歌舞成为民族文化的重要展演符号，普遍见于灾后重建的羌族地区。地震后笔者走访汶川县城，听旅店服务员讲，每天晚上新建的广场上有人跳锅庄，人人可以参加。晚饭后，我们漫步岷江边，来到威州大桥附近新打造的"西羌文化街"的锅庄广场，果然在景观建筑墙上见到一张用 A4 打印纸手写的临时告示，上面写着"锅庄""开放时间：7：00—9：00"。广场整体为圆形，地面装饰有抽象化的羊头图案，四周有碉楼式灯柱，主席台方的墙上还立着一个巨大的液晶显示屏。傍晚 7 点钟，天色尚明，来了八九个人，随着音乐响起开始在广场中央缓缓起舞。他们当中，有头裹青布帕身着传统羌装的老妇，有身穿现代服装的中年妇女和老年男子，领头跳舞的是一位个子高高的中年男子，穿深色西服的他舞姿娴

图 13-4　村寨中的舞蹈（理县休溪）

熟。在他们带领下，包括我妻子在内的周围的人也加入了舞蹈的圆圈。天色渐渐暗下来，四周彩灯亮起，液晶屏幕上播放出"藏羌锅庄"的动态影像，气氛一下子热烈起来。随着音乐一曲接一曲地奏响，参与跳舞者不断加入，圈子成螺旋状一层一层地增加，跳锅庄的人布满了整个广场，男的，女的，老的，少的，有本地居民，有外地游客，还有着军装的女士，穿警服的小伙子。过往游客，会跳的，不会跳的，把拎包顺手放在舞场（广场）中心地面上，纷纷加入群体舞的圈子。3月的汶川，白天红日高照，晚上寒风依然，参与者兴高采烈地跳着、舞着，尽情地享受这洋溢民族风情的歌舞狂欢。直到我们离开时，广场上仍热闹得很。广场上这人人同乐的"藏羌锅庄"，对于当地居民，是娱乐健身的大众歌舞，也是当地策划的展示民族特色文化的项目；对于外来游客，是参与体验的娱乐项目，也是了解异地民情风俗的一扇窗口。就我实地走访所见，无论在阿坝藏族羌族自治州的汶川、茂县、理县还是在绵阳市的北川羌族自治县，无论在理县的桃坪羌寨还是在北川的吉娜羌寨，"锅庄广场"（只是有的叫"莎朗广场"，有的叫"咂酒广场"，如汶川的萝卜寨和茂县的坪头村）都是川西北羌区村寨乃至县城灾后重建中的重要项目，甚至是标志性项目，由此不难见出当地人乃至上上下下部门对于民族歌舞这典范化符号的看重。不仅如此，走访邻近北川的安县，我们得知有关当地风景区罗浮山的旅游发展规划中，也专门设计有"羌文化主题会演"，拟通过舞台向游客推出羌笛演奏、羊皮鼓舞、多声部民歌、瓦尔俄足等羌族特色节目。中国非物质文化遗产节在成都已举办多届，而在历届非遗节开幕式及场馆展示中，"羌笛""萨朗""羊皮鼓舞""多声部民歌"等总是人们心目中不可缺少的羌族艺术文化的代表。

第二节　艺术学视角下的歌舞

作为来自少数民族地区的表演艺术，羌族民间歌舞得到今人青睐。当今舞台上的《羌魂》《大北川》等，作为"5·12"地震后投入诸多人力、物力、财力打造的艺术案例，重点就在以灾后重建姿态集中展示羌族歌舞等。

2010 年 3 月 23 日，以"大型羌族原生态歌舞"定位、由茂县推出的《羌魂》在四川省府成都亮相，拉开历时两年的感恩全国巡演帷幕。那天，市中心天府广场的锦城艺术宫气氛热烈，省文化部门领导在启动仪式上宣布："肩负着四川省委、省政府及省文化厅的重托，盈满 30 万羌族人民的感恩盛情，承载着 5 项国家级、3 项省级'非遗'项目的绚丽霞冠，大型羌族原生态歌舞《羌魂》走出了'5·12'的极重灾区茂县，踏上了全国舞台巡演之旅。"如今，"羌笛""萨朗""羊皮鼓舞""羌族多声部民歌"等项目已入选国家级非物质文化遗产名录，"羌年"亦被联合国教科文组织列入"急需保护的非物质文化遗产名录"。茂县是文化部命名的"全国羌族文化生态保护实验区"核心区（县），该县领导说："一年多来，我们举全县之力，奋力推出的原生态歌舞《羌魂》，既凝结了全县父老乡亲对全国 8 个省、市、自治区为我们抗震救灾雪中送炭的感谢之情，又表达了全县羌族人民抢救、保护、传承和弘扬古老而珍贵的羌民族非物质文化遗产的决心，以及更快更好地恢复重建羌族精神家园的信心！"①《羌魂》的演出阵容由本民族的专业演员和普通百姓约 120 人组成，展现在舞台上的有祭祀仪式、婚礼习俗、推杆、山歌、羌笛等 15 个节目，整台演出除了介绍远古时期羌族祖先创造辉煌历史文化的"序"之外，涵盖四大块面："祭"——表现羌人崇尚自然、祭山祈神、长歌祭祖等；"耕"——表现羌民生产生活，展示"二牛抬杠""打窝播种""打粮杆""咂酒开坛"等；"韵"——再现羌人"唱起来、跳起来"的精神文化及

---

① 《羌族艺术的"活化石"——〈羌魂〉启动全国展演》，《四川非物质文化遗产》2010 年第 2 期。

娱乐活动，包括"羌笛""莎朗""肩铃舞""腰带舞""花儿纳吉""额姆幺幺""推杆"等；"情"——展示羌民族历经磨难、坚韧不拔、生生不息、感恩万物的民族性格，包括"尼莎"（多声部民歌）、"羊皮鼓舞"等。整台演出，将今人心目中典范化的羌符号作了尽情展示。按照策划者的设想，《羌魂》通过艺术舞台多姿多彩地演绎羌族文化，可以让观众既欣赏到一部展示古老羌文化足迹的"风情片"，又上了一堂抢救与保护非物质文化遗产的"传习课"。据悉，全国巡演结束后，大型歌舞《羌魂》将驻扎茂县的羌文化产业区"羌城"，作为特色旅游文化项目进行商业性演出。此外，作为表演艺术研究的对象，羌族民间歌舞亦受到行内人士重视。从艺术学角度对羌族民间歌舞的记录和描述，20 世纪 80 年代以来政府组织下完成的本土"十大文艺集成志"中有关音乐和舞蹈的专卷堪称代表，相关书籍中也不乏论述①，这里不再赘言。

图 13-5　村寨中和舞台上的羌族民歌多声演唱（茂县、松潘）

　　"我们离开了那片草原，羊领着我们向南，沿着星云指示的方向，我们找到了九顶山，找到了属于我们的家园。"这是《羌魂》中"尼莎"所唱。羌族民歌的多声演唱，分"引""尼莎""娄""玛茨"四种："引"指两组男声对唱，内容一般是客人颂扬主人的热情好客；"尼莎"指一组男声和一组女声对唱，演唱内容为民族历史和民族英雄；"娄"主要在野外劳动时唱，以情歌居多；"玛茨"是村寨男女老少在节日、喜庆及劳动

---

①　譬如，田联韬主编的《中国少数民族传统音乐》根据释比经三坛划分，从艺术学角度介绍羌族羊皮鼓的音乐类型：上坛的鼓点节奏主要有三种，气氛肃穆、神秘；中坛的鼓点节奏主要有四种，速度快，力度强；下坛的鼓点节奏大约有三种，平和舒缓，情绪安详（中央民族大学出版社 2001 年版，第 764—765 页）。

时唱，以歌颂劳动、赞美生活为主①。行内人士知道，对于中国大地上多声民歌演唱这份文化遗产，学界是 20 世纪 80 年代以来才真正关注的。过去受西化思维影响，音乐界认为多声部民歌的故乡在欧洲，中国没有多声部民歌。然而，事实证明，中国"许多民族都保持和发展了原始的和声复调民歌，形成了精湛的民歌体系"，其"有自己特有的逻辑形式，有自己独到的音乐形象，有自身的规律，它是原始民歌自然发展的极致，有深厚的历史渊源和民族传统"②。羌族民歌多声演唱被搜集者发现大致在 1984 年，当时文化馆人员在松潘小姓羌族乡采录了两首，请省音协做专业鉴别，得到肯定，引起国内注意。两年后，中央音乐学院教授樊祖荫一行人专程赴小姓乡大耳边村考察，进而确认之。樊祖荫在《中国音乐学》1992 年第 1 期撰文《羌族多声部民歌的种类及其音乐特征》，指出该民歌以其独特的调式、音调与组合方式，以及粗犷的演唱方法，表现出特有的风采。近年来，有来自岷江上游羌族村寨的"毕曼组合"在中央电视台举办的全国青年歌手大赛上亮相并获奖，从高山深谷中走出来的羌族民歌

---

① 耿静：《羌乡情》，巴蜀书社 2006 年版，第 53—54 页。关于"尼莎"，迄今学界主要是从多声部民歌也就是音乐角度关注和认识的，其实这远远不够。2015 年 6 月 30 日，我应邀参加了《羌族妮莎诗经》发布座谈会，该书（汉文译本）及光碟由松潘学人毛明军主编，四川师范大学电子出版社出版。书中汇集了雷簇（1919—1993，女，松潘小姓乡埃溪村人）、龙波他（生于 1938，男，松潘小姓乡大耳边村人）、罗贵华（1925—2005，男，茂县太平乡杨柳村人）所唱古歌。"妮莎"是羌语的汉文译音，通常写作"尼莎"，也有译为"力莎"的，是一种唱述天地开辟、人类由来、事物根源、族群故事、生产生活、礼仪道德等的篇幅浩大、内容丰富的羌族古歌，流传于北部羌区村寨。譬如雷簇演唱的尼莎，就包括"天人形成""人类来源""天地父母""说解来历""日子话语""劳作祖先""唱颂母舅""嗯勒父母""水源之地""雪山女嫁""宇宙四锁""天地柱子""粮食父母""说唱房子""茶生哪里""年的父母""龙与狮子""羊膀卦说"等三十多个部分。龙波他演唱的尼莎，则长达近六十个章节。毛明军的老家就在小姓羌族乡（"毕曼组合"的二位歌手均来自该乡），台湾学者王明珂赴岷江上游羌区调查时曾多得他帮助。对羌语多有研究的毛明军自 1990 年起便留心家乡的古歌尼莎的搜集、整理，这本书汇集了他 20 多年田野采录的心血，将来还打算推出以国际音标对羌语注音的羌、汉语对照版。过去，学界对尼莎的关注，主要是其演唱方式"多声部"（由松潘申报的"羌族多声部民歌"，已被列入国家级非物质文化遗产名录）。事实上，"尼莎"的价值和意义远远不止是在音乐，我在座谈会上发言时着重指出了这点，并说这部以多声民歌唱诵的叙事长诗可称"羌族古歌"，如今已发掘整理出来近万句，从篇章结构和叙事内容看，不妨以创世型"史诗"观之（首批列入国家级非物质文化遗产名录之"民间文学"类的《苗族古歌》，就是苗族的创世史诗），对之需要结合羌族的文学、音乐、文化、历史从整体上作全方位研究。近年来，在羌族口头遗产的发掘、搜集、整理方面，大部头的《羌族释比经典》已为学界所知。释比经文是在仪式场景中唱诵的，其演唱者身份是民间宗教人士；古歌尼莎是在生活场景中演唱的，其演唱者身份是村寨普通民众。释比经文和古歌尼莎，二者为我们研究羌族文化提供了不可多得的重要资料。

② 向云驹：《中国少数民族原始艺术》，青海人民出版社 1994 年版，第 229 页。

多声演唱渐为更多人所知。

　　从分布看，羌族多声演唱的民歌流传于茂县、黑水、松潘交界的三角地带，主要见于松潘县小姓乡与镇坪乡，以及茂县太平乡的杨柳村、牛尾村等。从环境看，这里方圆百里都是崇山峻岭，地理环境相对封闭，为保存多声民歌提供了有利条件。从曲调看，羌族民歌多声演唱有女声二部对唱、男声三部对唱等。如宴席中的酒歌或劳动中的牧羊歌，由二声部构成，是以两名歌手按时间先后分别唱出各自独立的高、低两个声部。根据演唱场合及社会功能的不同，羌族多声民歌大体可分为山歌、劳动歌、酒歌、风俗歌和舞歌五类。① 譬如山歌，主要有《哈依哈拉》等，为同声合唱或男女群体对唱，音调高亢，旋律进行中常出现大跳，节奏自由。又如舞歌，乃是喜事或丧仪中男前女后围成圆圈或弧形边舞边唱的仪式歌曲，其形式为男女群体对唱，舞蹈节奏鲜明，歌唱节奏的强弱交替感明显。再如酒歌，它是在婚丧喜事及节日聚会中唱的礼仪性或敬酒应酬的歌曲，一般由男性歌唱，音调激越、粗犷，节奏较自由。"得拐（高）尔拐（低）才是美，一个人肯定唱不起。"这是当地民众对多声民歌演唱的朴素理解。据歌手见车亚讲，"多声部可一人起唱，其他人跟着补音。可成百上千人一起唱，气势十分宏大"②。从演唱方式看，羌族多声民歌无论参与合唱者有多少，始终只由一人唱高声部并担任领唱，其余的人则唱低声部。当然，领唱的人非嗓子好、技巧高者莫属。羌族多声民歌演唱的旋律多为五声性，两个声部一般采用领唱先起唱，跟唱声部相隔一拍或数拍与领唱声部重叠，句尾以同度相合的进行方式。羌族多声民歌演唱的二声部频频出现四、五度及大二度音程的纵向结合，或跟唱声部超越领唱声部，还有别的地区少见的大幅度慢速颤音唱法，由此形成别致的风格特色③。此外，羌族歌者在演唱多声民歌时，以一只手摸着脸颊，听众多不明白这是怎么回事。2014 年 6 月下旬，我曾听茂县太平乡牛尾村的书记董云周（羌族）等唱多声民歌，他们那洋溢着乡土味的嗓音很好，给人留下印象颇深。据他讲，歌者用手摸着脸颊唱歌有两种情况：一是在山上唱，歌者

---

　　① 关于羌族多声民歌演唱，学界分类不同，但大同小异，请参阅金艺风、汪代明等《中国羌族二声部民歌研究》，民族出版社 2010 年版，第 3—5 页。

　　② 杨光成：《漫话四川羌族文化旅游景点》，《西羌文化》2007 年第 1 期。

　　③ 非物质文化遗产名录项目申报书《羌族多声部民歌》，松潘县文化体育局制作，2007 年 4 月。

将一只手掌张开靠着脸颊，是为了让声音传递得更远，就像我们平时喊话把手做喇叭状放在嘴前；一是在寨子里唱，当唱歌的人把手指卷曲靠在腮边时，大家一看就知道他要唱歌了，于是安静下来听歌。

图 13-6　节日中的展演和舞台上的歌舞

《羌魂》在蓉演出，剧场门前立着大宣传牌，有"释比""跳皮鼓"的彩绘形象。回眸历史，1956 年阿坝州民族歌舞团成立，创作人员深入羌族村寨采风，本是仪式舞蹈的羌族羊皮鼓舞经过民间艺人和专业编导重新整编，出现在舞台上。譬如理县，1957 年该县的羌族羊皮鼓舞即参加了在刷经寺举办的首届阿坝州文艺调演，1959 年又有桃坪乡曾头寨的周觐明和西山寨的王文龙上北京表演羊皮鼓舞并受到中央领导人的接见，而曾头寨的周道湘等也曾到四川省会成都表演皮鼓舞……2011 年 10 月 12 日，笔者参加四川省非物质文化遗产传承人评审会议，就此问题请教从事舞蹈研究的杨莉女士（她也是灾后四川有关方面重力打造的大型乐舞

《羌风》的舞蹈编导之一），她在谈到相关情况的同时还告诉我，羊皮鼓舞的舞台亮相最早应是 20 世纪 30 年代，当时舞蹈界的彭松老师通过采风编出节目《端公跳鼓》，将其搬上了舞台。杨女士曾在汶川县文化馆工作多年，后来供职于省音乐舞蹈研究所。羌语称为"布兹拉"或"莫恩纳沙"的羊皮鼓舞，其特征从表演艺术可归纳为三点。（1）舞蹈动律组合特征：沉稳、敏捷、粗犷、虔诚。即胴体稳而沉地轴向转动与上身拧倾的韵律特征，这两种韵律均伴随屈膝颤动，借此带动手中羊皮鼓做各种舞动，如"蹲步跳推击、晃击鼓""商羊步跳击鼓""蹉步跳击鼓"等，整个舞蹈始终贯穿祈祷虔诚之情。（2）舞动与道具的特征：因羊皮鼓是舞者必备的法器道具，所以对舞蹈起着一定的限制作用。鼓大而沉，舞动较为费力，舞者击鼓动作只能靠身体的摆动而转动并伴以屈膝颤动上下起舞，故而形成了羌族羊皮鼓舞区别于其他民族鼓类舞蹈的独特风格。（3）舞蹈节奏型特征：羊皮鼓舞只有鼓声的鼓点节奏、响盘（铜铃）两种打击乐器敲奏不同音响节奏组合作为伴奏。节奏型有 2/4 慢或平缓型节奏，主要用于单一动作的祈祷祭拜和烘托古朴神秘的气氛。3/4 中速或稍快的节奏型，主要用于腿部动作变化的力度和速度，以紧凑的鼓点节奏显现避邪祈神求保佑的意蕴。以上立足表演艺术的归纳，出自 2007 年汶川县制作的非物质文化遗产名录项目申报书，反映着政府引导下今天当地人（尤其是文化人或知识分子）对此的认识，具有某种典型性。

图 13-7　羌寨跳甲的男子手举刀枪一路吼着、唱着前往神树林（茂县牛尾村）

　　再看铠甲舞，身着牛皮铠甲的舞蹈在阿坝州藏羌地区皆有，流行民间。羌族歌舞有"克西格拉"，俗称"跳盔甲""铠甲舞"，因舞者头戴皮盔身着皮甲而得名，主要见于茂县赤不苏、沙坝和凤仪等地，是为战死者、民族英雄举行大葬仪式的男子舞蹈，也用于为德高望重的老者举行的葬礼中，舞蹈具有肃穆、威武、气势雄壮的特点，唱词多是颂扬死者和表达人们的怀念之情。2015 年正月初七这天，我在茂县太平乡名为"牛尾巴"的羌寨的节日庆典上也目睹了村民们声势雄壮的"跳甲"，当地话称之为"哟咪热"，是跟前者同类的民间仪式性舞蹈，只是不像前者那样被明确载入了《中国民族民间舞蹈集成》。正月初六晚上，围着暖暖的火塘，品着醇香的玉米酒，坐在 76 岁尤姓老人家里拉家常，老人告诉我们当地羌语"哟咪"就是跳甲（跳铠甲、铠甲舞），初七是人过年的日子，跳甲祭神、祈福求吉是牛尾寨的老传统。老人说，13 岁以上男子都要参加跳甲，按照年龄依次排队，年长者走在前面。初七这天，阳光灿烂，上寨和下寨的人们握刀扛枪列队行进，一边大声吼着，一边你高我低地唱着多声民歌，两支队伍汇合后浩浩荡荡地走向神树林……据《后汉书·西羌传》：羌人性情刚勇，"以力为雄"，"其兵长在山谷，短于平地"，"以战死为吉利，病终为不祥"。属于武舞范畴的"克西格拉""哟咪热"等，与此或不无瓜葛。上述《羌魂》中，在"白石取火""释比开路""供奉万物"之后，也对威武雄壮的跳铠甲场面有着力表现。从表演艺术角度看，该舞蹈跟入选首批国家级非物质文化遗产项目的黑水"卡斯达温"当属同类型，"大同小异"，而"在舞蹈的形成和演变上可能有着同源的关系"[1]。今天，无论黑水的"卡斯达温"，还是茂县的"克西格拉"及"哟咪热"，都越来越受到艺术创作者和研究者关注。

第三节　歌舞不只是"艺术"

　　从人类学角度透视羌族民间歌舞，可知其不仅仅是舞台或广场上向观众表演的"艺术"。对于羌民来说，"因为艺术和文化的任何其他方面一样，与人们所做的其他每一件事都不可避免地缠绕在一起，它使我们得以

---

① 《中国民族民间舞蹈集成·四川卷》，中国 ISBN 中心 1993 年版，第 1147 页。

窥探人们生活的其他方面，包括他们的价值和世界观"①。也就是说，作为族群生活事象的羌族民间歌舞，有其更深厚的文化内涵。以羊皮鼓舞为例，归根结底，跳羊皮鼓本是释比的专利，释比是羌民社会中沟通人、神、鬼的民间巫师，也是通晓羌族传统文化的核心人物，击鼓诵经是释比法事的基本形式，跳羊皮鼓属于释比极重要的仪式行为。后来，从中演变出大众所跳的民间舞蹈，这就是已经列入国家级非物质文化遗产名录、时见亮相（尤其是"5·12"地震之后）在当今舞台和广场上的羌族羊皮鼓舞。2011 年 5 月初在理县，听当地文化部门负责人（县文体局长何江林，木卡人）对我讲，他们打算向省上申报蒲溪寨的"释鼓"为非物质文化遗产。理县蒲溪沟的释比文化保存较好，据他们解释，所谓"释鼓"是指释比的仪式性跳羊皮鼓，其跟已列入非遗名录的作为"民间舞蹈"也就是舞台或广场上所跳的羊皮鼓舞有别。闻其所言，我表示赞同。此事提醒我们，羌人自己对于羊皮鼓舞，迄今还是根据表演主体、舞蹈性质、适用场合等不同而加以区分的，并不像外人那样笼统看待。作为"释鼓"，跳皮鼓或打鼓鼓在释比那里有很多讲究，这在释比口头上屡屡言及。1985 年岁末，汶川雁门袁姓释比对来访者就说："我们这个鼓只有端公（释比）才能够动。外人，就是天王老子都不敢随便乱敲。"又说："我们释比的鼓是个灵物，哦！现在那些不懂的年轻人打鼓跳舞，跟我们释比敲鼓鼓不是一回事。"②汶川地震后，有羌区知识分子对"现在的羊皮鼓舞完全是给游客玩耍和看热闹"的现象也颇有微词③。当年，阿坝州的相关志书是将羊皮鼓舞列入"神舞"类的，并在"宗教艺术"篇中加以叙述，称其"是祭祀活动的主要形式"④。汶川的非物质文化遗产项目申报书在归纳上述艺术特征时亦云："'羊皮鼓舞'在各种祭祀活动中，由'释比'为领舞者，他头戴金丝猴皮帽，左肩扛神棍，右手执响盘，其他表演者手执羊皮鼓，在'释比'率领下击鼓而舞，变换各种舞步和队形，直到高潮结束。每当祭神还愿，祈求神灵降福保佑，老人丧葬送魂归天或驱鬼辟

---

①　［美］威廉·A. 哈维兰：《文化人类学》（第十版），瞿铁鹏、张钰译，上海社会科学院出版社 2006 年版，第 423 页。

②　赵曦：《神圣与亲和——中国羌族释比文化调查研究》，民族出版社 2010 年版，第 51—52 页。

③　张曦主编：《持颠扶危——羌族文化灾后重建省思》，中央民族大学出版社 2009 年版，第 124 页。

④　《阿坝藏族羌族自治州文化艺术志》，巴蜀书社 1992 年版，第 209 页。

邪、除病祛魔、天旱无雨时，'释比'肩扛神棍，手执响盘（铜制盘铃）率羊皮鼓舞队，击鼓而跳。当出征围猎或祭奠民族英雄时，'释比'常在神坛外围奔跑，挥舞火把，身穿牛皮铠甲，刚毅地率众跳起'盔甲舞'。婚礼庆典时，'释比'动作舒缓，举止柔和，唱经悠扬，似乎在祈祷幸福永伴新人如意吉祥。'释比'所做的一切仿佛都是在对生活进行安排。正如有的'释比'所说：'我们的羊皮鼓舞就是怀着虔诚的心，向牟比塔（天神）通话的舞蹈。'"① 根据传说，羊皮鼓是释比祖师从天宫带下来的，跳羊皮鼓是释比率领民众祈福驱邪的"仪式"，是向天神"通话"的，是"安排"羌民生活的，诸如此类基于族群祈愿的具有神圣性的文化内涵，在今天舞台或广场上纯粹为取悦外来游客的旅游展演中，随着特有的仪式语境缺失，自然不复存在。由此可见，步入现代社会的羌族民间歌舞，正受到种种因素的制约和影响，在性质、功能上发生着前所未有的变迁。对其去向，对其中是是非非，今人要急于下非此即彼的判断恐怕不容易。

的确，羌族民间的萨朗、羊皮鼓舞以及唱灯跳灯等，是歌舞艺术又不仅仅是歌舞艺术，其跟羌民的日常生活、宗教信仰密切相关。族群生活如何建构艺术世界与艺术世界如何表述族群生活，这是从人类学角度研究羌族民间歌舞务必双向重视的。2011 年 5 月 29 日，第三届中国成都国际非物质文化遗产节拉开帷幕，同时举办了非遗保护国际论坛。我向论坛提交了论文《作为地方文化遗产的巴蜀民间灯戏》，对此话题我是从多民族视角论述的，其中涉及羌族民间唱灯跳灯。30 日上午，我在大会发言中又着重从三方面谈了"巴蜀民间灯戏研究的几个问题"：（1）大戏和小戏：戏剧视野中，较之作为主流的大戏（大剧种）研究，作为小戏的灯戏研究是薄弱的；（2）艺术和民俗：遗产视野中，较之作为艺术的灯戏研究，作为仪式的灯戏研究是薄弱的；（3）中心和周边：区域视野中，较之中心区域的灯戏研究，其他区域的灯戏研究是薄弱的。众所周知，灯戏是从唱灯跳灯的民间歌舞发展而来的民间小戏，我之所言也适合于民族民间歌舞。列入四川省第三批非物质文化遗产名录的"羌族麻龙马灯"，流传于北川青片、白什等乡，该项目申报书从舞蹈表演程式角度叙述如下："耍麻龙又分两种舞式，一为独凳龙，一为九节龙（九张板凳相接）。麻龙舞

---

① 非物质文化遗产名录项目申报书《羊皮鼓舞》，汶川县文化馆制作，2007 年 4 月。

动时按照规定套路，合着鼓点，有规律、有节奏地舞出各种花样。舞板凳龙动作有'二龙抢珠'、'黄龙穿花'、'二龙戏水'、'金蝉脱壳'、'黄龙盘身'等。"又云："'马灯'的锣鼓浑厚明快，节奏感强；舞蹈粗放优美，十分谐趣。先是小马锣响起：'当、当、当、当……'，紧接着是大钹打响，大锣、大鼓一齐敲起，很热闹。在紧锣密鼓声中，'跑报'者尽情挑逗，跑园场；一匹匹桀骜不驯的'马'逐步跟上跑圆场，紧接着，随'跑报'人的引导开始变花样，穿'五梅花'，跑'连环套'，列队为主家'拜年'。在'拜年'的同时，要'破阵'，什么'驴子过板桥'、'叫驴子推磨'、'雪山取水'等等，都是一些高难动作，玩者既要有智慧，又要有体力，才能把'阵'破了，使客主都皆大欢喜。"① 这里使用了一系列舞蹈专业术语描述其表演动作及技巧，但作为民间艺术，麻龙马灯的内涵是否就到此为止呢？当然不是。笔者走访北川灾后新建的非物质文化遗产展示中心，从有关此灯舞的介绍中读到："羌族麻龙灯舞相传源于汉代，由'舞麻龙跳马灯，祈平安、求风顺'的祭奠活动演变而来。每年正月初五，北川地区的羌族民众为祈求风调雨顺、五谷丰登、平安吉祥都要跳麻龙灯舞。"在北川羌族地区，麻龙马灯舞原本来自民间舞龙耍灯以祈福求吉的仪式，自有其赖以生存的、不可割裂的民俗土壤及文化语境。从民俗学看，羌人将麻龙做成青、绿、黑、白、黄五种，分别代表东南西北中五个龙王；马灯艺人用材料扎成马身，将马身表面绘成彩色，以示吉祥如意。玩麻龙马灯者皆是青壮汉子，每年农历正月初五晚上，他们凭借灯笼、火把，爬山、过河，走小路、转院子，挨家挨户去拜年。农家大院里，为了迎接耍灯的队伍，要燃起香、烛，待耍灯完毕，几家人一齐端出白生生的馒头、甜蜜蜜的醪糟，还有白酒、凉菜等，招待耍灯的人。主人家还会递上好烟，给个"红包"，里面有几元、几十元、上百元不等，作为酬谢的"喜钱"……舞麻龙马灯受到羌寨人家欢迎，不单单因为其是提供娱乐的艺术，它更是满足民众求吉祈福心理的神圣仪式。正因如此，我们在关注麻龙马灯的表演技艺的同时，不可不重视其所产生并存活的民俗空间。也就是说，要想对诸如此类民间艺术项目有全面的、到位的把握，是不能"去语境化"的。

当今舞台上，"原生态"是展示民族歌舞时频繁使用的吸引观众的字

---

① 非物质文化遗产名录项目申报书《羌族麻龙马灯》，北川羌族自治县文化馆制作，2010年8月。

图 13-8　祭塔前的释比跳鼓和围绕神树舞蹈的羌族妇女
（理县休溪寨，茂县牛尾村）

眼。从文化人类学讲的"主位"（emic）立场看，真正原生态的民间歌舞之于羌人，与其说是舞台或广场上向外人展示、满足他人对"异文化"观赏需求的艺术形式，毋宁说是他们自己的族群生活本身，是植根他们族群诉求、满足他们心理需要的民俗事象，因为对于歌舞的民众来说，"艺术的意义和生活中的情感的活力本是不可分割的"[①]。2010 年 10 月 10 日，广东对口支援汶川恢复重建任务全面完成庆祝大会在映秀新城举行，据媒体报道，"下午 4 点，37 岁的羌族汉子杨俊清站在广东援建的汶川县西羌文化街上，和族人们跳起了羌族传统的羊皮鼓舞。他穿着羊皮袄、带着羊皮帽，不断用手拍打着手中的羊皮鼓，欢快地摆动着身体。'这种舞在传统的羌寨里人人都会，一般在逢年过节时都会跳，用来祈求来年风调雨顺，庄稼丰收。我们今天在这里跳舞，则是为了祈福未来生活更加美好。'杨俊清说"[②]。在此我们看到，跳羊皮鼓的情感内涵就在它是羌民祈求丰年、祈福未来的内心表达，羌民们跳羊皮鼓主要不是为了供他人观赏，而是出于自我表达，后者才是跳羊皮鼓之类民间歌舞作为族群生活的最基始的人类学内涵。杨俊清是我熟悉的朋友，他的家就在汶川龙溪有名的释比文化传承地巴夺寨，他是释比也是羊皮鼓舞省级非遗传承人。面对媒体，这位羌族汉子的言语依然道出的是民间跳羊皮鼓作为羌民情感表达

---

① ［美］克利福德·吉尔兹：《地方性知识——阐释人类学论文集》，王海龙、张家瑄译，中央编译出版社 2000 年版，第 126 页。

② 《广东对口支援汶川恢复重建任务全面完成　映秀镇居民将搬入新家过新年》，《华西都市报》2010 年 10 月 11 日。

和心理祈愿载体的性质及功能。又如，亮相在当今文艺会演中的麻龙舞在释比文化积淀深厚的汶川龙溪流行，据当地释比老人余明海讲，其本是"释比在久旱祈雨或久雨祈晴时跳的一种祭祀舞"，通常在神树林的白石塔旁进行①。同样道理，铠甲舞之于羌民，其作为祭祀舞蹈体现出的"驱邪镇魔、保护亡灵"的仪式内涵，也是展演在今天旅游舞台上的同类节目所不具备的。当然，指出并肯定作为族群（内部）生活的民间歌舞，并不意味着就轻视甚至否定作为族群（向外）展演的民间歌舞，因为归根结底，前者是后者根系所在的基础，后者是从前者土壤中生发出来的。这里，不妨说说旅游人类学的"舞台真实"理论。所谓"舞台真实"，是指游客在旅游中接触的当地文化并不具有原生性特征，而是经过当地人或旅游经营者组织而搬上舞台展演的一种文化形式，可谓是剥离原有仪式生活（"去语境化"）之后在新的旅游展演场景中"再语境化"的产物。"舞台真实"展示在前台，与之对应的概念是"后台真实"，后者指旅游地或当地人传承的原生文化。诚然，"舞台真实"来自"后台真实"，但后者并非前者所能全部代表。应当如何评价旅游展演中的"舞台真实"？对此问题，旅游人类学研究者有不同看法。否定者认为，经过组织的舞台表演脱离了文化的原真性，是对传统文化真实性的亵渎和破坏，因而不可取；持见相反者认为，经过组织的舞台表演作为向外人或游客展示的"舞台真实"并非坏事，某种程度上甚至是好事，因为这有利于避免外人或游客直接进入当地人生活的"后台"，从而保护了"后台"，使当地人原生文化免遭破坏……笔者无意于卷入讨论"舞台真实"的是是非非，仅仅是想借此提醒大家：从非物质文化遗产保护及研究角度看，对于羌族民间歌舞，既要看到它作为"舞台真实"在当代向外的大力展演（如旅游景点广场上的跳皮鼓），更要看到它作为"后台真实"在族群内部的原生形态（如羌族村寨仪式中的跳皮鼓），只有把二者结合起来，我们对之的研究才是不偏颇的，学界对之的把握也才有完整性可言。

---

① 陈兴龙：《羌族释比文化研究》，四川民族出版社 2007 年版，第 157 页。

第十四章

民艺符号及原型透视

　　"羌"是一个古老的族群，其拥有古老悠久的文化，并体现在形形色色的民艺符号中。譬如，"卐"或"卍"作为审美符号中"有意味的形式"（significant form），就屡屡见于尔玛人的日常生活中，其使用、内涵、来源如何，值得我们从学理层面关注。本章立足多民族中国语境，从文献、民俗、器物等多重证据入手，结合民俗学、民族学、考古学等对此进行透视和论述，以供读者参考。

第一节　从羌绣"卐"字说起

　　2012 年春节，正月初二，我来到北川羌族自治县，在新县城"巴拿恰"① 的店铺里看见一羌绣枕套，乃黑白挑花，中心图案为团花样，由四只羊加上正中八角星纹组合成旋转式"卐"形，每只羊的头部又绣有一"卍"字。此外，在岷江上游羌区走访，我也屡屡看见将"卍"和"卐"同放在一件物品上的刺绣（如母亲留给羌绣之国家级非遗传承人汪国芳的名为"围城十八层"的羌绣围腰）。由此想到曾阅读的一篇文章，其从羌族图形符号研究"藏对羌的影响"时以"卐"为例，云："羌族吸收藏族文化如同吸收汉族文化一样，也采用学习式吸纳法，在学习的同时加以创造，形成具有羌族特色的图形符号。如雍仲'卐'字纹和'十'字纹的运用，藏族图案中把雍仲纹作为中心图形，而在羌族图形纹样中常只作为辅助点缀要素，穿插在各个纹样或在构图中起补充作用……"在川西北地

---

　　①　"巴拿恰"是羌语之汉语译音，指商贸集市，其为 2008 年"5·12"地震后北川新县城的中心地带。

区，羌处于汉、藏之间，彼此文化自古多有交流。该文认定羌族文化中的"卐"字符号是受了藏族影响，基于如下认识："羌族文化是由不同时期从甘青高原南下的古羌人在岷江流域长期适应和整合古羌文化、岷江土著文化、北方藏族游牧文化、南方汉族农耕文化而形成的，它是古羌文化变迁的结果，也是汉藏文化传播的结果。"① 以比较眼光考察羌、藏文化中"卐"字符号使用的异同，这没有疑问，也给人启发。但是，该文在专门讨论"藏对羌的影响"时举"卐"为唯一例子并给出以上结论，则使笔者觉得，这个问题有再讨论的空间。

　　毋庸置疑，"卐"是藏文化尤其是其传统宗教的重要符号。藏族传统民俗中，逢年节喜庆用白石灰于门外画上此图案，表示吉祥如意；修建新屋时，画此图案于房基地，意为坚固耐用；将此图案绘在房门上，可以抵挡邪恶，驱逐病魔。有的藏族妇女遇本命年，会把此字符绣在衣服背部，期望菩萨保佑一年平安。在腰带、挂毯、唐卡乃至祭祀仪式中，这符号亦常常出现。通常认为，"在西藏，'卐'字不论作为图案还是符号均随处可见。在藏语中，被汉语中读作'万'的'卐'被称作'雍仲'。在藏民族看来，'卐'表达的是吉祥的含义，这一点，同汉民族是一样的。我们可以称'卐'为'雍仲'吉祥符。在西藏历史上，'卐'是与宗教紧密相联的，无论是原始的本教还是后来的藏传佛教。在原始的本教中，'卐'就是吉祥的标志，本教创立时被称为'雍仲本'，使用的文字被称作'雍仲'神文，本教所处的地方被称为'九级雍仲山'、'雍仲沙丘'，本教祖先所持的禅杖也有'雍仲'吉祥图案，就连本教寺庙选址也多在天然带有'卐'形图案的地方。佛教传入西藏后，'卐'也被广泛运用。凡是佛的画像，胸前必有吉祥符。只不过本教与藏传佛教在使用'卐'有一定的区别：本教里的'卐'按逆时针方向旋转，佛教里的'卐'按顺时针方向旋转"②。苯教亦作本教原本是佛教传入之前西藏地区本土信仰的原始宗教，有着古老的历史。

　　说到"卐"，人们又会想到自南亚次大陆传入中华的佛教，此乃佛门中十分常见的符号。佛教经文里，"卐"亦写作"卍"，唐慧琳《一切经音义》卷二十一认为当以"卍"为准。其实，无论左旋还是右旋，该字

---

　　① 沈鸿雁：《从羌族文化的变迁与传播到羌族文化的传承与发展——以岷江流域羌族美术图形符号为例》，《民族艺术研究》2010 年第 5 期。

　　② 《雍仲》，http://baike.baidu.com/view/572891.htm。

图 14-1　博物馆从民间搜集的羌绣（汶川）

图 14-2　藏民家中壁柜上的吉祥符号（松潘）

符在佛门世界都表示佛的智慧和慈悲无限。"梵文作 Srivatsalaksana（室利
秣蹉洛刹囊），意为'胸部的吉祥标志'。古时译为'吉祥海云相'。释迦
牟尼三十二相之一……大乘佛教认为它是释迦牟尼胸部所现之瑞相，小乘

佛教认为此相不限于胸部。"① 佛陀生来不同凡俗，其德相庄严，有"三十二大人相"，据《长阿含经》说，"卐"是第十六种大人相，位于佛的胸前。《十地经论》卷十二称，释迦未成佛时，胸前即有此功德庄严金刚相。而在《方广大庄严经》《有部毗奈耶杂事》中，说佛陀的头发、腰间也有此字相。"卍"表示吉祥无比，又称"吉祥海云"或"吉祥喜旋"。佛经汉译中，鸠摩罗什、玄奘译之为"德"，北魏菩提流支在《十地经论》里则译为"万"。有唐一代，武则天长寿二年（693），将其读音定为"万"，唐慧苑《华严音义》曰："卍本非汉字，周长寿二年，权制此义，音万，谓吉祥万德之所集也。"这番介绍，是人们常见的有关该文化符号的知识。尽管佛祖及佛教在华土影响甚巨，但是，硬要断言"卐"或"卍"字符号原本不属于中华文化系统，单单认定其是佛教传入中华的产物，这未必符合事实。况且，即使在佛教诞生的南亚次大陆，这个符号在婆罗门教、耆那教中亦见使用。

　　"卐"或"卍"，在中国也是汉族审美文化的重要符号。"卐"或"卍"之汉语读音为"万"，在汉族民众心目中亦象征吉祥、幸福、美满、光明、神圣，又称"万字纹"，作为审美图案中"有意味的形式"受到普遍喜爱。上至朝廷，下至民间，当政者可用它象征天下兴盛，万代不衰；老百姓则以之祈盼子孙绵延，福寿安康。在多民族中国，以服饰民俗为例，"万字锦"衣料向为民间喜用，其纹样为"万字流水"，是将"卍"字四端伸出，连续反复而绘成连锁式花纹，取意绵延不断；另有长脚"卍"字、团花"卍"字等等，民间以之喻示长命富贵；唐代曾流行"卍"字镜，四川成都羊子山、河南陕县刘家渠、湖南益阳赫山庙等地唐墓出土文物可证。古典小说《红楼梦》中贾府有丫鬟"卍儿"，据说母亲养她时梦见得了一匹锦，上面有表示富贵不断头的五色"卍"字花样，所以给她取了此名。将"卐"跟变体"寿"字融合，又可以组成"如意团万寿"等各种图案，用作衣料、建筑、绘画及帐篷绣花的装饰底纹。至于寺院经堂、雕花木器、钟鼎香炉、民居家什以及门窗的木格子、屋顶的瓦当上面，用"卍"形符号来作装饰也十分常见。2014年2月去湖北竹山宝丰做有关民间神灵信仰的田野调查，我看见山上女娲宫建筑上也有鲜明的"卍"字符号。汉地民间剪纸、年画、雕刻、织锦、刺绣当中，

---

① 杜继文、黄明信主编：《佛教辞典》，上海辞书出版社2006年版，第300页。

"卍"或"卍"作为吉祥图案为老百姓们耳熟能详。不仅如此,在闽台地区民间信仰中,寓意吉祥的"卍"字符号还被作为祛邪逐祟的"压胜物"①。若干年前,我为有关刊物的"烹饪史话"栏目写过《说"卍"》一文②,也曾谈及该符号在饮食文化中的借用。

图 14-3　图案精美的羌绣围腰"围城十八层"(汶川)

由此看来,对于地处汉、藏之间的羌,即使认为其文化中的"卍"或"卍"是受了周边民族影响,也不好只说是藏或只说是汉,而应是多民族中国的多民族文化互动的结果吧。

第二节　古老的人类文化符号

"卍"和"卍",涉及该符号的左右旋转问题。立足民俗,就实际生活看,羌族刺绣中该符号左旋和右旋皆有,笔者见过的民间羌绣制品中甚

① 林国平:《闽台民间信仰源流》,福建人民出版社 2003 年版,第 375 页。
② 祥林:《说"卍"》,《中国烹饪》1991 年第 11 期。

至有将"卐"和"卍"字直接绣入同一幅图的。民国《汶川县志》卷二"附乡镇图五幅"中，用来标记庙宇的符号时而为"卍"，时而为"卐"，显然未分彼此。本章开头介绍的羌绣枕套图案，以及那篇讨论羌族图形符号的文章中所举羌族图例是"卐"而藏族图例是"卍"，看来亦然。关于这个问题，有论者认为："从数学的角度看，卐与卍是对称图形。'对称，照字面来讲，就是两个东西相对相称（或者说相仿，相等）。'我们把卍画在一张透明的薄膜上，并把它悬挂在空中。从正面看过去，它是符号'卍'，从反面看过去，它是符号'卐'。从正面看，当卍按照逆时针旋转时，从反面看恰好是卐作顺时针旋转。"换言之，"卐和卍是两个全等的图形。如果将它们分别画在两张透明的纸上，把其中的一张反过来，迭到另一张上，则这两个符号正好迭到一起，变成了一个了，所以它们是可以合同为全等的图形"。此外，"卐（或卍）还具有另一种对称性。我们把交叉点记为 O。如果将卍（卐）绕 O 点旋转 90°，所得到的图形与原来是完全一样的。这种旋转 90° 的变换具有不变性，同样道理，旋转 180° 或 270° 或 360° 的变换组成的变换群下的不变图形，它们所代表的文化意义——永恒不变，与这两个符号在这些变换下保持不变，正好是一致的"。由此可见，"关于卐和卍对称变换是全等的，它们可以看成是同一图形"①。此说从数学入手，立足对称变换，从学理上提醒人们看似相异的"卐"和"卍"实属同一图形。（当然，着眼人类学对"主位"立场的尊重，结合生活实际来看，某地区某族群把左旋或右旋作为自己的认同对象，不过是该文化符号在具体民俗、宗教等场景中的"在地化"使用而已。）

　　证诸田野，2013 年 6 月我在松潘（岷江发源于这里的弓杠岭）山巴寺（本教）侧藏民家中看见，其壁柜装饰图案中就是"卐"和"卍"并用；2015 年 7 月，走访若尔盖达扎寺（格鲁派），我在该寺书院壁上悬挂的一幅描绘寺院建筑的唐卡中也看见同样情形。此外，藏区考古表明，该符号出现在西藏岩画中已有数千年历史。在西藏，1985 年 9 月考古工作者在阿里地区的日土县日松区、日土区和多玛区发现了三处古代岩画，研究者认为是吐蕃时期以前的作品，年代下限不晚于吐蕃早期。其中，日松区任姆栋岩画 1 号岩面上有人、马、鱼、月亮、太阳、男女生殖器等，右侧大鱼左下方有四个戴鸟首形面具的人作舞蹈状，上面二人之间有一

---

① 大罗桑朗杰、华宣积：《藏族古代的对称图形——雍仲符号和菱形研究》，《西藏民族学院学报》（哲学社会科学版）2003 年第 6 期。

"卐"形符号；13 号岩面上有鹿、豹、牦牛、器皿等，一器皿腹部刻有
"卍"字符号。据学界断代，任姆栋岩画属于早期本教文化时期，时间大
致在公元前 1000 年。而在多玛区恰桑克岩画 1 号岩面上，绘有月亮、太
阳、树木等，太阳右侧是大树，枝叶繁茂，其右侧绘有一个"卐"形符
号，在线条和周围有许多小圆点……合而言之，日土岩画中出现的"卐"
形符号有五而"卍"形符号有二，当属原始宗教自然崇拜的产物。关于
左旋和右旋问题，有研究者指出："日土岩画中出现五处'卍'形和两处
'卐'形符号。一般说来，前者多在佛经、佛像上出现，而后者与前者方
向相反，在藏语中称'雍仲'，是西藏本教的标志。岩画中，前者出现于
早、中期，后者只在中、晚期各出现一次，也就是说，前者比本教标志出
现得还早。这是否意味着在佛教传入之前，当地已有这种标志，并另具含
意呢？问题留待进一步研究。"[①]

图 14-4　岷江畔仿古彩陶景观（汶川威州）

2011 年 3 月，我在汶川县城岷江东岸新建的西羌文化街附近，看见
不少仿照古代彩陶器物如瓶、罐、钵等的雕塑，作为草坪上的景观点缀。
其中，一个底色土黄而绘着黑色纹样的巨大的盆钵形器物上，就有顺时针
旋转的"卍"……滔滔岷江河畔这仿文物景观，不免使人想到古老的马
家窑文化，因为，出土于汶川威州姜维城考古遗址的彩陶片"在纹饰等方

图 14-5　新石器时代彩陶罐（茂县博物馆）

面与甘青地区的马家窑文化极为相似"①，而追溯历史，"羌，西戎牧羊人也"（《说文》），"马家窑文化的居民当是戎、羌族系的祖先"②。马家窑文化于 1923 年首先发现于甘肃临洮马家窑，属于中国黄河上游新石器时代晚期的文化，其分布区域东起陇东山地，西到河西走廊及青海东北部，北达甘肃北部和宁夏北部，南抵甘南山地和四川北部。该时期的经济生活以农业为主，兼及狩猎。出土的随葬品中，以陶器为主，彩陶纹样多为几何形，线条为主，黑色为基调，图案绚丽，多姿多彩。纵观中国彩陶史，继中原仰韶文化的彩陶衰落之后，马家窑文化的彩陶又延续发展数百年，将原始彩陶文化再次推向新高度，成为本土彩陶文化史上第二个高峰，其器物的精美度至今让我们赞叹。考古成果表明，在马家窑文化中绚丽多彩的陶器上就屡屡有见带"卐"或"卍"字图案的，1974 年以来发掘的青

①　四川省文物考古研究所、阿坝州文物管理所等：《四川省汶川县姜维城新石器时代遗址发掘简报》，《考古》2006 年第 11 期。顺便说说，考古学界通过选取甘肃临洮马家窑、东乡林家、武都大李坪、临潭石门口、卓尼寺下川和四川马尔康卡哈休、茂县波西及营盘山等八个遗址出土的 170 件陶片标本进行化学元素分析，发现川西北彩陶标本的化学成分明显与当地出土的非彩陶标本不同，但与以高钙、高镁黏土制作的甘肃彩陶及非彩陶标本相似。由此看来，川西北出土的马家窑风格彩陶可能不是产于当地，而是在人群迁移过程中持续从北方输送进来的（参阅崔剑锋、吴小红、杨颖亮《四川茂县新石器遗址陶器的成分分析及来源初探》，载《文物》2011 年第 2 期；洪玲玉、崔剑锋、王辉、陈剑《川西马家窑类型彩陶产源分析与探讨》，载《南方民族考古》第七辑，科学出版社 2011 年版）。该项研究为我们考察川西北羌族至今保存的族群迁徙记忆提供了旁证。

②　《中国大百科全书·考古学》，中国大百科全书出版社 1986 年版，第 303 页。

海乐都柳湾的陶器符号可为证。对此符号多有考察的饶宗颐便指出："青海乐都柳湾墓地为黄河上游羌人原始文化之渊薮。自 1974 年至 1975 年发掘，计齐家文化 102 座，半山类型 144 座，马厂类型 318 座……马厂型陶已收集之符号有 50 余种，以'＋'、'－'、'卐'为最习见。"①

图 14-6　马厂类型彩陶（甘肃省马家窑彩陶文化博物馆藏）

　　作为马家窑文化遗址，乐都柳湾位于黄河上游主要支流湟水北岸，该地属于原始氏族社会末期的墓葬中出土了不少极具地域文化特色的彩陶，尤其是马厂类型的。柳湾陶器上的彩色纹样相当丰富，其中绘有"卐"或"卍"字图案的陶器就有 20 多件。② 此外，对马家窑彩陶漩涡纹的研究表明，其中被学界称为"花形漩涡纹"中有四瓣者，其跟逆时针旋转的"卐"很接近；还有商周青铜器上屡见的"圆涡纹"，右旋和左旋皆有，亦跟"卐"或"卍"同类。③ 我在汶川博物馆看见当地出土的西周时期蜀地青铜罍上，即有这种近似"卐"字图案的四瓣旋转式圆形涡纹。在中国，类似图案亦见于东北地区小河沿文化陶器花纹中，在乌兰察布岩画和阴山岩画中也有此类图形，凡此种种，例证甚多。马家窑文化的时间为公元前 3000 年至公元前 2600 年，较迟的小河沿文化距今也有 3000 年左右，而佛教在印度创立时间相当于中国的春秋时期，其创始人乔达摩·悉达多跟吾土儒家鼻祖孔夫子大致同时代。既然如此，把中华大地上早已有之的"卐"或"卍"字图案指定为来自印度佛教，明显是站不住脚的。

---

　　① 饶宗颐：《符号·初文与字母——汉字树》，上海书店出版社 2000 年版，第 89 页。

　　② 有关情况，请参阅青海省文物管理处考古队等《青海柳湾——乐都柳湾原始社会墓地》（文物出版社 1984 年版）、梁岩《青海柳湾》（载《考古》1986 年第 6 期），等等。

　　③ 陆思贤：《神话考古》，文物出版社 1995 年版，第 236、246 页。

川西北岷江上游地区位于著名的民族迁徙大走廊上，新石器时代已有先民在此区域活动，留下远古文化的斑斑足迹。从岷江、大渡河、雅砻江等流域出土的石器形质以及陶器风格来看，其跟甘、青地区的马家窑文化非常接近，可见西北氐羌先民早在原始社会后期已逐渐向四川阿坝地区迁徙。既然如此，在马家窑文化遗址中屡见的"卐"或"卍"字符号，作为民俗符号出现在岷江流域藏羌族群中也就不奇怪。进而扩大视野，从跨地域、跨文化角度看，"卐"或"卍"从古到今流传，其作为人类文化象征符号具有某种共通性和普遍性。"卐"或"卍"在汉字中叫"万"，在藏文中为"雍仲"，在梵文中叫"Svrivatsa"，在西文中称"gammadion"，称呼尽管有别，但归根结底，视之为吉祥符号乃是人同此心。

图14-7　汶川博物馆收藏的带圆形涡纹的青铜罍

纵观关于该符号的分布，有学者指出："其实，这一'卍'花纹图案，经我的研究，它的来源和性质，广而言之，既不是刻画在陶器上被遗失了的原始汉字，也不是最初出现在中国黄河流域甘青地区仰韶文化马家窑类型的一种花纹，更不是最初来自佛教表示吉祥标志，而是出自中亚和东亚一些新石器时代彩陶文化上的一种彩绘符号，为笔者所称的陶符。"又说："卍符号在世界上主要分布于亚洲的北半部，北纬40度一线呈东西走向的东亚、中亚狭长广袤的草甸地带。在时间上，可谓源远流长，首先发生在公元前5000年纪，在中亚为两河流域萨玛拉文化，在中国为黄河流域仰韶文化所拥有。其发展由史前至历史时期上下几千年，无论中外延续的时间都很长。"① 准此说法，"卐"或"卍"主要属于生活在东亚、中亚地区的古老民族所创造的文化符码之一。

第三节　原型内涵的文化解读

"羊子离不开哈格，寨子离不开莫西。"尔玛民众当中流行这句谚语，"哈格"和"莫西"均为羌语之汉文译音，前者说的是"草"，后者乃指"太阳"。2008 年"5·12"汶川地震后，我在成都文殊坊开设的羌绣店铺见过一幅刺绣春耕图，也是黑白挑花，画面上有田野、农夫、耕牛、柳树和太阳。其中，天空中的太阳构图颇为别致，中间是圆圆的太阳，周围是五六道处理成近似回形纹的阳光。羌绣春耕图中这太阳图案，无论造型还是内涵都跟高度简化的"卐"或"卍"一脉相通。

图 14-8　汶川龙溪阿尔寨碉楼和东门寨民居

根据符号学家恩斯特·卡西尔的说法，人是能动地从事符号活动的动物，远古先民在岩石以及各种器物上留下的符号、图案，往往映射着当时的神圣信仰。作为自然崇拜之一，太阳崇拜在羌民社会中由来古老，并且在其生产生活中有广泛体现。2011 年 5 月，走访茂县灾后重建的甘青寨，我看见岷江畔这个如今以"白石羌寨"定位的寨子，就是用一个图案化的闪闪放光的太阳符号作为整个村寨的标志，其甚至出现在家家户户的门牌上。而在岷江支流杂谷脑河流域，理县佳山寨一石砌民居的南面墙体上，有用几块白石为中心组拼的圆形太阳纹，四周的光芒是用片石砌成放射状，直径约 1 米见方，房主人说羌语称之为"阿不确克"，代表天神。

---

① 王克林：《"卍"图像符号源流考》，《文博》1995 年第 3 期。

如调查者所见，"在一些羌寨的墙体上，装饰着各种不同形状的图案符号，当地人称之为'房号'。这种装饰纹样，从形状上看，与衣服上的纹饰有类似之处，基本上以'万字纹'变形而成，还有一些是'太阳纹'、'十字纹'等"①。桃坪羌寨民居外墙上可见这类纹饰，有的窗户上方墙体有镂空的"十"字符号，有的罩楼的三面女墙外侧有"十"字和"卍"字，相当醒目。诸如此类文化符号，在人称"羌人谷"的汶川龙溪阿尔村、东门寨等碉楼民居上也容易见到。去汶川绵虒羌锋村走访，我听见年长的民间羌绣艺人讲，她们习惯称"卐"或"卍"字纹为"缸钵边"（对于有马家窑类型彩陶分布的川西北岷江上游来说，民间工艺中存留的这种文化记忆似乎从某种程度上也透露出羌绣纹饰受彩陶纹饰的影响），因为这是常常出现在缸、钵等陶器边缘的装饰纹样，是日常生活中她们所熟悉的。

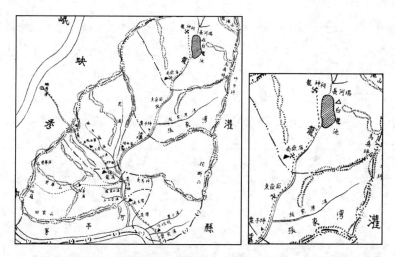

图 14-9　标示庙宇的符号在汶川龙溪地图上"卐""卍"皆用
（民国版《汶川县志》）

从符号学分析，"卐"或"卍"以及"十"字等作为人类文化符号，其在原型层面指向太阳崇拜。西方学者德尔维拉在《符号的传播》中解释古亚述人纹饰符号有云："十字代表了他们的天神 Anu。它的表意符号由四个像十字的符号组成，从圆周也可以说当中的菱形向外放射。圆周和

① 张犇：《羌族的民间美术与服饰》，见冯骥才主编《羌去何处——紧急保护羌族文化遗产专家建言录》，中国文联出版社 2008 年版。

菱形在楔形文字的碑文里代表太阳。太阳不正是在宇宙空间光芒四射的吗?""对亚述人的等边十字形还能作一个更恰当的解释是:这种十字在开始时只表示太阳照射的四个主要的方位。"有论者引述此后进而比较中外考古实物,指出:"卐"和"十"乃是人类历史上太阳崇拜符号简化的两种最基本类型①。这种"十"字纹屡见于青海柳湾出土陶器。去甘肃秦安大地湾博物馆,我看见属于大地湾遗址一期也就是"前仰韶文化"(距今7800—7300年)的彩陶片上,有这种被布展者推测为"最早的文字符号"的"十"字纹。据我所见,"十"字纹也出现在羌寨传统建筑上,如汶川龙溪乡阿尔村的老碉楼。在汶川县城,我还看见新建博物馆斜对面一白墙上,有将太阳、羊头、碉楼元素巧妙地融汇一体的呈"十"字形的八角星纹,作为楼体装饰(同类装饰又见于锅庄广场边的大楼);在北川新县城不少碉式建筑上,"十"字符号也屡屡有见。此外,"十"字符号及八角星纹在羌族编织、刺绣中也很常见,而在笔者走访川西北羌区见过的羌绣中,有把"卐""十"符号及八角星纹同组一图的,还有在八角星纹的每只角中又绣入"卍"字的。这种八角星纹,出现在马家窑文化以及青莲岗文化、大汶口文化、小河沿文化等遗址中,是本土考古工作者所熟悉的。实际上,"卐"形符号与八角星纹见于我国广大地域多个民族,

---

① 何新:《诸神的起源——中国远古神话与历史》,三联书店1986年版,第2—5页。顺便说说,对于旋转符号"卐"或"卍",或以为其跟生殖崇拜有关,以研究性象征著称的英国学者卡纳认为这跟太阳崇拜并不相左,他指出:"人类的崇祀,最原始的祈求,不外乎'繁息',而繁息与太阳是分不开的,所以生殖崇拜与太阳崇拜,永远勾连在一起。"又说:"人类最古老的一种生殖象征,便是一个简单的圆圈。它可能代表太阳。也可能是原始的玄牝的符号。"换言之,"生命与繁殖之源的太阳是圆的,这恰正是女性生殖器高悬天上最明显的征象"。谈及十字架与太阳崇拜时,他再次指出:"十字架既为太阳神话的一部分,自然很容易变成生殖的象征,因为太阳与人类的性器官一样被认为是地球上繁殖力最大的象征。"(《人类的性崇拜》,方智弘译,海南人民出版社1988年版,第28、153—154、39页)有论者亦指出:对于先民来说,"在他们的心目中太阳是万物之源,是主宰世界的最高的神祇,也就是繁衍万物的生殖大神",而"卐"纹正是作为"象征太阳和生殖的"母题反复出现在远古岩画和原始彩陶。立足跨文化视野,就词语进行知识考古,可知"在阿尔贡魁(美国最大的印第安族)语中的'Kesuk'(太阳)就是来自意为'给以生命'的动词。在英文中太阳也正如其名字'Sun'(生殖者)。如果说'卐'纹是太阳的符号,那么,它同时也就是意指生殖的符号"(孙新周:《中国原始艺术符号的文化破译》,中央民族大学出版社1998年版,第90页)。生殖崇拜与太阳崇拜,皆是人类历史上极古老的事实。况且,关于"女性太阳"的神话也见于秉持原始思维的先民以及后世诸多民族,如在川西北羌区,汶川民间故事《太阳和月亮》和理县民间故事《月亮和太阳》皆讲"太阳是女的,月亮是男的"(本书第五章对此曾论及)。既然如此,人们把"卐"或"卍"的原型释义跟诸如此类不无神圣性的原始宗教信仰联系起来,也就自然。

前者为后者的简化变体，它们都代表了太阳在一个回归年的视循环运动，即一年四季的循环变化。① 今被联合国教科文组织列入世界濒危文化遗产名录的羌年，又称"日麦节"或"日美吉"，是羌民祭神还愿的重大日子。在北川，年节一到，家家户户忙着杀猪宰羊，蒸"瓦达"，有的人家在墙壁画"卐"字格，意在庆祝人畜兴旺、庄稼丰收。② 在茂县维城、雅都、曲谷等地，若是一年中村寨里无青壮年死亡，过"日麦节"时，要在家里墙壁上涂白色符号"＋"，表示人畜两旺，五谷丰登③……

图 14-10　达扎寺书院壁上的唐卡（2015 年 8 月摄于若尔盖）

藏羌审美文化史上，"卐"或"卍"在原型层面跟先民的太阳崇拜有关。西藏日土岩画中的"卐"或"卍"，表示的便是太阳及其光芒。起初是画一圆圈，边上绘出光芒若干，随着构形步步简化，遂演变成这符号。古老的"本教"（苯教）是佛教传入之前藏区本土原始宗教，关于本教起源，目前大多数学者支持的观点认为其最初流行于象雄地区（今西藏阿

---

① 蔡英杰：《太阳循环与八角星纹和卐字符号》，《民族艺术研究》2005 年第 5 期。
② 《北川县志》，方志出版社 1996 年版，第 184 页。
③ 非物质文化遗产名录项目申报书《羌年》，茂县文化馆制作，2007 年 4 月。

里），后来传播到整个藏区。"卍字及九这个数字在苯教中具有深远的意义。"① 象雄王朝时代，人们称之为"雍仲"。在象雄语中，"雍仲"最初当为太阳永恒或永恒的太阳之意，后来成为坚固不摧、永恒常在以及吉祥妙善的象征。对本教的信奉亦见于岷江上游地区，与茂县、黑水相邻的松潘县是连接川、甘、青三省的边界重镇，当地分布着多处本教寺院（阿坝州现存 35 座本教寺庙中，松潘就有 13 座②），尤以县城北 30 公里处小西天圣山脚下的尕米寺为松潘地区本教大本营。象雄王朝时期，开创本教的顿巴辛绕祖师便以"雍仲"作为教派标志。公元 7 世纪传入西藏的佛教也使用这标志，佛教雍仲一般称"右转雍仲"。通常，法台桌帏上的雍仲有二或四个。无论一对还是两对，皆是把雍仲放置在二角或四角上，一左转，一右转。多数桌帏上的雍仲，或全是左转，或全是右转。有专家考证，"左、右转的雍仲，是由于观察太阳运转者的角度不同而产生的：站在地球上观察太阳运转，为右转，即右转雍仲；从太阳上方往下观察太阳运转，则为左转雍仲。因此，每个雍仲，从前后看都可以是左转或右转，左右转是统一的，进而说明太阳的运转、藏民族对宇宙的看法是统一的"③。这里，对于"卐"和"卍"的关系给出又一种解释。

　　"太阳在哪里，哪里就有永恒的光；我要去的地方有明亮的太阳，那里使我长生不死，在那里实现了我们的要求和欲望！"古老的印度经典《梨俱吠陀》对太阳有此赞美。"最初天地形成时，阴阳混合在一起，分开阴阳是太阳。"古老的藏族民歌《什巴问答歌》也这样唱道（"什巴"系藏语译音，指宇宙、世界）。对太阳的由衷赞美，见于世界各民族。关于西藏岩画中的"卐"或"卍"，藏族学者有文章析曰："实际上，'雍仲'符号和太阳母题之间有着极其亲密的关系。换言之，'雍仲'这类符号即是太阳崇拜的结果，系从太阳母题演变而来。这一点在近年来对世界各国同类纹样和母题的研究中得到了越来越多的证实。"接着，该文列举印度人对此符号的象征寓意，如"右旋者为善神象鼻天的象征符号，代表阳性本原，代表着在白天从东至西运行的太阳，并且是光明、生命、荣耀的标志"，而左旋者"乃是女神时母的象征符号，它代表着阴性本原，代

----

① 桑木旦语，见图齐等《喜马拉雅的人与神》，向红笳译，中国藏学出版社 2012 年版，第 120 页。

② 索朗卓玛：《山巴寺的研究》，硕士学位论文，中央民族大学，2013 年。

③ 《雍仲》，http://baike.baidu.com/view/572891.htm。

表着在黑夜从西至东在地下世界运行的太阳，并且是黑暗、死亡、毁灭的象征"。除此而外，文中还介绍了希腊古壶装饰中阿波罗神的胸口上绘有该符号，以及在印度某些地区的古钱币上有该符号与太阳运动图案互换的现象。"由此来看，西藏本教岩画中的雍仲符号与太阳母题之间似乎也应存在着类似的渊源关系。"①

图 14-11　羌寨民居墙上的太阳符号（茂县坪头村）

　　作为太阳乃至火的象征，"卐"或"卍"这个古老的审美文化符号不止是见于南亚次大陆，多民族中国文化史上的"卐"或"卍"亦非外来。换言之，"卐"或"卍"在中国本土老早就有，片面认定它来自印度佛教不妥，单单说它源于藏区本教也未必合适。有藏族学者指出，"'雍仲'符号并非哪个民族所独有"，对其"不能完全定为'一元'起源说或定论为某一古代部族所独有"②，这观点无疑是中肯的。综上所述，立足本土语境，尊重客观事实，关于藏羌彝走廊上普遍有见的这审美文化符号的通达说法应是：羌族民俗文化中的"卐"或"卍"字符号继承着中国远古文化中的"卐"或"卍"，而中国文化里的"卐"或"卍"字符号又是整个人类"卐"或"卍"字文化体系中重要的一员。

---

　　① 熊文彬：《汉隋之间的西藏原始宗教本教题材岩画》，载巫鸿主编《汉唐之间的宗教艺术与考古》，文物出版社 2000 年版。

　　② 夏格旺堆、白伦·占堆：《"雍仲"符号文化现象散论》，《西藏研究》2002 年第 6 期。

第十五章

地方饮食及名称译介

衣、食、住、行，构成了民俗生活的基本内容。就日常生活中的饮食而言，民族地区不乏地域特色的食品，尤其是在文化资源丰富多彩的中国西部。常常去川西北岷江上游的城镇村寨做田野调查，也有机会品尝乡里民间种种在制作和风味上都堪称别致的美食，其中，"洋芋糍粑"给我留下的印象特别深也尤其好。"洋芋"者，土豆也，马铃薯也，此物种之于我中华本土是舶来品，因此国人以"洋"相称，以区别于本土固有之"芋"；糍粑乃中国百姓熟悉的传统食物，以糯米制作，"洋芋糍粑"虽非以糯米制作，但其成品糯软且黏性甚强如糍粑，故而借名相喻。今天，这道食品甚至成为川西北羌区饮食文化的代表性符号之一。

第一节　洋芋也能做"糍粑"

2011年3月1日，农历正月二十七，天气晴朗，经213国道溯岷江而上，在高山峡谷中车行两小时，去了因"5·12"地震而受到世界关注的汶川。来到县城威州，走过红军桥，在杂谷脑河汇入岷江处的桑坪坝逛街，看见一大楼门前挂着"汶川县烹饪协会"的牌子。平时，我喜欢背着行囊东奔西走，尤其是乡镇村寨及边远地方，也喜欢到了某地就走街串巷去寻找有特色的当地小吃。看见这牌子，心中暗想，讲"烹饪"，还有"协会"，看来高山峡谷中这地方在饮食烹饪方面有些名堂，值得寻访。

说起岷江上游羌区的乡土美食，不能不提到"洋芋糍粑"，当今出版的《羌族词典》中有"洋芋糍粑"，称之为"羌族农村名小吃"，将其与"搅团""酸菜""猪膘""咂酒"等并列。洋芋对于人们来说谈不上稀

图 15-1　岷江畔的汶川县城及街头小吃店

罕，但是，能把洋芋做成糍粑，还要把它切成条放入汤中煮后再端上餐桌，这就不能不说是来自民间的美食创造了。其中，有生活经验的长期积累，更有前人智慧的奇妙创意。作为生活在川西坝子上的居民，我属于喜爱乡风乡味的老饕，对于餐桌上的洋芋以及洋芋泥之类烹制方法不陌生，但对于民间这道由"泥"而"糍粑"再以汤煮的洋芋食品就孤陋寡闻了。在我的记忆中，首次品尝"洋芋糍粑"是十多年前，当时我们沿着岷江上行，从汶川、茂县再到松潘及以上的九寨沟县做民族民间文化调查。来到茂县，晚餐时当地朋友招待，品尝乡土风味，桌上有洋芋糍粑，留下印象极深。当时，喝着酸菜汤，用筷子从汤里夹起条状的"糍粑"，品尝着这糯软又成形的美食，我老不相信这道带着汤水的食物是用洋芋泥做出来的，一个劲儿地向东道主问这问那。

2011 年 5 月，在经过灾后重建的茂县坪头村，我看见"生活用品展示点"有文字介绍："羌族信奉万物有灵，在生活中，也就处处体现了亲近自然、与自然和谐相处的观念。羌族自古'依山居止，垒石为室'，住在用石头、泥土与原木修建的房屋中，穿自织的麻布衣服，食用玉米、土豆、青稞、荞麦等做成的食物，饮食以酸味为主，称'酸溜溜的羌乡味'，主要有酸菜和糍粑、荞麦等。"这番介绍，尽管因强调"自然"染上了今人常讲的"生态"色彩而体现出当代表述特征，但道出的是当地生产生活的事实。地理和物产等条件使然，洋芋、玉米之类对于川西北山地从事农耕的民族来说，是常见又重要的粮食（酸味正有助于这类食物消化）。在羌、藏接壤的理县，《理县志·民俗·社会风土》（1997 年）记载当地饮食时即云："条件好的地方以食玉米为主，简食青稞、小麦、荞子等杂粮；居住高山的则以洋芋为主食。"① 据民国三十二年《汶川县志》卷四"物产·蔬属"记载："洋芋：即马铃薯。有红、白皮二种，可供食、酿酒。产量甚丰。" 再看《茂汶羌族自治县志·农业·粮食作物》（1997年）的叙述："清光绪年间（1875—1908）优良品种——王洋芋传入羌族地区，逐渐成为全县主要粮食作物。民国二十四年洋芋总产 12.31 万斤，民国三十八年总产 146 万斤，平均亩产 150 斤。新中国成立后，种植面积产量增加。1950 年种植 9512 亩，平均亩产 204 斤。1984 年种植 29874 亩，平均亩产 422 斤。"② 同书介绍羌民饮食中的"洋芋糍粑"时，又写道："将洋芋洗净煮熟、剥皮、晾冷后在石臼中舂泥，切成条块备用。其吃法可择其所好与酸菜煮汤或分别蘸酸辣调料、蜂蜜食用，为县内农村著名小吃。"③ 短短几十个字的介绍，平铺直叙，实在是看不出什么奥妙，这道乡间美食只有入口之后，你才真正找得到感觉。回顾本土历史，洋芋传入中国的时间不算长，但流播广泛，尤其成为西南地区不少民族食物结构中的重要组成部分。茂汶是川西北羌区核心所在，洋芋之于羌民生产生活的情况，从相关书籍可窥一斑。关于"王洋芋"以及"二红洋芋"的传入，汶川的萝卜寨等地还有种种故事，而此前当地种的是"鸡窝洋芋"（六月洋芋）。川西北羌区地处青藏高原边缘，由于日照、土壤、气候等条件使然，这地方能做"糍粑"的洋芋个头大，质地好，口感佳，远非川西坝子上的同类所能相比。

"洋芋糍粑"是羌族民间美食，在岷江上游地区，尔玛人迎接贵客的席桌上有之，其待客礼仪歌舞中会唱："羌人聚居的寨楼，咂酒飘香的海洋，热情好客的羌人，喜迎远方的客人，酸菜搅团油煎饼，荞面馍馍蒸笼蒸，洋芋糍粑老腊肉，样样美食献贵宾……"④ 不仅如此，在今天羌地旅游景区中，还会让身着漂亮羌装的女子在游客面前"舂"（制作）洋芋糍粑，把这作为展示民族文化的表演项目。网络对此民间美食亦有介绍，如在九寨沟，藏民制作的"洋芋糍粑，即是以土豆为主要原料烹调的膳食。制作时先将土豆煮熟，剥皮，然后在专用器具里捶捣，使之成为黏性很强的圆干糊状物，食用时切成块状煮入酸菜汤内即成。吃时再根据各处口味

---

①　《理县志》，四川民族出版社 1997 年版，第 749 页。

②　《茂汶羌族自治县志》，四川辞书出版社 1997 年版，第 168 页。

③　同上书，第 683 页。

④　陈兴龙：《羌族萨朗文化研究》，四川民族出版社 2010 年版，第 62—63 页。

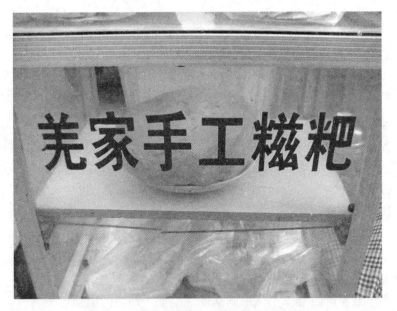

图 15-2　茂县城里街头小摊出售的洋芋糍粑

放入精盐、红油辣椒或伴以蜂蜜、炒黄豆面等，味道鲜美，营养丰富"①。
或曰，"洋芋糍粑，是四川省阿坝藏族羌族自治州的一道特色小吃"，亦
见于川、甘、陕、黔、滇部分地区，其"制作时先将土豆煮熟，剥皮，然
后在专用器具里捶捣，食用时切成块状煮入酸菜汤内，再根据口味放入精
盐、红油辣椒或伴以蜂蜜、炒黄豆面等，味道鲜美，营养丰富。制作完成
的洋芋糍粑具有类似糯米糍粑的弹性和黏性，具有独特的质感。口感与西
式快餐中的土豆泥差异明显"，这"洋芋糍粑具有明显的黏性，流行于我
国西南的部分地区，在四川阿坝，甘肃陇南，陕西商州，贵州贵阳等地均
被看作地方特色小吃。各地制作方式大同小异，食用方式多种多样。甘肃
陕西四川等地常见加入酸菜煮食，酸菜煮洋芋糍粑，贵州常见油炸"②。
不得不指出，诸如此类纯技术性的叙述文字大同小异，很难让人领会"洋
芋糍粑"这道洋溢着乡土风味的地方美食的妙处，倒是在当代羌区作家灵
动的笔下，给了读者更多情趣。

---

① 《洋芋糍粑》，http：//shop.bytravel.cn/produce/6D0B828B7CCD7C91/。
② 《羌族特色小吃洋芋糍粑》，http：//www.qiangmin.org/show.php？id=3741&siteid=1，发
布日期：2013-08-12。

第二节　族群情感和地方美食

从族群生活看，川西北尔玛人对此美食情有独钟。"糍粑是羌人不常吃却酷爱吃的一种副食。十天半月不吃一顿就觉得浑身乏力，丢了魂儿似的，也是羌人款待嘉宾的食品。糍粑的做法更是简单，不需什么手艺，却得花大力气，所以是男人和女人共同的事。先把洋芋蒸好去皮后，放入木槽内，用木槌不断地舂，起初几乎只是木槌的重量，到洋芋捣烂如泥时，才使男人显出力不从心，到最后，即使是能背四百斤的大力士，捣上四五十下亦是头去腰不来，非得坐下喘一会儿粗气不可。洋芋糍粑越黏稠越好。可以像吃搅团一样勾兑了酸汤蘸着吃，亦可放了糖吃，放入嘴里软乎乎滑溜溜如搂了一个如花似玉女子的感觉，嚼来嚼去总是冰清玉润圆圆囵囵的一块也就只好整块地吞下。那份滑腻呀，就想永远地不离去才好。"这是羌族作家谷运龙对洋芋糍粑的描述，细腻、贴切，生动、传神，那种美食的妙感让人神往。在"庄稼人的感觉"中，"洋芋成熟了，羌人的生活也便成熟了"，这土里生土里长的洋芋除了做糍粑，对当地人来说有多种吃法，蒸、炒、烧、煮、煎，无一不可。尔玛人对这道食品情有独钟，"洋芋把羌人的心事变得细细，把羌人的期盼变得长长。洋芋是羌人永远的留恋，洋芋是羌人响亮的山歌，洋芋是羌人出海远航的船。洋芋把羌人送到很远的地方，洋芋把羌人留在岷江上游，留在那一方肥沃的热土上"[1]。这充盈着本民族感情的文字，让人动心。文中提及的"搅团"是用玉米粉做的，就着酸汤吃，是当地村寨常见食物，如今也成为外来游客眼中有着"异文化"魅力的特色小吃。的确，能把普普通通的洋芋做成糯软可口的"糍粑"，将细细的心思和情意融入其中，从中透露出的族群饮食经验和创造智慧令人称道。去岷江上游地区，搅团、洋芋糍粑等是我喜欢的。

记得数年前的一天，我们到达位于沙窝子的汶川县长途车站已是中午。进城后，顺着威州大道，直奔位于丁字路口的小吃店"洋芋糍粑"，去品尝这当地美食。店面不宽，除去锅灶等操作空间，有四张桌子供就餐客人坐。门上招牌"洋芋糍粑"很醒目，有小字注明"羌家小吃"。在老

---

[1]　谷运龙：《庄稼人的感觉》，见《谷运龙散文选》，四川民族出版社 2004 年版，第117 页。

板娘热情招呼下，我们坐下来，每人要了一碗洋芋糍粑。老板娘问加不加酸菜，我们尚未来得及回答，旁边一位老乡说："一定要加酸菜才好吃。"于是，我们也加了酸菜。不一会儿，老板娘就做好洋芋糍粑，端上桌来。碗中是一条条黄黄的洋芋糍粑，汤里有片片黄绿色的酸菜，加上红红的熟油辣子和翠绿的葱花，一看就把人的胃口吊了起来。入口的感觉更好，糍粑糯糯的，滑滑的，也很细腻，加上又酸又辣的汤料，真的是用"好吃"二字不足以形容。见碗里酸菜有叶片呈椭圆形，我问是什么菜，店主说是鹿耳韭，并说酸菜都是自家制作的。鹿耳韭是野菜，如羌区地方志书记载，过去人们"青黄不接时上山采'鹿耳韭'、石杆菜等野菜充饥"[1]，如今随时代转换，其同不少山野之菜一样成为世人青睐的乡土特色食物系列。两碗洋芋糍粑，加上两碗米饭，解决了我们二人的午餐，总共用去15元钱。邻桌有位中年妇女，听口音不是当地人，我们聊起天来。她说自己从灌县（都江堰市）上来，是做房屋中介的，刚去了大禹像身后阳光花园看房子，她对这洋芋糍粑也很是称赞。吃过午饭，出门时，店家男主人热情地告诉我们，每天下午他们要舂洋芋糍粑，可以来拍照……

图 15-3　借助石碓舂出来的洋芋糍粑（汶川威州）

　　洋芋糍粑的吃法多样，我对切条下锅用酸菜汤煮的形式情有独钟。酸菜之于岷江上游尔玛人的生活不可缺少，这跟他们过去多食玉米、荞麦等

---

[1] 《理县志》，四川民族出版社1997年版，第749页。

粗粮的饮食结构有关。2011 年 6 月，我去"5·12"大地震后从汶川龙溪移居邛崃南宝山的羌寨（昔为"夕格"，今称"木梯"）走访，品尝着他们做的土豆片炒猪膘肉以及酸菜粉丝汤时，主人家特意告诉我们这猪膘肉是从汶川"老家"带过来的，酸菜也是按照"老家"的方法做的。食"酸"是尔玛人的饮食习惯，《羌族词典》介绍洋芋糍粑吃法之一即言切条"放入酸菜汤中煮食"，并称这酸菜是"羌族家常菜"，原料为圆根叶、白菜等，制作时入沸水焯后捞出，拌入少许玉米粉后置缸中以石压紧，数日后即可食用，其味鲜酸可口，此乃"羌区高、半山区一年四季的主要菜类"①。当代羌族作家梦非有散文题作《酸溜溜的羌乡味》，开篇写道："只要你走进岷江上游的羌族聚居区，就会发现生活在高山峡谷中的羌人在今天仍然保留着浓厚的民风民俗。其中，传统饮食中让人未入口就会生出津液的'酸'味食物最有特色。"酸菜制作并不复杂，但借之烹出的酸菜搅团、酸菜荞面等乡土美食则让人回味不已。对家乡的洋芋糍粑，这位作家亦写道："用土豆做成的酸菜糍粑则有着许多美的含义。将土豆洗干净后整块放进锅里蒸煮熟透，去掉粗皮，冷却后放进石窝中用木棒捣碎到细至如泥，挖起置于案上加工成正方体后用刀切成细条，再放入已烧沸的酸菜汤中煮烫并加入作料即可食用。其间，它做起来特别费劲，要由男女合力才能完成，所以过程很有意思。人们用双手将木棒握紧，一上一下狠狠捣着，口里喊着劳动号子，身体上下起伏，节奏强烈而明快。尤其是女子上阵，一身色彩鲜艳的民族服装随着身体的节奏飞舞着，她捣下的力量和她的柔美相映衬，让刚与柔结合得就像山野里的羊角花般完美。"② 情感使然，本民族作家谈起本民族美食，格外情深意厚，韵味悠长。

就其制作技艺言，"洋芋糍粑"可谓中国西部民族地区由大众传承的非物质文化遗产。如今，随着民族地区旅游的开展，"洋芋糍粑"这道乡土美食亦受到国外游客青睐，其名称翻译被提上日程。有人从接受学角度谈本土特色小吃的英译，提及洋芋糍粑，曰："洋芋糍粑作为四川羌族地区的一大特色小吃，类似于西方国家人们常吃的土豆泥，只是因土豆品种的不同，它比西方传统土豆泥更加香糯可口。两种食物的制作方法也颇为相似。洋芋糍粑是将蒸熟的土豆放入特殊木头制成的木臼内舂成很糯的土豆泥。除了碾压土豆的方式和器皿有细微差别外，它与

---

① 《羌族词典》，巴蜀书社 2004 年版，第 374 页。
② 梦非：《相约羌寨》，四川民族出版社 2002 年版，第 70 页。

西方土豆泥的制作方式基本一致。糍粑这一食物形式虽为中国食客所熟知，但在西方却没有与之对应的食物概念，若生造一个英语单词来，则必定会增加食物本身给西方食客的陌生感，拉大食物和西方食客之间的距离；若翻译不到位，则极有可能造成外国食客的不知所措，达不到推荐该特色小吃的目的。因此，译者借用西方客人所熟知的土豆泥之名进行译介，能使西方食客在脑海中立即联想到熟悉、亲切的土豆泥的形象，是译名最大限度地接近目的语文化，激发了目的语读者的积极联想，替补了中西饮食文化差异造成的空白和未定性，符合读者的期待视域，避免了理解上的障碍。因而把洋芋糍粑译为 Chinese Mashed Potatoes，译名主干借用西方土豆泥的英译名，同时以 Chinese 作前置定语，既最大限度地照顾到西方读者的语言和饮食习惯，又突出了中国洋芋糍粑与西式土豆泥的差异。羌族的洋芋糍粑通常还会佐以极具地方特色的佐料，更加美味可口，因此可将译名进一步完善，译成 Chinese Mashed Potatoes，Qiang-style。"① 如此翻译，是否恰当？

图 15-4　放在锅里煮后端上桌用筷子拈着吃的洋芋糍粑（汶川威州）

一般说来，中国食品之英译，务必考虑两个主体，一是异邦食客，一是本土食物。从前者看，上述论者对本土食品如何与异邦食客"国际接轨"言说较多，自然不无某种道理；从后者看，上述观点对本土食品如何在与异邦食客"国际接轨"中彰显自身特色，似乎缺少细致考量。换言之，该文看到了向老外翻译中国小吃时应考虑如何"符合（接受者）期待视野"的问题，也就是"照顾到西方读者的语言和饮食习惯"并且"最大限度地接近目的语文化"，但不能不指出，由于其对"洋芋糍粑"

---

① 袁滔：《四川民族地区特色小吃英译探幽——基于接受美学的视角》，《四川旅游学院学报》2014 年第 4 期。

这道中华本土美食的理解过于宽泛（"洋芋糍粑"与普通"土豆泥"的差别并非是"细微"的，至于说"它与西方土豆泥的制作方式基本一致"，就更是"差之毫厘，谬以千里"，请见上文和下述），由于对如何向老外推荐本土食物的本土立场关注不够，结果不但未能有效地"避免理解上的障碍"之嫌，反而会令人遗憾地"达不到推荐该特色小吃的目的"（因为"洋芋糍粑"的根本特点在其翻译中被忽略了）。这里，如何既顺应异邦知识又尊重本土实情，如何以适当的翻译在中外文化之间寻求平衡（不仅仅是单方面地顺应他方），如何避免因欠准确译文致使境外游客误解中国食品，这是不能不慎重考虑的现实问题和再三推敲的学术问题。有鉴于此，以上观点在我看来是存在若干疑问的，对之需要反思和辨析：首先，从食品看，向老外英译中国小吃"洋芋糍粑"，用"Mashed Potatoes"（土豆泥）恰当么？其次，从国籍看，以"Mashed Potatoes"翻译"洋芋糍粑"，加上"Chinese"（中国的）就能彰显其特色么？再次，从族群和地域看，用英文向老外介绍"洋芋糍粑"时仅仅将其定位在"Qiang-style"（羌式），是否完善呢？……

第三节　此食英译的是是非非

"土豆泥"或"洋芋泥"（Mashed Potatoes）在中外餐桌上皆有，英语世界的老饕们熟悉，中国人也不陌生。查查网络，"百度"上关于此物的图片、翻译甚多，如今常去西式快餐店的年轻人对之更是多有了解。走上街头，跨入肯德基、麦当劳等来自异邦的餐店，除了油炸土豆片、土豆条，一份糊状的土豆泥是食客常点的；笔者是四川人，在我生活的川西平原地区，无论城市还是乡村，将土豆煮熟剥皮压成泥状再放入锅中加油盐、葱花炒出一盘香喷喷的土豆泥（洋芋泥）作下饭菜，是老百姓皆知晓的烹饪方式，我也会制作。在我自童年以来的记忆中，煮熟剥皮后的土豆，直接放入炒锅内用锅铲便能压碎成泥，烹制方法并不复杂。然而，食客经验提醒我们，无论肯德基、麦当劳的"Mashed Potatoes"，还是川西坝子家常食物土豆泥，都无法切成条状放入汤里去煮再让食客用筷子一条条拈起来吃。了解中华饮食者知道，在我华土食谱中，既有普普通通的"洋芋泥"，也有很不一般的"洋芋糍粑"，二者异同，最关键之处在于制作时是否经过了前述羌族作家笔下有生动描述的"舂"或"打"（犹如以煮熟的糯米打糍粑）。尽管原料相同，但是，由于两种食物各自的具体烹制过程有别，其"入口"之成品也就不可同日而语（正如同是糯米制作，糍粑和汤圆却各为美食）。况且，普通的洋芋泥或土豆泥，无论在中国还是在西方，口感上根本就无强黏性的"糍糯"可言，这也是人人皆知的。既然如此，仅仅用老外们日常生活中熟悉的"Mashed Potatoes"（土豆泥）来翻译"洋芋糍粑"，将后一美食跟普通洋芋泥的差异完全抹平，即使不造成异邦食客对此的误解，也无法显示此本土美食的特点。

　　从灌县（都江堰市）沿着岷江上行，过了汶川、茂县、松潘，便来到有名的风景区九寨沟。"噢，神奇的九寨，人间的天堂，你看那天下的人哪，深情向往，深情向往"，这是羌族诗人羊子作词、藏族歌手容中尔甲演唱的歌曲《神奇的九寨》中的句子。九寨沟有迷人的风景，也有诱人的饮食，"洋芋糍粑"便是其一。网上有"九寨沟吧"，有文字写道："九寨沟阳光充足，日夜温差大，有利植物积存养分，洋芋长得特大。据好友说，他小时随父辈上山背洋芋不用背篼装，将几个又长又大的洋芋用绳直接兜在背后，就足够他背了。高山洋芋特别饱满。一经蒸煮，都如馒头一样绽开老大的裂口，吃起来又香又糯。最特别的，是可以用来砸糍粑。"且看，"砸糍粑要选大个儿临洮洋芋（特大而长的马洋芋和紫皮洋芋不及临洮洋芋糍糯）洗净，蒸熟，去皮，晾冷待用。这里没有石碓窝，砸糍粑用的是一段原木刳制的木槽和带有弯头的足足四尺长的大木椎。先把槽里的洋芋压碎，舂时慢慢加力。洋芋泥愈来愈粘糯，你不但要使出吃奶的劲儿砸，每次把木锥从洋芋泥的黏附中拔出来更是费力。最棒的小伙儿砸一槽下来都浑身淌汗，气喘吁吁。我第一次见到洋芋变成了奶油色的糍粑时，惊奇得不敢相信自己的眼睛"[1]。来九寨沟的中外游客特多，一年四季络绎不绝，有人将"九寨酸菜洋芋糍粑"翻译成"Potato Ciba with Pickles"[2]，把译意和译音（"糍粑"音译为"Ciba"）结合起来，倒是不失为折中的处理。当然，对于老外来说，为什么这道"Potato"烹制的美食叫"Ciba"，就只有"入口为师"，让他们根据自己的体验再加上导游翻译的解说来慢慢领会了。

　　就我所见，对"洋芋糍粑"这道羌区民间流行的风味小吃，也有书

①　《洋芋糍粑》，http：//tieba. baidu. com/p/1709610202。
②　《景区特色菜翻译中英文》，http：//www. docin. com/p-219697710. html。

图 15-5 旅游景区向游客表演的"舂"洋芋糍粑（汶川水磨）

采用的英译是"Potato cake"①。如此翻译，仍然是有问题的。众所周知，"cake"有糕、饼等义，这个英文单词常常被人们用来翻译蛋糕，如"And who doesn't love cake"这句话，译成汉语就是"哪有人不喜爱蛋糕呢"。因此，所谓"Potato cake"，其汉语译文就是"土豆饼"。在中国人的餐桌上，土豆饼是常见之物，也是今天的食客们所熟悉的，从"搜狗百科"可查到该词条，曰"土豆饼是北方的一道美食，发源于安徽和广州，由油炸土豆演变而来。土豆饼的做法多种多样，其口味独特，脆中带软，美味可口"，具体说来，其制作方法大致有四：其一是把土豆洗干净，蒸熟后去皮切成条，与鲜奶、盐拌匀腌20分钟，然后平底锅旺火烧热加油转中火，将100克左右土豆条倒入锅内，用平铲压成厚度5毫米左右的圆饼，一面煎黄后小心翻面，两面煎黄后双面撒匀葱花，待两面呈焦黄色即可；其二是把土豆蒸熟后去皮搅成泥，加糯米粉，一边加一边搅，喜欢甜的可以加点糖，搅到可以捏成饼的时候将其捏成一个个半厘米厚的饼，再将锅中油烧热，放入饼去煎，煎成金黄就可以了；其三是土豆洗净去皮，切成细丝，放入清水中浸泡10分钟后滤干，加入适量的盐、味精拌匀，腌制片刻后再次滤干水分，加入适量干生粉拌匀，做成一个个饼后下油锅煎；其四是土豆去皮，直接擦成丝到水里，加入面粉、孜然、咖喱粉、盐

---

① 譬如，中英文对照图文集《黑虎羌寨》第57页介绍当地饮食"洋芋糍粑"，即是这样翻译的，茂县黑虎乡政府和茂县文体广新局2014年9月编印。黑虎乡属于川西北羌族核心区茂县，该地的碉楼群很有名。

等，和成面糊，然后摊入锅中煎制。① 土豆饼的烹制，不排除还有其他方法，但总的说来就是这些了。然而，比较可知，这煎炸的土豆饼跟汤煮的洋芋糍粑根本是风马牛不相及，既然如此，将后者翻译为"Potato cake"仍不免错位。

在川西北羌族聚居区，"洋芋糍粑"的确是尔玛人引以为自豪的地方特色小吃，也是前往尔玛村寨的旅游者甚感兴趣的美食。不过，把"洋芋糍粑"划归"Qiang-style"，倘若仅仅在羌区内介绍此食，这"Qiang"的冠名是可以的；若是不限于羌区而放宽视野，避免片面起见，则不妨加以补充说明。因为，可以说"洋芋糍粑"是羌族地区重要的民间美食之一，但要说这是唯一归属"Qiang"的小吃则不够全面。在中国西部，在青藏高原东南民族迁徙大走廊上，在人称"江源"（徐霞客之前，国人以岷江为长江源头，古老的"江源文明"在此孕育）的岷江上游，羌人地处汉、藏之间，从多民族中国的族群互动和文化交流看，他们彼此间在历史、文化、生活、习俗等方面多有沟通之处。以"搅团"为例，此亦川西北藏、羌村寨都乐意向游客推荐的民间小吃。前述羌地作家在讲述"洋芋糍粑"时，也对"搅团"的制作及吃法有生动描写。理县是羌族聚居区的核心县之一，也是川西北高原重要的藏、羌结合部（上行近藏、下行近羌）。2011 年 5 月上旬，去杂谷脑河畔甘堡藏寨（属理县）走访，午餐由县里朋友帮助安排，我们"得以品尝到枸地芽、山蕨菜、红菌、搅团、藏式火锅等"②，其中"搅团"也是就着酸菜汤吃，跟"洋芋糍粑"有异曲同工之妙。又据《理县志·社会风土·服饰、饮食、住、行》（1997 年）载："除米亚罗地区外，其余县属藏、羌民族饭食习惯大体相同。用玉米面可做'麦粒子'（玉米糊）、'搅团'、'蒸蒸饭'（包括锅蒸）、'玉米馍'（冷水粑、刀片子）、'面汤元'、'金裹银'（玉米面和米饭）等……"③如前所述，川西北岷江上游地区农作物以玉米、土豆等为主，对于藏、羌山民来说，这"洋芋糍粑"如同"搅团"也是他们生活中的共通性食品，如在茂县与松潘之间的黑水地区，据《嘉绒史料集》介绍，"黑水藏族饮食……多吃玉米烧馍、玉米搅团、玉米蒸蒸、玉米汤圆、玉米包子、酸菜

---

① 《土豆饼》，http：//baike. sogou. com/v104840. htm。

② 李祥林：《城镇村寨和民俗符号——羌文化走访笔记》，巴蜀书社 2014 年版，第 194 页。

③ 《理县志》，四川民族出版社 1997 年版，第 749 页。

面块、洋芋糍粑"①。又如，中央电视台就曾录制播放川北地区白马人制作洋芋糍粑，从视频中看，后者是把舂好的洋芋糍粑成团地放入酸菜汤中稍煮后食用②；网络上，也有人把这以土豆为主料制作的食物称为"九寨沟特产"③。这种饮食的相通，除了地缘相近之外，如前所述，主要还是跟当地人的生产生活以农耕为主或农牧兼具有关。

图 15-6 土豆、玉米是川西北山地民族的主食，
也见于村寨中待客的餐桌上（理县通化）

"饮食非小道"，舌尖上有大文章，尤其是在涉及跨文化译介和传播中的相关问题时。从"洋芋糍粑"的外文翻译所引出的龙门阵，在当今人类文化交流语境中并非孤立的个案，其中涉及的族群情感、乡土遗产、符码传译、文化理解等问题亦绝非"小道"，值得饮食经营者、旅游从业者和文化研究者好好琢磨。

---

① 秋实：《嘉绒黑水藏区琐议》，见《金川历史文化览略》（中册），中央民族大学出版社 2012 年版，第 390 页。

② 《白马藏族 洋芋糍粑》，http：//travel. cntv. cn/20121224/103903. shtml。

③ 《九寨沟特产——洋芋糍粑》，http：//epaper. qlwb. com. cn/html/2011－10/25/content_ 214072. htm？div＝-1。

第十六章

世俗场域和神圣空间

"碉楼垮了！"2011 年秋，一位羌族友人在文章开篇写下这沉重的句子，该文题目叫《消失的"西羌第一碉"》[①]。说起此碉，去过岷江上游地区的人不会陌生，那是位于羌区门户绵虒羌锋的标志性建筑，碉楼上嵌着的"西羌第一村"五个金色大字是 1996 年请社会学家费孝通题写的。碉楼建于何时，几百年，上千年，不见文字记载，也没人说得清楚，反正它在老辈人从小的记忆中就有非同寻常的意义。"5·12"地震发生，曾历经多次震灾的这座碉楼依然屹立，仅仅在顶部塌了两三米，正面接近基础的部分垮出一米多的窟窿。然而，三年之后，7 月 8 日晚上，这座在大地震后苦苦支撑了 1183 天而没能得到修复的碉楼最终垮塌了，让人揪心。那天，面对残碉乱石，村里的老人们烧香磕头，一片呜咽之声……

这座碉楼位于羌锋村簇头寨中央正对着两座大山交汇处的垭口，数年后我去簇头，看见其尚存两三米残垣断壁，垮塌的石块被村民捡起来整齐地堆放在碉楼前方两侧，而在碉楼前面的晒坝上，人们至今仍语气伤感地给我讲述着当时碉楼垮塌的情形（村民汪清寿还给我们看了当时他用手机录的像），并且再三说："自从碉楼垮了，寨子的神气也减了一半！"上述撰文的朋友姓汪，老家就在"西羌第一碉"所在地，前一年我们相见时聊起羌锋，他对家乡这座老碉楼的安危就忧心忡忡。从他恳切的言谈中，从他激愤的文笔下，不难体会到尔玛人对家乡碉楼的深厚感情，因为在他们心目中，以"碉"为代表的村寨建筑是他们栖居生活的场所，也是他们寄托情感和心灵的空间，更是他们引以为骄傲的羌民族文化标志。

[①]　汪青玉：《消失的"西羌第一碉"》，《四川文艺报》2011 年 10 月 16 日。

图 16-1　我们身后是羌锋簇头碉楼的残迹，村里人家墙上的照片
保留着往日碉楼的雄姿

第一节　彰显族群特色的民居

2012 年 10 月，由中央电视台与四川电视台联合摄制的电视纪录片《魅力四川》在央视 9 套播出，第四集以"和谐四川"为题，重在展示四川地区藏、羌、彝等多民族文化。其中，对羌文化特征的关注有二，一是白石信仰，一是村寨石碉。2011 年，中国古村落保护与发展专业委员会与有关媒体发起"四川最美村落评选"，经过历时三个月的推荐和筛选，最终共有 40 个村落获奖，而获得"终极大奖"的羌区村落有三：理县桃坪羌寨、茂县黑虎羌寨和汶川县萝卜寨村。① 位于 317 国道旁、杂谷脑河畔的桃坪寨是羌族石砌建筑群的代表之一，整个寨子由石碉与民居结合而成，过去留存下来的老碉楼形象作为典范化的羌寨建筑标志如今广泛出现在各种报刊及画册上，为游客所熟悉。相比之下，黑虎寨由于位置、交通、基础设施等种种原因在开展旅游业方面不及桃坪寨好，但位于县境西北的这羌族山寨，却以保存较多且较好的石砌碉楼而驰誉羌区内外。乡级行政设置的黑虎位于岷江支流河谷地带，据 20 世纪末地方志书介绍，其辖 5 个行政村，包括 18 个自然村，乡驻地为小河坝村，距离县城 27 公里左右②。黑虎河纵流全境，长 10 多公里的峡谷两边山地上分布着大小羌寨，有碉楼 88 座（仅大寨子就有 24 座），高度从 10 多米到 30 多米不等，

---

① 记者彭娅兴、吴翠峰报道：《选最美 40 村落昨加冕》，《华西都市报》2011 年 11 月 21 日。

② 《茂汶羌族自治县志》，四川辞书出版社 1997 年版，第 66 页。

层数有五层、九层、十二层不等，造型有四角、六角、八角、十二角，其基于民间智慧的建造技艺令人称绝。以鹰嘴河村为例，"5·12"地震后经政府编号的碉楼就有 18 座。据当地人讲，自唐宋以来此地陆续建造的碉楼当不下 300 座，而至今保存完好及遗址残留的座座古碉，向游客述说着民族村寨的悠悠历史。2006 年 6 月，黑虎寨碉楼被国务院公布为国家级文物保护单位，次年 4 月又被四川省文物部门列入"世界文化遗产后备名录"。四川地震史上，1933 年叠溪发生 7.5 级地震，茂县附近的羌碉寨房均无大碍。1976 年，松潘、平武 7.2 级地震，直线距离仅 60 公里的黑虎群碉仍屹立不倒。在理县桃坪羌寨，老寨子几座古碉楼亦是被列为全国重点文物保护单位的，其经历了 1933 年、1976 年、2008 年三次大地震依然存留。茂县雅都乡四瓦村四组现存的八角形碉楼，共 9 层，高达17 米，已有上百年历史，"5·12"大地震时仍未受影响，至今保持完整。正如行内专家所言，严格选址、夯实基础、钝化建筑坐向、分散承重和墙体内收等等，来自地震山区的这些民间建筑经验有相当的科学道理。"推动羌族文化生态保护试验区建设，做好'中国藏羌碉楼与村寨'申报世界文化遗产和《羌年》申报联合国教科文组织非物质文化遗产名录工作。"① 这是来自政府的声音，表达了官方的关注。碉楼之于羌人由来古老，古称碉楼为"邛笼"的记载见于历史文献，其建造史可追溯到 2000多年前。历史上，川西北藏羌地区据说有碉楼千座以上，古老的建造技术在民间代代相传。

　　碉楼在人们心目中不仅仅是黑虎寨、桃坪寨的显著标志，其甚至是当今羌族文化中被高度典范化的符号，而且在"5·12"地震后村寨重建中得到空前彰显。从汶川县城威州街头，遥遥可望杂谷脑河左岸山上有碉楼高耸云天的羌寨——布瓦。该羌寨距离县城 13 公里，地处高半山，海拔高度 2170 米，当地旅游发展规划为之定位"云上布瓦，羌碉王国"。羌区碉楼多为石砌，此处碉楼的特色在于黄泥夯筑，已被列为全国重点文物保护单位。地震中布瓦碉楼及民居不同程度受损，两年后笔者赴汶川看见，已基本修复。作为民族建筑的标志性符号，"碉楼"在汶川县城如灾后重建的博物馆、锅庄广场、西羌文化街乃至其他并非碉楼的现代建筑装饰上（如红军桥、县供销社、州工业园区管委会、德州商务酒店等），可

① 《四川省人民政府 2009 年工作要点》，http：//www.sczx.gov.cn/system/2009/04/08/010114370_ 03.shtml。

图 16-2　黑虎羌寨的碉楼民居

谓随处有见。而在茂县，岷江畔金龟、银龟包之间正在大规模修建"羌城"，山坡上群立的碉楼引人注目。"吉娜羌寨"是北川县于灾后率先推出的村寨重建样板，如今已成为当地旅游热点，笔者也多次去那里走访。该寨子属擂鼓镇所辖，位于公路边山脚处，是往来新、老县城间的必经之地，苏保河从寨前流过。河边立有红底白字大标语牌，上面写着"新房子、新家园、新生活、新产业、新希望"。而"吉娜羌寨"之名是地震后国务院总理来此所取，"吉娜"是吉祥、美好的意思。2011 年 6 月，行走在寨子里，村民告诉我说村子原来叫"猫儿石"，因河中过去有石形如猫。至今挂着村委会牌子的屋顶上，仍立着红色大字"猫儿石村"，村委会也叫"北川羌族自治县擂鼓镇猫儿石村村民委员会"。看来，"吉娜羌寨"是对外尤其是旅游宣传使用之名，而作为行政单位的村名仍是"猫儿石"。曾有考察羌区多年的学者指出，"北川羌族农家的房子完全为汉式，与过去川西乡间汉人的房屋没有区别"[1]。这种房子，四川人都熟悉，乃是悬山式人字形两面坡屋顶，小青瓦覆盖，木板或竹编抹泥墙体，整体为木结构穿枋式。如今，在吉娜羌寨里，所有民居是灾后重建的，房屋皆为二、三层平顶式，外墙表面采用石砌装饰（也就是今天游客们所熟悉的

---

[1]　王明珂：《寻羌——羌乡田野杂记》，中华书局 2009 年版，第 65 页。就我在北川青片河等地村寨所见，有个别老房子据主人讲是过去留下的，从残存的石头砌墙亦可窥昔日景象，但房顶已是人字形两面坡了。

典范化的羌族建筑样式)。午餐时，我问风味居主人过去是不是这样，回答过去是两面坡屋顶样式，墙体也并非这样。如今寨内修建了有白石祭塔的广场，还建造了三座碉楼，主碉为四角有十多层，是寨子里最高点所在，顶部有阳台式木制廊楼；另有六角、八角体碉楼各一座，或六层或七层，接近顶部皆有一圈白色装饰线，其中一座底层的门匾上还写着"吉娜羌寨消防警务室"。看来，新建这碉楼兼有观光和实用的功能。灾后重建的这个村寨，不但冠以了带"羌"字的新名称，其民居样式也跟原先的汉式民居拉开了距离，如今羌族传统碉楼及庄房是被作为强调羌文化特色的符号在刻意使用(村口"吉娜羌寨简介"中称地震当年重建完工的本寨"堪称现代羌族民居一绝")。不仅如此，将"羌族自治县"定名前北川老县城拿来同"5·12"地震后重新选址建设的北川新县城进行对比，彼此在建筑样式上的差异也一目了然。2012年春节，我在北川巴拿恰看见有的店铺以"入羌随俗"为名，心想这四字恰好可以指说如今当地由"汉"而"羌"的行动趋向。当然，从族群意识表达来看，对于北川这种在历史上高度汉化而今天回归民族身份的区域来说，如此做法终归在于彰显自我身份，彰显有别于他人他方的本民族文化。

图16-3　布瓦山上的黄泥碉楼

再来看看羌区外部，譬如地方博物馆中对羌碉的展示。2011年3月上旬，"首届四川省民间工艺百家展"在成都浣花公园处省博物馆举办。此展上，有来自茂县羌绣传承人的作品二幅，一是条幅取材于牡丹花，一是横幅取材于桃坪羌寨的碉楼。又有来自绵阳创作者的两幅从羌文化取材的剪纸，一是主体为逆光墨色剪影的"北川羌族锅庄"，画面上身着传统服饰的羌族男女正牵手在草坪上作圆圈舞蹈状，远处有太阳和大山；一是全为红色图样的"云朵上的羌寨"，其中汇集了诸多羌文化符号：中心是头顶羊头帽饰正在击鼓做法事的释比，上方是羊角符号、泰山石敢当、写着"大禹故里"字样的牌坊、着羌装吹口弦的女子、高高耸立的羌寨碉楼、牵手围成圆圈跳舞的男女，周围有做刺绣的妇女，吹羌笛、跳羊皮鼓舞的民众，另有云纹、花纹作配饰。这次展览，除了我们文学人类学专业的研究生，四川大学还有不少听我课的本科生前去参观。借此机会，我再度仔细观看了位于省博物馆三楼展厅的"四川民族文物馆"，拍下若干照片。以"民族文物"定名的此馆中设有羌族专题展区，整个布置，除了左侧顺着墙势陈设的展柜，中部右侧墙面特意做有一羌区石砌碉楼式装饰，十分醒目，并配有专门的文字说明，云："此处所展示的碉楼为仿造羌族传统六角碉而建，窗口放以白石，以祈求平安吉祥。"在展柜布置区域，以"羌寨人家"命名处有介绍文字云："古老历史，远溯殷商；'邛笼'石碉，羌人之家；'白石'荟聚神灵，文化传承薪火。"又云："羌族信仰有祖先崇拜和自然崇拜等，羌族的建筑艺术如碉楼、住房、索桥，有独特的风格；而民间工艺中的羌绣，则具有很强的艺术表现力。"我注意到，整个"四川民族文物馆"中，分区展出的还有藏族、彝族、苗族等四川少数民族文化，但都未见有这种碉楼形象的设计展示（尽管碉楼在中国西部民族地区的存在和分布不仅仅限于羌族）。显然，从叙事角度看该博物馆的物象陈列，展览设计者是以石砌碉楼为羌文化之典型标志的，或者说，石砌碉楼在设计者心目中就是羌族特色文化的突出代表。如此理念，也贯穿在羌区灾后重建中。作为当时中国唯一的羌族博物馆，1988年"羌历年"开馆的茂县羌族博物馆于"5·12"地震中受损。在我十来年前的走访印象中，位于县城羌兴街南端的该馆就在一现代普通式样的大楼内，仅入院大门处左侧小门上有类似白石祭塔的装饰，右边门柱顶部是金色羊头装饰，其下嵌着田纪云题写的"中国羌族博物馆"金字。地震后，新的茂县羌族博物馆在山西援建下开工，新选地址背靠青山、面向岷江，建筑面积约1万平方米。2012年"5·12"前夕笔者去茂县，见其主体大楼之外，有四角、六角、八角羌碉式建筑三座，颇为壮观。按照设计意图，该博物馆要体现民族传统和地域特点，"蓝天雪域为景，碉楼青山为台"是其风貌写照。再如人称"羌人谷"的龙溪，由广东援建，《汶川县龙溪乡魅力乡镇规划》对其建筑风貌的控规强调"未来村民的房屋建设本着'经济、实用、简洁、美观'的原则，以羌建筑的语言符号来诠释龙溪乡的特色和环境，从而发展和传承羌建筑的文化精髓"，并且具体指出："羌族人民自古'皆依山而居，垒石为室，高者至十余丈，为邛笼'。羌族建筑均就地取材，是用不规则的石块砌筑的平顶碉房，在对'石文化'的亲赖之下，结合本民族的文化，融入了藏、汉建筑的特点，从而形成了富有特点的羌族建筑。"① 而在山东援建下的北川新县城永昌，"巴拿恰"是以羌族风貌重点打造的商业步行街，其长 582 米、宽 130 米的地段上就立起了大小不同的 7 座碉楼式建筑。与四川接壤的陕西省宁强县，古称宁羌，"5·12"地震后亦被国家列入"羌文化生态保护试验区"，而据我实地走访所见，县城玉带河畔面向高速公路的山头上，也新建了高高的碉楼⋯⋯

图 16-4 羌族移民村寨设计图（邛崃南宝山）

尽管碉楼在今天（尤其是灾后重建中）往往被作为羌寨的首要标志，但由于实际情况复杂多样，如建筑研究者指出，"过去人们认为，凡羌族村寨都有碉楼，并以其构成内聚合空间形态，是寨子的最大特色。其实，有不少羌寨内部根本就无筑碉楼的历史"②。事实上，即使在茂县这样的

---

① 《汶川县龙溪乡魅力乡镇规划》，http：//www.abazhou.gov.cn/ztjs/sbgc/jsghsbgc/tsmlxzsb-gc1/wcsbgc/201012/t20101227_308888.html，来源：阿坝州政府信息化工作办公室。

② 季富政：《中国羌族建筑》，西南交通大学出版社 2000 年版，第 85 页。

图16-5 灾后重建的羌族博物馆（茂县）

羌族核心区，灾后重建的尔玛人村寨中无像模像样的碉楼者仍有之，如我在田野调查中所见岷江西岸的坪头村、杂谷脑河畔的木卡村。当然，随着灾难激发下民族意识空前高涨，羌区村寨乃至城镇在灾后重建过程中，无论是物质还是非物质文化遗产保护方面，传统碉楼及其建造技艺都是受到内外重视的。世界遗产的积极申报，国家非物质文化遗产名录的列入，地方旅游文化景观的打造，凡此种种，均可说明这点。从人类学所讲的"主位"立场看，以"碉"为代表的羌族传统建筑如今受到空前重视并被当地人不断进行着符号放大的展示，这确实跟当今尔玛人的族群自觉意识提升有密切关系。况且，多年来羌族民居在种种因素影响下的"汉化""藏化""西化"趋向，一直在受到当地（也包括外地）文化精英们的质疑。总而言之，作为当代社会语境中典范化的羌文化符号，碉楼可谓是羌族白石、释比、萨朗等之外的另一突出代表，是其族群识别的又一重要标记。法国学者埃米尔·涂尔干曾指出，无论简单还是复杂的宗教，有一共同特征是对所有事物预先分类，将其纳入两个对立门类并宽泛地用"世俗的"（profane）和"神圣的"（secred）二术语称谓之。① 类似情形亦见于不乏宗教情怀的羌族民间信仰，诸多事物及现象也会在其眼中呈现这种双面性，比如他们对自身所处的碉楼、居室的看待。下面，拟从"圣""俗"两个层面对之进行文化人类学透视，这对于我们进而了解碉楼及寨房何以

---

① 金泽：《宗教人类学学说史》，中国社会科学出版社2010年版，130页。

会被作为族群文化的典范符号，不无裨益。

第二节　作为世俗场域的碉房

"碉"者，"石室"也（《玉篇·石部》）。由此释义推衍，石室之高耸如塔者，可谓"碉楼"；石室之低平为屋者，可谓"碉房"（民居住宅）。1920 年，在岷江上游羌区传教的英国牧师陶然士在他撰写的《羌族的历史、习俗和宗教》中，对"有两三层楼高"的民居和对"有 10 层或更多层"的碉楼便是分别记录和叙述的。而据羌地本族学人介绍，在南部羌语（桃坪话）中，三层碉房（住宅）叫作"基"，塔式碉楼称为"基卧格"或"刮基"①，二者不混淆。以"碉"为标志的藏羌村寨建筑是川西北地区极具特色的民族文化遗产，古籍屡见记载，学界也有此说："在中国境内之屋宇形式，甚至东亚之屋宇（蒙古人游牧之帐篷，另为一种，自当除外）可分为两大系：一为汉式之屋宇，二为羌藏式之屋宇。"② 下面，拟结合历史与现实、文献与田野，分别从古老的西部"邛笼"、世俗的村寨民居、奇妙的建筑技艺三个角度入手，论述作为实用性日常生活场域的羌族碉楼民居。

图 16-6　我身后是甘堡藏寨（理县）

---

① 周巴：《羌族民俗文化中的色彩运用》，《阿坝师范专科学校学报》2012 年第 2 期。
② 冯汉骥：《松理茂汶羌族考察杂记》，见《四川大学考古专业创建四十周年暨冯汉骥教授百年诞辰纪念文集》，四川大学出版社 2001 年版，第 31 页。

图 16-7　大山中的黑虎羌寨（茂县）

历史审视：古老的西部"邛笼"

"碉楼"在多民族中国，见于汉及非汉民族，其建材、形制、风格等互有异同。对其汉语词义，有人从语意学角度考察："楼"字出现并使用于汉代，"碉"字到唐朝才普遍用于这种建筑。前者本意指多层房屋，强调的是建筑形体；后者指军事上防卫或瞭望的工事，强调的是建筑功能。合而言之，"'碉楼'一词在中文里是'楼'的建筑形体与'碉'的防御功能相结合而构成"。从地区看，"根据现有文献记载，四川是最早兴建碉楼的地方"，是考察中国碉楼不可多得的样板之一①。在川西北民族地区，据清道光五年刻本《绥靖屯志》对居住民俗的记载："夷俗：头人所居曰官寨，夷民所居曰寨子，累石为守望地曰碉楼……"该书又引《金川琐记》："蛮俗造物尽用土盖，其碉楼及一切墙垣尽砌乱石，远望做水裂纹，整齐如刀削，虽汉人工巧不能及。"②汉文古籍中，涉及西部民族地区的"碉楼"，亦称"邛笼"。清道光《茂州志·风俗》载："古冉駹二国，羌氏之遗，其地多寒，宜麦、宜黍、宜畜牧。……其居垒石为之，状似浮图，曰邛笼，曰碉楼。"浮图指佛塔，此处借以状写高高的碉楼。

---

① 张国雄：《中国碉楼的起源、分布与类别》，《湖北大学学报》（哲学社会科学版）2003年第4期。

② 丁世良、赵放主编：《中国地方志民俗资料汇编·西南卷》，书目文献出版社1991年版，第394页。

碉楼有军事防守意义，官方也重视之，同书《关隘》载："蒿坪碉：州东八十里，系旧蒿坪村，去大路颇远，明嘉靖三年，青片、白草诸番为患，筑碉防之。"这是在今属北川的青片等地，明代地方政府为了防御而修建的碉楼。《茂州志》关于"邛笼"的叙述来自《后汉书·南蛮西南夷传》，后者称"冉駹夷者，武帝所开。元鼎六年，以为汶山郡。……其山有六夷七羌九氐，各有部落。……皆依山居止，累石为室，高者至十余丈，为邛笼"，此乃华夏文献对西部民族地区碉楼的最早记载。有羌语专家认为"邛笼"即"碉楼"，指出"邛笼"二字源于羌语，是羌语的汉语译音①。再来看民族志资料，据1986年7月金绥之（钱安靖）等人调查，四川甘孜泸定岚安乡等地有贵琼藏族，因操贵琼语而得名，其宗教习俗、语言结构属于羌语支。"据当地老人传说，贵琼人原为古羌人遗裔"，其先民初居邛雅一带，三国蜀汉时期因汉羌纠纷，后迁天全，再迁泸定。他们"到明清时期才开始学讲汉语"。新中国成立初被定为汉族，1986年改定为藏族。从民居建筑看，贵邛人住的是木石混合结构的碉房，一般为三或四层，呈四或六角形，顶层供白石神等，或设经堂。"贵邛人为什么修建碉房？传说古代常有外来侵犯，人畜和生命财产安全无保障，因而修建这种牢固的碉房，他们称为'邛笼'。"②近有藏学研究者认为"邛笼"的含义当为藏区本教中作为崇拜对象的"琼"（藏语指大鹏鸟），认为碉楼起源跟本教有关③，此为另一说。此外，有研究者认为，"邛笼"（石碉系统）"主要是古江源地区氐羌部族利用岷山多石的条件创造的"，是巢居文化的类型之一④。

　　羌、藏相邻，彼此文化交流密切，"邛笼"语源究竟何在，学界犹在探讨中⑤。除了上述，有论者指出，羌语称石砌民居或寨房为"基勒"而石砌高碉为"罗则"，二者是灾后羌族家园重建的首要目标，它们是物质家园也是精神的家园⑥；有论者说，"古碉，康巴藏话称为卡日或色尔卡，

---

　　① 孙宏开：《试论"邛笼"文化与羌语支语言》，《民族研究》1986年第2期。
　　② 金绥之：《炉定县岚安乡贵琼人宗教习俗》，《宗教学研究》1999年第2期。
　　③ 石硕：《"邛笼"解读》，《中国藏学》2011年第1期。
　　④ 谭继和：《论古"江源"地区巢居文化渊源及其历史发展》，载冉光荣、工藤元男主编《四川岷江上游历史文化研究》，四川大学出版社1996年版。
　　⑤ 也有论者认为"邛笼"仅指高二三丈的"石砌民居"而不包括十余丈的"碉"，见季富政《中国羌族建筑》第14页，但如此理解跟《后汉书》记载有出入。
　　⑥ 赵曦：《重建视野下：对羌族罗则、基勒的人本文化价值解读》，《阿坝师范专科学校学报》2008年第3期。

图 16-8　岷江畔的牟托村（茂县）和羌人谷的东门寨（汶川）

嘉绒藏话称为达尤，羌话称为欧罗"[1]；有论者说，碉楼今在羌语中叫法有二：一称"俄鲁"（俄鲁，石砌之意）；一称"鲁则"，"鲁"意为石头，"则"含有界线的意思，直译即石砌的界线[2]，凡此种种，不一而足。考察岷江上游地区的羌语可知，南部羌语"罗泽"（鲁则）及北部羌语"碱鲁"（俄鲁、欧罗），都是指石砌碉楼[3]。而在碉楼较集中的茂县黑虎羌寨，如我所见，当地尔玛人对碉楼的称呼又有别于以上这些。川西北藏羌地区山高谷深，地势多样，区域不同，族群有别，村寨相异，彼此间用语及语音互有异同。即使是在羌区内部，对同一事物的称呼也不尽一致，盖在羌语本有南、北地域之分，而"南、北方言各分五个土语"[4]，情况复杂多样。因此，不同调查者的田野地点不同，不同研究者的切入视角有别，不同译音者采用的汉字相异，得出的称呼及结论彼此有距离，乃是自然。不管怎么说，在有关川西北羌族传统建筑的表述中，诸如"邛笼""罗则""呢哈""俄鲁"等是同类对象的指称，这应该没什么问题。

生活观照：世俗的村寨民居

羌族村寨的碉楼，有公共的，也有私家的；有的建在寨外，有的建在

---

①　刘波：《试论藏羌古碉的类别及其文化价值》，《贵州民族研究》2007 第 6 期。

②　彭代明：《夯成千古奇碉　写就万年绝史——布瓦山黄土巨碉邛笼审美探索》，《艺术教育》2009 年第 6 期。

③　赵曦：《神圣与世俗——中国羌族释比文化调查研究》，民族出版社 2010 年版，第 264—265 页。

④　孙宏开：《羌语简志》，民族出版社 1981 年版，第 177 页。

寨内；有呈独立之势的，也有跟住房连体的。2011年岁末，笔者走访汶川县龙溪沟深处的巴夺寨，就看见寨子里有两座不同形制的碉楼，二者以巴夺沟为中轴线，位于新建的释比文化传习所两侧，呈左右对称之势。山脚处是新碉，呈独立之势，乃是近年修筑起来的，位于格洛曲沟汇入巴夺沟处被村民称为"两河口"的地方，碉楼顶部为常见的座椅式，并呈"品"字形安放着三块白石；路边老寨子处是老碉，上部已残，仅仅余下三层，高度为12米左右，跟其下方的石砌民居是连在一起的。村民告诉我们，巴夺沟这座老碉楼原来有9层，高度在30米左右，20世纪70年代被生产队拆去了上半截，遂成了现在这个样子。类似建筑，尤其是碉楼完全融入民居的在茂县曲谷、三龙、黑虎等地的村寨多见，或以为此乃羌族民居中最具特色的部分。碉楼与住房连体，战时用于防御，闲时储藏粮食，功能实用。在茂县西北雅都乡四瓦村，传统民居最具特色的便是"房带碉"，俗称家碉，多修建在房前屋后并与住房紧密相连，该村迄今尚存完整的家碉12处。无论独立还是连体，羌寨中碉楼跟住房的建筑材料与工序其实并无二致，有石砌的（如黑虎、桃坪），也有泥筑的（如布瓦、萝卜寨），其中尤以石砌的居多，建筑体内部也是用木板间隔成多层（后者二三层，前者多的有十多层），只是前者建造得体态修长，笔立高耸，远远望去颇为壮观。在岷江上游地区，羌人修筑房屋，建筑材料是就地取材，如当地随处可见的片石和作为黏合剂的黄泥。每层用圆木或木板间隔，屋顶平面以黄泥夯筑，略微倾斜，以利排水；砌墙体时，巧妙使用"墙筋""鲫鱼背"等，以增强其抗拉扯力。这种房屋，虽是乱石砌就，却外表平整，棱角突出，坚固美观，人居其中亦冬暖夏凉。让人佩服的是，修筑过程中既不绘图也不吊线，更没啥特别工具，全凭目测，一层层信手砌来，犹如释比经文所唱："羌家匠人手艺高/工具不多只两样/一把石锤两泥掌/工巧艺精多能干/提起石锤敲石块/不弹墨来不吊线……"①我在"5·12"地震后走访龙溪沟夕格寨羌民；他们说一般成年男子都会砌这种房子，这是他们祖辈传下来的手艺。

从朝向看，在山高谷深的岷江上游地区，由于受到山脉、河流走向的制约，羌族村寨碉房多取背山面水之势。一般说来，羌寨碉房从结构看多系平顶方形三层，上下使用独木梯。底层为畜圈，便于牧养，亦堆草沤粪

---

① 《羌族释比经典》，四川民族出版社2009年版，第2138页。

图 16-9　高山上的羌族民居（理县西山村）

等；二层是人的居室，利于上下劳作，有堂屋、卧室、神龛、火塘等；三层为储藏室、晒台和罩楼，把猪膘、油饼、香肠等悬挂在第三层，还可利用第二层火塘的烟熏防腐，其外为晒台，日照充分，可晒放玉米等。对于这种房屋结构，释比唱经中屡屡涉及，保留在尔玛人的文化记忆中，如《采料》所述："底下一层关牲畜／留好牲畜之圈道"，"二层楼上羌人住／羌人修建留指纹"，"柜房是在第三层／为神修建留指印"①。就我走访所见，茂县甘青村、坪头村和牟托寨，汶川萝卜寨、巴夺寨和布瓦村，理县佳山寨、桃坪寨、北川吉娜寨、石椅寨，等等，其灾后重建房屋基本如此。作为日常生活场所，人居第二层的室内空间划分，主要是依据神龛、火塘、中心柱在主屋对角线上的标准进行分配。堂屋通常分为两部分，进大门为外间，右边为楼梯，可达第三层的仓房和晒台。主屋位于左边，有门，面积大小不等。"以桃坪羌寨的龙小琼宅为例，其主屋神龛位于主屋门对面墙的夹角处，神龛下设火塘，由于主屋宽度的原因，火塘的旁边是由两根并列的中心柱组成，柱间立板，与外间的中柱成一条直线，自然地将主屋与厨房分割。主屋有门通往其他卧室和房间，卧室位置略高于主屋，构造简单，均为木板隔成，整栋住宅结构复杂，错层、夹层众多，并很好地运用了共享空间，体现出一种设计初的智慧。"而且"龙宅第二层

---

① 《羌族释比经典》，四川民族出版社 2009 年版，第 2138 页。

的空间分配以主屋为中心，突出了主屋是家人活动的重要场所的地位。门厚实沉重，陈设丰富集中，从主屋才能进入各个卧室，且夹层、错层众多的设计，则体现出主屋的神圣性和羌人性格中的神秘性和封闭性特征。"①这实实在在的寨房民居，是尔玛人世俗生活的依托所在。

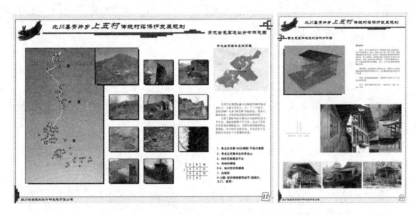

图 16-10　青片乡大寨子和西窝寨建筑
（规划制作：四川城镇规划设计研究院、北川县规划局，2014 年）

不过，地震前若是来到涪江上游支流湔江一带，也就是北川，见到的羌族民居则大多并非石砌的碉房，而是木质的干栏房，即所谓吊脚楼。这是怎么回事呢？对此，已故民族学家李绍明解释说："按照常规，干栏式的吊脚楼在古代主要是百越系统民族居住的特点。百越民族的后裔即今天的壮、傣、侗、布依、水等民族。所以人们就有同是羌族，为何两处民居有如此差异的疑问。其实，翻开历史典籍，我们就可发现北川羌民在四百年前的明代，仍然与岷江上游的羌民一样，住的是石碉房，只是由于明代中期，因北川羌民反抗封建王朝，他们据碉自固，给官军造成很大的损失，所以当事件平息后，官军就着手撤毁碉房。仅在 1547 年明朝的总兵官何卿在征讨北川羌族时，就下令拆毁了碉房 4870 余座。与此同时，明廷还在北川一些地势险要的地方，修筑了许多驻军的城堡用来'防羌'。自此以后，北川羌民的民居便逐渐改成内地的形式，到清代初期又有一批外地移民进入北川，把吊脚楼民居的形式带到这里。这就是为什么迄今北

---

①　张犇：《解析羌族建筑的文化内涵》，《东吴文化遗产》第 2 辑，上海三联书店 2008年版。

川除西部青片河流域还有少量碉房遗留外，而大多数民居均已变型的原因。"① 也就是说，湔江流域的羌民住房是在强势外力干预下发生了演变的（就笔者走访所知，类似情况在与北川相邻并有羌族聚居乡镇的平武县亦然），典型的羌族民居样式还是以岷江上游区域保留为多。明白这点，回头来看已获政府冠名的"羌族自治县"北川，其从城镇到村寨在灾后建设中种种由"汉"返"羌"的现象也就事出有因。

民间知识：奇妙的建筑技艺

关于灾后羌寨重建，《汶川县龙溪乡魅力乡镇规划》强调将羌族符号元素融入村民房屋，建设富有羌族特色的建筑群，重点在于把握以下几方面："（1）碉楼　以石材砌筑，形式多样（主要有八角形），层次不一，结构严密，棱角整齐。从而形成了'羌土寨居，远视如西式洋楼'独特建筑。（2）门饰　主要以汉式木门为主，色调为原木色。（3）窗饰　外窗多为方形，窗扇以汉式小方格和花格为主，窗楣上安横木过梁，过梁上放挑头圆木装饰（多有人家在上放白石）。没有多余的色彩饰面。（4）檐饰　屋面板一般为先安放圆木（挑头饰女儿墙），上铺木板（或石板）后再作防水层。女儿墙用石材砌筑，有的女儿墙面砌为羌绣图案。（5）白石　羌族的宗教基本保留着原始宗教的内涵，为多神信仰，除火神以锅庄为代表，其余诸神均以白石为象征。白石被广泛地供奉在碉楼顶、房屋女儿墙四角、外窗窗楣之上。"②《汶川县威州镇布瓦村精品旅游村寨规划》称该村碉群作为四川省仅存的黄土夯筑碉群，是川西北羌族人民智慧和汗水的结晶，也是四川省乃至全国少见的建筑艺术珍品。现在仅存其三的布

---

① 李绍明：《站在历史与现实接口的北川羌族》，《DEEP 中国科学探险》2006 年 11 月号。此外，据《中国少数民族古籍总目提要·羌族卷》介绍，流行于北川的四川方言故事《从碉房到吊脚楼》亦说古代北川羌民普遍以"碉房"为居室，清代后期以来，才逐渐转变为"吊脚楼"（中国大百科全书出版社 2009 年版，第 152 页）。走访邻近茂县的北川青片乡可知，海拔 2000 多米的青龙山上，分上、中、下三寨的大寨子迄今犹存石砌碉房遗迹 60 余处，证实着往日的历史。类似情况亦见于跟北川相邻的平武县，"明清以前，平武羌族人的住房多为'碉房'。这种'碉房'全用乱石垒砌而成，石块之间用黄土粘连，砌的平直整齐，外形像碉堡。一般高三层，也有三层以上的……近现代，全为吊脚楼式的穿斗式木构架房屋"（《平武县清漪江羌族聚居区、羌族文化生态保护实验区工作汇报材料》，中共平武县委、平武县人民政府编印，2012 年 5 月，第 3 页）。

② 《汶川县龙溪乡魅力乡镇规划》，阿坝州政府信息化工作办公室，发布时间：2010 年 5 月 14 日。

瓦碉楼原有 49 座，依山势和村落呈南北分布，有八角、六角、五角、四角等，其中，"土碉：共 45 座，均为四角碉。土碉基座为片石砌成，高1.6 米，宽 1.5—1.7 米，碉身一般在 20—30 米，内分七层至九层不等，每碉第一层底部东墙中部开一门，高 1.8 米，宽 0.9 米，第四层东墙中部开有 1—2 个竖长方形或小三角形瞭望孔，孔高 0.13—0.2 米，宽 0.2—0.1 米。"此外，"石碉：共 4 座，其中八角碉和六角碉已毁，五角碉和四角碉尚在，时代为明、清所建成。此种碉均用石块和石片为材料，用小石块楔缝，黄泥黏黏土合草为黏合剂，相互错落搭建而成，碉型呈上小、下大，高 4 米或数 10 米不等的截顶锥体。碉墙下宽上窄内直外斜，略带收分逐层垒砌，内置横梁隔成数层，横梁同时亦起支撑拉扯的墙筋作用"①。以上文字均来自阿坝州政府网站，其从整体上向我们介绍了羌族传统建筑及技艺特点。

图 16-11　巴夺寨老碉房的"墙筋"清晰可见

羌寨传统碉楼民居在建造技艺上究竟有何奥妙呢？"5·12"地震前，2006 年后，当时桃坪羌寨实际上包括两个部分：老寨子和为了发展旅游而建的新区。新区位于老寨子东南河谷台地，地震中各户于 2006—2008年新建房屋损毁较严重，新区大门与新建碉楼几乎完全倒塌，大部分新建房屋的顶部都发生了垮塌，墙体也出现较大裂缝。据管理处负责人介绍，经过检测，新区房屋 90% 已成危房，估计整个损失达 1600 多万元。而老寨子的房子和碉楼情况则要好得多，寨中 3 座老碉楼仅仅顶部石头垮掉一点，依然屹立，村民房屋除了个别罩楼有局部垮塌外，其他部分都安然无

① 《汶川县威州镇布瓦村精品旅游村寨规划》，阿坝州政府信息化工作办公室，发布时间：2010 年 5 月 7 日。

恙。这些经受住了8级地震考验的房屋，乃是保证这次桃坪村民无伤亡的重要原因之一。[①] 在强烈地震的袭击下，为什么古老的碉楼不倒，而旁边才建了两年左右的房屋却塌了？这不能不说到碉楼修建，当地民间有看法如此："对羌人来说，砌完一圈后就要停工一个月，让它充分沉降后再砌第二圈，通常一年只砌一层。一栋九层高的碉楼，加上准备建筑材料（片石和黏合黄土）的时间，或许会耗时十多年。'一个人如果40岁功成名就，可以修碉楼了，在那时的条件下，完全有可能等一栋碉楼建成，他也走到了生命的终点。'而把主人'修死'的碉楼，却可以因此千年不倒，福荫后人。它让人们反思：所有急功近利的建筑，'短命'或许怨不得别人。"[②] 话语似乎有些极端，却不无道理在焉。

图16-12　1933年叠溪大地震导致山体崩塌，其景象至今触目惊心

"5·12"大地震中，川西北羌区好些石砌碉楼承受住了考验，布瓦泥筑碉楼也主体犹存，令人惊叹。2008年6月19日，汶川地震一个月后，中国民间文艺家协会主席冯骥才入川发起的"紧急保护羌族文化遗产四川工作基地成立暨专家调研工作会"在成都召开，应其邀请，来自方方面面的专家、学者汇聚一堂。会上，《中国羌族建筑》作者从抗震角度就羌族石砌建筑经验进行了总结，指出：羌族建筑整体规则、匀称对称，多

①　刘亚宁、唐楚轩、周丹：《灾难与民族村落——以甲居藏寨和桃坪羌寨为例》，《中外文化与文论》第18辑，四川大学出版社2009年版。

②　郑蔚：《桃坪羌寨：不倒的秘密》，《文汇报》2011年5月18日，http://whb.news365. com.cn/tx/201105/t20110518_ 3039603. htm。

方形；无论民居、官寨、碉楼均上小下大，整体有收分，墙体也有收分；聚落中的单体总是通过围墙、过街楼等一些构筑物串联在一起，形成整体；墙无柱，以墙代柱均匀分散受力，转角处及墙体面不时有"过浆石"阻挡破坏力从上往下传导，使得墙体不易开裂；一年砌筑一层，全干后，第二年再砌第二层，依次上推，整体受力无缺陷之处；楼层、屋顶全用木材、竹草等轻质材料，各层楼梁纵横错开，相互牵制；砌墙多用片石，就地用泥沙作浆垒砌，理化性能比较一致；房屋的开间都小，平面 10 平方米左右，等等。谈到羌区灾后城市重建问题时，他呼吁："以羌族民居、官寨、碉楼等原生模式为借鉴，从内部空间到外部风貌，直到建筑技术，均积极借鉴其抗震原理并弘扬其非物质传统构筑文化。"① 归根结底，羌人在建筑方面的技艺及经验作为实用性民间知识值得我们重视。

第三节　表征神圣空间的建筑

川西北民族地区，历史上是中原王朝眼中的边地，此地带上修建的碉楼往往有军事意义。根据羌语研究书籍，碉楼在北部羌语（曲谷话，当今规范化羌语主要以此为标准）中叫"quatçi"，是个合成词，前一词素"qua"（来自"quqqua"）意为打仗，后一词素"tçi"即房子②。合而言之，"quatçi"正是指"打仗的房子"。然而，田野资料表明，碉楼在羌人心目中的功用不限于此。或以为，羌寨碉楼可分官碉、界碉、战碉、风水碉等类型。官碉由权势者所建，如象征其权力的土司碉楼；顾名思义，界碉是管辖区域划分的地理标志；军事上的战碉雄伟高大，多建在山上和关口，守关把隘；民间风水碉则形体较小，主要用来镇风水，祛魔压邪。就其性质言，前三者着眼碉楼的实用意义，末者显然不同，其跟民间信仰相关。钱安靖《论羌族原始宗教》一文指出："那些直接与羌民生产生活相关的事务及其所谓神灵，受到人们重视，而加以崇拜。如火神、羊神、牛

---

　① 季富政：《创建中国汶川世界最大得羌族聚落城市形态》，载冯骥才主编《羌去何处——紧急保护羌族文化遗产专家建言录》，中国文联出版社 2008 年版。

　② 黄布凡、周发成：《羌语研究》，四川人民出版社 2006 年版，第 258、353 页。对碉楼的称呼，羌区内部也有差异，如 2014 年羌年前夕我去鹰嘴河，得知"碉楼在黑虎羌语中称为'呢哈'"（见王术德主编《黑虎羌寨》，茂县黑虎乡人民政府、茂县文体广新局编印，2014 年 9 月），这又区别于其他地方。

神、六畜神、地界神、门神、水缸神、仓神、碉堡神、中柱神等等。"①
马宁、钱永平《羌族碉楼的建造及其文化解析》一文从民俗学角度言及
碉楼的宗教文化内涵，认为碉楼具有贮存物资、保护妇孺、压龙脉、民族
象征等功能。② 石硕在《隐藏的神性：藏彝走廊中的碉楼——从民族志材
料看碉楼起源的原初意义与功能》中，依据藏彝走廊碉楼分布地区的民族
志材料，指出碉楼具有神性而为权力之象征，当地传说碉楼是"为祭祀天
神"或"镇魔"而建，可能反映了碉楼更原始形态，碉楼最初产生可能
是作为处理人与神关系的一种祭祀性建筑，后来才转变为处理人际冲突的
防御性建筑③。赵曦在其著作中介绍羌寨民居"基勒"和碉楼"罗则"的
最高处都有"勒色"，指出："羌族高碉罗则是一个广而大的勒色基座。"
所谓"勒色"，乃羌语北部方言之称，南部方言称为"纳萨"（或"纳
察"），指房屋、碉楼顶部祭祀天神的塔子。④ 羌区这作为纳萨基座的高
高碉楼，会使人想到古老神话中那神奇的通天柱，因为"碉楼之高可以把
诸神抬举到距天最近的地方"⑤。视"罗则"为"纳萨"的基座，可见前
者有如后者，在尔玛人信仰的目光中具有神圣意义。诸如此类论述，对于
我们从人类学角度认识羌族以"碉"为代表的传统建筑不无启迪。下面，
就羌寨碉楼及碉房之于族群生活的神圣意义进行透视。

建房仪式的神圣性

对于羌民来说，修建房屋不是随便的事情，从看地脉到择日子，从安
房门到上大梁，从砍杉杆到建纳萨，凡此种种，都笼罩在一系列不乏神圣
性光辉的仪式中。譬如，安房门时要请释比作祝福和驱邪的法事，念"今
日安门大吉昌，全家老少都安康"等等，且看当地书籍所述："建房安
门，是羌族民俗中一个重要的礼俗，选址，丈量，打地桩，挖地基，奠
基，砌墙到适当位置安门。置供台，请释比老人念经安门，感谢天地、四

---

① 钱安靖：《论羌族原始宗教》，《社会科学研究》1990 年第 5 期。

② 马宁、钱永平：《羌族碉楼的建造及其文化解析》，《西华大学学报》（哲学社会科学版）
2006 年第 3 期。

③ 石硕：《隐藏的神性：藏彝走廊中的碉楼——从民族志材料看碉楼起源的原初意义与功
能》，《民族研究》2008 年第 1 期。

④ 赵曦：《神圣与世俗——中国羌族释比文化调查研究》，民族出版社 2010 年版，第 309、
205 页。

⑤ 季富政：《中国羌族建筑》，西南交通大学出版社 2000 年版，第 241 页。

方诸神，敬献大红公鸡，贴对联，为新门和主家男人挂红。"① 上梁是建房过程中的最重要环节，举行的仪式也格外隆重，须择吉利日子，要在正午进行，设香案，祭刀头，从茂县渭门纳普寨采录的《上梁大吉词》即云："日吉时良，天地开张。黄道吉日，大吉大昌。一不早（是）二不迟，正是主家上梁时。""一祭梁头，恭喜你主家，代代儿孙当朝贵。二祭梁尾，恭喜你主家，代代儿孙做高官……"② 所谓"仪式"（ritual），就其狭义言，主要是指跟信仰及宗教相关的祭祀、礼拜、庆典、仪礼乃至游戏等活动。以人类学家的话言之，"'仪式'这个词，指的是人们在不运用技术程序，而求助于对神秘物质或神秘力量的信仰的场合时的规定性正式行为"③。将修筑世俗民居过程纳入仪式的光照下，经过某种特定身份的人（释比、工匠或其他）进行超凡俗意义赋予的仪式化操作，正在于借助某种有似人类学家所谓"通过仪式"使之接受象征性的脱"俗"入"圣"的精神洗礼，从而满足将来入住者避除邪祟、祈求祥瑞、期待适居环境的心理需求。借用特纳的话来说，"仪式是一个连续性活动的基型（stereotyped），包含在一个特定的场合中形体、语言、器物等的展演，以达到行为者在仪式中设计的某种超自然的影响和目标"，仪式行为基于"对神秘的（或非经验的）存在或力量的信仰，这些存在或力量被看作所有结果的第一位和终极的原因"④。由于信仰在场，由于仪式介入，羌寨人家那物质的、世俗的、形而下的建房也就被镀上了某种精神的、神圣的、形而上的亮色。

空间布局的神圣性

学界常见表述是将释比唱经分为上、中、下三坛，上坛经说神事，中坛经说人事，下坛经说鬼事。有羌族作家认为"坛"这说法费解，便结合羌族民居重新解释之。在其看来，"坛"当为"堂"之音讹，"三坛经"应是"三堂经"，因为羌族民居，"上层，即顶楼，是羌族祭天敬神的地方，修有勒萨插放神树，供奉白石，向天通灵祈求庇护的神圣之地。中

---

① 汶川县委宣传部、县文体局编：《震前汶川 100 个经典记忆》，中国戏剧出版社 2008 年版，第 171 页。

② 《羌族口头遗产集成·民间歌谣卷》，中国文联出版社 2009 年版，第 53—54 页。

③ ［英］维克多·特纳：《象征之林——恩登布人仪式散论》，赵玉燕等译，商务印书馆 2006 年版，第 19 页。

④ 转引自彭兆荣《人类学仪式的理论与实践》，民族出版社 2007 年版，第 15 页。

图 16-13 蓝天、白云、雪山、羌寨（理县休溪）

层，是羌人居住的地方，堂屋中正墙面上修有神龛祭祀祖先，分灶房、火坑、寝室、粮仓。下层，是畜圈，关养六畜的地方。一道门，将整个家庭和外面的世界隔离开来"。与此上、中、下空间分层相应：首先，"羌族各个家庭的重心，都在中层——堂屋。堂屋是家人居处、接待宾客、唱跳歌庄的家庭活动场所。释比史诗诵唱的'中堂经'，就是指以中间堂屋人居为主要内容的经典，宽泛开去是说人事，包括祭祀祖先家神、修房造屋、婚丧嫁娶、历史风俗、生产生活、军事、医药、历法、地理山川等等。这部分诵唱内容，在于祈请、感恩、颂赞、教导、规范、传承、弘扬民族文化中'人'这个主体的自我认知和悠远的历史积淀"。其次，"'上堂经'，本意是堂屋之上的经文，涉及祭祀、请愿、还愿等诸多与诸神相交通的诵唱内容。它与'下堂经'一样，紧紧围绕'中堂经'开展的诵唱活动，构成与家居房屋和谐一体的对等关系，将现实生活与神性理念完整结合——生活中有神灵的参与庇佑，信仰中有族群的生生不息。因此，'上堂经'说的是神事。这就是羌族社会最显著的一个特征，人神共处一室，彼此依存。……这种经典的诵唱，在家中完成，是确立在人畜不会干扰的屋顶，并且一定在人居的堂屋之上，以显示出活动的庄重、严肃，诸神缥缈而实在的威仪、圣洁和崇高"。再次，"与'上堂经'在内容和方位上，相对和相反的是'下堂经'，也即是家居堂屋之下的与六畜的气息相近的，引申为与邪魔妖怪相发生联系的驱邪除病的经文，因此，泛指为说鬼事。前者在房屋之顶，后者在房屋之底；前者环境神圣、光明、灵性弥漫，后者环境肮脏、阴暗、伤人害人。在羌族社会里，'下堂'龌龊，妖魔横行，一般是畜生践踏的地方。所以，释比文化中，对于'下堂经'的诵唱，一定是专门的释比来进行，不会是三种经典同时由一个释比来完成，即使选择不同的时间、事件也不行"①。这番解析合情在理，有助于我们从整体上把握羌族民居空间的"圣/俗"特征。

图 16-14　依山而建的羌寨民居的层次结构（汶川巴夺寨、茂县坪头村）

屋顶：纳萨（纳察、那夏、勒色）。碉房之上层（上堂）由于跟神灵崇拜挂钩而成为具有神圣意义的空间，再往上到屋顶的"纳萨"就更是如此。据羌族学者讲，现代羌语中"纳"是"好"之意，"萨"指"处所""地方"等，"'纳萨'可以理解为'最好的、突出的、至高无上的地方"②。之所以"至高无上"，就在其跟羌民膜拜的天神相联系。碉房纳萨以石砌就，位于顶部后墙正中，方形，内置五谷金银等，上供白石、插杉杆神树。汶川雁门小寨子释比袁真奇唱经《日不舍格》（说修房）有云："房顶上面修照楼，连接照楼修照圈，照圈之上建那夏，那夏后面立旗杆，旗杆之上插白旗，神灵就位多吉昌！"③ 又唱《罗细》（说分），曰："世间万物总要分，分天分地分山河……说分房来房重房，房顶分出人字墙，人字墙儿连照楼，照楼上面供神位，神位地方插神旗，五块白石

①　羊子：《关于羌族文化几个问题的解构和思考》，http：//blog. sina. com. cn/s/blog_ 4765027f0100puao. html，发布时间：2011 年 3 月 7 日 17：47。又，2011 年 5 月走访汶川，4 日在灾后新建的县博物馆会议室与当地老释比、文化人座谈时，我再次听见羊子对此问题的讲述。

②　陈兴龙：《羌族释比经典研究》，四川民族出版社 2007 年版，第 82 页。

③　《中国原始宗教资料丛编：纳西族卷·羌族卷·独龙族卷·傈僳族卷·怒族卷》，上海人民出版社 1993 年版，第 519 页。

放那夏，凡民敬神表心意，家家皆供木比达。"① 这两处释比经文，直接涉及羌族民居顶部之"神圣空间"的构筑。北川青片民歌《修碉房》唱"房顶上面要修白石神的房子"、汶川雁门民歌《修房喜歌》唱"照楼上面修神台"②；释比唱经《解秽》："房顶平坝有神位/房顶之上纳察神/插旗枝条排得好/十二枝加十三枝/房顶噶哈拉萨神/碉房四周角角神。"③ 羌人房顶储藏室兼供神之处，称为"照楼"，也作"罩楼"。纳萨对于羌民，犹如寺庙之于信徒，是神圣空间所在。或以为，羌民的住房，"顶层是一个用来晾晒谷物的平台，并通过这个平台来连接家碉。平台的四个角落置有白石，与家碉一起组成了家庭祭祀区"④。对此笼统说法，可以再议。2009 年 11 月在"四川省羌族文化生态区建设工作交流会"上，有羌族学者对灾后重建中不少羌寨都在屋顶四角放置白石表示疑问，认为这主要是藏式民居的模样。的确，据我所知，"纳萨"是羌人碉房顶上祭塔的主要样式。地震后走访因生存环境受到严重破坏而异地安置的汶川夕格羌民，我问他们原来建房子时顶上四角是否放白石，回答"理县那边才是四只角加白石头"，他们老家只有屋顶"纳察"。当年，葛维汉在其著作中也只谈屋顶"纳萨"，不见有涉及四角白石的文字。鉴于羌人地处多民族迁徙交汇的大走廊上，羌寨房顶出现四角安放白石的现象，这多少是受到邻近族群的影响，正如释比除了戴猴皮帽，也有戴五佛冠的。

室内：火塘、神龛等。碉房是羌民日常生活的世俗居所，也是其民俗信仰中处处有神灵的神圣空间。释比做"安家神"仪式时便会唱，房顶上有纳萨神，罩楼处有罩楼神，房背边缘有简槽神，二层有羊神、财神、祖先神、火塘神、水缸神、木梯神、柜房神、中柱神、角角神、调解神、平安神、六畜神等，一言以蔽之，"凡人房中设神位/凡人家中有神位"⑤。神龛、火塘、中心柱等，是羌族传统民居内的重要部分。譬如神龛，其是护佑家庭的核心所在，即使是灾后迁入钢筋水泥结构的新居，依然不可少。2011 年 11 月 8 日，在巴夺寨新娶媳妇的朱姓人家我看见，堂屋中挂

① 《中国原始宗教资料丛编：纳西族卷·羌族卷·独龙族卷·傈僳族卷·怒族卷》，上海人民出版社 1993 年版，第 518 页。

② 《羌族口头遗产集成·民间歌谣卷》，中国文联出版社 2009 年版，第 231、383 页。

③ 《羌族释比经典》，四川民族出版社 2009 年版，第 521 页。

④ 陈然、向东、李雪梅：《羌族碉楼文化的传承及其在旅游开发中的运用——以四川羌区碉楼为例》，《阿坝师范高等专科学校学报》2009 年第 1 期。

⑤ 《羌族释比经典》，四川民族出版社 2009 年版，第 655—656 页。

羌红插香烛供奉猪膘的神龛上，正中是大写的"天地国亲师位"（改"君"为"国"，自然是近世以来才有的），横批及左右写着"历代先祖""川祖""土祖""财神""文武夫子""牛马二王"等，随着敬神的柏香点燃，新人在释比指点下虔诚地祭拜神灵和祖先，请他们保佑新婚夫妇及全家人吉祥平安。"神龛面前，堂屋当中/一家人的心就是火塘"，"啊，端坐火塘的心上/看祖先的精灵，堂屋里四处飞翔"①，这是当代羌族诗人的吟唱。对于寒冷山区的羌民来说，火塘在物质层面的最大功用是煮饭、取暖，火塘的火长年燃烧，民间称为"千年火"。然而，在羌民那"万物有灵"的目光中，又"使火塘赋予了文化内涵，有了轴线依托，火塘四周有了辈分排定，有了与神位香火同一轴线的贯穿一线，因此也同时具有了支配主室空间的核心作用"②。20世纪前期走访岷江上游地区的西方学者葛维汉，就谈到羌寨人家所奉十二神灵中有火神"莫波瑟"，并如此描述火塘上的石或铁制三脚："在其中一足上有小孔，上系铁环，或在石块相应的方位，它代表火神。……三脚架的另外两足代表男始祖神阿爸瑟和女始祖神阿她瑟。"③ 既然火塘代表神灵，尔玛人生活中也随之形成了有关火塘的种种禁忌，如不可踩踏跨越、不准在上面烤衣裤鞋袜、不许在火塘边说不吉利的话、搬家时把老屋火塘的火引至新居过程中火不能熄灭，等等。至于室内中柱，人们会在其上挂红布或羊头，祈求"中柱神"保佑碉房稳固，一家平安。2012年"5·12"前夕，笔者走访茂县坪头村，在村里山上"羌祖庙"大殿右侧开间的柱子上看见一副对联"继拜神柱为父母，保佑孩女寿命长"，横批为"长命富贵"。这应是某户人家为求子女健康成长而留下的。羌民信奉"中柱神"，称为"启萨祖格"，那是保佑其居家平安的，该对联正透露出这种信仰的遗存。就这样，原本作为物质空间的世俗人居碉房，便因为火塘、神龛等的着意设置和信仰赋予而具有了超世俗的精神亮光。

　　房门：门神、石敢当。羌民有"千斤的龙门"之说，可见其对门的看重。中国门神信仰源远流长，在羌区民间影响亦深。农历七月三十这天，释比还愿唱经《一年十二月》，所请大小神灵中有门神"迪窝兹"；

---

① 羊子：《火塘》，http://blog.sina.com.cn/s/blog_4765027f010000la.html，发布时间：2005-12-11 15:30:42。

② 季富政：《中国羌族建筑》，西南交通大学出版社2000年版，第259页。

③ 李绍明、周蜀蓉选编：《葛维汉民族学考古学论著》，巴蜀书社2004年版，第50页。

图16-15　羌寨人家门前的石敢当、门神以及家中的神龛

（理县桃坪寨、茂县牛尾村、汶川羌锋村）

释比击鼓唱经为村寨招财喜，经文有云："这里财喜招进来/门神将军迎新年。"① 就笔者田野考察所见，从茂县甘青村到理县桃坪寨，从汶川阿尔村到北川吉娜寨，大大小小的羌族村寨，逢年过节张贴门神的习俗迄今犹存。如在巴夺寨，石砌民居大门上，无论是画面写着"发""财"字样的秦叔宝、尉迟恭形象，还是画中标示"日""月"并书写"开门大吉"之类词语的门神，或文或武，都是大家熟悉的戏曲人物装束。事实上，由于地域的便利，川西北羌区民间张贴门神的习俗受邻近的绵竹年画影响尤其大，"来自绵竹的剧装门神，也是羌族民间喜爱之物"②，而绵竹是中国四大木版年画产地之一。2011年5月，笔者在桃坪羌寨看见，除了将门神画贴在门上，也有人家把武将装束的门神直接绘制在大门的木板上。又据2007年的调查资料，"进堂屋的门神"是雁门乡萝卜寨村民供奉的十二位神灵之一，"家家敬门神，堂屋设神龛"。在当地人信仰中，"'祸来了喊开门，门神不会开，福来了喊开门，门神就会开'。供奉于堂屋门侧柱子旁的墙上。神位的上方扎了一束秸秆，上面插了两面白纸做的旗子。据说，旗子分别代表家神，即女性始祖木姐珠和男性始祖斗安珠。传说打仗的时候带上这两面旗子，就能取得胜利，家里插上旗子，以示吉利。一些人家还贴有年画门神秦叔宝和尉迟恭以辟邪。老房子大门上方还有对称的'门眼睛'。可照千里，能预先看到祸福来到，并告之家神，家神就会在

① 《羌族释比经典》，四川民族出版社2009年版，第655—656页。
② 李祥林：《亮相在民间美术中的戏曲身影》，《戏曲艺术》2011年第2期。

晚上托梦给当家人"①。此外，羌族释比经文里也屡屡唱及门神，如《敬门神》："家家供你金容像/铁面无私执事心/只放善人进门来/邪魔妖怪撵出去。"② 至于石敢当，就笔者实地走访所见，其不但作为羌民住宅门前镇压邪祟之物为众所周知（如桃坪羌寨杨树萍家门前保存完好的"泰山石敢当"），而且在川西北羌区灾后重建中也是有如碉楼般被刻意强化和放大的文化符号（如北川永昌镇巴拿恰入口、茂县凤仪镇尔玛天街中庭，皆有巨大的石敢当造型），这里不再赘述。

建筑象征的神圣性

除了作为"纳萨"的基座，关于碉楼在羌民心目中的神圣性，有研究者谈到黑虎寨王、余等宅的碉楼民居时指出："通观羌碉楼在民居中的位置，几乎都是设置在大门的左侧，这和'泰山石敢当'必须摆在大门前的左侧同理，同有避邪之为。羌人视犯敌为祸害为邪物，与'石敢当'位置同为左侧。如果事前有地形造成不便置左侧者，亦设置于主室之后于正中或略偏左。所以羌人对碉楼的重视远远高于汉人。汉人民居中的碉楼是绝对不允许在堂屋香火之后的，它被作为家丁宅舍，仅保护主人住宅而已。而羌人的泛神信仰可把碉楼的保护职责神圣化……"③ 在此，碉楼的功能从实际的防御外敌上升到了精神的祛避邪祟，具有了文化人类学所讲的神圣意义，成为我们研究羌族民间信仰时不可忽视的对象。在羌民中，把碉楼与风水联系起来并不鲜见，如绵虒羌锋。"羌锋寨是由汉区沿岷江河谷进入羌区的第一个村寨，建筑明显受到汉民居坡屋顶的影响，但以碉楼为中心的空间格局，仍然制约着该寨的民居组团。碉楼面向岷江河谷，背靠大山，民居环碉楼左右、背后而建，并层层向后随坡地拔高，形成非常壮观的空间气势和空间层次。因紧靠汉区，碉楼选址亦明显受到风水相址的影响，其碉楼正是汉风水所谓龙脉聚结处，亦是岷江和小溪两水交汇形成的半岛中心。"④ 羌锋是岷江上游羌区南部的门户，其作为行政村包括簇头、沟头等村民小组，这座 30 米左右高的碉楼在簇头。当地人不仅

---

① 耿静：《羌族的民间信仰——以汶川县雁门乡萝卜寨村为例》，《阿坝师范高等专科学校学报》2009 年第 2 期。

② 《羌族释比经典》，四川民族出版社 2009 年版，第 715、2209、436 页。

③ 季富政：《中国羌族建筑》，西南交通大学出版社 2000 年版，第 272 页。

④ 同上书，第 84 页。

认为这碉楼"镇风水",其神奇功用就在"对两匹山梁二龙归位的镇抚",保佑着村寨平安,他们甚至尊崇其为"碉神"①,烧香叩头,敬重膜拜。了解这点,也就不难明白"西羌第一村"的百姓对于碉楼垮塌为何会有如此巨大的伤痛感和恐慌感。

岷江与杂谷脑河交汇处山上的布瓦碉楼以黄泥筑就,从物质条件讲,显然是少石多土的当地村寨因地制宜的创造物。然而,对于羌民来说,其人类学意义又远远不止此。有论者指出,"万物有灵观使羌族人把万物认为是神灵,在这种观念的指导下,羌族人崇拜自然。土地生长万物,能让人生存繁衍至今,因此他们把土奉为神灵也不奇怪。同时,这个民族也是崇拜火、崇拜太阳的民族。布瓦山正面向阳,太阳的照射时间最长,羌族相信'龙脉地',在他们的宗教思想中,'龙脉地'是能让生命轮回的地方,承蒙太阳神厚爱,所以在这'龙脉地'定居。'龙脉地'的土便是神土了。一个民族的文化和思想影响着这个民族的生存……羌的万物有灵观念中,对土崇拜是一种普遍现象,是精神寄托。羌族的建筑思想不是单一的,'它是很复杂的、多面性的',羌族人认为土能养人,土能长草和树,树能生火,火能繁衍一个民族,太阳又能生火,还能使万物生机勃勃,有机的循环产生多种崇拜观念。在这些观念驱使下,认为土才是万物之根本,他们用土筑成自己思想的高碑,而且尽量向高空延伸去接近神灵。土夯邛笼越高,羌族释比(巫师)才能与天神近距离对话,释比是社会中的最尊者,'在羌族中最大的天神称为羌族的玉皇大帝阿巴木比,也是一位大释比,而氏族的最大释比是集神权、政权于一身的,他们往往要借助特异的事物来塑造自己通天达地的形象。'高大的土夯邛笼就是他们'通天达地'的理想神道,像高空拔起的地柱天梯,传承天火,仰奉太阳,以独特的神灵之力,引导和庇护一个古老的民族穿越历史"②。基于自然崇拜的土地信仰和太阳尊奉,决定了布瓦人独特的碉楼观念。茂县牛尾村老寨子有三座碉楼,当地称为"格洼勒色""啊哈勒色"和"火格索勒色",据村民讲述,其功用分别是阻挡冰雹、驱散乌云免下暴雨以及百兽之王虎神的象征,总之是护佑寨子的。

高高的碉楼是尔玛人心目中的"保护神"。2011年5月在汶川,我问

<hr />

① 徐平:《文化的适应和变迁——四川羌村调查》,上海人民出版社2006年版,第179页。
② 彭代明:《夯成千古奇碉 写就万年绝史——布瓦山黄土巨碉邛笼审美探索》,《艺术教育》2009年第6期。

图 16-16　杂谷脑河流域的木卡村号称"建在岩石上的羌寨"

及羌锋碉楼的情况，老释比王治升对我说："羌锋过去有三座碉楼，很古老，是保护羌人的，现在只剩一座了。"羌锋仅存的这座碉楼就是本章开头提及的垮塌者，村民对之顶礼膜拜，就因为碉楼在他们心目中是"保护羌人"的。关于碉楼，民间有种种神奇的故事。过去，"龙溪沟羌寨有的有碉堡，有的还不止一个，有的没有。对这种情况有两种说法：一说建碉堡是为了压地脉，以便村寨出富贵人。现存碉堡均为数百年前所建，不少已塌圮，另一说法谓当初修碉堡因寨中有人应征支差为王朝立了功，特许修建，以示彰表。茂汶渭门公社亦持后说"①。其实，无论"压地脉"还是"示表彰"，都告诉我们，高高的碉楼之于羌民已超越了物质性实用功

① 《羌族社会历史调查》，四川省社会科学院出版社 1986 年版，187 页。

能，具备了满足精神需要的不一般象征意义。又，"据说，过去每当同一姓氏的羌族人家在某地发展到一定规模时，就要集体捐资兴建一幢象征本族人家存在与兴盛的碉楼，如果是四家人共同修建的，就修成四角形；六家人共同修建的，就修成六角形"①。碉楼在此又成为家族兴旺的象征代码。在羌文化保存较好的北川青片一带，有希冀山神赐福的"镇山碉"和保佑丰收的"青苗碉"，尽管现在已是掩映在草丛中的往日遗迹②。这青苗碉，跟从事农耕的尔玛人对田间地头青苗神的信奉相关，其是保佑水稻、小麦耕作顺利的神灵，释比唱经中也有《敬青苗土地》篇章。历史上，理县一带曾经碉楼众多，据清同治年间刻本《直隶理番厅志》卷四"边防志"，顺治十二年（1665）清兵镇压此地时就曾"划平八十七碉"。该志书同卷又记载了当地一习俗，由于"地寒冷，染痘者易死。酋长忌见生人，恐带痘疮进也。大金川旷野更多忌，遇人至，则上碉遥放鸟枪，持刀呼跃，状如内地逐疫者，云恐带鬼至"。这里，村寨居民登上碉楼的"忌生""逐疫"的种种举止，既是向他人传递拒绝信号的实际行为，也多少带上了抚慰自我恐惧心理的宗教性意味。

图16-17　左边山上分布着羌族村寨，山脚是杂谷脑河及317国道（理县通化）

在桃坪羌寨，有村民说碉房（羌语之汉译读音为"几"，下同）结构

①　李建安：《羌族碉楼令乾隆头疼不已：抗明御清 千年不倒》，http：//news.china.com/zh_cn/history/all/11025807/20090429/15457317_1.html，发布时间：2009年4月29日11：31：23。
②　唐光孝、罗光林：《北川羌族与平武白马藏族当前文化现象之比较》，《中华文化论坛》2005年第2期。

像一个人，底层畜圈最高，是人的腿（"之"），看管着成群的牛羊；火笼和储藏室是人的身体，火塘是心脏，火笼东西两边的斗形窗是人的耳朵（"几呢格"）；照楼乃是人的头（"嘎包资"），照楼上的白石则是人们头顶上的天神①。在此以人相拟的身体化描述中，将羌寨碉房集"圣""俗"于一体的特征生动地点出来了。川西北岷江上游地区的石砌碉房，古有"鸡笼"之称（亦称"笼鸡"，见明代《舆地纪胜》），此"鸡"正与羌语"基"或"几"读音一致。《天下郡国利病书·四川备录上·蜀中风俗记》载述"州本羌戎之人，好弓马，以勇悍相高"，叠石为居室如浮屠状，"高二三丈者，谓之鸡笼；十余丈者，谓之碉。门内以梯上下，货藏于上，人居其中，畜圈于下"②。《天下郡国利病书》乃清初顾炎武的著作，这番话在今人笔下中多见引用。有学者指出，"'吉'，羌语'女'的意思；'基'，羌语'男'的意思"③。民国三十三年《汶川县志·风土》附录羌汉语对照表（编者乃一陈姓参议员，羌人），其中"基"为男而"节"为女。查阅相关辞书，可知"女儿"和"儿子"在羌语中读音分别为"zi"和"ji"，后者又是"屋子"的读音④，汉语之音译可作"基"或"几"。羌语有南北地域之分，前者以桃坪为代表，后者以麻窝为代表，但彼此在"儿子"读音上差别不大⑤。"基"或"几"在羌民口头上既称儿子又称碉房，当不无缘故。也许，是因为在其父系为主的社会结构中，女儿终归要嫁出去，儿子则须备房娶媳妇，所以建房跟儿子有关。"据方志记载，古时羌民若谁家有了男孩，就必须建一座家碉，男孩每长一岁就要增修一层，直到男孩长到十六岁，碉楼才封顶，若谁家没有碉楼，儿子连媳妇都娶不上。"⑥ 这种一年修一层的碉楼，自然牢固得很。羌族民间有关碉楼的诸如此类表述，无论神圣的还是世俗的，都值得民俗学家、人

---

① 卢丁、工藤元男主编：《羌族社会历史文化研究——中国西部南北游牧文化走廊调查报告之一》，四川人民出版社2000年版，第83页。

② 顾炎武：《天下郡国利病书》，黄珅等校点，上海古籍出版社2012年版，第2196—2197页。

③ 陈兴龙：《羌族释比经典研究》第77页，四川民族出版社2007年版，第77页。

④ 周发成编著、孙宏开审定：《汉羌词典》，中国文联出版社2010年版，第296、154、417页。

⑤ 参见孙宏开《羌语简志》第202页；黄布凡、周发成《羌语研究》第343、353页。

⑥ 李建安：《羌族碉楼令乾隆头疼不已：抗明御清 千年不倒》，http://news.china.com/zh_cn/history/all/11025807/20090429/15457317_1.html，发布时间：2009年4月29日11：31：23。

类学家研究。

图 16-18　"5·12"地震后新建的中国羌城（茂县）

　　对以"碉"为标志的羌族建筑空间研究表明，"空间不是一个非物质性的观念，而是种种文化现象、政治现象和心理现象的化身……在某种程度上，空间总是社会性的。空间的构造，以及体验空间、形成空间概念的方式，极大地塑造了个人生活与社会关系"①。空间既有物质属性也有精神属性，在文化人类学的空间论述中，"圣"（scared）与"俗"（profane）是人们多有关注并常常提及的话题。上述表明，从碉楼到民居，从修建仪式到建筑象征，从房门到室内再到屋顶，凡此种种，都由于民间信仰的深深植入而结构出一个庞杂却不失整饬、多样而充满神圣的精神空间，借西方宗教学家的话来说，是"神圣建构了世界，设定了它的疆界，并确定了它的秩序"②，其与尔玛人实实在在生活其中的世俗物质场域交汇在一起，"它超越这个尘世而存在，但是又在这个尘世上表征着自己"③，二者既相互独立（从学理上分析）又难分彼此（于现实中存在），从而立体地铸就了羌区民众的"整体生活""族群记忆"和"地方知识"，向我们呈现出这个古老民族文化的丰富本相。

　　① ［英］丹尼·卡瓦拉罗：《文化理论关键词》，张卫东等译，江苏人民出版社 2013 年版，第 163 页。
　　② ［罗马尼亚］米尔恰·伊里亚德：《神圣与世俗》，王建光译，华夏出版社 2002 年版，第 7 页。
　　③ 同上书，第 118 页。

第十七章

节日文化和当代展演

"5·12"地震后，随着"羌去何处"的危机信号发出，年节作为羌族文化遗产的重要部分倍受关注。从"瓦尔俄足"由村寨到县城的亮相，到"羌年"被联合国教科文组织列入世界濒危文化遗产名录，再到种种节日作为文化名片在地方旅游发展中隆重推出，诸如此类，皆是证明。在当今羌区，尔玛人的节日文化被披上了五彩斑斓的展演衣装，从内涵到名声均获得了前所未有的扩张。归根到底，张扬特色口号下节日文化展演的实质都在于地域性、民族性形象的符码化建构，其融会着国家话语和地方诉求、传统基质与现代元素，具有丰富的意指。这种建构，既基于内部诉求（当地人），又顺应外部期待（旅游者）；既承续传统的基因，又融入当代的元素；既体现族群意识，又彰显地域特色。

第一节　年节展演与地方诉求

"瓦尔俄足"——茂县张扬的节日亮点。茂县是川西北羌族地区的核心所在，而在此地带上，传统节事方面有什么亮点呢？"5·12"地震发生当年，有论者在网上呼吁"传承羌族文化可打造莎朗节"，并云："我认为，羌年并非羌族非物质文化遗产保护的理想资源整合与传承平台，最能发挥整合、传承平台作用的应当是羌族的'莎朗节'（即国家首批非物质文化遗产名录"羌族瓦尔俄足节"）。"莎朗又作萨朗，这位论者倒不是要非议羌年，按照他的理解，从旅游季节看，在岷江上游羌区打造莎朗节比羌历年有更好条件，因为后者在时间上已入冬季，川西北气候寒冷，几乎没有游人，客源有问题，周边旅游景区也进入冬季歇业期间，难以跟旅游业有机结合。而且，此时此刻家家户户都在忙着自家过年的事儿，要组织大规模的群众文化活动在时间上不理想，且在寒冷的冬天要开展大规模活动也会受到气候限制。文化活动如果不能产生良好的社会影响和经济效益，群众的参与积极性就会大受影响。结合旅游发展，该论者认为打造莎朗节在整合羌族非物质文化遗产资源、促进羌族非物质文化遗产传承方面有自身优势：首先，"莎朗"在羌族地区的传说中为主管妇女事务、婚姻、歌舞的女神，"莎朗节"既是祭祀莎朗女神的女神节（俗称"歌仙节"）和妇女们尽情欢歌跳舞、传授歌舞的音乐歌舞节，又是羌族妇女交流和传授爱情、生育、家务经验以及停止劳动进行嬉戏娱乐的妇女节，该节不但所关联的羌族非物质文化遗产丰富，而且具有极高的旅游观赏性和参与性；其次，羌族地区普遍有跳莎朗传统，若以茂县三龙河西村"莎朗节"的时间作为整个羌族的莎朗节时间加以推广，正好为农历五月初三至初五，也是国内"端午节"旅游小长假期间，当地及周边旅游景区已进入第一个旅游旺季，游人众多，节日活动可与旅游有机结合，尤其是可通过此节庆活动为后续的常年文化旅游演艺活动奠定文化基础、提供文化支撑，产生良好的文化传播和经济效益；再次，此时的羌族地区正是春暖花开时节，春播农忙已过，本身有举办节庆的传统，开展歌舞活动群众自发参与积极性高，这时候举办大型歌舞文化活动，人员易于组织。总而言之，"打造'莎朗节'并使之成为羌族非物质文化整合、传承平台，不仅内涵丰富，且群众基础好、有季节优势，还可与旅游活动有机结合，有利于羌族文化的传播与弘扬，可操作性强，将之作为构建羌族非物质文化遗产保护的资源整合、传承、展示平台"，比羌年更有优势①。该论者网名"成都山"，究竟是谁不得而知，他说的莎朗节即后来大家熟悉的瓦尔俄足节。从2009年当地政府将"瓦尔俄足"从乡村（曲谷诸寨）扩展到县城凤仪镇隆重举办的举措来看，也就是把一个区域性节日向全民性节日提

① 《传承羌族文化可打造莎朗节》，http://xueshuxu.blogbus.com，发布时间：2008年12月30日12：47：15。当然，后来"瓦尔俄足"从村寨转向县城也不无客观原因，即："现今由于经济条件的改善和生活水平的提高，经济宽裕的人户到了茂县县城及周边地区或其他地方修房落户。……特别是'5·12'汶川特大地震后，该地区有些村寨集中或分散搬迁至县城周边或其他地方，如曲谷乡河西村的西湖寨、乌都寨；河坝村的黑如寨；雅都乡木鱼村的迎红寨和木鱼寨。导致村落荒废遗弃，村落文化的消失。"（《茂县民间文化集成·赤不苏片区卷》，中央民族大学出版社2015年版，第5页）其中，作为"瓦尔俄足"发源地的西湖寨地处高山，受损严重，其22户村民在地震后整体搬离了该寨。

升，显然跟这位论者的思路是一致的，即借助民族文化资源、打造地方文化亮点，从而发展当地旅游产业、促进地方社会发展。2015 年 6 月 20日，农历五月初五，"瓦尔俄足节"在县城灾后新建的羌城隆重举办，就我所见，庆典热烈，人流如潮，除了当地民众，吸引了许多外地游客。与此同时，在曲谷当地村寨，"瓦尔俄足"活动在有心人士张罗下也在举行。

图 17-1　瓦尔俄足庆典在县城隆重举办（茂县，2015 年）

"花儿纳吉"——理县推出的羌年主题。汶、理、茂、北皆为羌区，当羌历年在四县协商下轮流举办时，如何同中求异，突出本县亮点，这是地方上自然要考虑的问题。如今，理县推出的羌年主题是"花儿纳吉"。此乃尔玛人喜爱的民歌表现形式及手法，比如，青年男女唱《花儿纳吉》："大河流水小河哟清哟花儿纳吉，不知小河儿吉有多哟深哟吉吉儿舍；丢个石头试深哟浅哟花儿纳吉，唱个山歌儿吉试妹哟心哟吉吉儿舍。太阳出来喜盈哟盈哟花儿纳吉，叫声阿妹儿吉仔细哟听哟吉吉儿舍；要学松树万年哟青哟花儿纳吉，莫学花椒儿吉黑了哟心哟吉吉儿舍。"这"花儿纳吉"调可随情景即兴编词进行演唱，有合唱，有对唱，形式独特，富有感染力，也影响到周边地区。地震后我走访古城灌县（今都江堰市）得知，20 世纪 50 年代该地文化部门即从民歌手都光全口中录得《这山望到那山高》，注明是"花儿那姐调"，歌词曰："这山望到那山（的）高哟，（花儿那姐），望到那贤妹啥（二姐）哟拣柴的烧哟（姐姐妹啥）。"后来，又有人采录到《太阳落山四山阴》，词云："太阳落山四山（哟）

阴（哟花儿那姐），四山老鸹（花儿姐哟喂）又起身（哟）（姐姐哟喂）。老鸹起身一大（啊）群（哟）（花儿那姐），贤妹起身（儿姐哟喂）一个（哟）人（哟姐姐哟喂）。"① 据采录者附记，"花儿那姐"是羌汉杂居区的流行曲调之一，为较少见的三拍子节奏，旋律优美，节奏鲜明，既可因歌词长短而任意反复曲调，也可因情节变化而改变一些音节，至于歌词则视情景自由发挥，有相当大的灵活度，但衬词基本上不变。也就是说，在羌族民歌中运用广泛的"花儿纳吉"不是一首歌，而是一种曲调，它有一类似宋词中曲牌的固定唱腔，演唱者可以根据曲调随己意填词，把内心所感所思唱出来。以羌族婚恋为例，从男女初恋到新婚花夜，皆可以"花儿纳吉"曲调演唱之。如今在理县，羌年庆典直接以"花儿纳吉"为主要内容，如地震前，2007 年在桃坪羌寨举行该活动，以羌绣图案装饰的主席台上即写着"理县羌年庆典　第三届花儿纳吉赛歌节"。在岷江上游羌区，"花儿纳吉"赛歌活动从 2005 年开始举办，至 2012 年已为第六届（2009 年因大雪普降未能举行）。起初叫"'花儿纳吉'西部羌情赛歌会"，后来称"'花儿纳吉'赛歌节"，名称上经历了从"会"到"节"的演变，体现出主办方愈来愈明确的目标指向。从旅游人类学看，理县把当地流行的"花儿纳吉"作为羌年庆典的主题，正为的是突出自家特色、打响本地品牌，从而通过外界对节事亮点的感知而强化对该县作为旅游目的地的地方认同。2012 年 11 月我赴理县参加藏羌文化国际论坛，就听他们屡屡言及今年要举办的花儿纳吉活动。11 月 14 日这天是羌年，第六届活动如期在桃坪寨新建的萨朗广场举行，祭祀塔左右立着醒目的大字，一边是"吉祥颂歌　感恩祖国"，一边是"理县花儿纳吉赛歌节"。活动从释比主持祭山仪式开始，随后是各种羌族特色歌舞亮相，有当地著名的羊皮鼓舞（该县蒲溪沟中村寨的释比文化及跳皮鼓皆保存较好），还有桃坪、木卡、薛城、蒲溪、通化等乡镇村寨羌民带来的歌舞表演，如《来呀莫勒》《白云耕歌》《俄米切让》《背背子山歌》《欢迎你到桃坪来》等，气氛热烈，场面感人。

　　在旅游人类学视野中，年节作为少数民族地区文化的精华，是不可多得的目的地民俗旅游资源。且看地处藏、羌结合部的理县，"千百年来，各民族不但完整地保存和延续着本民族的语言文字、宗教信仰、文化习

---

　　① 《中国民间文学集成四川卷·成都市灌县卷》，灌县民间文学集成办公室选编，1987 年 12 月，第 376—377 页。

图 17-2　村寨节日庆典上的村民以及老人主持咂酒开坛
（茂县牛尾寨，正月初七，2015 年）

俗、生活方式，而且形成了独特的共居文化。尤其是藏羌民族的节庆活动（红叶温泉节、若木纽节、花儿纳吉赛歌节、夬儒节），更是藏羌民俗风情的最好展示"。此乃当今理县旅游宣传册上的话语。红叶温泉属自然资源，花儿纳吉已如上述，若木纽节是藏族的，夬儒节是羌族的，后者自去年以来在政府引导下向外宣传，已成为当地羌文化展示的一个亮点。除了不容忽视的社会效益，关于年节旅游带来经济效益的问题，若干年前在走访岷江上游民族民间文化的文章中我曾谈到，2000 年茂县县委、县政府在松坪沟举办"中国古羌转山会"，就使开发多年不见实效的松坪沟景观在次年有了 10 多万元的门票收入，"可见，民族民间文化资源的介入，的确可以使旅游事业在社会效益和经济效益两方面都增加含'金'量"①。的确，对于地方上挖掘文化资源发展旅游推动经济的群体诉求，我们没理由不尊重，而这也是当今符号经济时代他们努力借以展示自我形象、强化族群认同的行为。"5·12"地震后，在国家和社会各界支持下，岷江上游地区的道路交通、村寨建设、城镇规划等有了极大的改观（用当地人诚心诚意的话讲，"少说也加快了 50 年"），当地政府和群众在挖掘民族民间文化资源发展旅游方面也做了许多努力，其中不乏亮点，但如何才能使游客源源不断地到来，这仍是面临的现实问题。顺便说说，民盟四川省委有负责人曾邀请我给某评估事务所读书会做文化讲座，我答应讲讲《多姿多彩的川西北羌族文化》。2012 年 12 月 22 日（周六）上午，在四川大学公共管理学院，该事务所第四届读书沙龙在二楼举行。该负责人告诉我，

---

① 李祥林：《岷江上游民族民间文化考察及思考》，《四川戏剧》2003 年第 3 期。

这次通过视频同步听讲的还有眉山、雅安二市的民盟成员，以及该事务所在重庆方面的人员。开讲之前，我特别强调了一点：羌族文化有丰富的内涵和鲜明的特色，希望大家了解它，多多去川西北羌族地区旅游；大家去羌区城镇尤其是村寨旅游，就是用实际行动在支持经历了巨大灾难的当地羌民。目前，国家将发展旅游作为扶持灾后羌区发展的重点，而发展旅游的关键除了亮点打造，得要有游客前来。如何通过打造亮点以吸引游客，这是羌区各地仍在不断探索的课题。

第二节　节日打造和族群意识

"5·12"地震后，2008 年 6 月 24—26 日，文化部在成都召开了两个会议，一为"全国地震灾区非物质文化遗产抢救保护专家座谈会"，一为"汶川地震灾区非物质文化遗产保护与恢复重建规划论证会"。前者是 6 月 16—17 日在北京召开的"地震灾区非物质文化遗产保护工作座谈会"的继续，旨在继续探讨非物质文化遗产的保护与重建问题；后者着重评审四川的两项非物质文化遗产的重建规划，会议原则上通过这两项重建规划并将其纳入全国的相关规划之中。接着，四川省文物局于 6 月 27 日成立了"四川汶川地震灾区文物抢救保护工程专家组"，讨论通过了"都江堰（含二王庙）抢救修复规划"与"桃坪羌寨（含碉楼）抢救修复规划"；7 月 2 日，四川省文化厅又组织专家们讨论国家级非物质文化遗产项目代表性传承人的增补名单。在这次会议上，我们为包括羌族在内的地震灾区非物质文化遗产传承人的紧急申报做了许多努力。于是，在第二批四川省非物质文化遗产项目代表性传承人的 54 位中，有 39 位来自羌族地区，其中年节方面有"羌年"传承人 12 位，"瓦尔俄足"传承人 7 位。继而，在第三批国家级传承人中有 5 位羌族同胞入选，其中"羌年"传承人是汶川释比王治升和茂县释比肖永庆。此前，在首批国家级传承人中，"瓦尔俄足"已有来自茂县的 2 人入选。2008 年 7 月 7 日，省文化厅又组成地震遗址博物馆规划过程协调组与规划专家组，并召开两次会议原则上通过"地震遗址博物馆建设规划方案"。7 月 23 日，四川省文化厅在征求专家意见基础上，筹划将羌历年作为题目纳入"羌族突出文化事象"，为申报世界文化遗产作准备。数年过去了，"羌年"今已被联合国教科文组织列入急需保护的非物质文化遗产名录，其项目名称英译为"Qiang New

Yaer festival"。

图 17-3　《羌魂》演出中的羌年场面

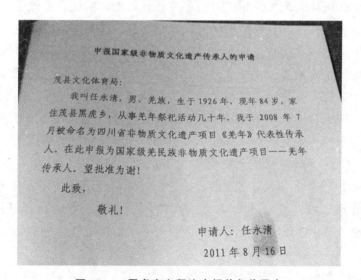

图 17-4　黑虎寨老释比申报羌年传承人

　　对于"羌年"，界内界外，人们见仁见智。有学者认为，羌年来自今天地方政府的打造，跟普通民众生活有距离；羌年淡化了民间宗教信仰（如祭祀山神），强化了文艺娱乐色彩（如歌舞活动），把文艺展演作为中心；羌年源于羌人的祭山还愿，但当地下半年的祭山会时间因区域而有别，除了十月初一，还有八月初一或冬至（在汶川绵虒羌锋，释比及村民就多次对我讲，他们寨子秋收还大愿是在农历八月初一，羌语读音称之为"歘格儿"，而十月初一是牛王会）……总而言之，羌历年随着1986年阿坝藏族自治州更名阿坝藏羌族自治州而来，"羌历年并不是传统新年的复活，实际上只能说它是政府主导下对新文化的建构"①。在其看来，羌年主要来自政府和知识精英的共同谋划，普通羌民对此知之有限，以致20年后羌年仍难普及。该论者提醒要注意民众作为民俗主体的问题，这很重要。当然，要说如今的羌年全无传统元素，也不尽然。2011年11月，我去汶川龙溪沟巴夺寨做调查，由于羌年刚过去没几天，与村民聊天时我打听今年寨子里是否组织了庆典活动，后者回答"没有"，说只是地震后办过一次，但各家各户自己还是要搞，或者几家人凑在一起，杀个鸡、羊什么的。随后，他又补充说今年在马灯办过②。马灯村亦在龙溪沟中，地处巴夺寨的下游方向。可见，羌年如今年年在汶、理、茂、北四县轮流由官方主持举办，而到了村寨这基层未必照章行事，不过老百姓对此日子要杀鸡杀羊祭神的传统记忆及相关习俗多少还存留着。前述学者又指出，历史上川西北羌人在过汉族春节的同时又把十月初一作为本民族独自的新年来庆祝，实际上内含微妙的族群心理，他们是在以"阳奉阴违"的方式对待当时的清朝统治者，从而表达自己的族群意识。此言甚是。与之不同，今天的羌族则是在政府主持和推动下大张旗鼓地庆祝羌年，表达着多民族中国构建和谐社会语境中张扬本民族文化的意愿。古今对比，差异俨然，但在把年节作为强化族群认同、彰显族群意识的窗口这根本点上，对羌人来说是不变的，只是具体动机有别罢了。唯其如此，2011年在成都举办的国际非物质文化遗产节之非遗保护论坛上，联合国教科文组织《保护非物质文化遗产公约》秘书处负责人塞西尔·杜维勒女士在开幕词中说："《公约》对非物质文化遗产有广泛的定义，即指被社区、群体，有时是

---

① ［日］松冈正子：《羌历年和国民文化》，见周星主编《国家与民俗》，中国社会科学出版社2011年版。如今把羌年时间统一在农历十月初一的确是政府主导下的结果，2016年10月30日（农历九月三十）汶川县城在岷江大桥头的锅庄广场举办羌年庆典，邀请绵虒羌锋老释比王治升来击鼓唱经，事后王老释比又同我聊起，他们寨子秋收祭神还愿是在八月初一（因绵虒位于羌区南部，气温比其他地方高），最后一次按照这时间过年是在1953年，改革开放后恢复羌年活动，时间就改成州上统一的十月初一了。

② 访谈时间：2011年11月7日上午。访谈地点：汶川县龙溪乡阿尔村巴夺寨。访谈对象：朱金福，男，羌族，巴夺寨村民，年近六旬，念过初中，其爷爷朱兴贵是释比。访谈记录：李祥林。

个人，视为其文化遗产组成部分的各种社会实践、观念表述、知识、技能
以及相关的工具、实物、手工艺品和文化空间。"又说："我们知道传统
医学知识与各国人民福祉息息相关，比如中国的针灸疗法。我们知道关于
自然和宇宙的知识体系，比如西班牙用以管理灌溉用水和防止洪水的'灌
溉者仲裁法庭'，在全球变暖情况加剧的今天将在许多地区发挥越来越重
要的作用。我们知道手工艺制作可以带来收益，改变温饱问题，可以给孩
子买一双鞋，让孩子穿着去学校。我们还知道在四川，正如我们已经亲眼
所见，像羌年这样的传统风俗和节日是如何帮助群体在自然灾难后重拾信
心的。"① 其对羌年习俗之于今天当地民众的积极作用给予了肯定。

图 17-5 2014 年茂县在县城举办的羌年庆典

对于一个民族来说，以年度为周期往复进行的传统节日就是族群生活
本身，是其文化生存和文化认同的生动体现。目前，羌族聚居的区域主要
在四川，而邻省贵州亦有部分羌人分布。羌族在贵州，主要见于铜仁地区
的石阡和江口。"据 1990 年 4 月同仁地区民族事务委员会统计，人口共
4808 人。"② 而据 2000 年第五次人口普查，共有 1431 人，大部分居住在
铜仁地区的石阡、江口两县（1200 人左右，其余 200 多人散居在贵州各
地）③，人口总数较之十年前减少幅度较大。再看 2014 年 6 月贵州省民委

①　[法] 塞西尔·杜维勒：《非物质文化遗产国际论坛开幕式致辞》，2011 年 5 月 29 日，中
国成都；该致辞的汉语文本是大会发给中方参会代表的翻译稿。
②　贵州省民族研究所：《贵州羌族》，杨昌文执笔，载《羌族历史文化文集》第三集，"羌
年礼花"编辑部 1991 年 9 月编印，第 1 页。
③　郭福基、杨昌文：《贵州羌族源流》，《贵州日报》2002 年 7 月 1 日。

网站公布的数据，"据第六次人口普查统计，贵州羌族有0.16万人"①，人口有所回升。石阡羌族的人数多于江口，但在该县呈散居状态。在江口，羌族主要聚居在县境东北部的桃映乡匀都村漆树坪组。该寨子位于梵净山东麓海拔1200多米的香炉山上，距离县城30公里左右，与松桃县的寨英古镇、苗王城以及湖南省的凤凰古城相邻，渝怀铁路火车站就在山脚下（2013年8月走访铜仁，我向当地人询问如何去江口更方便，答曰路程不远，火车、汽车皆可，若从铜仁乘坐火车，过了观音岭便是桃映站），这里山高谷深，林茂草盛，风景优美。如今，羌族的不少民俗事象在该寨子随着世事变迁已消失，但是过尔玛年仍为漆树坪羌民所看重，并且在历史演变中融入当地文化元素，形成了自具特点的过羌年景观，这甚至成为当地羌民的"标志性"习俗。如省民委网站所言，"铜仁各族人民还保留着丰富多彩的民族节日。如土家族的过赶年、苗族的四月八、侗族的赶坳、仡佬族的敬雀节、羌族的过羌年等"②。2011年10月27日，农历十月初一，漆树坪羌寨迎来了一年一度的羌年，村民们打糍粑、饮咂酒、围着篝火跳莎朗，在寨老的带领下祭祖祭神。此时此刻，连外嫁了的姑娘、外出务工的人都要回来过年。总之，"过羌年是江口羌族人民尤为独特、隆重的节日"。十月初一这天，人们身着新衣，家家户户备上丰盛的食品，用面粉或米粉捏成"小羊""小牛"等作为祭品，将酒肉等祭品抬到院坝里，焚香化纸，敬奉天神（太阳神）。同时，要在大门、猪牛圈门贴上红联。下午，把祭品移往堂屋，祭祀祖先（家神）。节日里，要请外村外族至亲来家"吃同心酒"，主客对歌，还给小孩脸上画"羊角""牛角"，举行"斗羊""斗牛"游戏。在石阡，部分羌族要过羌年，当地有谚语"十月过羌年，谨防搞冬闲"，提醒大家别因过节忘了农活。③

　　作为羌民聚居的山寨，漆树坪至今保持着古朴的民族习俗，名列"贵州30个最具魅力民族村寨"，人称"神秘的梵净尔玛堡寨"。据报道，"整个村子共有88户，328口人，以胡姓为主。从四川省阿坝藏族羌族自

①　《羌族》，http：//www.gzmw.gov.cn/index.php？a=show&c=index&catid=56&id=11&m=content，发布时间：2014-06-05。

②　《铜仁地区民族乡》，http：//www.gzmw.gov.cn/ShowNews.aspx？NewsID=144，发布时间：2009-6-7。

③　贵州省民族研究所：《贵州羌族》，杨昌文执笔，载《羌族历史文化文集》第三集，"羌年礼花"编辑部1991年9月编印，第7页。

治州的茂县迁徙而来，已历 11 世 300 多年。最老的房屋有近 200 年"①。这支远离家乡的胡姓羌民，先迁湘西，继迁铜仁，再到江口，几经辗转，最后落脚在这里。漆树坪羌民以山羊为图腾，信奉太阳神（天神）、火神、风神、树神、寨神、土地神等，主要节日有农历五月初二祭风神、五月初五祭土地神、十月初一过羌年等。文体活动有斗牛、斗羊，有对山歌、扳手力等，舞蹈有《欢乐的沙朗》《醉了金秋》等。从行政区划看，羌寨漆树坪属桃映土家族苗族乡所辖，与兄弟民族比较，"羌年"正是漆树坪羌民保存族群记忆、彰显自我身份、强化内部认同的重要文化符号，他们对之抱有很高的热情乃是自然。今有调查者来此寨，发放了关于羌族过羌年的感受及认知调查表 30 份，收回 30 份，结果显示：漆树坪羌族对本民族过羌年的感受和认识都非常深刻，了解羌年来历的人达 60% 以上，热衷于过羌年的人达 100%，过羌年的参与率达 100%，对本民族舞蹈、歌谣及其他情况的知晓率达 60%。可见，漆树坪羌族由茂汶地区迁至江口地界，虽已逾几百年，但由于地处偏远高寒山区，相对较为闭塞，因此较多地保留了羌族原有的历史文化和风俗习惯，过羌年便是突出的例子②。尽管目前桃映乡正在将漆树坪作为具有民族特色的旅游村寨努力推出，并且特别将"羌族文化旅游"作为该乡的"主要经济产业"之一③，但是从"100%"这个调查数据不难看出，由于适应着族群内部需求，"羌年"对于当今尔玛人（尤其是地处非核心区域的尔玛人）的号召力、凝聚力和影响力不能不说是无可取代的，漆树坪羌寨为此提供了一个活生生的例子。

　　2012 年 1 月 24 日，农历壬辰年正月初二，我来到北川羌族自治县，体验当地的春节。进入新县城的路口，禹王桥对面，有红色大幅广告牌，由县委、县政府所立，上面写着"庆新春，迎龙年，今年过年到北川"。巴拿恰街头，写着同样语句的海报也时见。春节发源于汉区，如今已是遍

---

　　①　《漆树坪羌寨：在传承与发展路上前行》，http：//www.cnepaper.com/fjssc/html/2011-11/04/content_3_1.htm。此外，据 1991 年元月江口县民委调查，当时全寨"有 68 户 268 人，其中羌族 48 户 228 人，占 85%"，县上也重视羌族的工作，历届县人大和县政协都有羌族代表、委员（《贵州省江口县民族事务委员会关于江口县漆树坪羌族寨考察情况汇报》，见《羌族历史文化文集》第五集，"羌年礼花"编辑部 1994 年 10 月编印，第 262 页）。

　　②　庄鸿文：《对漆树坪"羌年"的考察与思考》，《铜仁学院学报》2011 年第 1 期。

　　③　《贵州铜仁市江口县桃映乡》，http：//www.tcmap.com.cn/guizhou/jiangkouxian_taoyingxiang.html。

及长城内外、大江南北的节日，汉族以外许多民族也过此节，并且呈现出各民族的文化特点。欢迎大家"过年到北川"，当地是凭借什么来吸引游客呢？当然是以区别于汉地年节习俗的尔玛人的民族民间文化。这次在巴拿恰、吉娜寨，除了萨朗、羊皮鼓舞等带有羌区特色的年节活动，笔者感受尤深的是冠以"羌""禹""尔玛""北川"字样的种种饮食打造，如"羌酒""羌红福""羌红咂酒""北羌皇粑""北川荞凉粉""羌族苦荞茶""北川玉米酒"等。有的竹筒酒标签上还印着一句用汉语注音的羌语"日麦西　阿扎　思咕恩　婀里　哦咯比　呜咕　纳哈鲁"，意思是"请喝一碗美酒，祝您全家吉祥安康"。有的摊位写着"免费喝酒"，是为了招引游客品尝；有的店铺写着"像喝茶一样喝咂酒"，意在点出羌人饮酒特点……此前，我在研究川西北羌区大禹传说的论文中，一方面强调要重视该传说背后的族群心理，一方面也指出大禹传说作为地方文化遗产正成为当下羌区创造社会关系、构建社会生活的可利用资源①。有如大禹传说之于羌区，年节文化（尤其是本民族的、当地人的）亦是当代尔玛人用来创造社会关系、构建当代生活、发展地方经济的一份可利用的重要资源。《北川利用"非遗"资源迎接羌历新年》是"四川文化信息网"2011年10月30日发布的消息，其云：为了感恩祖国、回报社会，弘扬羌族文化、振奋民族精神，宣传展示北川灾后重建三年的成就和非物质文化遗产抢救保护成果，在羌历新年到来之际，由北川县委县政府主办、县文化部门承办的"感恩奋进、欢庆羌年"大型庆祝活动于10月26日至27日在新县城隆重举行。"两天的庆祝活动围绕北川丰厚的'非遗'资源和独具魅力的羌族文化，推出了'大型篝火晚会''迎新年民俗活动''非遗保护展示中心落成典礼''禹羌文化座谈会''原生态羌族情景歌舞晚会……《禹羌部落》'等非遗特色鲜明的主题活动，充分展示了北川灾后重建的丰硕成果和全县经济社会事业的蓬勃发展，展示了浴火重生的北川呈现出的新气象、新面貌，展示了各级政府对北川非物质文化遗产和羌族文化的积极抢救保护成果"②。在"5·12"地震后重建的北川羌族自治县乃至整个川西北羌区，羌年如此，春节以及其他节日亦然，其中既有官

---

① 李祥林：《大禹崇拜在川西北羌族地区》，韩国《中国地域文化研究》第九辑，祥明大学韩中文化信息研究所编辑出版，2010年8月。

② 《北川利用"非遗"资源迎接羌历新年》，http：//www.sccnt.gov.cn/snwhxw/201110/t20111031_8161.html。

方倡导也有民间意愿，既有学界所谓"传统的发明"也有基于"传统"
元素的当代建构。对此现象，眼下恐怕很难一锅端式地给予非此即彼的
判断。

图 17-6 2012 年春节北川县城掠影

上述现象，涉及"表演理论"（Performance Theory）的相关问题。
"表演"（performance）又译"展演"，指的是情境化交流实践，"它在相
关的语境（contexts）中发生，并传达着与该语境相关的意义"。年节以及
诸如此类事象，属于"文化表演"（cultural performances）范畴。"在人类
学的用语中，那些标定时间、限定范围、排定计划并且具有参与性的事
件，例如仪式、节日、奇观（spectacle）、戏剧和音乐会，经常被称作
'文化表演'，在这些事件中，一个社会的象征符号和价值观念被呈现和
展演给观众。"[①] 从时空讲，节日为族群文化展演和族群观念表达提供了
重要的信息传递平台；从内容讲，节日本身也是积淀族群意识、组成族群
生活而可被族群利用的社会性资源。围绕节日文化，为了强化族群认同，
为了扩大族群影响，如今羌地知识分子有种种呼吁和努力。如在关于把茂
县建成羌文化中心的建议中，有人主张"办好西羌祭祖会"，并说"羌寨

① ［美］理查德·鲍曼：《作为表演的口头艺术》，杨利慧、安德明译，广西师范大学出版
社 2008 年版，第 31 页。

山庄的《羌圣祠》已初具规模，每年 6 月 24 日蚕丛王生日、6 月 6 日大禹王生辰，作为统一的西羌祭祖日期"①。羌圣祠建在茂县某山庄内，供奉有以炎帝为首的多位被今天羌人奉为先圣的人物像。走访茂县可见，在地震后崛起在岷江西岸的中国羌城（其设计定位之一即是"羌民族朝拜圣地"），山坡上高高的祭坛便是自视为"天人后代"的尔玛人为祭祖所建。此外，从旅游人类学看，当代蓬勃发展的旅游业对于各地各民族传统文化的影响不可小视。统一年节以利于旅游，这种诉求甚至从羌区最基层发出，如理县通化乡大西山村民委员会 2004 年 5 月 9 日在《四川神禹之邦旅游圣地理县大西山开发旅游文化资源报告》中，就有"统一庆典祭祖祭山及羌年节"的大声呼吁，列出的项目有"十月初一羌年节""六月二十四日川主会（蚕丛王生辰日）""六月六日夏王生辰日""祭山会（还天愿，每年一祭，三年一大祭）"以及正月初八"白空老祖生辰日"等等。兴办会节，统一时间，变更场所，扩大规模，凡此种种从遗产挖掘和民俗应用中所体现出来的"民俗主义"（folklorism）式景观，皆是今天我们从族群需求、族群生活入手研究羌族年节文化所不可忽视的。

第三节　古老习俗及当代传衍

羌人有过"大年"和"小年"的习俗，但二者时间不同，根基有别，在尔玛人心目中亦有地位差异。"大年"指春节，是从汉族地区传来的；"小年"即羌年，是羌族传统的节庆。有论者称后者仅仅是"政府主导下对新文化的建构"，所言未免绝对了，因为川西北羌人以十月初一为过年不全是今天的打造，其中有着本民族习俗根基。"十月初一尔玛历，祭祀天神谢神恩"，此乃释比经《说节日》之言，这"尔玛历"，羌语之国际音标注为"əma lie"②。对于羌民，以十月初一为过年并非是 20 世纪 80 年代以来才有的事。明清典籍中，顾炎武《天下郡国利病书·四川备录下·蜀中边防记》载维州诸羌"岁时不用官历，知岁时者为端公"，推算岁时"大率以十月为一岁"；《古今图书集成·方舆汇编·职方典》引《威州志》记"羌番风俗"，是"以冬至日为元旦，宰猪会饮，如年酒例"。据此，羌地学者认为："可以肯定，在乾隆及明代之前，羌人是以农历冬

---

① 杨光成：《关于在茂县建立羌族文化中心的意见》，《西羌文化》2004 年第 1 期。

② 《羌族释比经典》，四川民族出版社 2008 年版，第 2224 页。

至之日，也就是羌历的十月初一作为一年之始的。"① 羌族口头遗产中，《木吉》(木姐珠) 作为重要的释比经文也讲返回人间生活后感谢天父天母的 "木姐珠、斗安珠祝福时，正是十月初一这一天；从此相沿成习俗，年年秋收后祭祖先"②。关于 "尔玛历"，有日本学者推测古羌历是类似于把一年分为寒、暑两季的冬至岁首历，也就是把冬至作为岁首 (元月一日)，而在以冬至为过年这点上，其跟彝历有相似处。至于十月初一过年从古羌历移植到农历，除了跟羌人接纳了来自汉地的后者有关③，我认为也跟羌人南迁后生产生活方式从牧猎转向农耕有关 (长诗《羌戈大战》后半部对此有描述)。再看近世走访羌族地区的民族志资料。1920 年，在岷江上游羌区传播福音的英国传教士陶然士在《羌族的历史、习俗和宗教》中写道："一年中有三个主要节日。一个节日是汉历十月的第一天，开始他们的新年……"④ 1944 年，冯汉骥在《说文月刊》上发表《禹生石纽辩》，也提及 "现在羌人每年旧历十月初一过年还愿" 及相关仪式⑤。同年，胡鉴民在《羌民的经济活动与型式》中言之更明："在民族学中，年节礼的意义本甚复杂，但就其大体观之，其支配因素不外命运亨蹇，人事休咎，年岁丰歉诸端，羌民的年节当然也不能例外。不过羌民的年节在夏历十月一日，正值秋收完成之际，故羌民的年节可以说同时也是一种秋收节，年节宴会亦谓之'收成酒'。"又云："理番三齐十八寨羌民，每逢十月一日过年那天，房顶上白石燃柏枝敬神，全家吃好的饮食，不出门。第二天亲族邻里互请酒，唱酒歌，诉苦。大意谓秋收完毕，农事已终，霜雪下降，寒苦日子来临，年轻男女要被迫离家，入蜀为佣，包打水井，流浪至翌年二月方得返回家。年老者留守家园，孤苦伶仃，不胜凄凉云云。"又云："三天年节一过，年轻人成群被迫离家，入蜀为佣。"⑥ 此处

---

① 耿少将：《羌族历法初探》，《阿坝师范专科学校学报》2010 年第 3 期。

② 罗世泽、时逢春搜集整理：《木姐珠与斗安珠》，四川民族出版社 1983 年版，第 75 页。

③ [日] 松冈正子：《羌历年和国民文化》，见周星主编《国家与民俗》，中国社会科学出版社 2011 年版。

④ [英] 陶然士：《羌族的历史、习俗和宗教——中国西部的土著居民》，陈斯惠译，见《陶然士作品选译》，吴达民、谌海霞整理，巴蜀书社 2016 年版，第 119 页。

⑤ 见李绍明《羌族历史问题》，阿坝州地方志编纂委员会编印，1998 年 8 月，第 102 页。

⑥ 《中国原始宗教资料丛编：纳西族卷·羌族卷·独龙族卷·傈僳族卷·怒族卷》，上海人民出版社 1993 年版，第 569 页。此外，清初顾炎武《天下郡国利病书·四川备录上·蜀中风俗记》记载："夷人冬则避寒入蜀，佣赁自食，夏则避暑反落，岁以为常……"(《天下郡国利病书》，黄珅等校点，上海古籍出版社 2012 年版，第 2197 页) 亦言及这方面情况。

记录的是茂县三龙羌寨的"每年",按照后语,既然"二月"也就是过了正月才返家,来自汉区的春节对于羌民来说显然就不那么要紧(这跟汉族民众正月初一前日必赶回家团圆形成鲜明对比)。绵竹与茂县等相邻(今属绵竹的清平乡,过去就归茂州管辖),清康熙年间任绵竹县令的陆箕永曾作《绵州竹枝词》十二首记录当地民情风俗,其中亦涉及此:"队队番夷作活来,连村绕舍总成堆。明年二月锦江口,负米呼猓打伴回。"自注:"威、茂蛮人至冬月负襁而至,为人作活。一交二月即买猪、米,结伴归去。彼处常寒,难禁内地之热也。"1983年11月,汶川龙溪释比余明海、朱顺才所唱经文中有《采花》,以问答形式逐月从正月唱到十月,首段为:"正月采什么花? 正月里来采割麻花!"丝毫未言及过年之事(此在汉区为春节之始);末段才说过年,曰:"十月初一是羌年,村村寨寨还大愿,村寨庙宇刷白泥,换上新装好过年!"① 这年节一过,山里农闲了,青壮年就会收拾行囊出远门,成群结队到都江堰以下坝子上寻找活路,或打水井砌堤坝,或背茶包和盐包,一直要到明年二月才返回。可见,这"换上新装好过年"的"小年"才更是羌民传统,而且由来久矣。

民俗是民众所创造、享用并传承的生活文化,民俗事象有相对的稳定性,其在流传过程中也会由于种种因素的影响而发生变化。羌族年节的当代亮相,在不否认其含有传统基因的同时,也不能不看到其躯体上发生的明显变化。如上所述,"瓦尔俄足"今天给人的感觉似为羌区全民性节日,媒体上有称之为"羌族妇女节"的,还有人主张以此节向联合国教

① 《羌族社会历史调查》,四川省社会科学院出版社1986年版,第174页。新中国成立后,特殊的政治环境使然,过尔玛年习俗一度中断,但其在尔玛人心中并未彻底抹去。证诸口碑,已故汶川龙溪释比余明海在羌区甚知名,他的儿子在回忆父亲故事时即讲述到:"改革开放后的那一年,他(指余明海——引注)就和朱金龙(时任副村长、村小组组长、民兵排长)说:'现在开放了,我们十月初一办不办?'朱金龙的父亲当时也还在,也是个释比,就说:'我们蛮子十月初一过年还是要继续的。'当时就我们几家,朱金龙、朱忠福、朱光亮、余世荣、我们、杨俊清爸爸、朱新典等,我们几家人带头过了十月初一羌历年。头一年过了后,百家夺、阿尔、立别也就开始做了。那会儿上头也没说啥。"(余世华口述、余正国记录,见《阿尔档案》,文物出版社2011年版,第220页)朱金龙乃余明海的女婿,其父亲朱顺才也是羌区知名释比,后者说的"我们蛮子十月初一过年还是要继续的"这句话有助于我们了解尔玛年的历史。同书朱金龙口述亦云:"'文化大革命'后,父亲和岳父在商量,以前羌历年的程序究竟是怎样的,他们年轻时寨子里每年都要来举办,办得很隆重,讲得津津有味,但是从1949年后,连续二十多年就没有搞过。1976年,我就给他们出主意,他们两个悄悄在mu'ra山上搞了一回。之后,我就说干脆公开过十月初一羌历年。1979年,在我的带动下,我们这里阿尔、巴夺、百家夺、立别四个小组都在搞,连续搞了几年。"(同前书,第230页)

图 17-7 巴夺寨的老祭台以及祭祀后留下的竹箭

科文组织申报人类口头和非物质文化遗产代表作。从地方志书记载看，《茂汶羌族自治县志》卷二十七"社会风土·风俗习惯·节日"作为正式词条收入的年节有祭山会、羌历年、春节、端午节等，只是在端午节条后附带提及瓦尔俄足。且看该书："端午节 农历五月初五，农户门前挂菖蒲、陈艾，到野外踩青'游百病'，包粽子，吃雄黄酒，熬菖蒲、陈艾水洗澡。"①继而，另起行写道："'五月初五'羌语称'瓦尔窝足'，又称'领歌节'，在曲谷河西诸寨，每年农历五月初三，各寨先派几名妇女到高山西湖寨的热和梁子塔前，敬祀女神'入米珠'，请示节日唱什么歌，即'领歌'。次日，凡本寨出生的妇女有的戴上金银耳环、绣花头巾，穿着金丝银线镶成花边的衣服和云云鞋；有的还穿上相传在明清时期制作的服饰刺绣珍品。节日开始，由老年妇女带头，挨家挨户跳古代歌舞祝贺，主人热情款待面蒸蒸、咂酒，吃羊肉、猪膘，逐户贺毕，妇女们带上咂酒、馍馍到场坝上继续歌舞，欢庆三天。此间，男人料理家务，妇女们尽情歌舞，男人们陪伴他们，谦恭和气，这个节日对妇女很优待。80 年代又被称为'羌族妇女节'。若当年寨里 15—30 岁的妇女死亡，全寨就不再举行活动。"②该地方志书将汉区传入的端午节正式收入而将羌族的瓦尔俄足仅仅作为其附录，主要原因大概是后者在羌区内部也属于局部性节

---

① 《茂汶羌族自治县志》，四川辞书出版社 1997 年版，第 677 页。

② 同上书，第 677—678 页。

日。不过，从当下实践看，将区域性节日提升为全民性节日，对内可以增强族群凝聚力，对外可以展示族群形象和扩大族群影响，其中也有着来自族群内部的某种并非无理的诉求。况且，如此举措在西南地区早有先例，譬如目前以"国际"冠名的凉山彝族火把节。今天，人们一说到火把节，就想到彝族，就想到凉山，就想到农历六月二十四。1971 年去世的民族学家马长寿，生前留下一部走访调查彝族社会生活的手稿，其经有关部门整理后出版，名为《凉山罗彝考察报告》。该书第十章有关于"火把节"的专述：先看举办时间，"火把节罗语为'都责'，一名'六月节'，以古时于六月中举行也。然今时凉山罗彝在阴历五月举行此节"。而且"火把节亦择日。择法与年节日同。一说，谓多在阴历五月十八日"。再看分布区域，"火把节之分布不甚普遍。在世哲区，仅越嶲河以西之罗彝行之。索砥区，则自昭觉以西，南至鱼水普葛以西会理一带，亦行之。换言之，即火把节祇行于凉山西部之安宁河流域，而以建昌为中心"①。以此历史记录与火把节现状对读，其中异同不言而喻，该节作为彝族标志性节日在当代语境下的文化建构亦昭昭然，但不管怎么说，承续传统文化基因和融入当代建构元素的凉山彝族火把节所产生的影响力，是有目共睹的。由此反观羌族的瓦尔俄足节，站在尊重当地人选择的立场，我想，学界对此不妨宽容理解。

羌族祭山会又称山王会、祭天会、塔子会。据介绍，今之祭山会上有妇女参加，可谓是传统的突破。因为，按照羌地老规矩，已婚妇女不允许参加祭山，如地方志书所述："祭山还愿（也称天愿）……妇女和外人不

---

① 马长寿：《凉山罗彝考察报告》，巴蜀书社 2006 年版，第 658 页。当今时代，在多民族中国，统一年节时间跟来自族群内部的呼声有关之例亦见于彝族年，如 2014 年 2 月在凉山州政协十一届三次全会上，由驻昭觉的 10 位州政协委员联名提出《用彝族十月太阳历统一彝族年时间》的提案。随后，7 月 17 日，来自北京和川、滇、黔、桂四省区的专家学者，昭觉县各乡村的德古、毕摩，社会各界知名人士，以及州、县相关部门领导约 300 人共聚研讨，形成《昭觉共识》，其二为"关于各地'彝历年'的时间制度安排，以十月太阳历为准据，恢复'布久'即'冬至'为岁首之日，节期三天保持不变"（《关于"用彝族十月太阳历统一彝族年时间"的昭觉共识》，http：//lsfy.ls666.com/html/news/20140731/285.html）。就彝族年现状看，凉山彝族地区一般是在"布久"时过，但由于地域性差异及种种缘故，有些高寒区如越西、昭觉、汉源等是在公历十月过，还有些地方如西昌、喜德、冕宁、会理、米易、盐边、盐源和云南宁蒗、永胜、华坪、永仁等则以腊月十六日为过年头一天（《彝族年》，http：//baike.baidu.com/link？url=App0GyUJAWaDuKk3kSi2q8mE0MF2zejSh8IkA97FtrYaDgRnVlEg_md_RvjqGWdcjxjwlDTql26vfjw1Y64paq）。这种统一年节时间的群体呼声，无疑跟对内强化本民族凝聚力和对外扩大本民族影响力的现实诉求有关。

图 17-8　布拖县是有名的火把节之乡，
这是在凉山州府西昌举办的彝族国际火把节场景

能参加，如轻易闯入，要受一定的惩罚"；在桃坪，八月十四山王会，"凡妇女和招赘不满三年的'外来人'不许参加"①。民国时期，进入羌区的国外学者、传教士笔下即写道："神林举行祭祀的头三天，附近的主要道路不能让陌生人去；女人不参加在房顶、神林中的祭祀典礼，必须躲得远远的"；"神林中的献祭仪式只允许男子参加，女子不得参与"②。新中国成立后，《羌族社会历史调查》亦明确记载："祭山是羌民的大典，妇女不能参加。"③ 总之，祭祀场所是让女性避开的④。随着时代发展，羌民祭山活动中出现了新景观。今有介绍文字云：各村寨举行祭山会的日期不一，有的在农历正月或二月，有的在四月或五月，有的在八月或十月，有的有释比的由释比掌祭，无释比的由德高望重的老人主持，这是"全寨成年男

　　①《理县志》，四川民族出版社 1997 年版，第 764—765 页。

　　② 李绍明、周蜀蓉选编：《葛维汉民族学考古学论著》，巴蜀书社 2004 年版，第 44 页；《陶然士作品选译》，吴达民、谌海霞整理，巴蜀书社 2016 年版，第 223 页。

　　③《羌族社会历史调查》，四川省社科院出版社 1986 年版，第 109 页。

　　④ 女性被排斥在祭祀场外的原因也许多种多样，但父系社会权力话语往往不可忽视，正如武雅士在研究三峡镇民间信仰时指出："……女儿被排斥在父家祭坛之外，这并不是因为女儿是年轻的女性，她们被排除是因为她们在世系中没有位置，从而是局外人。"（［美］武雅士《中国社会中的宗教与仪式》，彭泽安、邵铁峰译，江苏人民出版社 2014 年版，第 157 页）

子（近代已有未婚女子或年轻媳妇）参加的盛大集体祭庆活动"①。括号中的说明不无缘故，饶有意味。一般说来，祭山会作为寨子的集体性活动，既有祭祀神灵仪式，又有群体娱乐场面，妇女们出现在后者中并不奇怪。2009 年 8 月 9 日，农历六月十九，茂县松坪沟岩窝寨举办了祭山会（又叫转山会、坐山会）。此乃"5·12"地震后当地首次祭山，在乡政府支持下由民众自筹资金举办，具体操办方是松坪沟乡羌族原生态文化保护协会，也就是民间组织。下午两点，祭山会开始，首先是迎宾。鞭炮声中，六七个身着羌装的男子排队敲锣打鼓，还有打扮漂亮的妇女手拿酒壶、酒杯、羌红，夹道欢迎宾客（贵宾、记者等）。继而，有若干男女从祭塔旁走出演唱羌歌。歌毕，开始祭祀天神和山神。待释比唱经、跳羊皮鼓及宰牛祭神等仪式结束后，又见十来个男子右手举刀跳起了铠甲舞，妇女们亦出场唱歌并向男人敬酒，慰劳打仗杀敌归来的后者。接下来，有妇女们展示美丽的羌绣，表演传统的纺编技艺，用羌语和汉语分别演唱欢迎客人的歌曲。2013 年 3 月 13 日，"二月二，龙抬头"的日子，我在理县蒲溪沟顶端休溪羌寨祭祀山神、天神祈求风调雨顺、五谷丰登而冠以"古羌"名为"夬儒"（羌语，指祭山会、祭祀神灵的日子）的节庆活动上看见，不但有身着节日盛装的妇女们载歌载舞，而且在释比戏演出后举行民间体育竞赛，男女两方各自组队拔河，欢声笑语中，女队将男队拉得人仰马翻……在"妇女解放"观念高扬的今天，在"女性能顶半边天"口号高呼的时代，若是再视女性为低贱或不洁而对其加以种种禁令，肯定是行不通的。况且，祭山会、羌历年等皆是今天当地人展示本民族文化的大好时机，出自妇女之手的羌绣、编织等在其看来也理应亮相在场面上。当然，祭神仪式在川西北羌族地区，通常还是由释比主持和男子参加。不过，有女子参加的上述情况若是属实，那么，传统的突破也不是空穴来风，其中有时代发展的缘由。受时代社会影响，西南民族地区礼俗变迁中的性别主体调整，此非孤立的案例（尽管各有具体的缘由），有学者在谈及去黔东南千户苗寨考察经历时写道："我在村里看到，千户大寨里的适

---

　　① 曹承勋、陈建明：《羌族祭山会》，载何江林主编《留住我们的记忆——理县藏羌民族民间文化集》，中共理县县委、理县人民政府编印，2011 年 1 月。顺便说说，由于地域及气候差异，秋收还愿时间在羌族不同地区尤其是南与北、山地与河坝之间的确有出入，并不统一。2016 年 8 月在汶川绵虒羌锋村，80 多岁老释比王治升就告诉我，他们寨子每年秋收还愿（也就是如今统一在十月初一的羌年）是在农历八月初一，至于十月初一则是牛王会。当然，有些地方的秋收还愿与祭祀牛王菩萨的日子一致。

龄男青年，大多数（约有70%—80%）出外打工了，留守在寨子里的主要是妇女、老人、儿童。……过去，'礼俗'主要是靠男家、夫家及其当家人传承下来的，现在不同了，则主要靠妇女来传承了，现在妇女所执行和传承的礼俗，主要是夫家家族的礼俗。过去男家的一些仪式是不许女子参加的，现在变了，因为妇女成了夫家传家和传礼的主体，所以妇女也不能不参与夫家礼俗的执行与传承了。礼俗和风俗，以至民间文学的这些变化，是社会结构巨变引起的，是谁也无法阻挡得了的。"① 诸如此类现象，值得研究。

图17-9　夬儒节上拔河的羌族妇女（理县蒲溪，2013年）

把年节从"后台"的族群生活中抽取出来变成"前台"的旅游展演的符号，这并非偶然。民俗学的表演理论提醒我们，"没有一个表演能够被原封不动地加以重复——表演总是呈现出新生性的维度"，它总是"在既成性与新生性之间、传统与创造性之间的动态互动过程"中②。如今羌年、瓦尔俄足等也经历着从日常生活传统向旅游表演景观延伸的衍变，一方面与昔日传统拉开距离而被"去语境化"（decontextualisation），一方面又跟当代诉求联系起来而被"再语境化"（recontextualisation）。当代旅游和商业运作的介入，使得原本只是在特定时空（也就是宗教人类学讲的"神圣时间"和"神圣空间"）举行的特定仪式，演变成了不再仅仅具有"特定"的性质，而是可以随时随地向游客展示的表演行为。这种已经或

①　刘锡诚：《民间文学调查的理念和方法》，载王文章主编《非物质文化遗产保护与田野工作方法》，文化艺术出版社2008年版，第4—5页。
②　[美]理查德·鲍曼：《作为表演的口头艺术》，杨利慧、安德明译，广西师范大学出版社2008年版，第77—78、79页。

正在发生的变化，值得我们深思。位于岷江西岸的坪头村，是"5·12"地震后羌区推出的灾后重建样板之一，也是当地重点打造的旅游村寨之一。2012年，我走访该村，在村民戏称"鬼林林"的傩文化广场（这里悬挂了很多傩面具）的白石祭塔旁同应聘来此的杨姓释比交谈，有如下一段记录："李：我想问一下，请你们到这儿来，平时你们有些啥子事？／杨：当官的来了，贵客来了，就是铧头烧起，白石头烧起。／李：白石烧起。／杨：要跳，要唱。／李：哦，那平时呢？除了有当官的来。／杨：平时，平时那个就是，他要表演，他们自己要说，哦，自己说了，我们就弄。"①他还告诉我，前不久省电视台来录像，他忙不过来，特意从老家叫来得意的徒弟，"在这儿表演了七天释比"（接着又纠正说是九天）。贵客来了，电视台来了，当官的来了，还有身为普通游客的"他"或"他们"来了，只要对方有需求，释比就要为之表演"铧头烧起，白石头烧起"之类"释比特技"，还要唱经、跳羊皮鼓（这是聘请他们来此的主要"工作"，他们每月领取着在当地来说不算低的固定工资）。此情此景下，原本属于当地人自己生活并且不存在赚钱因素的仪式行为，如今不再有了纯然的自主性质，成为顺应外来者需要并向其展示的文化表演，而且随着旅游产业开发成为可以带来经济收入的商业化项目。从"自在"到"非自在"，从"为己"到"为他"，无论你是否承认，步入当今时代的民俗事象已经或正在发生变迁。对此，我们不必讳言，也需要保持警觉，但不必居高临下地一味苛求责备，而应从贴近当地人的角度去分析之研究之，从而给出多少能对当地生活、当地社会有参考价值的意见。再举个例子，2002年9月我们去岷江上游走访民族民间文化时，有以《藏韵·羌风·阿坝情》为名的歌舞晚会在首届国际熊猫节和建州50周年庆典的开幕式上推出。这台融合藏、羌等诸多特色文化元素的庆典晚会，在官方主导和地方协力下举办，以"政治热点、文化看点和商业卖点结合"为运作理念，"从政治上看，《藏韵·羌风·阿坝情》紧扣神奇阿坝各民族心心相连、携手共建全国藏区第一州和大九寨国际旅游区的主题，表现出强烈的政治责任感，因而得到了政府及各界人士的充分肯定；从文化上看，《藏

---

① 访谈时间：2012年4月30日下午。访谈地点：茂县凤仪镇坪头村。访谈对象：杨芝德，64岁，家传释比，茂县永和乡纳普村人，眼下受聘于坪头村。访谈记录：李祥林。这次有关释比文化的整个访谈记录，请参阅李祥林《城镇村寨和民俗文化——羌文化走访笔记》，巴蜀书社2014年版，第132—141页。

韵·羌风·阿坝情》是一台具有较高艺术成就、可长期保留的藏羌民族艺术精品；从商业上看，《藏韵·羌风·阿坝情》充分利用优势互补理念和运用市场手段，使参与运作的相关机构和个人都获得了可观的经济效益"①。借助节会展演平台，政治、文化、商业皆得现身说法，诸如此类需要从多角度进行研究。

图 17-10　非遗节上"瓦尔俄足"展演队伍（成都，2009 年）

节事活动，有承续传统而来的，有纯然当代打造的。着眼前者，羌族年节的当代变化至少体现在四方面：要么是场域转换，从村寨生活走向艺术舞台；要么是重心改变，从看重祭祀走向看重歌舞；要么是价值移位，从民间习俗走向商业运作；要么是传统突破，从原有规则走向新生事象。导致这些变化的原因甚多，其中的情况也很复杂，需要我们冷静对待和客观分析。囿于篇幅，这里不再细说。总之，"丰富多彩的节日文化，不仅记载着我们祖先对自然运动规律的认识与把握，也显示了各个不同历史阶段的社会、经济、科技发展的水平"②。年节文化是民族文化的重要组成部分，其投寄着族群情感，表达着族群愿望，承载着族群心理，体现着族群意志，在社会生活中发挥着多种功用。如何恪守传统，如何顺应时代，这些对于今天的尔玛人来说都是活生生的实践问题。岁月如水流逝，年节

---

① 杨文健、巴桑、庄春辉：《〈藏韵·羌风·阿坝情〉的风格与结构》，《西羌文化》2004年第 1 期。

② 钟敬文主编：《民俗学概论》，上海文艺出版社 1998 年版，第 131 页。

周而复始，历史铭记着过去、连接着现实也昭示着未来。在羌族年节文化的变与不变之间，我们看到了旧的集体记忆在复活而新的集体记忆在建构，旧的心理诉求被顾及而新的心理诉求在产生，凡此种种，前景怎样，结果如何，目前即下断语为时尚早，有待岁月和实践来检验。

不可忽视的 "小传统"

——从灾后羌民迁居问题说开去

今天是 2009 年 5 月 12 日，也就是汶川大地震周年祭的日子。点击 "中国羌族文化信息网"（http://www.qiangzu.com/），读到两篇有关地震后羌民迁居的文章，一篇是 5 月 9 日贴上去的《挥别故土奔向新生活 681 名汶川受灾群众迁往邛崃》，一篇是 5 月 11 日贴上去的《为留住传统 次生灾害严重的震区羌寨放弃整体移民》。前者转自 "人民网"，是该网记者撰写的新闻报道；后者转自 "羌戎博客圈"，作者署名 "子夜的昙"，其博客上自称是自由职业者。

前一篇文章报道，2009 年 5 月 9 日早上 7 点，在热烈的鞭炮声中，在恋恋不舍的告别声中，带着对未来的期盼和憧憬，681 名汶川县龙溪乡羌族受灾群众从海拔 2800 多米的原居住地下来，在省武警总队支援的 81 辆军车护送下前往成都所辖的邛崃。"据了解，此次搬迁的受灾群众都是居住在地震灾害次生带上，他们原有的家园不但在 5·12 汶川地震中被毁坏殆尽，现在还不时受到泥石流、山体滑坡等地震次生灾害的侵害，而迁入邛崃后，迎接他们的将是永久性居所和全新的生活。" 在记者视角的报道中，这些羌族民众之所以永久性迁居，主要是为了避开龙门山地震活跃地段，寻求一个安全的生存环境。从 "数十名羌族村民围着一处篝火，闲散地聊着天，交流着各自对故土的依恋和对新生活的向往" 来看，也透露出迁居羌民那种故土难离的依依不舍情怀……当然，搬迁者有搬迁的理由，但在灾后羌人中，也有不愿搬迁者，如后一篇文章写的理县薛城镇南沟村。

距离汶川 30 余公里的南沟村，有人口 220 余人，属于 5·12 地震重灾区。村子位于海拔 2000 多米的高山上，不通公路，从薛城镇上山得步行 3 小时，下山一个半小时。地震时村里多数人家房屋被毁，迄今仍有许多灾民住在自己搭建的过渡棚屋内。不仅如此，该村所在平时也是地质灾害严重区域，常有泥石流等，由于退耕还林，土地很少，只有极少部分土地种土豆以供食用，经济收入来源靠种核桃和花椒，若是收成好，年均收入 800 元左右。有鉴于此，为了彻底解决南沟村的困难，政府准备将寨子整体移民至大邑县某山区。然而，事情并不如政策制订方设想的那么简单，村民们经过认真权衡之后，放弃了整体移民，其理由有三。"第一，大家现在居住的寨子，是祖先选择的，如果离开这个寨子，他们担心将无法得到祖先的庇护。第二，如果搬去汉区，保存完好的传统文化必将丢掉，这是大家都不愿意看到的。第三，南沟村属于高原，他们习惯了高原的气候，而大邑虽然是大山，但却阴冷潮湿，大部分人在短时间内很难适应。故土难离，全村人选择了大山上的坚守。"三条理由，有的涉及生存环境，有的体现文化自觉，有的植根民间信仰。文章是从呼吁保护羌族传统角度撰写的，希望政府尊重南沟村保存较好的"在地性"文化，不要以一走了之的移民方式简单地处理之。而从羌民自动放弃移民的理由来看，有别于前一报道的是，更多属于"俗"的物质层面的生活环境问题被搁在了第三位，置于首位予以突出强调的是涉及"圣"的精神层面的民间信仰，也就是担心因离开祖地而从此"无法得到祖先的庇护"。于是，我们看到，政府方动机良好的迁居规划与羌民们执意要守住故土的传统意识出现了不一致，"大传统"和"小传统"在此发生了错位。

作为文化人类学术语，"大传统"（great tradition）和"小传统"（little tradition）来自美国学者罗伯特·雷德菲尔德（Robert Redfield）。这位芝加哥大学人类学教授在对墨西哥乡村地区进行研究时，开创性地运用了"大传统"和"小传统"的二元分析框架，并于 1956 年出版的《乡民社会与文化》中正式提出这对概念。在其看来，较复杂文明中存在着"大""小"两个层次的文化传统。"所谓'大传统'，是指'一个文明中，那些内省的少数人的传统，即指以都市为中心、以绅士阶层和政府为发明者和支撑力量的文化；所谓'小传统'，则是指'那些非内省的多数人的传统'，即指的是乡民社会中一般的民众尤其是农民的文化。"① 借用

---

① 孙秋云主编：《文化人类学教程》，民族出版社 2004 年版，第 19 页。

美籍华裔学者余英时的话来说，"大传统或精英文化是属于上层知识阶级的，而小传统或通俗文化是没有受过正式教育的一般人民"①。一般说来，"大传统"来自上层、主流、官方、精英，占据主导地位，其存在和传播主要依靠文字书写、学校教育等；"小传统"代表下层、民众，是非主流的亚文化，主要通过口传的生活实践传衍。

前述事例中，若说政府方面制订的迁居计划可划归"大传统"，那么，羌民固守祖地放弃迁居的理由则属于"小传统"。中国是多民族国家，在四川地区，深入羌、彝、藏乃至汉族等民间生活进行走访调查，你时不时会遇见"大传统"和"小传统"之间分分合合的错综复杂关系。今年4月中旬，笔者曾赴乐山市所辖的峨边、金口河等地考察，对彝族文化多有接触。大渡河又称峨水，峨边彝族自治县位于大渡河南岸，西与凉山彝族自治州的美姑、甘洛接壤。类似羌人聚居的岷江上游地区，这里也是高山峡谷。4月15日早晨8点多钟，在峨边县金岩乡温泉村一户人家门前，我指着门枋上悬挂的系着红布的羊角、扎成束状的植物枝叶及竹签等（村里彝族人家门上大多有此类物，有的还有鸡毛、竹筛，繁简不一，显然不是随意放置的，也不仅仅图的是装饰美观）询问其用处时，与我交谈的几位彝胞中，一身着汉装并操着不算太流利汉语的中年汉子答道："请人做了迷信，保佑这家人好。"当再问及村口路旁那些成束状绑在树上的草人、木签、羊角、符版（有的也系着红线）时，回答仍是："有人生病了，请人来家里做迷信，把鬼赶出去，保佑这家人好。"我相信他的话，因为树上的捆绑物上还粘有鸡毛，写有字符的木板上有血污痕迹，显然这是杀鸡血祭的遗留物。这位汉子答话时神情坦然，但用语让人不能不琢磨。

金岩乡位于峨边西南部，距离县城41公里，峨（边）美（姑）公路过境，面积75平方公里，人口0.5万，辖俄罗、瓦拖、共和、团结、温泉等9个村。温泉村在峨美公路侧，通往美姑要经过此。美姑乃彝族毕摩文化的中心，"据1996年统计，全县彝族宗教职业者毕摩（仅限男性担任）6850人，占全县总人口的4%，占全县男性总人口的8%，仪式活动频繁多样，有各种大大小小的宗教仪式200余种，宗教仪式经书115千

---

① 余英时：《士与中国文化》，上海人民出版社1987年版，第129页。

卷"①。跟羌族释比有类似之处，毕摩是以念诵经文的形式调解人与神鬼、人与祖先关系的宗教职业者，其在彝民社会中占有非凡位置并享有颇高威望。温泉村人家门户上悬挂的，是请毕摩做了法术后留下的具有祈吉驱邪功能的"神圣之物"。这些"神圣之物"在村落中普遍存在，表明民间宗教信仰作为"小传统"在彝民生活中至今占有重要地位。尽管多年来在"大传统"破除迷信的主流舆论下，此类事物被贴上了"迷信"标签（尤其是当地人在面对我这样的外来者讲话时，他们甚至不提"毕摩"而代之以"人"的泛称），但当地百姓依然不怀疑这"迷信"是能"保佑"他们的。于是，在村子里，人们一方面实践着他们祖祖辈辈深信不疑的"保佑这家人好"的民间仪式，一方面又使用着从主流话语学舌的"迷信"二字称呼并谈论这仪式。"做迷信"与"保佑好"，来自"大传统"的话语和基于"小传统"的实践，在言语表述上就这样意味怪怪地糅合在一起，看似矛盾却表达坦然地出自彝族汉子之口，从中你不难感觉到民间信仰作为"小传统"的作用力。

　　"大""小"传统在社会文化结构中的关系值得认真研究。从地位看，"大传统"属于占据主流地位的官方话语、精英话语，"小传统"属于处在非主流地位的大众话语、民间话语；从作用看，"大传统"引导着现实文化的方向，"小传统"提供着社会文化的基础。如果我们仅仅注意到一方而忽视了另一方，就难以把握社会文化的整体和实质。尽管从福柯讲的"话语权势"（the power of discourse）角度看，"大传统"居于强势地位，是强势话语的制订者、发布者；"小传统"处在弱势地位，是强势话语的聆听者、接受者，但这并不意味着后者除了被动地、无条件地服从前者便再无其他。因为，"小传统"虽"小"却分布面最广，其毕竟是社会文化的基础，它盘根错节在民众世世代代的生活实践中，既有顽强的纵向传承又有广大的空间播布，它不会因"大传统"话语的强势灌输，如你所愿的在三五天乃至三五年就消失得无影无踪。在中国，新的社会制度建立已有半个多世纪，在执政者"无神论"理念的引导下，"破除迷信"的官方宣传作为"大传统"话语盛行至今，诸如此类尽管在上述族群中也多多少少烙下了印痕（尤其是对接受了新社会教育的后辈来说），使他们从概

---

① 巴莫阿依：《中国凉山彝族社会中的毕摩》，《西昌师范高等专科学校学报》2000 年第2 期。

念上得知此乃"迷信"，可是，顽强的"小传统"仍使他们对做了这"迷信"能"保佑"家人平安深信不疑。也就是说，日常生活中真正支配着他们行为的还是"小传统"。

类似情况在汉族地区也不难见到，如国家提倡火葬已半个多世纪，从政策制定、设施修建到宣传教育不可谓不尽力，可是在广大农村，土葬依然盛行（2008 年我家请过一位来自四川仁寿乡下的保姆，20 世纪 50 年代中期出生的，念过小学，她曾不无自豪地对我们谈起儿子花钱给活着的他们夫妻俩已修起了"山"也就是墓；次年 3 月，一位在我家短期做工的保姆，来自成都附近新津农村，年龄和前者差不多，但上过初中，比前者见识广，她对火葬亦持不接受态度），这当中有值得深入研究的民间信仰因素和民间心理问题，恐怕不能简单地以"愚昧"二字定论之。诚然，如今在中国的官方宣传和社会舆论引导下，"迷信"在人们的头脑中往往跟"封建"相连，是一个贬义明显的词语。这种观念的影响是广泛的，如新中国成立后的很长时期，羌民社会中的释比文化就被等同于有害无益的迷信活动，"对'释比'的法事活动与唱经内容方面，也不加任何区别，统统视为封建迷信"①。由此而来的负面影响，即使是在今天的羌族地区仍未彻底消除。其实，平心而论，"从学术研究的角度来看的话，迷信首先应该是一个中性词。有些迷信行为和思想对社会具有极大的破坏性，但有一些迷信却在人类的心理和社会组织等方面起着积极的作用"②。既然如此，对所谓"迷信"以及诸如此类仪式活动不加分辨地贴上"封建"标签加以拒斥，甚至一棍子打死，无条件扫地出门，对其中隐藏的相当微妙的民间心理问题不予理睬或视而不见，这行为就未免太简单化乃至粗暴化了。

诚然，"破除迷信"宣传在官方已推行多年，可是，其在本土乡民社会中究竟实效如何，这当中有诸多问题恐怕还值得我们深思。就政府和个人而言，"大传统"更多涉及国家政府的方针政策，"小传统"更多涉及民间知识和大众文化。在我看来，对于政策制定和发布者来说，很多时候恐怕不能不注意的问题是，首先至少应该对作为民间文化的"小传统"持有起码的尊重态度，倾听其声音，留心其习俗。比如，前述灾后羌民安置，政府方主要是从世俗物质生活层面来考虑的，对于属于村民神圣精神

---

① 王科贤：《浅谈羌族释比文化的特色》，《西羌文化》2005 年第 1 期。
② 王娟：《民俗学概论》，北京大学出版社 2002 年版，第 157 页。

文化层面的信仰心理等显然有所忽视，至少是关注不够。如果政府方一开始在安置南沟村民众时，就对他们的物质需求和精神需求有充分尊重和通盘考虑，想必不至于发生一方努力要给予、一方执意要放弃的尴尬了，也不会出现"大传统"政策和"小传统"信仰的错位了。总而言之，研究当今中国社会问题，要使来自"大传统"的方针政策真正得到合理制订和有效实施，不可不深入底层、实事求是地读懂植根民间的"小传统"文化的内核。在整体社会文化结构中，既然"大传统"和"小传统"并存共在，既然"大传统"文化归根结底要建立在"小传统"文化基础之上，那么，从前者居高临下的宝座上走下来，多多关注后者，多多研究后者，尊重后者的需求，重视后者的作用，也就理所当然。

2009 年 5 月 12 日于锦城淡然居

（《民间文化论坛》2009 年第 3 期）

村寨仪式中身体展演的神圣艺术

——岷江上游黑水地区铠甲舞之人类学考察

在多民族中国，从民俗艺术角度研究本土民间演艺，尤其不可忽视少数民族艺术。在中国西部青藏高原东南缘横断山脉中段北端，黑水河作为岷江支流位于从茂县到松潘之间的岷江西岸，黑水流域也是藏、羌文化交融的重要地区，这里的民族民间文化及艺术有着十分诱人的魅力。黑水县今属阿坝藏族羌族自治州所辖，位于州西北部，平均海拔 3500 多米，境内群山起伏，坡陡谷深，地形复杂。2008 年"5·12"大地震期间，黑水跟邻近的松潘、茂县、理县、汶川等皆是受灾严重的县份。在山高谷深的岷江上游，诞生在黑水民间土壤中的融合着藏羌文化元素的铠甲舞（又叫"跳铠甲"，当地话亦称为"卡斯达温"），展现为歌舞艺术，融汇了宗教情感，体现于仪式行为。2005 年 8 月，顶着炎炎夏日，沿着滔滔岷江上溯，我们曾来到大山深处的黑水县，分别前往黑水河两岸的扎窝乡西里村、红岩乡俄恩村和维古乡维古村，观看了当地老百姓跳铠甲舞，那场面至今烙印在我的脑海中。来自不同村寨的铠甲舞，或以狩猎为主，或以征战为主，或以祭祀为主，彼此在具体内容上不尽相同，但是，三者都表现出跟民间宗教信仰的密切瓜葛，并由此在人神交融的非凡境界中呈现出神秘又别致的意蕴。下面，以我当年的田野考察为主，谈谈黑水地区铠甲舞这民族村寨仪式中的神圣艺术。

一

"一切舞蹈原来都是宗教的"①，这是格罗塞引述该尔兰德语。尽管人

---

① ［德］格罗塞：《艺术的起源》，蔡慕晖译，商务印书馆 1984 年第 2 版，第 169 页。

类艺术史不尽如此，但从艺术人类学研究那些古朴原始的舞蹈，我们确实又不能不关注那凝结其中又跟当地人生活息息相关的民间宗教信仰因素。如今已被列入首批国家级非物质文化遗产名录的"卡斯达温"（铠甲舞），屡屡出现在非遗节、旅游节等各种展演场合，受到观众、游客的青睐。田野调查表明，在黑水地区民族村寨中，铠甲舞既是一种载歌载舞的民间艺术，更是一种祈福求吉的仪式活动，是满足着当地民众精神需求的仪式艺术，跟当地民俗生活有密切关联。每年的转山会，是当地民间传统的祭山活动，一般为三天或七天，在此期间每天人们都要跳铠甲舞。此外，藏历十二月八至十六日的"戒觉节"，相传是清代嘉绒藏区梭磨女土司斯米·日古玛倡导的祭祖感恩节，其活动中也有跳铠甲舞。"卡斯达温"是四川阿坝黑水地区方言的汉语记音，"卡斯达"指"铠甲"，而"温"是"穿"的意思，因舞者身穿牛皮铠甲载歌载舞，汉语又称为"跳铠甲""铠甲舞"。这种歌舞的仪式化，从俄恩村目睹的舞者在经堂穿上铠甲的庄严典礼中，从维古村得知的丧葬仪程中与喇嘛念经紧密相随的跳铠甲活动中，我们不难感受。由于这种仪式性，种种有关民间信仰的因素伴随着铠甲舞的整个过程，渗透在其躯体之中。

　　扎窝乡的铠甲舞，以朱坝村最有名。"朱坝"在当地人读音为"珠瓦"，意指"住在高山上的勇猛的人"，海拔约3000米。由于种种原因，我们此行在扎窝乡见到的跳铠甲，是有关部门将山上朱坝村居民请到山脚下西里村来跳的。地点虽有变动，但举行跳铠甲活动的程式依然。西里村位于黑水县城西41公里处，而朱坝村在山上，距离西里村有14公里。此地铠甲舞以表现狩猎生活为主，更见原始、古朴，其活动程序由《出行》《煨桑》《围猎》《转山》《欢庆》五部分组成：出行前，女人们手捧美酒唱着歌为男人们送行，希望他们平安归来；接下来，男人们在玛尼堆前点燃松柏枝，十分虔诚地举行当地人俗称"熏（四川话读音 qiu）烟烟"的煨桑仪式，祈祷神灵保佑；祭祀完毕，男人们手持刀枪高声吼唱，跳起表现围猎场面的雄壮舞蹈，这气势据当地老艺人讲，连山林中的老虎听了也会被吓呆；狩猎归来的途中，男人们举行转山仪式，以示对神的感谢；最后，见到满载而归的勇士们，女人们跳起了欢乐的锅庄。我们看到，在跳铠甲舞的过程中，有一项仪式引人注意，这就是舞者大把大把地向天空中抛撒"龙达"，以祈神敬神。这"龙达"，乃一张张方形纸片，有红、黄、蓝等多种颜色，上面印有神马、宝物等图案，据县文化局杨局长讲是表达吉祥的三宝和经文。在这群山环抱的舞场上，望着玛尼堆前白色的煨桑烟雾升向天空，当五颜六色的"龙达"纷纷扬扬地朝人们头上飘下时，一种宗教性的神圣情感会在你心底油然而生。

"维古"在当地方言中意为"丫口上鸟飞不过的围墙之地"，海拔1900多米，地处交通要道的河谷半山地带，是茂县通往黑水必经之地。该地民众跳的铠甲舞，根据施用场景分为二：一种属于庆典性跳铠甲舞，是在重要庆典、祭祀时举行；一种属于丧事性跳铠甲舞，是村寨中有威望者去世时举行。庆典铠甲舞的情节内容有六段，形式为不穿铠甲歌舞。首段是《敬神》，诵词大意为："相信神会让我们天下太平，香火长盛，风调雨顺，五谷丰登。"第二段是《求神》，诵词大意为："愿神护佑我们世间无妖魔鬼怪，人畜兴旺，众生皆大欢喜。"第三段是《从神》，诵词大意为："一切听从神的旨意，愿生灵、人类平安吉祥，扎西得勒。"第四段是《告别》，诵词大意为："我们就要远征，请神保佑在战场上英勇杀敌的健儿们胜利归来。"第五段是《欢聚》，诵词大意为："天好地好，我们从战场胜利归来，畅饮庆功酒，高唱庆功歌，欢跳庆功舞。"末段是《迎宾》，诵词大意为："欢迎远方的客人同我们一道喝上一杯庆功酒，让我们欢聚一堂，唱起动人的歌，跳起欢乐的舞，让友谊长存。"这次在维古村的晒场上，我们观看了庆典铠甲舞表演。而据村寨民众告知，丧事铠甲舞的内容有十二段，跳者要身穿铠甲。按照当地习俗，村寨中若有战死的英雄或有威望的老人去世，火化那天，男人们身穿铠甲，围绕火化场地转圈跳铠甲舞。这次黑水之行，我们所目睹的三个村寨的铠甲舞，俄恩村（村名在当地话中指"能团聚人善战之地"，海拔2900多米）的主要展示征战内容，包括《出征》《征战》《欢庆》三段。男儿们身穿铠甲，挥舞刀枪，列队行进，吼喊厮杀，气势雄壮。开场"征战"部分，要由寨中德高望重的老人开坛祝词，女人们手捧美酒为出征者送行，场面神圣庄重。

从煨桑到转塔，从祈神到谢神，从开坛到祝酒，整个铠甲舞进程都被有条不紊地整合在浓厚的村寨仪式氛围中，无论男女老少，参与者与其说是在唱歌跳舞求娱乐，勿宁说是在举行庄严、神圣的宗教性仪典，表达着他们内心中神圣的祈愿。从宗教人类学角度看，这载歌载舞的仪式活动，植根他们从古到今的信仰，关系他们身体力行的生活；这载歌载舞的仪式活动，把他们从"世俗时空"中的常人，转变成了"神圣时空"中的舞者。这种从世俗到神圣的角色转换，发生在跳铠甲舞活动中每个参与者身上，尤其是在领舞的男性老人身上得到突出体现，你看他手执法器，身着铠甲，一丝不苟、神情肃穆地率领勇士们唱着舞着。此时此刻，他那庄重的神情，他那威严的身姿，使人不禁想起古老的三星堆文化遗址中那个在胸前平举双手、握着神器、主持仪典、沟通神人世界的青铜大巫师立像。在朱坝村民众跳铠甲过程中，自始至终，这位领舞的老人都让所有人注目，让人油然而生敬意。他手中的法器为黑色角形，上面有诸多环状凸起的节，长度有半米多，当地人读音中称为"瑟新"，领舞者告诉我们说是独角兽的角，此兽乃是传说中的神兽。值得注意的是，这位庄重的领舞者不论是在跳舞的时候，还是休息间歇同我们交谈时，他始终都将右手中的法器（神兽的角）在额前平行举着。笔者询问他何以如此，他说这法器只能水平执着，若竖立，向上是对天不敬，朝下是对地不敬。此物传子，不过，若是儿子不会跳铠甲，亦可借给其他领舞人。当然，村寨中只有歌唱得好、舞跳得好的人，才有资格做领舞者……他的娓娓讲述，更加深了我们对作为村寨仪式的跳铠甲舞的神秘之感。

　　文化人类学提醒我们，铠甲舞之于黑水人不是单纯的歌舞，除了它的艺术学意义外，其作为仪式行为的多样化社会功能不容忽视。有论者将这些功能归纳为三。首先，是村寨之间的结盟，"在历史上，村寨之间因草地、宗教等问题而经常发生冲突与战争，村寨之间为了安全和力量的壮大，时常会有两个或数个村寨之间在某一时刻为某一目的结为同盟"，此时此刻，跳铠甲舞是不可缺少的；其次，每当战争爆发，铠甲舞多用于为战士出征壮行，既鼓舞士气为战斗做好准备，又渲染了同根同族的族群情感，即所谓"通过礼拜仪式和奉行神圣的权利，宗教把整个社会结合在一起"；而且，通过出征舞蹈，"宗教为人们提供了支持和安慰，即能帮助人类克服对未知事物的恐惧和对未来的焦虑"；第三，跳铠甲在平时也被用来祭祀神灵以及作为备战的操练，每当祭神驱鬼的时候，也是铠甲舞作为祭祀舞蹈在村寨中扮演重要角色的时刻，此时"铠甲舞是将宗教以一种泛文化的表现形式出现，它有效地融入社区的日常生活，并在其中扮演重要角色，这在乡村的社区生活中是有着积极意义的。据记载，'身穿铠甲的武士，手持刀枪、弓箭，把用糌粑面作成的各种鬼魔形象鸣枪击毙后埋入地洞，盖上厚土和石磨压紧，示意叫其永世不得翻身作孽'。在这里，可清晰感到的是铠甲舞作为一种民间宗教艺术文化在乡村社区生活中的实际功用"①。以面粉做成鬼魅或有害之物形象再通过刀砍枪击后埋入地洞，诸如此类，乃是岷江上游地区民族村寨中常见的驱邪仪式，如据调查，"羌族端公为人治病作法时，往往须送花盘，及事先用荞面或麦面捏成作法需要制备的各种形状的'妖魔鬼怪'，置于一个可以用手端走的木板上，作法时将其送到十字路口。送花盘时不仅演唱中下坛经，还须念咒语"②。

在文化人类学视野中，"语境"（context）问题向来多受学者关注。人类学家博厄斯指出："在本世纪出现了许多研究社会人类学问题的方法。以往那种从各个时代，各个地域搜集了一些欠缺自然联系的、零散的证据，就来构造人类文化史的旧方法已经越来越不行了。"如今，"人们力图建立各种不同的文化特性之间的稳固联系，并以此来建立更为广泛的历史联系"，也就是说，"人们愈来愈感到，脱离了一般背景，就无法理解文化的任何特性"。③研究岷江上游黑水地区古老原始的民间铠甲舞，纯舞蹈学或纯艺术学的眼光是不够（尽管这也重要）的，本着尊重对象原生形态出发，务必立足其所运行于其中的"地方性知识"（local knowledge），尤其要注意其所赖以存在的社会、历史、文化或曰心理、信仰、习俗的整体情境。从艺术人类学看，正是在对跳铠甲舞活动之宗教场景、民俗生活的还原中，我们得以窥见其在黑水人生活中丰富多彩的功能和意义，而不仅仅把它视为从具体生活场景中剥离出来而只剩下音符旋律和肢体动作的所谓"艺术"，更不是当今诸多景区人为安排在旅游者面前的那种纯粹为表演而表演的"艺术"。今天，由于时代背景转换，尽管这种有着民间信仰根基的仪式功能呈现弱化之势，却是作为学术研究者的我们考察和研究黑水铠甲舞所万万不可忽视的。总之，要对这民族地区铠甲舞的功能及意义有到位认识，必须立足文化人类学立场，对其进行人类学的场景还原。

---

① 杨曦帆：《论四川嘉绒藏区铠甲舞的藏传佛教文化背景》，http：//www.heishui.org/LISWH/heishuiwenyi/wudao/kaijiawubeijin.htm，2006年7月27日。

② 《中国原始宗教资料丛编：纳西族、羌族、独龙族、傈僳族、怒族卷》，上海人民出版社1993年版，第507页。

③ ［美］弗兰兹·博厄斯序，见［美］露丝·本尼迪克特《文化模式》，王炜等译，三联书店1988年版。

二

符号学是当今学界的热门话题之一。按照西方哲学家的说法，人便是这世界上"符号的动物"（animal symblicum），至于所谓文化，以符号学的概念来阐释，其无非是"符号动物"人类创造并运用符号活动的能动性产物。黑水地区跳铠甲这仪式歌舞的神圣性，除了体现在舞者肢体的动态表演中，从其着装及道具上对某些文化符号的意味深长的使用也可见出。舞者的服饰有男女之别，其中极具特色的是牛皮铠甲，为男性所披。这铠甲，无袖，长度过膝，穿时扎上腰带。铠甲由一块块长3寸、宽1寸的牛皮构成，用皮绳将其一片片连缀起来，甲片与甲片之间边缘叠压，皮面用土漆处理过，呈光亮的红褐色。这次在黑水，我们见到舞者们身着的大多是现代仿制的新铠甲。随着岁月推移，由于种种原因，过去几乎家家备有的老铠甲如今在村民手中仅存三件①，这次我们在俄恩村见到了两件。从铠甲外形及图案象征上看，跟今天新仿制的牛皮铠甲相比，老铠甲的最大不同在于铠甲片上绘有多种神秘符号，如"卍"字纹、回形纹、花形纹以及六字真言等，其中"卍"字纹引人注意。服饰是文化的载体，显然，这老铠甲不仅仅是物质意义上的护体之物。跳铠甲舞的当地老人告诉我们，这老铠甲由108片牛皮组成，上面刻有吉祥经文，代表了108座庙宇，穿上它可以保佑出门狩猎、征战的勇士们平安、吉祥。民间信仰在黑水地区民间铠甲舞中无处不在的渗透，由此亦可窥斑见豹。

追溯人类文化史可知，"卍"或"卐"是极古老的吉祥符号。其在汉语中读音"万"，在藏语中读为"雍仲"，在梵文中为"Svrivatsa"，在西文中叫"gammadion"。该符号的常见形式有左旋（卍）和右旋（卐）以及诸多变体，而且两种写法均见于佛教经籍，就其原型意义言，皆跟太阳以及火的自然崇拜和象征有关。这一神圣符号，作为装饰性图案和寓意吉祥的代码，在多民族中国文化史上普遍有见。如古典小说《红楼梦》中，

---

① 严格说是两件半，因其中一件已残破。2002年，我们赴岷江上游地区调查民族民间文化现状，曾在向省政府提交的调研报告中专门谈及此，呼吁政府部门将仅存的几件老铠甲收起来，放入博物馆去，以免再流失。2005年这次，据俄恩村66岁的老人洪波讲，在20年前，他们村的铠甲有20多件，每组都有3—4件；在新中国成立前，则几乎是每家最少都有1—2件铠甲。然而，随着20世纪八九十年代改革开放以来，境外的来访者，以及无孔不入的文物贩子，仅仅以几千甚至几百元的价格就从朴实的当地百姓手中一件件收走了这些具有文物价值的老铠甲。文化遗产流失，让人痛心。

贾府有丫鬟便取名"卍儿",据说是"他母亲养他的时节做了个梦,梦见得了一匹锦,上面是五色富贵不断头卍字的花样,所以他的名字叫作'卍儿'"。这"富贵不断头"的吉祥符号,在中国人的民俗生活中使用广泛,如唐代曾流行卍字镜(四川成都羊子山、河南陕县刘家渠、湖南益阳赫山庙等地唐墓出土的文物可证),而在川西北岷江上游尔玛人的刺绣中,卍和卐亦十分常见。又如,"在藏语中,被汉语中读作'万'的'卐'被称作'雍仲'。在藏民族看来,'卐'表达的是吉祥的含义,这一点,同汉民族是一样的。我们可以称'卐'为'雍仲'吉祥符"①。或以为,该符号起源于印度和欧洲,中国民俗生活里处处有见的"卍"字符号是随着佛教东来而从印度输入的。的确,这个神秘的符号在佛门世界中广泛使用,跟佛教瓜葛甚深。释迦牟尼像的胸部即有该符号,以示佛祖之"瑞相",意为"吉祥万德",象征吉祥、美好、光明、神圣。然而,诸多考古成果表明,中国文化史上的"卍"或"卐"字符号未必来自印度佛教。别的不说,藏区考古即表明该符号出现在西藏岩画中已有数千年历史,在属于新石器时代的马家窑文化遗址的陶器上亦可见到这个神圣的符号,而考古学告诉我们,"马家窑文化的居民当是戎、羌族系的祖先"②。佛教起源的时间则相当于中国的春秋时代,佛门创始人乔达摩·悉达多跟华夏儒家圣人孔夫子亦大致同时。如此说来,把中国文化史上早已有之的"卍"或"卐"字符号指认为来自印度佛教,也就于理欠通。

考古成果表明,马家窑文化首先发现于甘肃临洮马家窑,分布范围较广,东起泾、渭河上游,西至黄河上游龙羊峡,北抵宁夏清水河流域,南达四川岷江流域。经济生活以农业为主,兼及狩猎。就出土的随葬品来看,以陶器为主,彩陶纹样主要是几何形花纹,线条为主,黑色为基调,图案精美,纹样丰富,多姿多彩。继中原地区仰韶文化的彩陶衰落之后,马家窑文化的彩陶又延续发展数百年,将原始彩陶文化再次推向新的高度,其众多精美器具令我们惊叹。岷江上游地区是著名的民族迁徙大走廊,屡屡发现的彩陶等考古器物表明,新石器时代已有先民在此区域活动。从岷江、大渡河、雅砻江等流域出土的石器形质以及陶器风格来看,其跟甘、青地区的马家窑文化非常接近,可见西北氐羌先民早在原始社会后期已逐渐向四川岷江上游一带迁徙。既然如此,在马家窑文化遗址中屡

---

① 《雍仲》,http://baike.baidu.com/view/572891.htm。
② 《中国大百科全书·考古学》,中国大百科全书出版社1986年版,第303页。

见的"卍"或"卐"字符号，出现在岷江支流黑水流域仪式歌舞跳铠甲的服饰上便不足为奇，其中铭刻着古老的文化记忆。再说，从舞蹈发生学看，"舞"与"巫"有关联是文化人类学屡屡指证的事实，有论者指出："'巫'字一旦旋而舞之，也就成了'卍'字。所以，古时候的'卍'字并不像许多人解释得那样复杂，它的本意就是巫师的屈足之舞。巫师在求雨的舞蹈中只屈一足，但在其他祭祀舞蹈中则屈两足，'卍'字形象地表达了巫的跛足之状。'卍'与'舞'组词作'卍舞'（也作'万舞'），多次出现于甲骨卜辞和《诗经》中，说明'卍'与'舞'可以互释。"①因此，黑水人把"卍"以及诸如此类神圣字符绘在牛皮铠甲上，就意味着让这铠甲染上神性的光辉，也好比是给身着铠甲的勇士们披上了具有无比神力的护身符，由此体现出他们祈神求吉祛邪的真诚的民间信仰。

　　说到马家窑文化，又有论者指出："在新石器时代的马家窑文化马厂类型彩陶纹饰中，流行'卍'符，同时也流行以'曲肢'为特定肢体语言的'神人纹'，那无疑也是'卍舞'。"②从静态到动态，有关"卍"字符号的诸家论述，可供舞蹈人类学研究者参考。总之，绘有神秘符号的牛皮铠甲，不是凡俗之物，其在当地人心目中是具有神圣性的。在上述俄恩村以征战为主题的跳铠甲舞活动中，我们看到，出征之前勇士们来到碉房顶层供奉着神像的经堂，神情肃穆地向神灵参拜之后，穿上了这绘有吉祥符号的牛皮铠甲，希望神灵的力量护佑他们在战场上刀枪不入，所向披靡……尔玛人相信万物有灵，川西北岷江上游地区世世代代生活在大山里的人们，衣、食、住、行都仰仗大山的赐予，他们对于山、石、树等神灵的崇拜为众所周知。朱坝村以狩猎为主题的铠甲舞之开篇《出行》，寨中女人端着美酒为男儿送行，德高望重的老人开坛祝词，虔诚地祈祷"山神、树神、石神，保佑我们出行，平安归来"。由于这种神圣性，由于对这种神圣性的深信不疑，黑水人对待这绘有吉祥符号的铠甲也如同对待他们心目中的神灵，奉之若神物，持以相当虔诚的宗教态度。平日里，牛皮铠甲不穿时有专门的存放仪式（比如作宝塔形堆放并供奉）。三套"老铠甲"中，我们未能见到的那一套就放在俄恩村某喇嘛家中，据主人讲正

---

① 《异体同音字与巫师的跛足之舞》，http：//blog. sina. com. cn/s/blog_ 70f887a00102f5tj. html，2013-12-17。

② 朱兴国：《万舞与蹲踞式人考》，http：//www. gwz. fudan. edu. cn/srcshow. asp？ src_ id = 650，2009-1-13。

在念经封持，也就是将铠甲封入箱底保存起来，每年仅在固定时候也就是跳铠甲时才取出……如此说来，犹如划分"神圣"（scared）与"世俗"（profane）的宗教人类学家所言，这牛皮铠甲并非"世俗"之物，而是只属于"神圣时间"中使用的有着特定意义及功能的神奇物品。这经过喇嘛诵经、绘有神奇符号的铠甲，一旦披在跳铠甲的舞者身体上，他们便是在经历着一种从"世俗"向"神圣"的身份转换，领受一种庄严、崇高的精神洗礼，并由此获得超世俗的角色认可。

舞蹈是身体展演的艺术，对身体（body）的文化关注，是人类学多有用力的领域。族群元素上融合着吐蕃与古羌文化的跳铠甲舞，多以圆圈式集体舞蹈呈现，其队形或左旋或右旋，会使人联想到旋转的"卐"或"卍"。在藏羌审美文化史上，"卐"或"卍"在原型层面跟太阳崇拜有关，源于古老的信仰。1985 年，考古工作者在西藏日土县日松区、日土区和多玛区发现了三处古代岩画，研究者认为是吐蕃时期以前的作品，其年代下限当不晚于吐蕃早期。古老的西藏日土岩画中既有"卐"又有"卍"，乃是原始宗教自然崇拜的产物。关于该符号的左旋和右旋问题，有研究者指出："日土岩画中出现五处'卐'形和两处'卍'形符号。一般说来，前者多在佛经、佛像上出现，而后者与前者方向相反，在藏语中称'雍仲'，是西藏本教的标志。"① 该符号起初是画一圆圈，边上绘出若干道光芒，随着构形简化，逐步演变成"卐"或"卍"。象雄王朝时代，人们称之为"雍仲"。在象雄语中，"雍仲"最初当为太阳永恒或永恒的太阳之意，后来成为坚固不摧、永恒常在以及吉祥妙善的象征。象雄王朝时期，开创本教这西藏本土宗教的顿巴辛绕祖师便以"雍仲"作为教派标志。公元 7 世纪传入西藏的佛教也使用这标志，一般认为，佛教的雍仲称为"右转雍仲"。此外，通常法台桌帷上的雍仲有二个或四个，无论一对还是两对，皆是把雍仲放置在二角或四角上，一为左转，另一为右转。②

不难想象，在岷江上游地区巍峨的群山怀抱中，在寨子里碉房侧祭塔前，当一个个勇士身披铠甲，手持刀枪，在青稞美酒的激发下，敞开嗓门儿唱起古老原始的和声复调民歌，舒展肢体跳起刚劲雄壮的舞蹈时，随着音乐祈福和身体律动，他们内心中充盈着何等超凡的神圣的情感。也正是

---

① 张建林：《日土岩画的初步研究》，《文物》1987 年第 2 期。
② 《雍仲》，http://baike.baidu.com/view/572891.htm。

这种情感的融注,黑水地区仪式性的铠甲舞充满着超越世俗的宗教意味和审美色彩,给人以非凡的审美冲击力。

三

色彩和线条是诉诸视觉审美的两种最基本元素。对色彩的审美选择,不仅仅属于生理问题,其跟人们的生活方式、社会风俗、历史传统、文化类型等等有密切关系。正如美学家指出,"对颜色的喜好有可能与某些重要的社会因素和个性因素有关"①。身披铠甲的"卡斯达温"舞者头盔上,有一束高耸的白色羽毛装饰相当惹人注目,引人联想,向我们透射出当地人审美中的尚"白"意识。立足原型解读,切入文化心理底层,这种以"白"为尚的风俗,未必不可追溯到黑水人的原始宗教信仰。

从宗教信仰看,四川藏族大部分信仰藏传佛教即喇嘛教,有"格鲁""宁玛""噶举""萨迦"诸教派。此外,还有历史悠久的"本教",原是佛教传入前藏区本土信仰的原始宗教,发源于西藏古代政治宗教中心象雄地区(今阿里地区南部),后来受到藏传佛教影响,成为类似藏传佛教的一个教派。在岷江上游地区,对本教的信奉亦常见,邻近黑水的松潘便有多处本教寺院,如松潘县城以北 30 公里处小西天圣山脚下的尕米寺,其由来古老,十分知名。本教以"万物有灵"的自然信仰为主,反映出原始文化遗风。至于藏传佛教,是唐宋以来随着阿坝藏区僧众入西藏朝拜,逐渐引入此地的。在万物有灵观念支配下,人们以天、地、日、月、星辰、山川、林谷、土石、水火等自然物为崇拜对象,并且在山头、房顶、经塔等他们视为神圣的地方供奉着代表神灵的白石。在藏民心目中,白石乃至白色跟神的法力、神的灵验密切相关,如每年藏历五月初五是拉萨河谷祭祀农业神的日子,清晨,盛装的人们唱着古老的祈神歌,用藏毯包裹着白石放到自己产量最高的农田里,并围绕白石用装饰华丽的耕牛犁出五道田垄,分别撒上青稞、小麦、油菜和豌豆种子,十天后再到田里观看种子发芽情况,安排一年的农事②……这种白石,作为护佑人们生活的神灵象征,在我们考察所到的黑水扎窝、俄恩、维古等地村寨中,或见于屋顶,或见于窗檐,或见于祭塔,处处有之。神圣的白石崇拜,在黑水两岸

---

① [美]鲁道夫·阿恩海姆:《艺术与视知觉》,滕守尧、朱疆源译,中国社会科学出版社 1984 年版,第 474 页。

② 林继富:《灵性高原——西藏民间信仰源流》,华中师范大学出版社 2004 年版,第 415 页

的居民中由来已久，普遍存在。

说起白石崇拜，人们容易想到如今主要聚居在川西北岷江上游的羌族。羌人信奉"万物有灵"，以白石作为"显圣物"（hierophany）代表天地间种种神灵是其民间信仰的主要特征。"5·12"地震后，灾后重建的羌寨对此尤有大力张扬，如笔者实地所见，甚至有以"白石羌寨"命名者，其村头立牌介绍云："白石羌寨位于茂县县城西北角的甘青村，其建筑'依山居止''垒石为室'，寨中羌民尚白，以白为善，崇拜白石。"接着讲述"羌、戈大战"中羌人得天女抛下的白石相助而战胜戈基人的故事后写道："为报答神恩，白石羌寨的羌人便以白石作为天神及一切神灵甚至祖先的象征而进行崇拜，并在山间、地头、林间、屋顶、门窗、室内供奉白石，白石羌寨因而得名。"位于中国版图西南部的四川，也是多民族聚居的省份，有着丰富多彩的少数民族文化。岷江上游地区，阿坝州境内，以藏族、羌族为主，是藏、羌、回、汉交融共存地区。据田野调查，"把白石作为自己崇拜的偶像"，乃是操羌语支语言的居民的共同特点，他们"除了语言和文化上的共同特征外，在原始图腾、风俗习惯等方面都还有不少蛛丝马迹的线索可寻"①。在语言定位和民族归属上，"黑水县的基本居民是讲羌语的藏族"②。当地人自称"尔玛"，羌语中"'尔玛'是指'我们的人'或本族的人"，或者是指"本沟或本地区的人"③。如此说来，这是族群认同的语言标志之一。论地理位置，黑水县位于四川盆地西北边缘山地向丘陵、平原过渡的高山峡谷地区，既与藏族地区相邻又与羌族地区接壤，一方面受藏文化影响，一方面受羌文化影响，从族群互动和文化交流角度看，两种文化交融的特征在黑水一带非常明显。比如，古籍记载古羌人丧葬习俗："死则焚尸，名为火葬。"（《旧唐书·党项传》）而在黑水地区的民风民俗中，亦是实行火葬的。此外，熟悉岷江上游文化的民族学家于式玉在其藏区考察著作之"黑水民风"篇中，也讲到黑水人信奉喇叭教，但其由于地近羌区又崇拜白石，连喇叭教转的经塔上和祭山神的土堆上也放着白石，而且凡是在神圣的地方都放着白石，可见是两种宗教文化的结合体。即是说，他们本是崇敬"白石"的民族，尽管接

---

① 孙宏开：《试论"邛笼"文化与羌语支语言》，《民族研究》1986 年第 2 期。

② 《羌族简史》，四川民族出版社 1986 年版，第 148 页。

③ 王明珂：《根基历史：羌族的弟兄故事》，载黄应贵主编《时间、历史与记忆》，中研院民族学研究所 1999 年版。

受了藏传佛教但原有信仰对象尚未完全改变①。

"时若晨光鸡鸟灿，夷峒番碉白石烂"（吴嘉谟《雪山天下高》），这是清人诗中记录的川西北少数民族村寨景象。放宽眼界，纵观川西北乃至整个西南少数民族地区，白石崇拜不只是见于黑水这一方区域。远的不说，根据《四川省阿坝州藏族社会历史调查》，"嘉绒藏族普遍敬白石头，供在每家屋顶小塔塔顶上。各寨山神（各有名字）的石堆上面也放白石头。这白石的意思，嘉绒藏族多不能说明。绰斯甲传说许多年前，该地有外族侵入，菩萨托梦，以白石头把敌人打退，因此家家供奉白石"②。嘉绒藏胞当中的这个神奇传说，跟岷江上游羌族民间流传的长诗《羌戈大战》中的相关叙事颇有相通之处，后者通过释比之口唱道：羌人遭遇魔兵，情势危急，忽然间，"白衣女神立云间，三块白石抛下山；三方魔兵面前倒，白石变成大雪山"③。田野调查资料表明，在藏羌彝民族大走廊上，在川西北地区甘孜、阿坝的嘉绒人当中，白石崇拜风俗的确盛行，"每户嘉绒人的土地中，都要供三块大白石，旁边还要放众多的小块白石。有的则将白石在地中叠成塔形，上面再供奉三块大的白石，其形有如金文的皇字。每年农历九月，各家请巫师'纳巴'在地中白石周围念经一次，并插上几枝树条（山神土地爷的箭）。……神山崇拜、土主崇拜、祖先崇拜，在嘉绒人里集中表现在对白石的崇拜之中"。而且，"凡是建筑物的上方和表面凡能供放白石之处，均依其高下，供上大小不等的白石。墙上则用白石嵌成牦牛头或'卍'形、'山'形等饰物"。总而言之，"嘉绒人对于白石，正是将其当作雪山之精与土地之神来崇拜的"④。直到今天，白石崇拜在川西北地区藏族村寨中依然常见。

"色彩的感觉是一般美感中最大众化的形式。"（马克思语）的确，对于色彩之美的感受，乃是人类的一种天性，人们世世代代生活在色彩斑斓的大自然中，逐渐产生了对色彩的审美意识，并将这种审美赋予了种种"在地性"社会内涵。岷江上游的羌、藏民族不但崇拜白石，也视白色为圣洁崇高的象征。羌人尚白，以白色为善为美（《明史·四川土司·茂州卫》云"其俗以白为善，以黑为恶"），反映在服饰上，人们多有缠白头

---

① 见《于式玉藏区考察文集》之"黑水民风"篇，中国藏学出版社1990年版。
② 《四川阿坝州藏族社会历史调查》，四川省社会科学院出版社1985年版，第235页。
③ 罗世译、时逢春搜集整理：《木姐珠与斗安珠》，四川人民出版社1983年版，第93—94页。
④ 邓廷良：《嘉绒族源初探》，《西南民族学院学报》1986年第1期。

帕、裹白绑腿的习俗。而在藏族民俗中，每逢年节喜庆，人们会用白石灰于门外画上"卐"字图案，表示吉祥如意。"藏族崇尚白色，因为在佛教信仰中，白色象征圣洁与高尚，这种宗教的审美心理，反映在信仰者的服饰上。藏族普遍喜用白色衣料做衬衫，在礼节中多献白色哈达……"① 当年，在中国政府主持下集体修纂的十大文艺集成志书之舞蹈卷在记载"卡斯达温"服饰时，除了介绍舞者帽子上的白色鹰羽时，亦指出："穿白色藏式男衬衣、深色彩裤，外套牛皮铠甲。"② 在岷江上游地区藏、羌同胞眼里，洁净的白色跟美好、光明、圆满、善良、真诚等概念紧密相连，也连接着神灵的世界，是最美好、最吉祥、最崇高、最神圣的颜色。这种植根于民间信仰的尚"白"观念，作为一种凝结着民间宗教文化基因的"集体无意识"（collective unconscious），积淀在黑水民众的文化心理结构深处，体现在他们的生活与艺术中。跳铠甲舞者头饰上的白羽，可谓是这种集体无意识的审美折射之一。换言之，从审美色彩选择受制于"某些重要的社会因素"来看，置于跳铠甲舞者头顶上这醒目的白羽，很容易使观者联想到黑水人屋顶上那高高供奉的白石。这白石之"白"和白羽之"白"，在审美意味上构成某种有趣的对应，二者作为民俗象征符号以其诉诸视觉的"有意味的形式"，从客观上强化了仪式歌舞跳铠甲的神圣性，透射出超越凡俗的审美光彩。

在多民族栖居的中国，从族群互动和文化交融角度看，川西北民族地区黑水的跳铠甲舞又"与茂县赤不苏地区一带的羌族民间祭祀舞'克西格拉'（"跳盔甲"）大同小异，唱词中的语言也带有较多的羌语成分，但在服饰上略有区别。唐朝诗人卢纶的《塞下曲》中，曾描述了古代羌兵所跳的'金甲舞'，它与流传至今的'克西格拉'，卡斯达温以及哈玛的情景较为相似，在舞蹈的形成和演变上可能有着同源关系"③。此乃《中国民族民间舞蹈集成·四川卷》比较川西北藏、羌民间仪式舞蹈所言。"哈玛"为藏区嘉绒语译音，根据藏文经典《贡波》《日阿拉》记载，意思是"神兵"，主要流传在阿坝藏族羌族自治州的马尔康草登、金川卓斯甲等地。相传，"哈玛"是格萨尔王派来的"神兵"所跳之舞，其舞者也身着牛皮甲衣，"头戴生牛皮制成的头盔，盔的两侧绘有太阳、月亮图

---

① 冯敏：《万户千门入画图——巴蜀少数民族文化》，四川人民出版社 2001 年版，第 58 页。
② 《中国民族民间舞蹈集成·四川卷》，中国 ISBN 中心 1993 年版，第 1158 页。
③ 同上书，第 1147 页。

案，前插四根后插三根白色鹰羽毛"①，手持兵器跳起舞来气势威武雄壮。茂县、黑水相邻，"克西格拉"是羌语译音，也叫"盔甲舞""跳盔甲"，是为战死者、民族英雄以及村寨中德高望重的老人举行大葬仪式时专由年满16岁以上男子跳的舞蹈，其舞者也是手持刀枪、弓箭、棍棒等，"头戴用生牛皮做成的头盔，盔顶插数根雉鸡毛。身穿白麻布大襟长衫，外套皮甲，皮甲用长约7厘米、宽3.5厘米的生牛皮块串联而成，束牛皮腰带"②，唱着《哈那若嗬》（祭祀歌）、《格查里嘞噜依嗉》（下葬歌），颂扬死者功德，表达怀念情感，在"嗬、嗬、嗬、嗬哈"以及"啊哈、哈、欧、欧"的吼声中庄严地进行，舞蹈队形有"小万字格""大万字格"等。2015年2月24日，应茂县羌族友人邀请，我收拾行囊来到牛尾羌寨，次日正月初七是该寨子的"哟咪节"。晚上，围着暖暖的火塘，品着醇香的玉米酒，坐在76岁尤姓老人家拉家常，老人告诉我羌话"哟咪"就指的是跳甲即通常说的铠甲舞，正月初七跳甲祭祀神灵祈求吉祥是牛尾寨世代相传的古老传统。当地羌语称跳甲为"哟咪热"（"热"是舞的意思），该节名称便由此而来。牛尾寨位于茂县北部，岷江西岸，叠溪海子上方，距县城约70公里，邻近松潘，整个村寨地处高山峡谷，海拔在2300—2800米，村民对保持传统文化有自觉意识。正月初七上午，村里跳甲的男子们排成长队，手举刀枪吼着、唱着、舞着，声势雄壮地走向神树林，场面相当感人……以上几种舞蹈（卡斯达温、哈玛、克西格拉、哟咪），地缘相近，从文化结构到艺术形态，从象征符号到展演场景，从身体表现到仪式功能，从族群生活到传统风俗，凡此种种，从民俗艺术而不仅仅是纯舞蹈学或纯艺术学角度看，都有值得舞蹈人类学或艺术人类学研究者深入关注的许多东西。

（《民族艺术研究》2015年第2期）

---

① 《中国民族民间舞蹈集成·四川卷》，中国ISBN中心1993年版，第1140页。
② 同上书，第1355页。

藏羌彝走廊上的非物质文化遗产

"藏羌彝走廊"为民族学、人类学界所关注，地处中国西部的这条走廊从北到南涵盖横断山脉六江流域，自古以来是诸多民族南来北往、繁衍迁徙和沟通交流的重要廊道，也是我国重要的历史文化沉积带①。在此族群迁徙、文明多样的地带上，有多姿多彩的非物质文化遗产。作为该走廊上重要节点，四川是多民族省份②，有唯一的羌族聚居区、最大的彝族聚居区和第二大藏区。下面，从口头文学、民族戏剧和节日文化入手，结合羌、藏、彝加以论说。

羌：值得珍视的尔玛古歌"尼莎"

2015 年 6 月 20 日（农历五月初五），"瓦尔俄足节"在岷江畔新建的中国羌城举办，庆典隆重，人流如潮，除了当地民众，还吸引了不少外地游客。我们前一天到了茂县，既是来参加县上的瓦尔俄足庆典，也因为出

---

① 1979 年，社会学家费孝通提出"藏彝走廊"概念，他以此称呼中国西南方怒江、澜沧江和金沙江并流区域，主要指今川、滇、藏三省区毗邻地区由一系列南北走向的山川、河流构成的高山峡谷地带。在青藏高原东南边缘，在横断山脉地区，有岷江、大渡河，雅砻江、金沙江、澜沧江、怒江六条大河自北而南纵贯其间，学界又称之为"六江流域"。此乃联系西北与西南的天然通道，自古是藏缅语族诸民族先民南下和壮侗、苗瑶语族诸民族先民北上的交通要道以及众多民族交汇融合之所，在中国区域发展和文化建设中占有特殊地位。关于这条民族迁徙及交流通道，近年又有"藏羌彝走廊"之称，如 2014 年国家文化部、财政部出台的《藏羌彝文化产业走廊总体规划》。

② 据第六次全国人口普查，从 2000 年到 2010 年的十年间，四川省少数民族人口增加 75.97 万人，增长 19.2%，而截至 2010 年 11 月 1 日零时，四川少数民族人口总数已达 490.8 万人，占全省总人口的 6.1%，"同全国相比，四川少数民族人口占全国的比重由 2000 年 3.86% 提高到 4.31%，居全国第六位"（《四川少数民族人口总数达 490.8 万人 居全国第六位》，http://scnews.newssc.org/system/2011/06/23/013210791.shtml）。

席在此举行的《羌族服饰文化图志》发布活动。傍晚，观看了如今移驻羌城剧场的大型歌舞《羌魂》，整体感觉不错，场内观众满满的。此乃我第二次看《羌魂》，首次观赏是在 2010 年 3 月 23 日，地点在省府成都市中心的锦城艺术宫。当时，"5·12"地震后，创编这台节目意在向支援灾区的社会各界表示感谢，并由此拉开全国巡演帷幕。据主创者言，《羌魂》以"大型羌族原生态歌舞"定位，演出阵容由专业演员和普通民众约 120 人组成，从介绍远古羌族祖先创造辉煌历史文化的"序"开篇，接下来由 15 个环节组成的四大块面："祭"——表现羌人崇尚自然、祭山祈神、长歌祭祖等；"耕"——表现羌民生产生活，展示"二牛抬杠""打窝播种""打粮杆""咂酒开坛"等；"韵"——再现羌人"唱起来、跳起来"的精神文化及娱乐活动，包括"羌笛""莎朗""肩铃舞""腰带舞""花儿纳吉""额姆幺幺""推杆"等；"情"——展示羌民族历经磨难、坚韧不拔、生生不息、感恩万物的民族性格，包括"尼莎"（多声部民歌）、"羊皮鼓舞"等。"整台演出，将典范化的羌文化符号作了尽情展示。"① 这里，就来说说"尼莎"。

提起"尼莎"，识者不多，但说起"羌族多声部"，则知者甚众。当年在中央电视台举办的全国青年歌手大赛上，来自岷江上游的"毕曼组合"以其原生态的歌喉舒展，使高山深谷中的羌族民歌多声演唱成了媒体和大众眼中的明星，对该组合的网络报道也曾以"将羌族多声部唱响世界的牛人"为题②。"毕曼组合"的二位歌手仁青、格洛均来自松潘县小姓羌族乡，该乡自 20 世纪 80 年代以来便受关注。行内人知道，过去受西方强势话语影响，国际音乐界的流行观点认为多声部民歌的故乡在欧洲，中国没有多声部民歌。然而，田野调查表明，在中国西南地区有好些民族当中都存在这种和声复调民歌，并且自成系统。以川西北为例，据我所知，在古称"江源"的岷江上游，在茂县、黑水、松潘接壤的三角地带上，这种多声部就流传在藏羌村寨中。目前进入首批国家级非遗名录的黑水民间铠甲舞"卡斯达温"，即是以多声民歌相伴的，若干年前我们曾前往实地考察。2015 年 2 月 25 日（正月初七），我去了茂县叠溪海子上方的太平乡牛尾村，目睹了尔玛村民们在"哟咪节"上威武雄壮的跳甲，也聆

---

① 李祥林：《城镇村寨和民俗符号——羌文化走访笔记》，巴蜀书社 2014 年版，第 188 页。

② 《毕曼组合：将羌族多声部唱响世界的牛人》，http://v.ku6.com/show/1zeYmNB0gu9hw82TACimXQ...html。

听了寨中老人以多声形式唱民歌（邻近的杨柳村亦有之）。羌族多声部被音乐工作者发现于 20 世纪 80 年代，最初就在松潘小姓羌族乡。那时前往该乡调查的有中央音乐学院教授樊祖荫，他的论文《羌族多声部民歌的种类及其音乐特征》对之给予了高度评价。如今，由松潘申报的"羌族多声部民歌"，已列入国家级非物质文化遗产名录。

"尼莎"是以多声民歌演唱的，但在我看来，其价值绝不仅仅限于音乐。2015 年由四川师大电子出版社推出的《羌族妮莎诗经》，向我们初步展示了"尼莎"的口头文学价值。该书（汉文译本）及光碟由松潘羌族学人毛明军主编，书中汇集了雷簇（1919—1993 年，女，松潘小姓乡埃溪村人）、龙波他（生于 1938 年，男，松潘小姓乡大耳边村人）、罗贵华（1925—2005 年，男，茂县太平乡杨柳村人）所唱羌族古歌"尼莎"。目前，三位老人中仅龙波他健在，但已年近八旬。在该书发布座谈会上，与毛明军等交谈，我提醒应抓紧时间为龙波他老人做口述史，并建议可从"民间文学"角度考虑为尼莎申报非物质文化遗产名录。"妮莎"是羌语之汉文译音，通常写作"尼莎"，也有译为"力莎"的。关于"尼莎"，至今学术界主要是从民歌多声演唱这音乐角度加以关注和认识的。其实，"尼莎"原本是一种唱述天地开辟、人类由来、事物根源、族群故事、生产生活、礼仪道德等的篇幅浩大、内容丰富的羌族古歌，流传于北部羌区村寨。譬如雷簇唱述的尼莎，主体内容就包括"天人形成""人类来源""天地父母""望下看上""说解来历""日子话语""劳作祖先""嗯勒父母""唱颂母舅""分让狐皮""水源之帝""雪山女嫁""宇宙四锁""天地柱子""祭品兄弟""粮食父母""说唱房子""风生哪里""茶生哪里""年的父母""龙与狮子""鸟的父母""羊膀卦说"等三十多个部分。而龙波他唱的尼莎，更是长达近六十个章节。作为口头文艺，羌族古歌尼莎在结构上带有某种程式化特点，以雷簇所唱版本为例，每个章节除了主体词句，多有衬词，末尾还有格式固定的加力之辞，如《天地柱子》唱罢，便是："《天地柱子》曲子，用力向上抛起唱。用力唱起未尽兴，欢天喜地加力唱。"依此类推，仅换头句，其他篇章亦然。

借助多声形式用羌语唱诵的"尼莎"，内容丰富，叙事奇巧，想象瑰丽，意象生动，词句精彩，处处洋溢着活泼泼的民间诗性光辉。便于读者了解，不妨摘录雷簇的唱段若干："哈色娜！开篇要唱好尼莎，主唱客随定和好""热玛佳丽！三天三夜青稞酒喝着唱，三十三天青稞酒吮着唱。

热玛佳丽！顺着酒杆唱远的那代，酒杆顺着唱那代的远"，"热玛佳丽！牧原上满天星星那样多，尼莎远古那代就传唱下来"（《序曲》），哈色娜、热玛佳丽为衬词，无实义）；"远古的那个时代，地往上又往下翻转，天往下又往上翻转，人是巨人，一庹一庹量有九庹高。乳房肥硕，一卡一卡量有九卡大。牙齿尖长，一指一指量有九指长"，"天间巨铲铲来，铲一铲什么露出了？铲一铲天露出来。铲二铲什么露出了？铲二铲太阳射光露出来。铲三铲什么露出了？铲三铲月亮弯角露出来"（《天人形成》，此讲天地翻覆人类产生万物由来，"铲"之意象奇特）；"玩耍起头者是谁？泥去羊毛油污起。捻羊毛线咋起头？撕松羊毛缠碇起。中间玩线咋过程？中间毛线缠碇起"，"笑的技艺教者谁？教笑技艺是斧头。游戏技艺教者谁？翻飞木屑教游戏"（《玩耍欢乐》，此章把生产劳作当作快乐游戏来唱，有趣也很有特点）；"高贵舅舅哪出发？九层高楼大房出"，"伟大舅舅自哪来？来自大森林深处"（《唱颂母舅》，羌人重母舅，其后《说做美言》亦云"地上最大的是什么？地上最大的是舅舅。天上最大的是什么？天上最大的是雷公"）；"雪宝顶为啥雪白？尼玛吉呢布鲁神山衬托洁白。雪宝顶为啥光鲜？新娘新妆使光鲜"，"新娘身子咋颤抖？出嫁害怕与害羞"，"啥样三把手中拿？青稞三把手中拿。三把青稞为啥撒？三把吉祥祝福撒。新娘嫁到何方去？女儿远嫁松坪沟"（《雪山女嫁》）；"德如神台装点者是谁？石白三个装点了神台"，"什么放了屋顶端梁排架？杉板杆放了屋顶梁排架"，"扮彩楼口者是谁？梯子妆彩了楼口美"（《唱说房子》），等等。

"尼莎"搜集者毛明军的老家就在松潘小姓乡，台湾学者王明珂赴羌区做调查时曾得他帮助。毛明军从 1990 年起便留心家乡古歌尼莎的搜集整理，该书汇集了他 20 多年田野采录的心血，据他介绍，将来还打算推出以国际音标对羌语注音的羌、汉语对照版。如上所述，过去学界对尼莎的关注，主要是其演唱方式"多声部"，以致形成了世人知"多声部"而鲜知"尼莎"的局面。事实上，"尼莎"的价值和意义远不止是在音乐上，我在上述座谈会上发言时着重指出了这点，并说这叙事长诗可称为"羌族古歌"，如今已发掘整理出来近万句，从篇章结构和叙事内容看，不妨以创世型"史诗"观之（首批列入国家级非物质文化遗产名录之"民间文学"类的《苗族古歌》，就是苗族的创世史诗），对之需要结合羌族的文学、音乐、文化、历史从整体上作全方位研究。我对此书出版表示祝贺，对搜集整理者表示敬意，并说这项成果发掘面世，会让研究羌文化的学者们感到由衷激动，因为其给学术研究带来了新东西。近年来，在羌族口头遗产的发掘、搜集、整理方面，历时多年而成的《羌族释比经典》已为世人所知，还有地方上有心人士推出的《西羌古唱经》等。释比经文是在特定仪式场景中唱诵的，其演唱者身份是民间宗教人士；古歌尼莎是在日常生活场景中演唱的，其演唱者身份是村寨普通民众。释比经文和古歌尼莎，二者是我们研究羌文化理应珍视的重要资料。

藏：魅力别具的"格萨尔戏剧"

史诗《格萨尔》在藏区流传广泛，英雄格萨尔的形象深入人心，格萨尔故事也被搬上了戏剧舞台。2016 年 8 月，我们走访阿坝、甘孜藏区考察民族民间文化，时时听讲英雄格萨尔的故事，也时时目睹格萨尔大王的身影，如色达的格萨尔彩绘石刻、壤塘的格萨尔戏剧表演、新龙的格萨尔面具以及格萨尔广场，等等。8 月 8 日在壤塘，东道主带我们去看格萨尔戏的地点在牧区乡村，也就是被列入非物质文化遗产名录的南木达藏戏所在地。《赛马称王》是格萨尔英雄故事中的重要篇章，我们所见即搬演此。那天，让来宾们尤感惊讶和赞叹的是，手执马鞭、脚蹬皮靴、头戴盔帽、身着戎装的格萨尔戏剧扮演者，竟是来自茸木达乡巴生村幼儿园一群活泼天真的孩子们。牧区高原，晴空蓝天，阳光灿烂，在藏戏音乐旋律的伴奏下，手握马鞭、扮相威严的孩子们走上场来，他们那有招有式的表演，带着稚气又认真投入的做戏，让在场观众兴奋不已。观看藏戏在我不止一次，欣赏格萨尔戏剧在我亦非头回，但壤塘之行让我们开了眼界，因而在随后举行的壤巴拉文化发展论坛上，我对之给予了热情赞扬。

走访川西北藏族地区，提起格萨尔戏剧，首先得说说德格和色达。德格为中国藏区三大文化中心之一，相传史诗《格萨尔》的主人公就出生在此地带上。历史上，"德格土司有五大寺院，除了八邦寺还有岗托寺（ka-thog）、竹庆寺（rzogs-chen）、西钦寺（zhi-chen）、白玉寺（dpal-yul）。其中竹庆寺建于 17 世纪晚期，是第四十世德格土司阿旺扎西请白马仁增来德格，于 1865 年创建。后来竹庆寺（又写作佐钦寺）成为西康最著名的红教（宁玛派）寺院……"① 作为宁玛派祖寺，竹庆寺辖分寺

---

① 格勒：《康巴史话》，四川美术出版社 2014 年版，第 122 页。

200 余座，其跟格萨尔戏的演出瓜葛尤深。追根溯源，竹庆寺在过去由说唱格萨尔转化为表演格萨尔方面开了先河。由宁玛派主持的竹庆寺是康区很有影响的大寺庙，英雄格萨尔作为莲花生大师的化身是其供奉的主神之一。是该寺率先以寺院羌姆形式演绎史诗《格萨尔》，为格萨尔文化的传播开辟了新途径。"据青海省格萨尔研究所的多年调查考证，格萨尔寺院藏戏与羌姆有关，也称'格萨尔寺院羌姆'、'格萨尔羌姆'，俗语叫'寺院傩'，也就是祭祀舞的一种。'格萨尔羌姆'最早产生于四川甘孜的竹庆寺。主要内容有《赛马称王》《英雄诞生》《羌国王子》《辛丹内讧》等剧目。"① 藏语"羌姆"指跳神，是藏传佛教僧人的祭祀乐舞。寺院羌姆要戴面具，竹庆寺的格萨尔戏剧面具现有 80 多具。寺院格萨尔戏演出，主要角色为格萨尔王和 30 员大将、11 名烈女以及其他将士（无论男女角色，均由寺院僧侣扮演），还有大鹏、龙、狮、虎、鹿、猴、狼、马、牦牛、仙鹤、孔雀等。表演时数十人一起跳，多的时候达 180 人以上，阵容壮观。据当地介绍，格萨尔戏剧的创始人为竹庆寺第五世活佛土登·曲吉多吉（传说是莲花生大士托梦给他去完成的），这位活佛出生于 1847 年。开编于 1870 年的格萨尔戏，从剧本到曲调、从面具到服装、从戏曲音乐到身段步法，均由这位活佛主持确定，最后在竹庆寺破九节上跳演，流传至今。2002 年以来，由德格竹庆寺自行投资，恢复建立了该寺演出格萨尔戏的团体。

"色达是当年岭国长系部落的居住地，又是格萨尔练兵、屯兵之地，格萨尔文化资源非常富足。色达瓦须骨系部落与格萨尔同宗同源，同属穆波董氏，被称为'格萨尔最后的部落'……"这段文字是我在色达格萨尔文化艺术中心抄录的。目前，德格藏戏和色达藏戏均已列入国家级非遗名录。源于北派藏戏的色达藏戏，在寺院乐舞基础上从安多、卫藏乃至汉地戏剧及歌舞中汲取艺术营养，形成自我特色。黄教寺院拉卜楞寺乃北派藏戏滥觞地，其创始者是第五世嘉木样协巴·罗喜桑木样单比坚赞，甘孜人，1920 年他被确认为第四世嘉木样协巴转世灵童。1947 年，五世嘉木样协巴圆寂。两年后，原智钦寺活佛多智·仁真单比坚赞带着 25 名僧人前往拉卜楞寺学习藏戏，他成为北派藏戏第二代传人。1981 年，在班玛·塔洛活佛带领下，色达县将史诗《格萨尔》搬演在舞台上，演出剧

---

① 《果洛藏戏——马背上的〈格萨尔〉》，http://www.qhnews.com/2015zt/system/2016/04/14/011980348.shtml。

目有《赛马登位》《地狱救妻》《岭国七勇将》等。值得注意的是，色达格萨尔藏戏变广场剧为舞台剧，根据人物特点设计了简明生动的对白、富于变化的唱腔和颇具特色的服饰，并且将格萨尔说唱以及本民族歌舞、风俗等融入其中，从而形成生动、明快、戏剧性强、适应面广的表演形态。同时，在多民族中国，在四川地区多民族文化交融互渗的背景下，如当地非遗名录申报材料指出："色达格萨尔藏剧是民族文化交流的结晶。它在表演程式和乐器方面大胆地吸取了京剧、川剧和秦腔的一些东西，并加以本土化的改造，以丰富其表演艺术。在色达格萨尔藏剧身上，生动地体现了中华各民族在文化上'你中有我，我中有你'的'多元一体'关系和藏汉民族长期互相学习、亲密一家的水乳交融关系。"对于族群互动中形成的这种文化特征，研究者不可忽视。

格萨尔戏剧在川西北藏区，见于僧、俗两界，其存在除了上述地区，甘孜州的丹巴也有，该县丹东乡莫斯卡村便有村民演出《赛马登位》等，村里在活佛主持下还建起了藏戏团。该村演出格萨尔戏剧是从德格学来的，时间尽管较晚，但影响还不错。2015年11月我们去阿坝州的金川县，代表省民协为当地的"神山文化之乡"授牌，熟知嘉绒文化的郑姓副县长告诉我，当地村寨中也有以戏剧形式扮演格萨尔故事的，这信息值得关注。同年10月，在阿坝州参加藏戏研讨活动期间①，我们也有幸在若尔盖大草原上目睹了牧区藏民扮演格萨尔戏剧，演出的是新编藏戏《草原上的太阳》。该剧由尕让编剧，村民们演出，全剧三场，讲述被誉为"草原上的孔子"罗让尼玛创办藏文学校、编写格萨尔戏剧以传承发扬本民族文化的事迹，第三场便插入了格萨尔史诗剧之《霍岭大战》片段，剧写："晁同离间囊玉死于敌，格噶国王派兵讨岭国。岭国英雄贾察大将军，召集将臣研究对敌策。"尼玛是当代圣人，格萨尔是古代英雄，自始至终，在草地上围观看戏的百姓那种虔诚给我留下很深印象。又据地方志书，"若尔盖县阿西乡业余藏戏团，把《赛马称王》一剧的赛马情节改为马上表演"②。至于上述壤塘幼儿演出格萨尔戏剧，既让我们看到了地方特色的张扬，也让我们看到了非遗文化的传承，正如我在壤巴拉文化论坛上所讲。总而言之，格萨尔戏剧跟川西北藏区瓜葛甚深，影响宽泛。

① 会议情况，请参阅李娜、曾晓鸿《2015四川藏戏创新与发展研讨会》，载《戏剧家·藏戏》2015年增刊。
② 《阿坝藏族羌族自治州文化艺术志》，巴蜀书社1992年版，第81页。

彝：作为"人之颂歌"的火把节

说起彝族，便想到火把节。首批入选国家级非物质文化遗产名录的火把节，由四川和云南共同申报，是彝族文化的标志性符号之一。在中国西部，在多民族共居的藏羌彝走廊上，过火把节的非惟彝族（还有傈僳、纳西、拉祜等民族），比较而言，彝族火把节尤具代表性，犹如白石崇拜之于羌族。每年农历六月二十四，在凉山州府西昌举办的"国际火把节"，是展示彝家风情的重要旅游文化窗口。在民间表述中，彝族火把节被称为"眼睛的节日"乃至"嘴巴的节日"，在我看来，其归根结底是"'人'的节日"，也就是"'人'的颂歌的节日"。换言之，火把节固然离不开"火"，火把节之于彝族正如常人所言是"火"的颂歌，但从文化人类学深入其底层透视，彝族火把节更应该说是"人"的颂歌，对火把节所突出的"人"这个主体以及对于"人"的智慧、力量、精神的张扬，我们应给予充分关注。事实表明，无论从口头表述还是从行为实践看，彝族火把节在扬善拒恶的叙事主旋律中所张扬的不是"神本文化"，而是"人本文化"，是彝族社会中传统深厚的以"人"为本文化的积极肯定与美妙歌唱。

如今，火把节又被列为国家级非物质文化遗产整体性保护试点项目①。凉山布拖号称"火把节之乡"，2015 年 10 月在布拖县举行的彝族火把节保护与发展的学术研讨会上，我以"当代视野中的彝族火把节"为题做大会发言，所讲三点之一便是"彝族火把节是'人'的节日"，如当地媒体所报道："10 月 18 日，在布拖县开幕的中国传统民俗节庆文化复兴暨彝族火把节发展模式学术研讨会上，李祥林作了主题发言，认为火把节应该更加强调'以人为本'的文化核心。""李祥林说，站在藏羌彝文化产业走廊上研究彝族火把节，四川更有发言权，凉山更有依据，更加具有区域性和代表性。站在民族文化整体保护高度来审视非遗保护，必须更加关注地方个案，各个地方也有火把节，但不同的区域有不同的特征。凉山彝

---

①　目前，在国家文化部主持下开展的这项工作，旨在贯彻"保护为主，抢救第一，合理利用，传承发展"的方针，保护非物质文化遗产特有的社区传承机制，促进其有效保护与活态传承。除了彝族火把节，首次被入国家级非遗整体性保护试点项目的还有蒙古长调、马街书会、章丘芯子等（《凉山火把节被列为国家级非遗整体性保护试点项目》，http://news.sina.com.cn/c/2016-01-18/doc-ifxnqriy3044570.shtml）。

族火把节是最具有代表性的彝族文化符号之一，凝聚了深厚的文化内涵。他认为，凉山彝族火把节体现的核心精神是对人的尊重，强调的是人与神的斗争，以人的胜利为结果，是人的颂歌的节日，文化核心是强调了人，我们必须更加强调'以人为核心'这个文化内涵。"① 尽管报道文字有个别地方与我之原意稍有出入，但仍突出了我强调火把节是颂扬"人"的节日这主题。

　　不妨看看彝族火把节来历之口头传说。彝族分布在川、滇、黔、桂，火把节起源在民间有种种故事，亦见于《中国民间故事集成·四川卷》。网上辑录有三则：其一，"相传天上的恩梯古兹（彝族神话中的天神）派喽啰到凡间危害众生和庄稼，人们在支格阿鲁（彝族神话中的英雄）率领下毫不畏惧，在农历六月二十四日这天用火把焚烧了害虫，战胜了天神，于是彝族人民把这天定为火把节，代代相传"；其二，"书伦撰修《西昌县志》载：……唐开元间，有邓睒诏者，六诏之一也。南诏欲并五诏，因星回节召五诏令饮于松明楼。邓睒妻慈善，惧难止夫勿行，不听，乃以铁钏约夫，背而别。比至南诏，火其楼，诸诏寻夫骸不可识，独慈善以钏故将其骸以归。南诏异其惠，以币聘之，善以夫未葬为辞，既葬乃于樱城自守。南诏以兵围之，三月食尽，善盛服端坐饿以死，南诏寻悔，旌其城曰德源。今滇俗六月二十四日，比户所松焉。燎长丈余，入夜争先燃之，用以照田祈年，以炬之明暗卜之丰歉。戚友会聚，剁牲饮酒，夷汉同之"；其三，"远古的时候，天上的一个大力士和地上的一个大力士摔跤，天上的大力士被地上的大力士战胜，狼狈地逃到天上，在天神面前搬弄是非，于是天神不分青红皂白，迁怒于人间，遣派大量的害虫到地上糟蹋庄稼，危害人民，人们点燃火把到田间驱除虫害，战胜了天神，这天正好是农历的六月二十四日，彝族人民把这天定为火把节"②。

　　以上三种故事，传说一和传说三所述内容均烙印着古老的信息，呈现给我们的是彝族社会的"神话历史"，把我们的目光引向彝族先民的"神话生活"。关于火把节起源的此类神话性叙事，在彝族地区流传最广。有

---

　　① 《璀璨彝族民俗文化引来八方嘉宾——来自中国传统民俗节庆文化复兴暨彝族火把节发展模式学术研讨会的特别报道》，http：//lsfy. ls666. com/html/news/20151105/317. html；关于与会代表发言的整理，同名报道又见《凉山日报》2015 年 10 月 23 日第 A02 版。

　　② 《凉山火把节》，http：//baike. baidu. com/link？url＝47VOlNnkX－3vdGBG9_ LhMVlrMB8p_ NAOiDsTVwDQReTtaXhgzMYA0HBqdPdKI60HsXHJBTFw1QkI26bTETVZE_ 。

彝族学者指出，"火把节传说有很多异文，虽来源各有不同，但都大同小异，其文本结构都按人与神的斗争→人战胜神→神进行报复→人再次战胜神→庆贺胜利和夺得丰收的叙述程式来结构故事。这些不同的文本都具有强烈的人本精神，都是以宣告人的胜利、神的失败而告终的，这与神话中以神为主导的叙事方式是不同的"①，此言甚是。关于火把节，有个烈女型故事跟大理六诏有关，地方叙事称该女子为"慈善夫人"，说她"美貌又能干"，在蒙舍诏主皮罗阁搞阴谋烧死连她丈夫在内的其他五个诏主后，拒绝了皮氏逼婚而"投身洱海"。因此，也有说法称"火把节是纪念古代一位彝族女性的节日"②。纵观彝族口头文学，其中不乏跟女性关联的传说故事，体现出彝族社会史上某种尊崇女性情结③。无论从故事发生时代看还是从道德化历史叙事看，较之洋溢着初民诗性智慧光辉的传说一和传说三的口头叙事，传说二无疑是后起的。当然，不管故事早起还是晚起，对"人"的颂扬始终是彝族火把节及其起源传说中最最耀眼的主题，而这种以人为本的文化又是以对善的张扬和对恶的抗击（不管这"恶"的主体是神还是人）为基调的。

火把节除了打火把驱虫害的象征寓意④，亦有神圣的祭祖仪式，"凉山彝族每年固定的祭祖时间为彝族年和火把节"⑤。祭祀已逝的"人"（祖先），求其保佑活着的"人"（后代），犹如《护送祖灵经》所唱"祭祀祖妣安，子孙会兴旺"⑥，无论倾诉思念还是表达祈愿，"人"的主题都不言而喻。着眼地域差异，火把节的仪式行为除了祭祖，也有祭山，在西南

---

① 巴莫曲布嫫语，见央视国际专题访谈《节日解析：火把节》，http：//iel. cass. cn/expert. asp？newsid＝1179&expertid＝9&pagecount＝2，发布日期：2003 年 7 月 29 日。

② 伍精忠：《凉山彝族风俗》，四川民族出版社 1993 年版，第 201—202 页。

③ 尊崇女性情结在彝族史上有古老根源，彝文古籍《物始纪略》之"女权的根源"即云："很古的时候……子却不知父，子只知道母。一切母为大，母要高一等，所有的事务，全由女来管……"（《物始纪略》第一集，四川民族出版社 1990 年版，第 36—37 页）历史上，彝族社会经历过从母系到父系的转变，在此转变之前，女性作为"人"之颂歌的主要对象乃是自然。

④ 关于火把节作为禳灾除害之象征，清同治《会理州志》云："云南鹤庆有妖物居山洞中，出则风雹损禾。一道令居民乘夜燃火，击鼓以助声威，遂除其患。今犹然火把以禳雹也。"（《中国地方志民俗资料汇编·西南卷》，书目文献出版社 1991 年版，第 372 页）当然，打火把之于从事农耕的彝民不只是具有象征性，结合其生产生活看，火把节前后在凉山彝区亦是收割苦荞的时节，民国《西昌县志》记载火把节便说"持炬游田间者，焚除害虫，有益农事不小也"（同前书，第 372 页），是对人类有实用意义的农耕礼仪。

⑤ 巴莫阿依：《彝族祖灵信仰研究》，四川民族出版社 1994 年版，第 67 页。

⑥ 《中国彝文典籍译丛》第 6 辑，四川民族出版社 2014 年版，第 13 页。

山地村寨中，这对依山而居的人们是自然的。归根结底，祭山仍是希望作为地盘业主的山神护佑村寨平安幸福，着眼点还是人的生存与生活，犹如红河、元阳彝族祭山经所唱："人间的五谷种，是山神爷赐予。世间的牲畜禽，是山神娘所生。我们的金银，是山神爷生产。我们的铁铜，是山神娘冶炼。""鲜肉端上桌，香饭盛碗里，米酒倒盅里，全都供山神，祈求山神爷，永远保佑彝家，过上好日子……"① 整体言之，祀祖祭山、驱虫除祟等仪式是神圣的，饮酒吃肉、歌舞竞技等活动是世俗的，正是在文化人类学所讲的"圣"（scared）之礼仪与"俗"（profane）之娱乐的双声部中，彝族火把节唱响着"人"的精神生活与物质生活的赞美之歌。即是说，彝族文化所固有的敬祖、向善、彰显人的智慧、突出人的力量、讴歌人的精神、赞美人的生活，这些堪称本民族文化精髓的元素都在一年一度的火把节中得到了诗意性展示和符号化体现。着眼人类生活，张扬"人本文化"，此乃彝族火把节高扬的伟大主题。

——2016 年 9 月于教育部人文社科重点研究基地
四川大学中国俗文化研究所

（"藏羌彝文化走廊非遗保护研讨会"论文，
2016 年 10 月下旬，茂县中国羌城）

---

① 《中国各民族原始宗教资料集成：彝族·白族·基诺族卷》，中国社会科学出版社 1996 年版，第 87 页。

参考文献

A 类

历年来，围绕羌族及羌文化出了不少书，有资料性文献也有研究性著作，有公开出版物也有内部印刷品。方便读者参考起见，此处撷其大要并按各书时间先后列举如下（论文篇目从略）。

孙宏开编著：《羌语简志》，民族出版社 1981 年版。

罗世泽、时逢春搜集整理：《木姐珠与斗安珠》，四川民族出版社 1983 年版。

《理县羌族藏族民间故事集》，理县文化馆编，1983 年。

马长寿：《氐与羌》，上海人民出版社 1984 年版。

任乃强：《羌族源流探索》，重庆出版社 1984 年版。

四川省茂汶羌族自治县文化馆编：《羌族民间故事》（五集），1984—1993 年。

本社编：《中国少数民族民间长诗选》，四川民族出版社 1985 年版。

本书编写组：《茂汶羌族自治县概况》，四川人民出版社 1985 年版。

冉光荣、李绍明、周锡银编著：《羌族史》，四川民族出版社 1985 年版。

杨明、马廷森编：《羌族思想史资料汇集》，西南民族学院民研所、科研处印制，1985 年。

本书编写组：《羌族简史》，四川民族出版社 1986 年版。

四川省编辑组：《羌族社会历史调查》，"中国少数民族社会历史调查资料丛刊"之一，四川省社会科学院出版社 1986 年版。

四川省北川县民间文学三套集成编委会编:《中国民间文学集成·北川县资料集》,1987 年。

[英]陶然士:《青衣羌——羌族的历史、习俗和宗教》,陈斯慧译,汶川县档案馆编,1987 年。

西南民族学院图书馆、西南民族学院羌族文学简史编写组编:《羌族民间文学资料集》,1987 年。

四川阿坝州文化局主编:《羌族民间故事集》,中国民间文艺出版社1988 年版。

四川省阿坝藏族羌族自治州文化局编:《中国民间文学集成·羌族故事集》,1989 年。

杨光成:《羌人列国要记》,中国人民政治协商会议茂县委员会印制,1989 年。

阮基康主编:《青衣江志》,四川省水利电力厅编印,1989 年。

王清贵编著:《北川羌族史略》,北川县政协文史资料委员会编,1991 年。

四川省大禹研究会编:《大禹研究文集》,1991 年。

北川县政协文史资料委员会编:《禹里名胜壮古今》,1991 年。

钟利堪、王清贵辑编:《大禹史料汇集》,巴蜀书社 1991 年版。

本书编委会编:《羌族研究》(第一、二辑),《四川民族史志》增刊,1991、1992 年。

黄代华主编:《中国四川羌族装饰图案集》,广西民族出版社 1992年版。

王康、李鉴踪、汪青玉:《神秘的白石崇拜——羌族的信仰和礼俗》,四川民族出版社 1992 年版。

阿坝州文化局编:《阿坝藏族羌族自治州文化艺术志》,巴蜀书社1992 年版。

朱成源、侯光、廖邦祥、蒋永志编:《古人游历川西北诗词选萃》,西南交通大学出版社 1992 年版。

和志武、钱安靖、蔡家麒主编:《中国原始宗教资料丛编:纳西族卷·羌族卷·独龙族卷·傈僳族卷·怒族卷》,上海人民出版社 1993年版。

《中国民族民间舞蹈集成·四川卷》,中国 ISBN 中心 1993 年版。

达尔基、李茂:《阿坝通览》,四川辞书出版社 1993 年版。

北川县政协文史资料委员会编:《羌文化研究文选》,1993 年。

周锡银、刘志荣:《羌族》,民族出版社 1993 年版。

徐平:《羌村社会》,中国社会科学出版社 1993 年版。

李明主编:《羌族文学史》,四川民族出版社 1994 年版。

孟燕、归秀文、林忠亮编:《羌族民间故事选》,上海文艺出版社 1994 年版。

李明整理:《羌族民间长诗选》,北川县政协文史委、北川县政府民宗委编,1994 年。

《李绍明民族学文选》,成都出版社 1995 年版。

四川省阿坝藏族羌族自治州茂汶羌族自治县地方志编纂委员会编:《茂汶羌族自治县志》,四川辞书出版社 1997 年版。

《中国民间歌曲集成·四川卷》,中国 ISBN 中心 1997 年版。

《中国民间故事集成·四川卷》,中国 ISBN 中心 1998 年版。

李绍明编:《羌族历史问题》,"阿坝文史丛书"之一,阿坝州地方志编纂委员会印制,1998 年。

叶星光:《神山、神树、神林》,四川民族出版社 1999 年版。

四川省文联组织编写:《四川民俗大典》,四川人民出版社 1999 年版。

何光岳:《氐羌源流史》,江西人民出版社 2000 年版。

季富政:《中国羌族建筑》,西南交通大学出版社 2000 年版。

俞荣根主编:《羌族习惯法》,重庆出版社 2000 年版。

卢丁、[日] 工藤元男主编:《羌族社会历史文化研究——中国西部南北游牧文化走廊调查报告之一》,四川人民出版社 2000 年版。

本书编委会编:《北川羌族》,北川羌族自治县成立庆典筹备委员会印制,2000 年。

四川省地方志编委会编:《四川省志·民族志》,四川民族出版社 2000 年版。

冯敏:《万户千门入画图——巴蜀少数民族文化》,四川人民出版社 2001 年版。

段渝:《濯锦清江万里流——巴蜀文化的历程》,四川人民出版社 2001 年版。

李锦：《羌笛新曲》，云南大学出版社 2001 年版。

徐平、徐丹：《东方大族之谜——从远古走向未来的羌人》，知识出版社 2001 年版。

张力总编：《羌族民间故事选》，《羌族文学》编辑部编印，2001 年。

谢兴鹏：《九州方圆话大禹》，四川省大禹研究会、中共北川县委党史研究室、北川县地方志办公室编印，2002 年。

梦非：《相约羌寨》，四川民族出版社 2002 年版。

周晓钟搜集整理：《平武羌族民间故事集》，平武县民族宗教事务局印制，2002 年。

中国古羌文化学术研讨会组委会编：《古羌文化手册》，2002 年。

于一、李家骥、罗永康、李斌：《羌族释比文化探秘》，中国戏剧出版社 2003 年版。

卢丁、[日] 工藤元男主编：《中国四川西部人文历史文化综合研究》，四川大学出版社 2003 年版。

周锡银主编：《羌族词典》，巴蜀书社 2004 年版。

茂县羌族文学社整理编辑：《西羌古唱经》，2004 年。

张善云编：《羌族情歌 300 首》，付永林译，中国戏剧出版社 2004 年版。

董湘琴：《松游小唱》（绘图本），张宗品、张文忠画，四川美术出版社 2004 年版。

《中国谚语集成·四川卷》，中国 ISBN 中心 2004 年版。

《中国歌谣集成·四川卷》，中国 ISBN 中心 2004 年版。

李绍明、周蜀蓉选编：《葛维汉民族学考古学论著》，巴蜀书画 2004 年版。

严福昌主编：《四川傩戏志》，四川文艺出版社 2004 年版。

郑德坤：《四川古代文化史》，巴蜀书社 2004 年版。

谷运龙：《谷运龙散文选》，四川民族出版社 2004 年版。

向远木编著：《平武羌族》，中国文联出版社 2004 年版。

何斯强、蒋彬主编：《羌族：四川汶川县阿尔村调查》，云南大学出版社 2004 年版。

茂县地方志编纂委员会办公室编印：《茂县羌族风情》，2005 年。

王继鼎：《松茂古道——九环线的文化长廊》，四川美术出版社

2005 年。

　　［法］冰焰（Frederique Darragon）：《喜马拉雅的神秘古碉》，刘溯、春霞译，深圳报业集团出版社 2005 年版。

　　黄布凡、周发成：《羌语研究》，四川人民出版社 2006 年版。

　　马长寿：《碑铭所见前秦至隋初的关中部族》，广西师范大学出版社 2006 年版。

　　王明珂：《华夏边缘——历史记忆与族群认同》，社会科学文献出版社 2006 年版。

　　耿静：《羌乡情》，巴蜀书社 2006 年版。

　　梦非：《人文羌地》，四川美术出版社 2006 年版。

　　徐平：《文化的适应和变迁——四川羌村调查》，上海人民出版社 2006 年版。

　　石硕主编：《川大史学·专门史卷（三）》，四川大学出版社 2006 年版。

　　黄新初主编：《阿坝文化史》，四川民族出版社 2006 年版。

　　陈春勤主编：《羌族研究文献资料索引》，巴蜀书社 2006 年版。

　　汶川县人民政府编：《羌族释比的故事》，2006 年。

　　阙玉兰编著：《神奇的羌族民间故事集》，中央文献出版社 2006 年版。

　　母广元编者：《羌山情歌》，绵阳市民间文艺家协会编印，2006 年 10 月。

　　焦虎三：《云端的阿尔村》，重庆出版社 2007 年版。

　　杨光成：《桃坪史话》，《西羌文化》编辑部编印，2007 年。

　　陈兴龙：《羌族释比文化研究》，四川民族出版社 2007 年版。

　　黄成龙：《蒲溪羌语研究》，民族出版社 2007 年版。

　　严福昌主编：《四川少数民族戏剧》，四川大学出版社 2007 年版。

　　王文章主编：《中国少数民族戏曲剧种发展史》，学苑出版社 2007 年版。

　　张胜冰：《从远古文明中走来——西南氐羌民族审美观念》，中华书局 2007 年版。

　　庄学本：《羌戎考察记》，四川民族出版社 2007 年版。

　　四川省音乐舞蹈研究所编：《四川黑水河流域民间歌舞——卡斯达

温》，四川美术出版社 2007 年版。

冯骥才主编：《羌去何处——紧急保护羌族文化遗产专家建言录》，中国文联出版社 2008 年版。

四川省少数民族古籍整理办公室主编：《羌族释比经典》，四川民族出版社 2008 年版。

王明珂：《羌在汉藏之间——川西羌族的历史人类学研究》，中华书局 2008 年版。

李鸣：《碉楼与议话坪——羌族习惯法的田野调查》，中国法制出版社 2008 年版。

李鸣：《羌族法制的历程》，中国政法大学出版社 2008 年版。

西南民族大学西南民族研究院编：《川西北藏族羌族社会调查》，民族出版社 2008 年版。

蒋彬主编：《民主改革与四川羌族地区社会文化变迁研究》，民族出版社 2008 年版。

郑长德、刘晓鹰主编：《民主改革与四川羌族地区经济发展研究》，民族出版社 2008 年版。

陈蜀玉编：《羌族文化》，西南交通大学出版社 2008 年版。

四川省音乐家协会编：《四川省民族民间音乐研究文集》，大众文艺出版社 2008 年版。

冯骥才主编：《羌族口头遗产集成》，中国文联出版社 2009 年版。

国家民委全国少数民族古籍整理研究室编：《中国少数民族古籍总目提要·羌族卷》，中国大百科全书出版社 2009 年版。

贾银忠主编：《濒危羌文化——"5·12"灾后羌族村寨传统文化与文化传承人生存现状调查研究》，中国文联出版社 2009 年版。

张曦主编：《持颠扶危——羌族文化灾后重建省思》，中央民族大学出版社 2009 年版。

巫永明：《永久的记忆——川西北羌藏民俗文化图集》，上海文艺出版社 2009 年版。

张力羌：《飘飞的羌红》，中国文联出版社 2009 年版。

陈正权：《汶川地震灾区文化生态建设》，电子科技大学出版社 2009 年版。

肖刚、陈革主编：《重铸生存空间——汶川龙溪乡灾后规划纪实》，广东经济出版社 2009 年版。

北川羌族自治县文化旅游局、北川羌族自治县禹羌文化研究中心编：《北川记忆——"5·12"故事》，2009 年。

本书编写组：《北川羌族自治县概况》，"中国少数民族自治地方概况丛书"之一，民族出版社 2009 年版。

陈春勤：《羌族文化研究》，四川民族出版社 2009 年版。

金艺风、汪代明、沈惹晓贞、崔善子：《中国羌族民歌研究：乐谱资料集》，民族出版社 2009 年版。

萧常纬、周世斌编著：《羌寨无处不飞歌——茂县羌族民歌选》，人民教育出版社 2009 年版。

王明珂：《寻羌：羌乡田野杂记》，中华书局 2009 年版。

韦荣慧主编：《云朵上的羌族》，余耀明等摄影，中国旅游出版社 2009 年版。

邓廷良：《羌笛悠悠——羌文化的保护与传承》，四川人民出版社 2009 年版。

何永斌：《西川羌族特殊载体档案史料研究》，巴蜀书社 2009 年版。

本书编写组：《阿坝藏族羌族自治州概况》，民族出版社 2009 年版。

耿少将：《羌族通史》，上海人民出版社 2010 年版。

周发成编著：《汉羌词典》，孙宏开审定，中国文联出版社 2010 年版。

本方案编写委员会编制：《阿坝藏族羌族自治州文化生态保护实验区实施方案》，2010 年。

本方案编审组编制：《绵阳市羌族文化生态保护实验区规划实施方案》，2010 年。

贾银忠主编：《中国羌族非物质文化遗产概论》，民族出版社 2010 年。

杨海清主编：《阿坝州非物质文化遗产集锦》，阿坝州政协文史和学习委员会编印，2010 年。

阿坝州藏羌文化研究会编印：《阿坝州藏羌文化研究会 2010 年课题成果汇编》，2010 年。

周毓华编著：《白石·释比与羌族》，中国文联出版社 2010 年版。

阿坝师范高等专科学校少数民族文化艺术研究所编：《羌族释比图

经》，四川民族出版社 2010 年版。

陈兴龙：《羌族萨朗文化研究》，四川民族出版社 2010 年版。

宋显彪编著：《羌族音乐文献索引：1949—2009》，四川大学出版社 2010 年版。

金艺风、汪代明、沈惹晓贞、崔善子：《中国羌族二声部民歌研究》，民族出版社 2010 年版。

周辉枝、鞠莉编选：《中国羌族情歌精选 100 首》，大众文艺出版社 2010 年版。

赵曦：《神圣与亲和——中国羌族释比文化调查研究》，民族出版社 2010 年版。

龙大轩：《乡土秩序与民间法律——羌族习惯法探析》，中国政法大学出版社 2010 年版。

羊子：《汶川羌》，四川文艺出版社 2010 年版。

杨新松主编：《水磨声声》，"水磨古镇丛书"之一，四川美术出版社 2010 年版。

程瑜主编：《锁江记忆——四川平武锁江羌族乡社会调查报告》，知识产权出版社 2010 年版。

任乃强：《民国川边游踪之〈西康札记〉》，中国藏学出版社 2010 年版。

万光治主编：《羌山采风录》，人民音乐出版社 2011 年版。

王治升说唱，阮宝娣、徐亚娟采录/翻译：《羌族释比唱经》，民族出版社 2011 年版。

阮宝娣编著：《羌族释比口述史》，民族出版社 2011 年版。

段丽波：《中国西南氏羌民族源流史》，人民出版社 2011 年版。

吴定初、张传燧、朱晟利：《羌族教育发展史》，商务印书馆 2011 年版。

宝乐日：《土族、羌族语言及新创文字使用发展研究》，民族出版社 2011 年版。

龚旭珍、林川主编：《情系尔玛——首届中国羌族非物质文化遗产与灾后重建研讨会论文集》，兰州大学出版社 2011 年版。

何江林主编：《留住我们的记忆——理县藏羌民族民间文化集》，中共理县县委、理县人民政府编印，2011 年。

贝子、热机宝、阿日基、保英子等口述，谭良琦整理：《羌族民间故事》，四川人民出版社 2011 年版。

杨新松编：《汶川胜地》，"走遍汶川——大禹文化旅游区系列丛书"之三，大众文艺出版社 2011 年版。

张力编：《汶川故事》，"走遍汶川——大禹文化旅游区系列丛书"之四，大众文艺出版社 2011 年版。

阿尔村人编著：《阿尔档案》，文物出版社 2011 年版。

梦非：《羌文化旅游目的地——茂县》，四川美术出版社 2011 年版。

霍彦儒、袁永冰主编：《羌文化与凤县》，陕西人民出版社 2011 年版。

黄新初主编：《从悲壮走向豪迈》（文艺卷·舞台艺术），四川文艺出版社 2011 年版。

石硕：《青藏高原东南缘的文明》，四川人民出版社 2011 年版。

石硕、杨嘉铭、邹立波等：《青藏高原碉楼研究》，中国社会科学出版社 2012 年版。

陈海元、杨八零编著：《羌笛演奏法》，大众文艺出版社 2012 年版。

少数民族非物质文化遗产职业技能培训教材丛书之一，四川省劳务开发暨农民工工作领导小组办公室、阿坝藏族羌族自治州劳务开发暨农民工工作领导小组办公室编著：《羌绣》，四川民族出版社 2012 年版。

钟茂兰、范欣、范朴：《羌族服饰与羌族刺绣》，中国纺织出版社 2012 年版。

四川省音乐舞蹈研究所编：《羌族文化传承人纪实录》，四川科学技术出版社 2012 年版。

中共平武县委、平武县人民政府编印：《平武县清漪江羌族聚居区、羌族文化生态保护实验区工作汇报材料》，2012 年。

中共平武县委、平武县人民政府编印：《平武县争取恢复建立藏族羌族自治县汇报资料》，2012 年。

程文徽：《陕南羌族》，陕西人民出版社 2012 年版。

张曦、虞若愚等著：《移动的羌族——应用人类学视角下的直台村与文昌村》，学苑出版社 2012 年版。

四川省文化厅、四川省非物质文化遗产保护中心：《四川省羌族非物质文化遗产名录项目资料汇编》，中国铁道出版社 2013 年版。

高屯子：《羌在深谷高山》，中信出版社 2013 年版。

邓宏烈：《羌族宗教文化研究》，巴蜀书社 2013 年版。

张犇：《羌族造物艺术研究》，清华大学出版社 2013 年版。

李荣贵主编：《尔玛思柏——中国羌药谱》，中国农业出版社 2013 年版。

焦虎三：《羊皮书：中国羌族的历史与文化》，广西师范大学出版社 2013 年版。

赵曦、赵洋：《神圣与秩序——羌族艺术文化通论》，民族出版社 2013 年版。

唐远益、陈兴龙主编：《羌文化传承创新与区域经济发展研讨会论文集》，中央民族大学出版社 2013 年版。

［法］石泰安：《汉藏走廊古部族》，耿昇译，中国藏学出版社 2013 年版。

王田：《从内陆边疆到民族地方——杂谷脑河流域的市场演化与族群互动》，商务印书馆 2013 年版。

刘伟主编：《吉祥河谷　相约理县——2012 理县藏羌文化国际论坛论文集》，论文集编委会编印，2013 年。

王术德主编：《黑虎羌寨》，茂县黑虎乡人民政府、茂县文体广新局编印，2014 年。

《新时期中国少数民族文学作品选集·羌族卷》，作家出版社 2014 年版。

李祥林：《城镇村寨和民俗符号——羌文化走访笔记》，巴蜀书社 2014 年版。

孟燕等：《羌族服饰文化图志》，中国社会科学出版社 2014 年版。

毛明军主编：《羌族妮莎诗经》，四川师范大学电子出版社 2015 年版。

周巴：《羌族文化拾零》，中央民族大学出版社 2015 年版。

尤德林主编：《牛尾羌》，白山出版社 2015 年版。

张曦、黄成龙主编：《地域棱镜：藏羌彝走廊研究新视角》，学苑出版社 2015 年版。

罗进勇：《罗进勇文集：岷江上游羌族历史文化作品选》，白山出版社 2015 年版。

　　四川省文化厅、四川省非物质文化遗产保护中心编：《羌族文化研究成果集》，中国铁道出版社 2015 年版。

　　四川省文化厅、四川省非物质文化遗产保护中心编：《羌族非物质文化遗产名录项目代表性传承人汇编》，中国铁道出版社 2015 年版。

　　本书收集整理出版编辑部编：《茂县民间文化集成》（五卷本），中央民族大学出版社 2014、2015 和开明出版社 2016 年版。

　　吴达民、谌海霞整理：《陶然士作品选译》，巴蜀书社 2016 年版。

　　《西羌文化》（内部刊物），阿坝州羌学学会主办。

　　《羌族文学》（内部刊物），汶川县文体局、县文联先后主办。

　　"羌年礼花"编辑部编：《羌族历史文化文集》（内部刊物，1989 年至 1994 年共出五辑）。

　　《阿坝师范专科学校学报》《民族文学研究》《宗教学研究》等公开刊物的相关栏目。

　　《史记》《汉书》《后汉书》《华阳国志》《天下郡国利病书》等历史典籍。

　　川西北羌族聚居区汶川、茂县、理县、北川以及松潘、黑水、平武、安县等县志。

　　"中国羌族文化信息网""西羌第一博""中国羌族网""羌岷网"等网站。

B 类

这部分书目，涉及民俗学、民族学、人类学等，仍撷要并按先后列举如下（论文篇目从略）。

　　［美］乔治·彼得·穆达克：《我们当代的原始民族》，童恩正译，"民族研究资料丛刊"之一，四川省民族研究所编印，1980 年。

　　西南民族学院科研处、西南民族学院政史系编：《西南少数民族哲学社会思想史论文集》，1983 年。

　　马昌仪主编：《中国神话学文论选萃》，中国广播电视出版社 1984 年版。

　　田兵、陈立浩编：《中国少数民族神话论文选》，广西民族出版社 1984 年版。

［苏］谢·亚·托卡列夫：《世界各民族历史上的宗教》，魏庆征译，中国社会科学出版社 1985 年版。

乌丙安：《中国民俗学》，辽宁大学出版社 1985 年版。

［意］维柯：《新科学》，朱光潜译，人民文学出版社 1986 年版。

［奥地利］佛洛伊德：《图腾与禁忌》，杨庸一译，中国民间文艺出版社 1986 年版。

［瑞士］荣格：《心理学与文学》，冯川、苏克译，三联书店 1987 年版。

［法］列维－斯特劳斯：《野性的思维》，李幼蒸译，商务印书馆 1987 年版。

［英］马林诺夫斯基：《文化论》，费孝通等译，中国民间文艺出版社 1987 年版。

［英］马林诺夫斯基：《巫术科学宗教与神话》，李安宅编译，上海文艺出版社 1987 年版。

［英］詹·乔·弗雷泽：《金枝》，徐育新等译，中国民间文艺出版社 1987 年版。

［法］列维－布留尔：《原始思维》，丁由译，商务印书馆 1987 年版。

［英］马科斯·缪勒：《比较神话学》，金泽译，上海文艺出版社 1987 年版。

叶舒宪选编：《神话——原型批评》，陕西师范大学出版社 1987 年版。

黄烈：《中国古代民族史研究》，人民出版社 1987 年版。

［德］恩斯特·卡西尔：《语言与神话》，丁晓等译，三联书店 1988 年版。

［英］埃里克·J.夏普：《比较宗教学史》，吕大吉、徐大建译，上海人民出版社 1988 年版。

［美］露丝·本尼迪克特：《文化模式》，王炜等译，三联书店 1988 年版。

朱狄：《原始文化研究》，三联书店 1988 年版。

庄锡昌、孙志民编著：《文化人类学的理论构架》，浙江人民出版社 1988 年版。［美］R. M. 基辛：《文化·社会·个人》，甘华鸣、陈芳、甘黎明译，辽宁人民出版社 1988 年版。

乐黛云主编：《中西比较文学教程》，高等教育出版社 1988 年版。

覃光广等编：《中国少数民族宗教概览》，中央民族学院出版社 1988 年版。

邓子琴：《中国风俗史》，巴蜀书社 1988 年版。

刘守华：《口头文学与民间文化》，中国文联出版公司 1989 年版。

汪宁生：《中国西南民族的历史与文化》，云南民族出版社 1989 年版。

本书编写组：《中国少数民族古代美学思想资料初编》，四川民族出版社 1989 年版。

[法] 克劳德·列维-斯特劳斯：《结构人类学——巫术·宗教·艺术·神话》，陆晓禾、黄锡光等译，文化艺术出版社 1989 年版。

[美] 阿兰·邓迪斯：《世界民俗学》，陈建宪等译，上海文艺出版社 1990 年版。

林惠祥：《文化人类学》，商务印书馆 1991 年版。

李安宅：《社会学论集》，四川人民出版社 1991 年版。

李安宅著译：《巫术的分析》，四川人民出版社 1991 年版。

[英] 马林诺夫斯基：《两性社会学》，李安宅译，四川人民出版社 1991 年版。

季羡林：《比较文学与民间文学》，北京大学出版社 1991 年版。

[美] 斯蒂·汤普森：《世界民间故事分类学》，郑海等译，上海文艺出版社 1991 年版。

陈勤建：《文艺民俗学导论》，上海文艺出版社 1991 年版。

任骋：《中国民间禁忌》，作家出版社 1991 年版。

四川藏学研究所编：《藏族原始宗教》（资料丛编），1991 年 10 月。

[美] 斯特伦：《人与神——宗教生活的理解》，金泽、何其敏译，上海人民出版社 1991 年版。

詹鄞鑫：《神灵与祭祀——中国传统宗教综论》，江苏古籍出版社 1992 年版。

徐杰舜：《汉民族发展史》，四川民族出版社 1992 年版。

丁世良、赵放主编：《中国地方志民俗资料汇编·西南卷》，书目文献出版社 1991 年版。

杨硕庭、罗康隆：《西南与中原》，云南教育出版社 1992 年版。

[英] 泰勒：《原始文化》，连树声译，上海文艺出版社 1992 年版。

易中天：《艺术人类学》，上海文艺出版社 1992 年版。

屈小强、李殿元、段渝主编：《三星堆文化》，四川人民出版社 1993 年版。

四川大学历史系编：《中国西南的古代交通与文化》，四川大学出版社 1994 年版。

刘一沾主编：《民族艺术与审美》，青海人民出版社 1994 年版。

向云驹：《中国少数民族原始艺术》，青海人民出版社 1994 年版。

高丙中：《民俗文化与民俗生活》，中国社会科学出版社 1994 年版。

乌丙安：《中国民间信仰》，上海人民出版社 1995 年版。

史宗主编：《20 世纪西方宗教人类学文选》，上海三联书店 1995 年版。

［美］约翰·维克雷编：《神话与文学》，潘国庆等译，上海文艺出版社 1995 年版。

杨希枚：《先秦文化史论集》，中国社会科学出版社 1995 年版。

田继周等：《少数民族与中华文化》，上海人民出版社 1996 年版。

杨堃：《社会学与民俗学》，四川民族出版社 1997 年版。

方鹤春主编：《中国少数民族戏剧研究论文集》，辽宁民族出版社 1997 年版。

佟德富：《中国少数民族哲学概论》，中央民族大学出版社 1997 年版。

马学良、梁庭望、李云忠主编：《中国少数民族文学比较研究》，中央民族大学出版社 1997 年版。

袁珂编：《中国神话大词典》，四川辞书出版社 1998 年版。

钟敬文主编：《民俗学概论》，上海文艺出版社 1998 年版。

［德］埃利希·诺伊曼：《大母神——原型分析》，李以洪译，东方出版社 1998 年版。

吕大吉、何耀华总主编：《中国各民族原始宗教资料集成》（五册），中国社会科学出版社 1999 年版。

［美］克利福德·吉尔兹：《地方性知识——阐释人类学论文集》，王海龙、张家瑄译，中央编译出版社 2000 年版。

过伟：《中国女神》，广西教育出版社 2000 年版。

孟慧英：《中国北方民族萨满教》，社会科学文献出版社 2000 年版。

李祥林：《性别文化学视野中的东方戏曲》，香港天马图书有限公司2001年版。

庄孔韶主编：《人类学通论》，山西教育出版社2002年版。

［法］莫里斯·哈布瓦赫：《论集体记忆》，毕然、郭金华译，上海人民出版社2002年版。

［美］曼纽尔·卡斯特：《认同的力量》，夏铸九等译，社会科学文献出版社2003年版。

［法］马塞尔·毛斯：《社会学与人类学》，佘碧平译，上海文艺出版社2003年版。

叶舒宪：《文学人类学——知识全球化时代的文学研究》，社会科学文献出版社2003年版。

陈玉屏主编：《中国古代民族融合问题研究》，四川民族出版社2003年版。

陈玉屏主编：《民族宗教研究》，"民族研究丛书"之一，四川民族出版社2003年版。

苑利主编：《二十世纪中国民俗学经典》（八本），社会科学文献出版社2003年版。

江帆：《民间口承叙事论》，黑龙江人民出版社2003年版。

徐华龙：《泛民俗学》，黑龙江人民出版社2003年版。

容世诚：《戏曲人类学初探——仪式、剧场与社群》，广西师范大学出版社2003年版。

彭兆荣：《文学与仪式：文学人类学的一个文化视野》，北京大学出版社2004年版。

［英］菲奥纳·鲍伊：《宗教人类学导论》，金泽等译，中国人民大学出版社2004年版。

宋兆麟：《会说话的巫图——远古民间信仰调查》，学苑出版社2004年版。

［英］E.霍布斯鲍姆、T.兰格：《传统的发明》，顾杭等译，译林出版社2004年版。

童恩正：《古代的巴蜀》，重庆出版社2004年版。

丁山：《古代神话与民族》，商务印书馆2005年版。

顾军、苑利：《文化遗产报告——世界文化遗产保护运动的理论与实践》，社会科学文献出版社 2005 年版。

彭书麟、于乃昌、冯育柱主编：《中国少数民族文艺理论集成》，北京大学出版社 2005 年版。

［美］拉铁摩尔：《中国的亚洲内陆边疆》，唐晓峰译，江苏人民出版社 2005 年版。

［美］本尼迪克特·安德森：《想象的共同体——民族主义的起源与散布》，吴叡人译，上海人民出版社 2005 年版。

王铭铭：《社会人类学与中国研究》，广西师范大学出版社 2005 年版。

［英］奈杰尔·拉波特、乔安娜·奥弗林：《社会文化人类学的关键概念》，鲍雯妍、张亚辉译，华夏出版社 2005 年版。

张晓萍主编：《民族旅游的人类学透视——中西旅游人类学研究论丛》，云南大学出版社 2005 年版。

中国民族民间文化保护工程国家中心编：《中国民族民间文化保护工程普查工作手册》，文化艺术出版社 2005 年版。

［美］阿兰·邓迪斯：《民俗解析》，户晓辉译，广西师范大学出版社 2005 年版。

周星主编：《民俗学的历史、理论与方法》，商务印书馆 2006 年版。

孟慧英：《西方民俗学史》，中国社会科学出版社 2006 年版。

林继富、王丹：《解释民俗学》，华中师范大学出版社 2006 年版。

董晓萍：《田野民俗志》，北京师范大学出版社 2006 年版。

胡鸿保主编：《中国人类学史》，中国人民大学出版社 2006 年版。

［美］哈维兰：《文化人类学》（第十版），瞿铁鹏等译，上海社会科学院出版社 2006 年版。

［英］维克多·特纳：《象征之林——恩登布人仪式散论》，赵玉燕、欧阳敏、徐洪峰译，商务印书馆 2006 年版。

［美］詹姆斯·克利福德等编：《写文化——民族志的诗学与政治学》，高丙中等译，商务印书馆 2006 年版。

马长寿：《凉山罗彝考察报告》，巴蜀书社 2006 年版。

李祥林：《戏曲文化中的性别研究与原型分析》，台北国家出版社 2006 年版。

刘锡诚：《民间文学：理论与方法》，中国文联出版社 2007 年版。

［美］大卫·费特曼：《民族志：步步深入》，龚建华译，重庆大学出版社 2007 年版。

［法］米歇尔·福柯：《知识考古学》，谢强、马月译，三联书店 2007 年版。

［法］马塞尔·莫斯、昂利·于贝尔：《巫术的一般理论　献祭的性质与功能》，杨渝东、梁永佳译，广西师范大学出版社 2007 年版。

维克多·特纳：《仪式过程——结构与反结构》，黄剑波等译，中国人民大学出版社 2007 年版。

［美］克利福德·格尔兹：《文化的解析》，韩莉译，译林出版社 2008 年版。

［美］理查德·鲍曼：《作为表演的口头艺术》，杨利慧、安德明译，广西师范大学出版社 2008 年版。

［美］米尔恰·伊利亚德：《神圣的存在——比较宗教的范型》，晏可佳、姚蓓琴译，广西师范大学出版社 2008 年版。

［美］哈罗德·伊罗生：《群氓之族——群体认同与政治变迁》，邓伯宸译，广西师范大学出版社 2008 年版。

［瑞士］雅各布·坦纳：《历史人类学导论》，白锡堃译，北京大学出版社 2008 年版。

钟敬文主编：《中国民俗学史》（六卷），人民出版社 2008 年版。

何星亮：《中国自然崇拜》，江苏人民出版社 2008 年版。

王文章主编：《非物质文化遗产概论》，文化艺术出版社 2008 年版。

王文章主编：《非物质文化遗产保护与田野工作方法》，文化艺术出版社 2008 年版。

中国艺术人类学学会编：《艺术人类学的理论与田野》，上海音乐学院出版社 2008 年版。

［英］罗伯特·莱顿：《艺术人类学》，李东晔、王红译，广西师范大学出版社 2009 年版。

王文章、张旭主编：《文化认同与国际合作——中国成都国际非物质文化遗产节·非物质文化遗产国际论坛论文集》，浙江人民出版社 2009 年版。

耿光连主编：《社会习俗变迁与近代中国》，济南出版社 2009 年版。

陈世松等：《大变迁："湖广填四川"影响解读》，四川人民出版社

2009 年版。

　　吕思勉：《中华民族源流史》，九州出版社 2009 年版。

　　李静：《民族心理学》，民族出版社 2009 年版。

　　纳日碧力戈：《语言人类学》，华东理工大学出版社 2010 年版。

　　[美] 伊万·布莱迪编：《人类学诗学》，徐鲁亚等译，中国人民大学出版社 2010 年版。

　　李向平、魏扬波：《口述史研究方法》，上海人民出版社 2010 年版。

　　[法] 阿诺尔德·范热内普：《过渡礼仪》，张举文译，商务印书馆 2010 年版。

　　李祥林：《中国戏曲的多维审视和当代思考》，巴蜀书社 2010 年版。

　　中国艺术人类学学会编：《技艺传承与当代社会发展——艺术人类学视角》，学苑出版社 2010 年版。

　　[法] 爱弥尔·涂尔干：《宗教生活的基本形式》，渠东、汲喆译，商务印书馆 2011 年版。

　　何明主编：《走向市场的民族艺术》，社会科学文献出版社 2011 年版。

　　周星主编：《国家与民俗》，中国社会科学出版社 2011 年版。

　　周星主编：《中国艺术人类学基础读本》，学苑出版社 2011 年版。

　　《中华人民共和国非物质文化遗产法》，中国法制出版社 2011 年版。

　　中国艺术人类学学会编：《非物质文化遗产与艺术人类学》，学苑出版社 2012 年版。

　　何政军主编：《四川非物质文化遗产民间文学艺术集录》（第一、二部），巴蜀书社 2012 年版。

　　潘鲁生、唐家路：《民艺学概论》，山东教育出版社 2012 年版。

　　陶思炎等：《民俗艺术学》，南京出版社 2013 年版。

　　王宪昭：《中国少数民族人类起源神话研究》，中国社会科学出版社 2012 年版。

　　祁庆富、史晖等：《清代少数民族图册研究》，中央民族大学出版社 2012 年版。

　　杨富学、陈爱峰：《西夏与周边关系研究》，甘肃民族出版社 2012 年版。

　　[意] 图齐等：《喜马拉雅的人与神》，向红笳译，中国藏学出版社

2012 年版。

张海清主编：《金川历史文化览略》，中央民族大学出版社 2012 年版。

同美：《西藏本教研究——岷江上游本教的历史与现状》，民族出版社 2013 年版。

［英］丹尼·卡瓦拉罗：《文化理论关键词》，张卫东等译，江苏人民出版社 2013 年版。

［美］罗伯特·芮德菲尔德：《农民社会与文化：人类学对文明的一种诠释》，王莹译，中国社会科学出版社 2013 年版。

方李莉、李修建：《艺术人类学》，三联书店 2013 年版。

中国艺术人类学学会、内蒙古大学艺术学院编：《非物质文化遗产传承与艺术人类学研究》，学苑出版社 2013 年版。

邓启耀编著：《视觉人类学导论》，中山大学出版社 2013 年版。

周华斌、陈秀雨主编：《舞岳傩神：中国湖南临武傩文化国际学术研讨会论文集》，学苑出版社 2013 年版。

［英］杰克·古迪：《神话、仪式与口述》，李源译，中国人民大学出版社 2014 年版。

李祥林：《神话·民俗·性别·美学——中国文化的多面考察与深层识读》，中国社会科学出版社 2015 年版。

后　记

　　2013 年岁末，按照国家教育部规定的时间，"民俗事象与族群生活——人类学视野中的羌族民间文化研究"这课题在三年内准时完成了。放下电脑键盘，看着结题书稿，心中稍稍有种轻松感。当然，我对羌族文化的关注和研究，既不是由此课题开始也不是以此课题为终点。实事求是地说，呈现在读者面前的这本书不过是我研究羌文化的整个行程中一个阶段的总结而已。

　　从 2008 年到 2013 年，羌族聚居的川西北地区遭受了极其惨痛的"5·12"大地震劫难，随后在国家政府关怀和社会各界援助下又经历了轰轰烈烈的五年灾后重建。如今，羌区的城镇、村寨、道路等硬件设施有了翻天覆地的变化，羌区的民族文化和民间文化也受到越来越多关注，这些都是有目共睹的。作为从事学术研究之人，我不过是众多对本土民族民间文化怀有由衷敬意的关注者中的一员，今能以一己之力为羌文化研究添砖加瓦，这让我感到荣幸。

　　关注中国西南民族文化，尤其是研究藏羌文化，在笔者工作的四川大学有不可谓不深厚的基础和传统。从民国时期到新中国成立后，相继有胡鉴民、任乃强、冯汉骥、钱安靖、冉光荣等学者先后步入川西北地区进行羌族文化调查研究，他们留下的成果至今仍为留心羌文化者所必读。今天，作为后学的我正是一方面沿着前辈的足迹，一方面着眼当下的现实，继续着对羌区的走访，希望以自己的研究为多民族中国的羌文化的抢救、保护、发扬尽绵薄之力。

　　"参考文献"中把历年来有关羌文化的书籍及资料作了较详细的列举，一方面意在说明我在文献搜集把握方面所下的功夫，一方面也便于读

者将本课题成果与现有出版物（或内部或公开）进行比较和评判，同时也为有心从事相关研究的朋友提供一份参考。至于各种报刊及网络上发表的单篇文章，数量不少（尤其是在 2008 年"5·12"汶川地震之后），若是逐一列出甚占篇幅也显得较琐碎，此处暂且省略了，但是，这并不等于说我对报刊乃至网络登载的羌学研究成果未予关注。关于这点，还请读者多多谅解。

教育部人文社会科学规划课题基金为我赴羌族地区考察提供了及时的、可贵的资助。数年下来，结合所见所闻所思，东奔西走的我写下了 20 多万字的走访笔记，拍摄了数千张活生生的现场图片（本书中随文插入 200 多幅），还有若干录音录像资料，从而为我完成本课题研究奠定了实在的田野基础。由于行文方式有别，这些田野笔记无法以直接方式全部纳入以研究性和学理性论述为主的本课题书稿中，便另行安排，将其整理之后以《城镇村寨和民俗符号——羌文化走访笔记》作为书名于 2014 年 4 月由巴蜀书社出版（有照片 160 多幅作为配图），我想这也符合当今学术界所提倡的"不浪费的人类学"之理念吧。

本书是以上述课题为基础形成的，章节内容有所增加和充实。"附录"收入的三篇文章，跟本课题研究或多或少相关，可供读者参考。2013 年底上报给国家教育部的本课题书稿共 15 章，经过专家评审于 2014 年 3 月结项（结项证书编号：2014JXZ0653），有 25 万字左右。课题虽已结项，但我走访羌族地区的脚步并未停止，对于羌族文化的研究还在继续，这方面的研究文字仍在撰写，因为我原本就不是为了申报课题而做此研究的。结合田野走访和文献阅读中的感受和思考，我将随后撰写的"族群表

述与文化寻根""地方饮食及译介问题"等也放入本书中。自然而然，对
于先前写就的本书各章，亦结合所见、所闻、所思，补入了若干新信息和
新内容；书中各章的配图，亦随之做了补充、调整和完善。

"我是羌文化的学习者"，这是我对自己的定位。平时，我在课堂上
常常提醒研究生们，到民族地区做田野调查的我们是民族文化的学习者，
当地文化持有者始终是我们的老师，我们务必虚心学习。"实话实说，走
访羌族地区，结交羌族朋友，见识羌族风情，学习羌族文化，开阔了我的
眼界，滋润了我的心灵，也加深着我对多民族中国文化以及多民族四川文
化的认识和理解，使多年留心民族文化并研究民族文化的我受益多多。"
2017 年 4 月 30 日，应邀来茂县在羌寨避暑山庄参加阿坝州羌学学会成立
20 周年大会时，我有此发言。

感谢教育部人文社科基金对我完成该项目的资助，感谢四川大学为我
完成此课题和出版本书所给予的支持，感谢社会各界朋友为我赴少数民族
地区做田野考察所提供的方便，尤其是要感谢多年来我在这些地区走访过
的地方和人们。此外，书中有些图片亦得到友人慷慨支持（均随文注
明），也是要诚心诚意道谢的。说句心里话，多年来若是没有这方方面面
的支持和帮助，我在羌区的走访调查和对羌文化课题的研究都无从谈起。

李祥林

2017 年秋于四川大学中国俗文化研究所